HANS-JÖRG KOCH
WEINPARADIES RHEINHESSEN

Hans-Jörg Koch

WEINPARADIES RHEINHESSEN

REBEN, KULTUR
LAND UND LEUTE

VERLAG DER RHEINHESSISCHEN DRUCKWERKSTÄTTE · ALZEY

Einband: Im rheinhessischen Hügelland · Bechtolsheim mit Petersberg.
Graphische Gestaltung Walter Molls, Sindelfingen. Foto J. M. Huber, Mainz.

Innenseiten des Einbands: »Rheinhessisches Weinlesefest« · Lithographie von Friedrich Hohbach (um 1847).

Seite 2 (gegenüber Titelblatt): Unentdecktes Rheinhessen · Vom »Rondell« bei Vendersheim schweift der Blick über Weinberge und Kornfelder zu Wißberg und Donnersberg.

Dritte, überarbeitete und wesentlich erweiterte Auflage des Buches »Weinland Rheinhessen«, das erstmals 1976 in der Südwestdeutschen Verlagsanstalt, Mannheim, erschienen ist.

Herausgegeben in Zusammenarbeit mit der Werbegemeinschaft Rheinhessenwein, ideell gefördert von Weinbauverband Rheinhessen, Verband Rheinhessischer Weinkellereien, Vereinigung Rheinischer Weinkommissionäre, Fremdenverkehrsverband Rheinland-Pfalz, Weinbruderschaft Rheinhessen und Mainzer Weinzunft.

ISBN 3-87854-029-9

Vom »Weinland« zum »Weinparadies«

Auch Buchtitel haben ihre Geschichte: »Weinland Rheinhessen«, vor 6 Jahren erschienen, Produkt langjähriger Beschäftigung mit Land, Leuten und Wein, war in zwei Auflagen rasch vergriffen. Schon der Wechsel des Verlages bedingte einen neuen Namen. Er sollte jedoch zugleich deutlich machen, daß »Weinparadies Rheinhessen« kein bloßer Nachdruck mit kosmetischen Änderungen ist, sondern ein gründlich überarbeitetes und wesentlich erweitertes, in Text, Fotos und Gesamtausstattung aktualisiertes und (so hoffe ich) noch schöneres Nachschlagewerk und Lesebuch.

Der neue Buchtitel ist kein Zufall: Er sollte schon eine Kapitelüberschrift der Vorauflage werden. Das unterblieb, und ich »dedizierte« ihn dann der Werbegemeinschaft Rheinhessenwein, für die er einprägsames Wortsymbol wurde. Sie hat auch diese Ausgabe in dankenswerter Weise unterstützt, aber nirgends beeinflußt.

Manchem mag der Begriff »Weinparadies Rheinhessen« einem Sachbuch nicht angemessen, weil zu euphorisch erscheinen. Doch ist dies keine nüchtern nur Fakten und Zahlen speichernde Publikation, keine Weinkultur-Datenbank. Weinfröhlichkeit und Heimatliebe prägen sie mit, der Titel deutet es an. Auch eine Bibelstelle (Strengdenkende mögen Nachsicht üben) hat zur Namenswahl inspiriert, nämlich Amos 9,13: »Siehe, es kommt die Zeit, spricht der Herr, daß man zugleich ackern und ernten, zugleich keltern und säen wird. Und die Berge werden von süßem Wein triefen, und alle Hügel werden fruchtbar sein.« Ein Land von großer Güte des Bodens und paradiesischem Reichtum also – solche Vision ist wie auf Rheinhessen gemünzt.

Doch nach soviel rechtfertigender Erklärung ein paar Worte zu dem, was hinzugekommen ist im Inhalt des Buches: Der Text wurde Zeile für Zeile überprüft und dem heutigen Stand angepaßt. Einige Kapitel sind fast völlig umgestaltet (selbst über Art und Wesen der Rheinhessen gibt es »neue Erkenntnisse«). Alle Veränderungen in den Orten (Sehenswürdigkeiten) oder Museen (Exponate, Öffnungszeiten) wurden ebenso berücksichtigt wie beispielsweise die seit der Erstauflage nahezu explosionsartige technische Entwicklung im Weinbau (»vom Buttenträger zum Traubenvollernter«, so könnte man es kennzeichnen), neues Wissen über die Rebsorten oder die Herkunft von Lagenamen, desgleichen die gesamte inzwischen erschienene Literatur.

Bei alledem ist wieder Bedacht genommen, für alle Orte Gültiges (wie historische Gemeinsamkeiten) nicht jeweils festschriftartig stereotyp zu wiederholen und auch auf allgemeine Lobpreisungen ohne Informationswert (wie: »seit altersher erfreuen sich unsere Qualitätsweine größter Beliebtheit«) zu verzichten. Vielmehr soll das Charakteristische der Städte und Dörfer kurz und einprägsam (wenn auch möglichst erschöpfend) skizziert werden. Neu eingearbeitet sind dabei u. a. auch Hinweise auf die wichtigsten unter Denkmalschutz stehenden Gebäude (aus den Denkmalschutzlisten) und auf Landschafts- und Naturschutzgebiete. Viele Anregungen, die mir zugingen, haben im übrigen zu eigenen weiterführenden

Nachforschungen geführt. Alles, was heute noch sehens- und erfahrenswert ist, wird nach mit Akribie durchgeführter Bestandsaufnahme in diesem Kompendium des rheinhessischen Weinlandes und seiner Kulturschätze mitgeteilt.

Mehrere neue Kapitel sind aufgenommen: Über Schutzpatrone der Winzer und Zecher, rheinhessische Küche, großen Weindurst und seine Folgen, Dichterlob, Weinstuben, und auch eine Chronik der Weinjahrgänge sowie eine Übersicht der Weinlagen und Bereiche.

Neu ist aber auch vieles in der Ausstattung: Die beiden Übersichtskarten, wieder eigens für dieses Buch angefertigte Schwarzweißfotos (auch von in der Vorauflage nicht dargestellten Orten) und – erstmals – besonders kritisch ausgewählte Farbfotos, welche die vielfältigen Varianten des Themas »Weinkultur« nahebringen. Klischees (Bilder »wie gehabt«) waren dabei nicht gefragt, sondern immer wieder nur: das unbekannte, entdeckenswerte Rheinhessen, mit den Augen des Fotokünstlers gesehen.

Verborgene Schönheiten der Natur, Kleinodien, Alltagswirklichkeit und Weinfröhlichkeit, Geschichte und Volkskundliches – dies alles und noch mehr möchte »Weinparadies Rheinhessen« als Reisebuch besonderer Art in einem lebendigen Porträt vermitteln. Der Wein, als »Schlüssel zum Erlebnis einer Landschaft«, sei dabei Begleiter und Gastgeber in einem.

Wörrstadt/Rheinhessen, im Sommer 1982

Dr. Koch

Inhalt

ENTDECKUNGSFAHRTEN IN RHEINHESSEN

ÜBERSICHTEN

KARTEN

»ICH SEHNE MICH IMMER WIEDER
NACH DEM SÜDWESTEN ZURÜCK UND WEISS
GANZ GENAU, DASS IRGENDWO BEI DER
WURZEL IRGENDEINES ZÄHEN, KRUMMEN
REBSTOCKES MEINE EIGENE LIEGT ... !«

Elisabeth Langgässer
(geboren in Alzey/Rheinhessen)

Zum Geleit

(Vorwort zur 1. Auflage)

Das Weinland Rheinhessen ist nicht arm an Superlativen: Im Weinexport seit jeher führend, ist es, der Ertragsrebfläche nach, inzwischen auch zum größten deutschen Weinanbaugebiet geworden, in der Erntemenge schließlich nur von der Pfalz übertroffen. Die meisten neuen Rebsorten wurden hier gezüchtet und erprobt, und in keiner Region Deutschlands scheint die Sonne mehr als hier. Ideales Rebland also – kein Zufall darum, daß fast in allen Gemeinden Rheinhessens Weinbau betrieben wird. Um so verwunderlicher, daß bisher eine fundierte, umfassende Darstellung des geographischen Raumes fehlte, den man »Herzstück deutscher Weinlande am Rhein« genannt hat. Dies mag darin begründet sein, daß einheimische Kenner der Materie wenig Zeit fanden für literarische Muse, in Rheinhessen ohnehin ein Stiefkind. Bedauerliche Folge war jedoch, daß einander »befruchtende« Autoren – mit wenigen Ausnahmen – viel Falsches, Flüchtiges und, wohl aus Unkenntnis, Abwertendes vor allem über das rheinhessische Hügelland schrieben, nicht ohne anderen Weinanbaugebieten zugleich hohes Lob zu zollen. Dieses Gefälle in der Darstellung berührte schmerzlich: Als nicht erwähnenswerte »mittlere Tischweine« oder allenfalls »gute Landweine« (so noch im Baedeker 1962) wurden da die Gewächse eingestuft. Ohnehin als Verschnittweine bevorzugt gehandelt (und den Verkaufswert andernorts gewachsener Weine anhebend), als »Rheinweine« nicht eigenständig dargeboten, also kaum in das Bewußtsein des Weintrinkers aufgenommen, wurden sie so weit unter Rang repräsentiert. Es erinnerte dies nicht selten an alte Zeiten, als »Niersteiner« und »Liebfrauenmilch« fast die einzigen bekannten Weine aus Rheinhessen waren, zu denen später Erzeugnisse aus den Qualitätsweinbauorten der »Rheinfront« hinzukamen, die dem »übrigen Land«, lediglich ein paar »Gattungslagen« liehen. Diese ganz und gar ungerechtfertigte »Image-Situation«, über deren Ursachen noch zu berichten ist, hat sich zwar gründlich gewandelt: Dank intensiver Bemü-

hungen der Weinwirtschaft und der zu ihrer Selbstdarstellung berufenen Institutionen haben nicht nur Erzeugung und Bereitung der Weine ein optimales Niveau erreicht und neue Märkte erschlossen, sondern man hat dies auch bewußtzumachen verstanden. Trotzdem ist »Rheinhessen«, allgemein wie als Weinland, vielen noch immer ein nur vager Begriff. Manches ist von erwähnter, negativer publizistischer »Tradition« belastet. Deshalb habe ich dem Ansinnen gerne entsprochen, aus durch Forschung und Anschauung in über 25 Jahren gesammeltem Material und Wissen ein Buch moderner Prägung zu schreiben, das im weitesten Sinne »ein Bild vermittelt« von der alten Kulturlandschaft zwischen Rhein und Donnersberg.

Dieses Buch hat Vorgänger, die anderer Art und – anders als der vorliegende Band – vom jeweiligen Weinbauverband herausgegeben waren: »Die Rheinweine Hessens« (1910; 2. Auflage 1927 – Hessischer Weinbauverband –) und »Lebensfreude aus Rheinhessen« (1954; 2. Auflage 1955 – Weinbauverband Rheinhessen –). In beiden Fällen handelte es sich um Veröffentlichungen mit Beiträgen verschiedener Verfasser. »Weinland Rheinhessen« folgt im Grundkonzept bewährter Gestaltung der »Weinfahrten-Reihe«, in der es erscheint, erweitert den Themenkreis jedoch um erstmals behandelte Sachgebiete. Dies geschieht in der Erkenntnis, daß »alter Wein in neuen Schläuchen« die Mühe des Autors und die Unterstützung durch alle dem rheinhessischen Wein verbundenen Organisationen und Vereinigungen (in besonders dankenswerter Weise vor allem durch die »Rheinhessenwein e.V.«) nicht gerechtfertigt hätte, daß aber andererseits zahlreiche Aspekte rheinhessischer Weinkultur überhaupt noch nicht dargestellt wurden (woraus sich manche »Minderbewertung« der Region erklären dürfte). Schließlich muß ein Buch, das Informationen vermitteln will, im Zeitalter des Auto-Tourismus ohnehin neue Themenkreise berücksichtigen und darf sich nicht in beschaulicher Darstellung erschöpfen. Dennoch sollte es sich nicht mit einer Ansammlung von Fakten begnügen.

Wesentlicher Teil des Buches ist die detaillierte, nicht auf den Wein beschränkte Vorstellung aller rheinhessischen Orte, ihrer charakteristischen Besonderheiten, Geschichte, Sehenswürdigkeiten, Weinlagen usw. Auch die vielen, meistens exclusiv für dieses Buch hergestellten Aufnahmen ausgewählter Motive sind dazu bestimmt, dem reisenden Weinfreund das oft »unbekannte Rheinhessen« zu erschließen, ihn die verborgenen Kostbarkeiten und Sehenswürdigkeiten finden zu lassen. So will das Buch auch eine Art »Wein-Baedeker« sein, damit man den rheinhessischen Wein »an der Quelle« kennenlerne. Das »Ortslexikon« wird durch erstmals für Rheinhessen ausgearbeitete Vorschläge für Autotouren (mit Karte und Hinweisen) ergänzt, die erkennen lassen, daß (und wie) auch dieses Land zu »erfahren« ist.

Auch sonst versucht das Buch in besonderem Maße, über die rückschauend-bewahrende Darstellung hinaus ein Porträt und eine Deutung dessen, was Rheinhessen heute ist, zu vermitteln. Das Thema »Wein« wird dabei nicht isoliert, sondern als Teil der allgemeinen Entwicklung und Situation, der historischen und stammesgeschichtlichen Zusammenhänge sowie der volkskundlichen Erscheinungen, die gesondert berücksichtigt sind, verstanden. Denn Wein prägt eine Landschaft und ihre Menschen. Er ist darum – als »Erlebnis der Landschaft« – auch nur vor ihrem Hintergrund zu begreifen.

Dadurch wird »Weinland Rheinhessen« zu einem über den Wein-Sektor hinausreichenden heimatkundlichen Kompendium für den interessierten Laien, das ihm vermittelt, was aus alten Zeiten heute noch wissens- und sehenswert ist, das aber auch dem Fachkundigen noch Bereicherung bedeuten dürfte. Unbeschadet gewisser, durch vorgegebenen Umfang gebotener Beschränkung in der – darum »kompakten« – Darstellung werden Land und Leute mit ihren Eigenarten in teilweise sehr persönlicher Betrachtung skizziert. Dies geschieht aus der Sicht des Einheimischen, der sich nicht nur ein Herz für alles Liebenswerte dieses Weinlandes, sondern auch die Fähigkeit zur (nicht übelwollenden) Kritik und eine Abneigung gegen allzu selbstgefällige »Schönfärberei« bewahrt hat.

Besonders ausführlich – weil bisher fehlend – wird die Geschichte des rheinhessischen Weines behandelt. Eingehend beschrieben werden desgleichen die rheinhessischen Weine mit allen Besonderheiten, von der Namengebung bis zu ihren Geschmacksnuancen und Anbaukriterien. (Die Präsentation rheinhessischer Weinstuben, Probierkeller, Gutsausschänken und Straußwirtschaften bleibt einer gesonderten Veröffentlichung vorbehalten, damit die häufig wechselnden Angaben stets auf dem neuesten Stand gehalten werden können.) Eine »Spezialität« ist die erstmalige Zusammenstellung rheinhessischer Museen und ihrer weinkulturellen Ausstellungsstücke, die ausführlich erläutert werden. Dadurch wird der Zugang zu diesen Zeugnissen alter Kultur auch dem Eingesessenen eröffnet. Einzelobjekte außerhalb solcher Sammlungen sind hier ebenfalls nachgewiesen. Weitere Fakten (Informationen über Weinfeste, Weinseminare, weinkulturelle Vereinigungen usw.) sind selbstverständlicher Teil des Werkes. Eine ausführliche Bibliographie über die Themen des Buches ermöglicht vertiefende Lektüre.

Das Buch will so die Fülle des Wissens- und Sehenswerten des »Weinlandes Rheinhessen« in zeitgemäßem Gewand nahebringen, ein lebendiges Porträt entstehen lassen. Daß dies gelinge ist mein herzlicher Wunsch.

Wörrstadt/Rheinhessen, im Frühsommer 1976

Der Verfasser

Reben, so weit das Auge reicht – unter sommerlichem Himmel reift die Traube dem Weine zu.

Land und Leute

Seit jeher Durchgangsland, ist Rheinhessen durch Autobahnen heute rasch erreichbar. Das Autobahnkreuz Alzey liegt mitten im Weinland.

Unentdecktes Rheinhessen – Gelobtes Land

Eine unkonventionelle Liebeserklärung

Es ist immer wieder ein seltsames Erlebnis: Wird man als Rheinhesse, irgendwo und irgendwann, auf Reisen, jenseits des »Wein-Limes«, angesprochen, dann ist die dem gehörten Dialekt folgende Einordnung unweigerlich: »Aus der Frankfurter Gegend«, heißt es meistens. Entgegnet man hierauf ein wenig lokalpatriotisch-gekränkt: nein, aus Rheinhessen – dann reagieren manche Leute auf diesen Hinweis so, als habe man einen Landstrich in fernem Erdteil genannt. »Rheinhessen – ein unbekanntes Land . . .«?
Gibt man dann aber einige Stichworte als »Orientierungshilfen«, weiß ein jeder, wovon man spricht, woher des Wegs: »Mainzer Fassenacht« (weinbeflügelt und sektlaunig; Stadt Gutenbergs, zugleich alte erzbischöflich-kurfürstliche Residenz und Weinhandelsstadt schon der Römer), »Binger Loch« (dort, wo der Mäuseturm steht und ein besonders trinkfestes Völkchen wohnt), »Siegfried und der grimme Hagen« (zu Worms, der Stadt Luthers und der Liebfrauenkirche), »Fröhlicher Weinberg« (des in Nackenheim geborenen Carl Zuckmayer), aber auch »Volker von Alzey« (der nicht eben stocknüchtern gefiedelt haben mag, wenn es ihn gab) . . .
Und immer wieder: Die Fassenacht und rheinhessischer Wein, das sind die nach fern ausstrahlenden Botschafter rheinhessischer Lebensfreude. Sind sie nicht schöneres Erkennungszeichen als Monumentalwerke, als Ruhmestaten säbelrasselnder Feldherren, als pseudo-progressives Getümmel? Deshalb enthält auch dieses Buch keine »Chronik großer Taten«, kein »Verzeichnis berühmter Männer« und keine »historischen Gedenktage«. Denn *was in Rheinhessen denkwürdig und groß ist, kommt vom Wein oder ist er selber*. Die Ehrfurcht der Eingesessenen vor einer edlen Kreszenz ist seit jeher größer gewesen als die vor weltlichen oder geistlichen Potentaten, auch sie müssen sich der Majestät des Weines hierzulande beugen.
Doch nochmals zurück zu den »Erkennungszeichen« dieses Landes, seiner Entstehung, seinem Namen. Man glaubt nun zu wissen, was »Rheinhessen« ist: Durchgangsland am Rande der Oberrheinischen Tiefebene, wo die B 9 von berühmten Weinorten und aus der Geschichte bekannten Städten gesäumt ist, vielleicht noch: daß die napoleonische »Kaiserstraße«, die B 40, von Mainz nach Kaiserslautern (und weiter nach Paris) führt, einst schnurgerade von Kirchturm zu Kirchturm, durch mannigfache Neuanlagen nicht mehr überall im alten Verlauf, neuerdings durch die ebenfalls von Nordost nach Südwest strebende A 63 ein wenig degradiert, sie schneidend, die A 61 Krefeld–Ludwigshafen, als »Rheinhessen-Weinlinie« diagonal das Land teilend, und die A 60, parallel fast zum Rhein. Ein paar bunte Tupfer aus der Wissenskiste dazu – aber nichts, was zum Verweilen locken könnte?

Nun scheint es doch angebracht, zunächst einmal die Frage nach Herkunft und Namensentstehung zu stellen: Der Begriff »Rheinhessen« ist nicht historisch gewachsen, er weist nicht, wie Bezeichnungen für andere Bundesländer, auf einen Volksstamm hin (und ist darum nicht aus sich verständlich). Vielmehr ist er ein Verwaltungsbegriff, eine Art »Kunstname«. Denn politisch gesehen ist Rheinhessen ein sehr junges Gebilde: 1797 wurde das Gebiet in die französische Republik einverleibt (Frieden von Campo Formio und, 1801 Lunéville). Bis dahin war es nur ein zersplittertes Gebilde gewesen, an dem alle möglichen Herrschaften (Fürsten, Grafen, Freiherren, Domkapitel, Bistümer, Äbte, Klöster, kurpfälzische Oberämter, der Mainzer Kurstaat) teilhatten. Nunmehr war es bis zum Jahre 1814 nördlichster Teil des bis in die Pfalz reichenden »Département Mont Tonnerre«, und wurde als solcher durch den Wiener Kongreß (1815) und den ihm folgenden Frankfurter Reichsdeputationshauptschluß (1816) als Entschädigungs-Tauschobjekt der Provinz Hessen zugeschlagen. Der Großherzog Ludwig I. nannte sich von jetzt an »Großherzog von Hessen und bei Rhein«, und als Teil des Großherzogtums Hessen-Darmstadt erhielt das heutige Rheinhessen diesen seinen Namen offiziell im Jahre 1818. »Rheinhessen« war mithin das jenseits (= links) des Rheines gelegene Hessen, wobei das Irreführend-Kuriose war, daß hier niemals »Hessen« (Chatten) lebten.

Der neue Name mag sich nur zögernd durchgesetzt haben. Für die Bevölkerung blieb das Gebiet jenseits (südwestlich) des Mainzer Umlandes (wozu auch die Vorstädter-Gemüsebauern gehörten) »die P(f)alz«, womit das »flache Land«, »die Provinz« gemeint war, und zwar nach der Stadt hin über das Gebiet des alten kurpfälzischen Territoriums hinaus. Zur Abgrenzung vom eigentlichen Hessen, dem »Wetterau-, Äppelwoi-, Wald-, Heiner- und Hackelches-Hessen« (zu dem freilich auch der Rheingau gehörte, der aber altes Kurmainzer Gebiet ist) nannte sich das neue Gebilde inoffiziell stolz »Weinhessen«. Der Begriff »Rheinhessisches Hügelland« indessen war stets nur eine geologisch-weinbauliche Bezeichnung, umfaßte zudem nicht das gesamte Gebiet. War der Name »Rheinhessen« so zunächst ein aufoktroyierter Name, verliehen durch eine Taufe wider Willen, so nahm er doch Gehalt an durch den unter diesem Namen gehandelten Wein und wurde schließlich auch voll von der Bevölkerung des Landstrichs akzeptiert.

Dies festzuhalten hat einige Bedeutung: Nach 1945 wurde die Region Regierungsbezirk des neugebildeten Landes Rheinland-Pfalz, losgelöst von Hessen, zu dem noch mehr emotional-nostalgische Bindungen bestanden, die man später vergeblich zu realisieren versuchte. Die Verwaltungsreform veränderte seine Gestalt, bereits 1968–1970 mit Schaffung des umfassenden Regierungsbezirks Rheinhessen-Pfalz (mit den neuen Landkreisen Mainz-Bingen und Alzey-Worms) über das alte, durch die Korrektur aber unberührte Weinanbaugebiet hinaus (Hinzunahme von Orten aus dem Weinanbaugebiet Mittelrhein bis Bacharach als »Bingen-Land«, altem kurpfälzischen Territorium, andererseits politische Ausgliederung rheinhessischer Weinbaugemeinden im Nahebereich und deren Zuordnung nach Bad Kreuznach, zum Regierungsbezirk Koblenz).

Blütenträume im Wein- und Obstland der Selz bei Ingelheim. ▶

Aber so künstlich dieses Gefüge der staatlichen Entwicklung erscheinen mag, so verschiedenartig die Stammeskomponenten sind (oder was man wohl »das Volkstum« nennt) – das rheinfränkische Element freilich dominierend –, so müßte doch eine einheitliche Benennung für diesen Raum erfunden werden, gäbe es sie noch nicht. Denn von der Gestalt der Landschaft, von deren Nutzung und von der unverwechselbaren Mentalität und Mundart seiner Bewohner her ist »Rheinhessen« ein homogenes Gebilde und nichts, was zusammengestückt wäre. Der von diesem Begriff umfaßte Raum ist im Bewußtsein seiner Bewohner als einheitliche und nicht als mehr zufällige Ordnung verstanden.

Ein viel stärkeres Band noch als die genannten Faktoren ist aber dort, wo hohe Politik eine Art »Sandkastenspiele« betreibt, Kreise und Bezirke trennt und anderwärts wieder zusammenfügt, der Wein, von dem dieses Buch berichtet: Unverwechselbar nämlich ist der Wein Rheinhessens, anders ist er als die Gewächse der angrenzenden Weinanbaugebiete der Nahe, der Pfalz, des Rheingaus und der Bergstraße, eben »typisch rheinhessisch« und schon gar nicht einfach »Rheinwein«.

»Rheinhessen« – was ist das eigentlich? Vielfältig ist die Antwort:

Rheinhessen – das ist Weinland, soweit das Auge reicht. Wein wächst zwar an vielen Orten der Welt. Hier aber: Fruchtbarster Boden, und doch fast keine Gemarkung, in der nicht Rebstöcke stehen. »Weinhessen« hat man es wortspielerisch nicht nur um werbender Effekte willen genannt, sondern weil der Wein Tun und Lassen in diesem Lande bestimmt – in einer reichen geschichtlichen Vergangenheit und einer sehr lebendigen Gegenwart, vor der Kulisse der Weinberge, die man hier »Wingert« nennt und die nur an der Rheinfront wie Berge anmuten, sonst allenfalls noch an Petersberg, Kloppberg oder Wißberg im Landesinnern, darüber hinaus aber mehr »Hügel« sind, die der Region ihren Namen als (Alzeyer) »Hügelland« verliehen.

Rheinhessen – das ist, vergleicht man es mit den umgebenden Landschaften, sehr altes Land, früh besiedelt, mit großer und wechselnder Geschichte, reich an Erlebtem und reich an Früchten des Feldes, der Weinberge und der Obstkulturen. In die Kniekehle des Rheines gebettet, in den bei Bingen die Nahe mündet und der im Osten und Norden die Region begrenzt, vor rauhen Winden geschützt von Hunsrück, Taunus und allgegenwärtigem Donnersbergmassiv, im Süden die Haardt, im Osten, jenseits des Oberrheinischen Tieflandes, der Odenwald – ein selbst waldarmes, bäuerliches Land, geprägt von der Ergiebigkeit des Bodens und darum auch landwirtschaftlich ungewöhnlich intensiv genutzt – das ist der rein geographische »Steckbrief«.

Rheinhessen – das ist ideales Trockenklima, Sonne im Überfluß wie kaum anderswo, wie der Weinstock sie braucht; ». . . und am Abend lacht sie aus jedem Glas«, kündet das Schunkellied aus den Tagen der Fassenacht, die aus dem Wein geboren ist.

Rheinhessen, sagt man, hat die Gestalt eines Herzens. Es ist auch weinbaulich (nach Lage und Bedeutung) und kultur- wie allgemeingeschichtlich »Herzland«, aber ebenso, was Handel und Verkehr angeht, schon immer und heute in besonderem Maße »Drehscheibe« am Rande des Rhein-Main-Gebietes, dessen Sogkraft ausgesetzt, Eigentümlichkeit dennoch bewahrend.

Daß ein so unverwechselbarer, an der Kreuzung von alten Völkerstraßen und nun großer Autofernwege am Rhein gelegener, an Kulturzeugnissen reicher Raum unter seinem Namen oft wenig bekannt ist, mag in der historischen Entwicklung, den Besonderheiten der Namengebung, in Zufälligkeiten und manchen Unterlassungen ebenso begründet sein wie in der fehlenden touristischen Attraktivität des oft unberührten Landesinnern, abseits der Rheinstraße, erst in jüngerer Zeit nicht mehr nur an der »Strunz-Fassade« der Rheinfront dem Fremdenverkehr aufgeschlossener, nicht mehr nur »Durchgangsland«, das man durcheilt, kaum angesprochen von der scheinbaren Gleichförmigkeit des Landschaftsbildes.

Und doch ist die Behauptung, Rheinhessen fehle es an landschaftlichem Reiz, nur dann richtig, legt man herkömmlich-vordergründige Maßstäbe an. Rheinhessen ist in Wirklichkeit ein *Land verborgener Schönheit*, der Kostbarkeiten im Winkel. Sanfte weiche Schwingungen, ohne effektvolle Szenerie, keine überraschenden, theaterhaften Konturen, und launig gewelltes Land, mit vielen Gesichtern dennoch, weitem Blick über paradiesisch fruchtbare Fluren und Hänge bis zu waldbeschatteten Begrenzungen des Landes eröffnend, heiter-anmutig, am schönstem im Juni, wenn die Reben blühen, und im Herbst, wenn die Trauben gelesen werden (auch im Zeitalter moderner Weinbereitung nicht ohne Romantik). Einen Hauch Provence verspürt man im Hochsommer, und ein vielgereister Mann, aus Bayern stammend, gestand mir einmal, welch großes Erlebnis ihm eine Nachtwanderung durch sommerliche Felder sei, wenn die lastende Hitze des Tages gewichen ist, vorbei an wogendem, reifem Getreide. Und ein anderer, der viele Länder dieser Erde sah, ein Sachse, pries begeistert (und nicht des stimulierenden Weines wegen) diese seine neue Heimat: ein Land, das wie geschaffen sei zum Aquarellieren, weich und breit, aber immer wieder von Horizonten begrenzt. Ein Land für Maler, wolkenarm, von großer Lichtfülle.

Aber genau genommen sind Vergleiche (wie auch die Bezeichnung des Gebietes im Südwesten als »Rheinhessische Schweiz«) mindernd und überflüssig. Dieser Gau ist sich selbst genug, er ruht in seinem Reichtum, der materieller Art, an den Bodenbonitäten meßbar, aber auch ästhetischer Art ist: »*Reichtum der Hügel . . .*«

Das Glück des Überschaubaren ist hier zu Hause, von manchem als Provinzialismus abgetan, der aber kein geographischer, sondern ein geistiger Begriff und in seinen negativen Erscheinungsformen ebenso in der Großstadt anzutreffen ist – die kannegießernde Selbstgerechtigkeit, die geistige Nabelschau, auch in Kirchturmpolitik ausartend, und was alles sonst dazugehört. Aber das Familiäre ohne Beengtheit, das Sichkennen ohne einander zu belasten, das Miteinander-froh-sein-können, Feste feiern – wie vollendet kann man dies in Rheinhessen.

Rheinhessen – das ist darum faßliche Lebensfreude. Ohne künstliche Attraktionen, ohne aufgesetzte, manipulierte Akzente, ohne den Schema-Stil pseudoromantischer Fröhlichkeit findet sie nicht zuletzt bei den Weinfesten ihren Ausdruck, in Wort und Lied, in Zutrunk und gestenreicher Euphorie. Rheinhessen-wein schenkt Frohsinn, der die Stunde überdauert.

Rheinhessen heißt auch: Vielfalt der Erscheinungen. Unzählige Stämme sind durch das Land gezogen, viele wurden seßhaft, und der Wein hat sie zu Rheinhessen geformt. Für geistige Inzucht ist in solch weltoffenem Gebiet kein Platz. Und welche Spanne zwischen dem stolzen Reichtum der an Adelssitze erinnernden großen Weingüter am Rhein, mit ihrer Legion himmelanstrebender Weinberge mit weltberühmten Namen, und der versonnenen Waldeinsamkeit der kleinen Dörfer an den Ausläufern des Nordpfälzer Berglandes, wo die Rebe sich nur zaghaft noch zeigt. Ebenso abwechslungsreich sind nach Boden und Sorte die Charaktere der Weine, variantenreich wie in keinem anderen Weinanbaugebiet. Dem noch immer hochansehnlichen »Establishment« der konventionellen Rebsorten haben die Rebenzüchter »frisches Blut« zugesellt, das ihnen wohl bekommt, Spiel und Finesse verleiht.

Rheinhessen ist ein Land, das Entdeckungen verheißt. Es ist kein Land für eilige Sightseeing-Reisende, es sei denn, man meine die Burgen und Dome in den weltberühmten Städten entlang der Rheinstraße.

Dieses Land, in dem auch meine Vorfahren Reben pflanzten, Trauben kelterten, den Wein pflegten (und natürlich auch tranken), dieses »daheim« (Carl Zuckmayer: »wissen, wo man hingehört«) zu loben, ihm eine Art ganz unmoderner Liebeserklärung zu machen, fällt nicht schwer. Ist man kein gedungener Minnesänger des Weinumsatzes, sondern durch einen sehr nüchternen Beruf der Objektivität verpflichtet, dann ist ein wenig subjektives, herzliches Empfinden keine Verfälschung, sondern nur eine gelinde Erhöhung dessen, was wirklich ist.

Nicht nur vom Wein ist in diesem Buch die Rede – trotzdem ist es ein Buch vom Wein. Denn *in Rheinhessen ist der Wein allgegenwärtig*. Während anderswo die Rebfläche ein abgesonderter Teil der Landschaft ist, da überzieht sie die Region zwischen Mainz und dem Donnersberg, zwischen Bingen und Worms, mit einem dichten Gespinst. Wein durchdringt alles Denken und Tun in Rheinhessen, alle Wege führen über und durch ihn, so nahe das industrielle Rhein-Main-Gebiet auch ist und vielen »Pendlern« nüchterne, weinferne Arbeitsplätze eröffnet. Ein Bürgermeister, der nichts vom Weinkosten verstünde und Müller-Thurgau für einen Firmennamen hielte oder Morio für einen Schlagerstar, er wäre die längste Zeit Bürgermeister gewesen oder müßte mancherlei Anzüglichkeiten hinnehmen. Denn so sehr die Rheinhessen sonst Spaß verstehen – Weinverstand setzen sie als selbstverständlich voraus und nehmen einen, dem er fehlt, »nicht für voll«. Nicht nur die meisten Kommunalpolitiker haben ihre besten Gedanken beim Wein und beziehen von da bisweilen ihre Argumente (manche unter ihnen haben es sogar zu hohen, allbekannten Zech-Ehren gebracht), und selbst manche Entscheidung »höheren Ortes« soll weingeistiger Erleuchtung entsprungen sein. Guter Wein ist in Rheinhessen das Medium, das viele Umwege erspart. *Leben ohne Wein – das wäre einem echten Rheinhessen ein brüchiger, leerer Schlauch ...*

Es ist freilich nicht alles eitel Fröhlichkeit, was mit dem Wein zu tun hat. Wein bringt auch Probleme, Sorgen dem, der ihn baut und pflegt und davon lebt. Auch

Sonnenuntergang im herbstlichen Weinland. ▶

kann man nicht im Gestrigen verharren. Dennoch steht dem Ja zu den Möglichkeiten moderner Weinbehandlung (Urgroßvaters Wein würde uns kaum noch munden) das Bedauern gegenüber, daß manche liebenswerte Weinromantik – nicht die des Kellerschimmels, wohl aber die der Muße zum Weintrinken und was aus ihr entstand – der Vergangenheit angehört, deren Geister man am besten in Weinflaschen aufbewahrt, um sie zur rechten Stunde daraus zu befreien. (Merke: »Es steckt mehr Philosophie in einer Flasche Wein als in allen Büchern« – Pasteur).

Rheinhessen – das ist eben auch die Heimat der Weine, die vom Alltagsstreß befreien, die entspannen und das Tor zur Gelassenheit öffnen. Die Mühen eines Winzerjahres als Medizin für den gehetzten Menschen unserer Zeit, als »Anti-Frustrations-Getränk«. Solcher Wein erlöst von den Bedrängnissen des Lebens, wie es der Wahlspruch der »Weinbruderschaft Rheinhessen« meint: »In Vino Salvatio«. Wein aus dem Land der Entdeckungen, das eine Reise wert ist, Wein aus dem Land gewachsenen Frohsinns, wo – unter dem Firnis konsumsüchtiger Oberflächlichkeit – der Schalk, die fastnachtliche Weisheit noch immer gedeiht. Und so ist darum auch der Wein: als wäre er *gereift im Eulenspiegelfaß* ...

Prominenz und »Faßroller« – rheinhessische Jungwinzer auf Weinwanderung durch Deutschland.

Das Gesicht der Landschaft

Böden, Klima und Betriebe

Der erste Eindruck täuscht: Rheinhessen ist, was Gestalt, Beschaffenheit und Entstehung der Landschaft angeht, ein sehr interessantes Land. Einige wesentliche Fragmente aus der Geschichte des Werdens und der Palette seiner heutigen Erscheinungsformen mögen dies wenigstens andeuten.

Bevor der Rhein in Urzeiten die Barriere des nach ihm benannten Schiefergebirges durchbrach, bedeckten die Wasser eines riesigen Meeres den von heute noch vorhandenen Bergzügen begrenzten Oberrheingraben. Im Raum des heutigen Rheinhessen war, als das frühere Gebirge einbrach, im Tertiär das »Mainzer Becken« entstanden (so lautet die geologische Bezeichnung) – eine »schüsselartige Mulde«. In diesem Meer gab es (im Südwesten Rheinhessens) Inselgruppen, um die herum Austern siedelten. Schnecken, Muscheln, Haie und Seekühe lebten in diesem Meer, Funde bei Alzey-Weinheim, Neu-Bamberg, Hackenheim zeugen davon. Aus absterbenden Meerestieren und feinem Schlamm, der sie bedeckte, entstand damals der für das innere Rheinhessen charakteristische schwere, hellgrüne Letten (Septarien- oder Rupelton).

Durch neue Verschiebungen der Erdrinde wurde das »Mainzer Becken« vom Nord- und Südmeer abgeschnitten. Es entstand ein Seen- und Sumpfgebiet. Schleichsand (heute als wasserführende, Bergrutsche verursachende Schicht problematisch) lagerte sich über der Tonschicht ab, zufließende Flüsse und Bäche trugen den Letten hinzu. Dann strömte das Meer zum zweitenmal in das Becken ein. Es setzte Schneckensteinschichten ab (Kalkstein, Grundlage der Zementwerke), das Meer verlandete allmählich, und an seiner Stelle verblieb eine gewaltige Kalkplatte.

Unvorstellbare Erschütterungen folgten nach, zerstörten die Erdkruste und zerteilten die Kalkplatte in riesige, gegeneinander verschobene Schollen (»Bruchschollengebiet«). So entstand aus dem »Mainzer Becken« das »Rheinhessische Hügelland« – aufgebaut aus Gesteinen des Tertiär, zum Rhein hin durch Steilstufen und Niederungen abgegrenzt, mit nur allmählichem Höhenanstieg vom »Wonnegau« zum »Alzeyer Land« hin, steiler von den Terrassen des Naheberglandes her, im Süden vom Eisbachtal umrandet, landschaftlich deutlich gegen die umgebenden Regionen abgesetzt.

Das Ausmaß der Veränderungen in der Entstehungszeit dieses Gebietes läßt sich beispielsweise daran zeigen, daß der Wißberg einst Boden der Oberrheinebene war und heute das Wiesbachtal beherrschend überragt. 220–250 Meter Höhe über dem Meeresspiegel weisen die Hochflächen aus (im Westen bis zu 300 m), 80–90 m beträgt die Meereshöhe der Mainzer Altstadt.

Es wäre müßig, hier dem Streit der Gelehrten nachzugehen, ob man das »geologische Rheinhessen« nun »Hügelland« oder »Hochflächenlandschaft« heißen solle oder »Tafel- und Hügelland«. Es ist jedenfalls eine gewellte Hochfläche mit mehreren Senken und einzelnen, herausragenden Erhebungen, ausgedehnten, oft völlig ebenen Ackerflächen, unterbrochen von breiten Tälern und Mulden, abrupt oder weich an die Hochflächen ansetzend: Eine keineswegs monotone, sondern auch durch Bebauung und Besiedlung wie erdgeschichtlich selbst für den Laien reizvolle Landschaft.

Auch die Fruchtbarkeit Rheinhessens hat ihren Ursprung in jenen Perioden: In den Eiszeiten, die der skizzierten Entwicklung folgten, trugen Staubstürme fruchtbaren Löß (gelbbraunen Steppenstaub, herrührend von Schlamm, den die Schmelzwässer der Gletscher im Norden und Süden Deutschlands abgelagert hatten), in das Land, mit bis zu 15 m mächtiger Decke die Kalkböden bedeckend. Dieser Löß ist die Krume, aus der Rheinhessens »Reichtum der Hügel«, in Bodenbonitäten ausgedrückt, im Wein besonders sinnfällig repräsentiert, letztlich kommt.

Kein Wunder, daß dies ein früh besiedeltes Land war: Die ersten Spuren finden sich aus der Altsteinzeit in Gestalt einer Siedlung auf dem Linsenberg bei Mainz, deren Alter auf 80 000 Jahre geschätzt wird; nachhaltig ist die Besiedlung in der Jungsteinzeit (3000–1800 v. Chr).

Nur wenige, überwiegend intensiv weinbaulich genutzte Bergkuppen erheben sich aus den Tälern: Der Eichelberg bei Fürfeld (mit 320 m die höchste Erhebung Rheinhessens), der Wartberg bei Alzey, der Ahrenberg bei Nack (beide 290 m), das Hörnchen – Jakobsberg – bei Dromersheim, der Westerberg bei Ingelheim (beide 273 m), der Wißberg bei Gau-Bickelheim und der Galgenberg bei Neu-Bamberg (beide 271 m), die Napoleonshöhe bei Wolfsheim (270 m), der Bleichkopf bei Jugenheim, der Petersberg bei Gau-Odernheim und der geologisch zum Rheinischen Schiefergebirge gehörende Rochusberg bei Bingen (alle drei 246 m hoch), der Steigerberg bei Wendelsheim (227 m), der Bosenberg bei Bosenheim (226 m hoch).

Sonst finden sich nur »Hügel« (und eigentlich keine Wein-»Berge«). Hingegen eröffnen sich im Südwesten Rheinhessens steile, romantische Waldschluchten mit klaren Bächen und einsamen Mühlen (so bei Wendelsheim/Nieder-Wiesen und bei Wöllstein/Neu-Bamberg/Fürfeld), aber fast immer noch von der Rebe begleitet. Nur dort, wo sich die Ausläufer des Pfälzer Berglandes an die rheinhessische Plateaulandschaft anschließen, sind noch zusammenhängende Waldungen, dort entspringen auch die meisten Wasserläufe des sonst quellarmen Landes. »Rheinhessische Schweiz« hat man das Landschaftsschutz- und Naherholungsgebiet um die Orte Bechenheim, Bornheim, Eckelsheim, Erbes-Büdesheim, Flonheim, Fürfeld, Gau-Bickelheim, Gumbsheim, Lonsheim, Nack, Nieder-Wiesen, Neu-Bamberg, Offenheim, Siefersheim, Stein-Bockenheim, Tiefenthal, Wendelsheim, Wöllstein, Wonsheim genannt.

Kleinere Waldinseln sind über das Land verstreut: Rochus- und Scharlachberg bei Bingen, Lennebergwald bei Mainz, Kiefernwaldungen zwischen Budenheim und Heidesheim, Ober-Olmer Wald, Kühkopf (Rheininsel bei Guntersblum), Auwälder an den Ufern und auf den Inseln des Altrheins, Vorholz bei Offenheim,

Erholsame Landschaft der »Rheinhessischen Schweiz« · Neu-Bamberg mit malerischer Burgruine.

Oswaldhöhe bei Bornheim, die Hemm bei Lonsheim, Schauinsland bei Flonheim, Neuborn bei Wörrstadt, daneben kleinere, teils nur holzwirtschaftlich, teils als Naherholungsgebiet genutzte Wäldchen. Der Anteil der Waldfläche in Rheinhessen beträgt 3,3 %.

Gaben zwar auch in früheren Jahrhunderten Felder und Wingertzeilen Rheinhessen das typische Gepräge (»Goldne Saaten in den Tälern, auf den Bergen edler Wein«, besagte ein altes Lobgedicht), so waren doch, wie die Chroniken berichten, Gehölze noch kurz vor der Französischen Revolution weit häufiger, ebenso stattliche Einzelbäume (Nußbäume, Pappeln und Ulmen): Rheinhessen war eine, auch mit Brüchen und Seen bedachte, parkartige Landschaft. Ein ausgesprochenes »Waldklima« gab es hier freilich nie, wenngleich prähistorische Funde auf vorübergehende Bewaldung mit Eichen, die neben Steppenheideflächen standen, schließen lassen.

Daß der Wald auch in Gehölzform fast völlig fehlt, ist aber nicht nur klimatisch bedingt, sondern auch Ausfluß der betont materialistischen Denkungsart der Bewohner, die Nutzwert über ästhetischen Wert stellen. Der Boden ist dem Landwirt und Winzer zu kostbar, um ihn an »Nutzlosigkeiten« (wie Bäume) zu vertun. Jedes Fleckchen Erde wird »genutzt«, was höher ist als Korn und Rebe muß weichen, zumal Bäume der maschinellen Bewirtschaftung hinderlich sind. Wo die Landespflegebehörde nicht rechtzeitig Einhalt gebietet, wird oft »des Guten zuviel getan«: Rheinhessen sind »Baummörder«, man sucht vor der im Hochsommer sengenden Sonne lieber im Kleinbus Schutz als unter dem heimeligen Apfelbaum. Das Land wird, bei sinkendem Grundwasserspiegel, zur »Kultursteppe«, die den eiligen Reisenden äußerlich kaum anspricht, mag auch die Rebe als Tiefwurzler und »Sonnenpflanze« nicht benachteiligt sein.

Nicht nur Bäume, auch Sträucher und Feuchtgebiete sind selten. Große Teile Rheinhessens sind ausgesprochene, sehr trockene Karstgebiete, zumal da der größte Teil der Niederschläge in der warmen Jahreszeit fällt und darum leichter verdunstet. Allzu große Trockenheit verhindert lediglich die erwähnte, ausgedehnte Lößdecke. Sie gleicht die jahreszeitlich und niederschlagsbedingten Schwankungen im Wasserhaushalt aus.

Diese optisch wie ökologisch bedauerlichen Folgen allzu intensiver Nutzung fruchtbaren Bodens wurden durch andere menschliche Eingriffe (wie Flurbereinigung, Straßenbau, Siedlung, Energietrassen, Gruben) verstärkt. Hier in Zusammenarbeit mit der Landespflege einen vernünftigen Kompromiß zwischen wirtschaftlichen Notwendigkeiten und ökologisch Vertretbarem zu finden, ist man inzwischen lebhaft bemüht. Die Schaffung von Landschaftsschutz- und Naturschutzgebieten ist ein Teilergebnis dieser Bestrebungen, die auch für das Gesicht der rheinhessischen Landschaft und ihre weinkulturelle Ausstrahlung so wichtig sind.

Mehrere Wasserläufe, hie und da von restlichen Mühlen und alten Weiden bestanden, einige von neu bepflanzten Pappelreihen gesäumt, durchziehen Rheinhessen: Von Südwesten nach Nord durchläuft die Selz das gesamte Gebiet, bei Morschheim/Orbis entspringend und bei Ingelheim in den Rhein mündend. Sie und die Pfrimm entspringen im wald- und regenreichen Nordpfälzer Bergland. Aus dem Alsenz-Glan-Gebiet kommen auch Wiesbach und Appelbach (beide in die Nahe mündend: bei Grolsheim und bei Ippesheim). Nur der Altbach, wie die Pfrimm nach Osten, zum Rhein hin führend, entspringt in Rheinhessen selbst, nämlich bei Flomborn; bei Westhofen vereinigt er sich mit dem dort in einer gestauten Quelle entspringenden, alsdann namengebenden Seebach.

Die natürlichen Voraussetzungen für den Anbau der Rebe sind in Rheinhessen ideal. Die Mannigfaltigkeit der Geschmacksprägungen hier erzeugter Weine ist nicht nur durch die zahlreichen Rebsorten (s. dazu S. 93 ff.), sondern auch durch die Vielfalt der Böden bedingt. Zudem: Dieselbe Rebsorte bringt auf verschiedenen Böden unterschiedliche Weine hervor, gedeiht anders, hat »Bodenansprüche«. Auch dringt die Rebe, als Tiefwurzler, in trockenen Jahren bis zu 10 m tief ein, und die Bodenschichten, aus denen sie die mitbestimmenden Nährstoffe holt, sind oft selbst dem Winzer unbekannt. Abgesehen von Klima, Rebsorte- und Weinbehandlungs-Qualität sind die Bodenarten wesentliche, die Art der Weine mitbestimmende Faktoren. Nicht zuletzt ist auch die Bodenbeschaffenheit wichtig für die Versickerung der Niederschläge, die Aufnahme der Bodenwärme und die Bekämpfung der Reblaus, des hartnäckigsten Feindes der Rebe. Die für das rheinhessische Weinanbaugebiet wichtigsten Böden sind folgende:

Die Weinberge sind zum großen Teil auf den Kalkstufen des Plateaus angelegt. Schwer und dicht sind die Mergel und Kalkböden der Tertiärformation (»Tertiärböden«), insbesondere die Letten mit Quarz- und Kalkbestandteilen, Rupel- oder Septarienton: so auf den Höhenzügen (Bosenberg, Wißberg) und in den Gemarkungen Wöllstein, St. Johann, Welgesheim, Zotzenheim, Vendersheim, Biebelsheim.

Ähnlich, teilweise mit sehr hohem Kalkgehalt, fest und undurchlässig ist der Cyrenenmergel. Seine verwitterten obersten Lagen ergeben hohe Weinerträge, aber auch oft sehr blumige Weine: diese Schichten trifft man bei Ingelheim, Gau-Algesheim, Dromersheim, Aspisheim, Jugenheim, Bubenheim, Schwabenheim, Groß-Winternheim, Elsheim, Sprendlingen, an Bosenberg und Wißberg an.

Ein guter Standort für Reben sind auch die Cerithienschichten (Oppenheim, Nierstein).

Mit devonischen Quarziten durchmengter Schieferboden findet sich in Randgebieten des rheinischen Schiefergebirges (Rochusberg und Scharlachberg bei Bingen). Zerfallender Schiefer, kalkfreier, humoser, steiniger Lehmboden (Quarzit- und Schiefer-Verwitterungsboden) bedingt gute Durchlüftung, leichte Wasserzirkulation und schnelle Wärmeansammlung. Stahlige, kräftige Hochgewächse mit pikanter Fruchtsäure gedeihen auf diesen Böden.

Das für aromatische Weine besonders günstige Rotliegende (Quarzporphyrböden) findet sich in Nierstein, Nackenheim, ebenso im Südwesten (bei Neu-Bamberg, Siefersheim, Frei-Laubersheim, Fürfeld), ferner bei Alzey-Weinheim, Biebelnheim. Es handelt sich hauptsächlich um aus Sandstein und Schieferton (Sedimentgestein) sowie auf Gesteinen magmatischen Ursprungs entstandene Böden, die meistens tiefgründig und kalkarm oder kalireich sind. Sie nehmen die Sonnenwärme besonders gut auf, speichern sie, in feuchten Jahren auch überschüssiges Wasser. Würze, Frucht und Fülle kennzeichnen die dort angebauten Weine.

Vorzüglicher Weinbergsboden ist der Löß, der hauptsächlich im Windschatten der Hügel anzutreffen ist (s. dazu S. 24). So auf den Mergel- und Kalkschichten in den Rheinlagen zwischen Osthofen und Oppenheim, zwischen Gau-Algesheim und Ingelheim, sowie auf Ton bei Bingen.

Am Nordrand des Plateaus, westlich von Mainz bis Gau-Algesheim, zwischen Finthen und Bodenheim auf die Hochfläche (Kiefernwaldungen) übergreifend, auch bei Gimbsheim und Eich, trifft man auf kalkhaltige Flugsandböden. In trockenen Jahren leiden sie unter Wassermangel, so daß die Weine einseitig alkoholreich werden können.

Schließlich sind noch die Kies- und Schotterböden im rheinhessischen Nahegebiet – vereinzelt auch im inneren Rheinhessen – zu erwähnen.

Klimatisch ist Rheinhessen ein Teil der oberrheinischen Tiefebene, der »Wärme- und Trocken-Insel Deutschlands«, obwohl von dieser im Hügelland klar abgegrenzt. Die günstigsten klimatischen Bedingungen sind für die Rebe freilich zwischen dem 34. und 45. Breitengrad gegeben. Die äußerste Grenze, bei der man die Rebe noch antrifft, bildet der 51. Breitengrad. Obwohl somit das rheinhessische Weinanbaugebiet nahe der nördlichen Grenze des Weinbaus liegt (49. bis 50. Breitengrad: dieser ist auf dem Gehweg am Gutenbergdenkmal in Mainz in Metallstreifen markiert), sind große Trockenheit, reichliche Sonnenscheindauer und große Wärme dem Weinstock derart günstig, daß auch die klimatischen Verhältnisse als optimal bezeichnet werden können.

Rheinhessen ist nämlich eines der vier großen Trockengebiete Deutschlands. Vom Südwesten der Region abgesehen, beträgt der jährliche Niederschlag im Durchschnitt 500 bis etwa 550 mm, ist also für deutsche Verhältnisse gering. Hunsrück und Pfälzer Bergland (Donnersberg) halten die feuchten Westwinde ab, »der Regen bleibt in den Bergen hängen«, die auch Windschutz geben, und die einströmenden Meeresluftmassen steigen erwärmt, aber regenarm nach Rheinhessen ab, die Wolken lösen sich auf und bringen nur noch geringe Niederschläge. Größere Regenfälle sind fast nur durch Wolkenbrüche und sommerliche Gewitterregen zu verzeichnen, die allerdings in den Weinbaugemeinden mit Steilhängen (Nackenheim, Nierstein, Oppenheim) oft beträchtliche Abschwemmungen verursachen. Die ebenfalls dadurch bedingten Ausspülungen führen zur Bildung der charakteristischen Hohlwege (hierzulande »die Hohl« genannt, bei der Flurbereinigung meistens beseitigt, weil schlecht befahrbar). Insofern ist das rheinhessische Hügelland in Rheinland-Pfalz am stärksten durch Bodenerosion gefährdet. Man ist deshalb bei der Flurbereinigung besonders auf die Anlage eines Wege- und Rinnen-Systems bedacht, das die schnelle Ableitung von Starkregenwasser gewährleistet. Sehr trocken sind im allgemeinen die Nachsommer.

Rheinhessen hat ein Becken- und Rebbauklima klassischer Form aufzuweisen, an der Grenze zum Steppenland (Steppenpflanzen sind beispielsweise die Steppenkirsche auf dem Petersberg bei Gau-Odernheim und dem Rothenberg bei Nackenheim, das zierliche Johanniskraut bei Sprendlingen, Zotzenheim und auf dem Jakobsberg bei Ockenheim, Kuhschelle, Hügelanemone auf dem Höllberg bei Siefersheim/Neu-Bamberg und viele andere; erwähnenswert sind auch die Steppenelemente des Mainzer Sandgebietes).

Das Weinanbaugebiet Rheinhessen hat auch, wie schon erwähnt, die höchste Sonnenscheindauer aller deutschen Weinanbaugebiete – ein ganz wesentlicher Faktor! Da sich die Hügel und Hochflächen nur etwa 100 m über die wärmste Gegend Deutschlands, die oberrheinische Tiefebene, erheben, sich nach Süden zu diesem hin öffnen und das Land an seinen Grenzen – besonders nach Südwesten und Nordwesten – von schützenden Höhenzügen umrandet wird (die über den Bergzügen aufsteigenden Luftmassen erwärmen sich über Rheinhessen föhnartig), ist auch die durchschnittliche Jahrestemperatur sehr hoch: Oppenheim ist nach Frei-

burg i. Br. die »heißeste weinbautreibende Stadt Deutschlands« (Mitteltempera-
tur von 9,8 °C), in Mainz überschreitet sie 10 °C, in Worms reicht sie nahe an diese Grenze heran, während die Orte im inneren Rheinhessen durchschnittliche Jah-
restemperaturen von 8 bis 9 °C erreichen.

Winter und Herbst sind im allgemeinen mild (allerdings richten Nachtfröste im
Frühjahr in tiefer gelegenen Lagen oft verheerende Schäden an). Hierzu kommt,
daß der phänologische Frühling (der nach dem Erscheinungsbild in der Natur be-
messene) in Rheinhessen schon Mitte April beginnt. Die Gegenden von Mainz und
Worms gehören der I. Zone an (21.–24. April), der überwiegende Teil des Landes
(bis auf den Südwesten und einige höher gelegene Bezirke) wird zur II. Zone ge-
rechnet (25.–28. April). Dagegen hält der Herbst erst verhältnismäßig spät seinen
Einzug. Daraus ergibt sich eine Vegetationszeit von etwa 230 Tagen. Auch hierin
wird Rheinhessen von keinem anderen deutschen Weinanbaugebiet übertroffen –
eine für die Reifemöglichkeiten der Trauben bedeutsame Tatsache.

Angesichts solch günstiger natürlicher Grundlagen nimmt es nicht wunder, daß
Rheinhessen überwiegend eine äußerst intensiv genutzte Agrarlandschaft geworden und geblieben ist und Industrieansiedlungen, obwohl gewerbesteuerlich erwünscht, vergleichsweise gering blieben: fast 80 % der gesamte Fläche des Gebietes sind landwirtschaftlich genutzt. Durch die Güte der Böden und deren Taug-
lichkeit für fast jeden Anbau ist Rheinhessen, wie einst in Hessen-Darmstadt, so
auch in Rheinland-Pfalz die steuerkräftigste Region. Als »über die maßen fruchtbar an Wein und Kornfrüchten« pries schon Merian das Land in seiner »Topographia Germaniae«.

Andererseits ist der ländliche Raum mit Wohnsiedlungen durchmischt (Arbeiter,
Angestellte, Beamte, Freiberufliche), darunter viele Nebenerwerbler und Pendler,
die im Industrieballungszentrum des Rhein-Main-Gebietes oder in der Landeshauptstadt ihren Erwerb finden. »Arbeiterbauern« und »Freizeitlandwirte« sind
typisch für Rheinhessen, neben den wenigen »großen Bauern«. Rein landwirtschaftliche Gemeinden, die nur der Versorgung des ländlichen Raumes dienen,
sind selten geworden.

Während sich aber im Jahre 1929 rund 52 % der gesamten landwirtschaftlich genutzten Fläche in den Händen der Betriebe mit einem Besitz von 5–20 ha befanden, ist der Schrumpfungsprozeß, der Trend zum Großbetrieb, unaufhaltsam,
auch der Anschluß an Genossenschaften nimmt zu. So hat beispielsweise die Zahl
der größeren Betriebe von 1902 bis 1972 (also binnen 70 Jahren) um 31 % zuge-
nommen und hat die Zahl der Weinbaubetriebe von 1972 bis 1980 um 25 % abgenommen. Diese Strukturwandlung, in allen entwickelten Ländern der Welt zu beobachten, ist zwangsläufige Folge zunehmender Technisierung, steigender Erzeu-
gungskosten und dadurch bedingter Rationalisierung. Einschließlich der Neben-
erwerbs-Winzer gibt es aber noch immer 11 203 Winzerbetriebe in Rheinhessen
(1979). Die Rebfläche der hauptberuflich bewirtschafteten Betriebe liegt bei rund
4 ha und somit weit über den Betriebsgrößen anderer deutscher Weinbaugebiete.

Rheinhessen ist das »*Land der Traube und der Ähre*«. Reben an den Hängen und
Korn auf den Plateaus gaben einst das landschaftstypische Bild ab. Eine gewisse

Verschiebung und Ergänzung des Gefüges, vor allem auch durch den Zuckerrüben- und Braugerstenanbau, ist freilich eingetreten, zumal da die Neuzüchtungen auch in tiefer gelegenen, flacheren Lagen reife Trauben hervorbringen. Unter den Sonderkulturen ist neben dem Weinbau im übrigen der Anbau von Obst, Spargel und Gemüse in der Rheinebene zwischen Mainz und Ingelheim, im Mainzer Umland und verstreut auch im übrigen Rheinhessen zu nennen. Kirschen, Aprikosen, Pfirsiche gedeihen dort vorzüglich.

Der Weinbau ist die älteste landwirtschaftliche Intensivkultur des rheinhessischen Raumes. Er hat die Landschaft unmittelbar und mittelbar geformt. Die Rebe prägt das Gesicht der Landschaft, von Autobahnen und Bundesstraßen oft kaum im wirklichen Ausmaß erkennbar: Die im Ertrag stehende Rebfläche betrug noch im Jahre 1903 = 11 676 ha, wuchs bis zum Jahre 1930 auf 13 470 ha an, verringerte sich durch den 2. Weltkrieg (1950: 10 593 ha) und erweiterte sich alsdann wieder beträchtlich (1957 = 13 584 ha, 1965 = 16 005 ha, 1977 = 20 593 ha, 1981 = 21 245 ha). Während sich so die Rebfläche in einigen Regionen Rheinhessens in diesem Jahrhundert verdoppelte (wie im Gebiet des heutigen Landkreises Alzey-Worms), verringerte sie sich im selben Zeitraum in den traditionellen Hangweinlagen der Gemeinden Bingen, Ingelheim und Oppenheim um 20 bis rund 50 % (teilweise werden diese, wie z. B. am Scharlachberg bei Bingen, nach langer Ödzeit nach und nach wieder erschlossen). Rebflächen, die weniger aufwendig zu bewirtschaften sind, werden bevorzugt. Der hohe Anteil der Weinbaufläche an der landwirtschaftlich genutzten Fläche insgesamt (fast 30 %) wird in Deutschland nirgendwo sonst errreicht.

Überall in Rheinhessen wird die Rebe angebaut. Schon ein altes Wort besagt, jeder Rheinhesse sei ein Winzer. Tatsächlich weisen von 136 Gemeinden nur 2 keinen Weinbau auf: es sind dies die »Korbmacher«-Gemeinde Hamm und das bäuerliche, hochgelegene Hochborn (wo aber gleichwohl Winzer zu Hause sind, deren Weinberge jedoch außerhalb der Gemarkung liegen).

Nicht übersehen werden darf dabei aber auch ein anderes rheinhessisches Charakteristikum, nämlich, daß in keinem anderen Weinanbaugebiet die Gemischtwirtschaft so stark vertreten und Weinbau als Monokultur, trotz der großen Ausdehnung der Rebfläche insgesamt, so selten anzutreffen ist. Der »Gemischtbetrieb« ist typisch für Rheinhessen.

Hohe Anforderungen stellen die weinbautechnischen, kellerwirtschaftlichen und kaufmännischen Probleme eines Weinbaubetriebes. Eine umfassende Ausbildung ist daher berufsnotwendig: 3 Jahre weinbauliche Berufsschule (zugleich praktische Ausbildung in einem anerkannten Weinbaubetrieb), 2 Jahre Fachschule (Betriebsleiterschule) und zuletzt die Winzermeisterprüfung, zusätzlich oft noch der Besuch der Weinbautechnikerschule oder das Studium an einer landwirtschaftlichen Hochschule. (Zur Vermarktung der Weine vgl. die Übersicht auf S. 433.)

Das Gesicht der Landschaft wäre unvollständig gezeichnet, würden nicht die Weindörfer, als Siedlungs- und Weinpflegestätten, in ihren landschaftstypischen Erscheinungsformen erwähnt.

Land der Rebe und der Ähre. ▶
Spätsommertag im südwestlichen Winkel der Region.

Grundtyp ist das fränkische Straßen- oder Gassendorf, wie es sich überwiegend in den Tälern und an den Hängen findet, aber auch Haufendörfer, unter den Ansiedlungen einige Marktflecken (in napoleonischer Zeit Kantonsorte), während die wichtigen Straßen früher über die unbesiedelten Hochflächen führten (berühmt war die von Worms über Gau-Odernheim, Wörrstadt, Ober-Hilbersheim führende Pilgerstraße, einst Römerstraße, während der Verkehr sich mehr in die Täler verlagert hat).

Oft sind noch Umgrenzungen erkennbar (wie Graben, Wall, »Gebück« oder Reste fester Mauern). Die rheinhessischen Hofreiten, mit Längs- oder Giebelseite zur dichtbebauten Straße hin, waren einst überwiegend zweistöckig, mit überdachtem, zweiflügeligem Torabschluß, Wohnhaus und Stallungen im Viereck um den Hof gruppiert, von der Scheune zur Rückseite abgeschlossen. Es sind Backsteinbauten, auch Lehm und Stroh in den alten, einfacheren Bauernhäusern, mit bunten Ziegeln gedeckt, seltener Schiefer. Selten sind es besonders schmucke oder gar herrschaftliche Höfe (einige »reiche Dörfer« ausgenommen), da der gute Boden kaum Zeit für schmückende Ausgestaltung oder stilistische Feinheiten ließ. Nicht viel hat die moderne Zeit daran geändert, einige Aufstockungen vielleicht, Anbauten, auch Aussiedlerhöfe in der Gemarkung. Schlösser oder Ansitze waren zwar vorhanden, aber bescheidener Art, sie wurden oft nach dem Zerfall von den Bauern abgebrochen und »verwertet«.

So rundet sich das Bild des Weinlandes Rheinhessen im Zusammenklang von Landschaftsform, Bodenbeschaffenheit, Klima, landwirtschaftlicher Nutzung und Besiedlung.

*Stattliche Höfe und zur Einkehr ladende Weinstuben umgeben
die Plätze im Ortskern der Dörfer, hier in Gau-Bickelheim.*

35

Rebenland seit Römerzeiten

Zur Geschichte des Weines in Rheinhessen

In seinem dreibändigen Lebenswerk hat Geheimrat von Bassermann-Jordan die Weinkultur-Historie umfassend aufgezeichnet. Vor diesem Hintergrund also bekannter Funde, Entwicklungen und wissenschaftlicher Folgerungen allgemeiner Art sollen hier vornehmlich die Besonderheiten, wie sie sich für das Gebiet des heutigen Rheinhessen ergeben, chronologisch in ihren typischen Erscheinungsformen dargestellt werden.

Die Anfänge des Weinbaus reichen bis in sehr frühe Perioden der Menschheitsgeschichte zurück. Sie genau zu datieren ist uns nicht möglich. Wo Reben wuchsen, wurde aber nicht stets auch schon Wein erzeugt: Die eingeschlechtige Wildrebe (vitis silvestris) gedieh schon früh in Mitteleuropa; in den Auwäldern des südlichen Mittelrheines (und in einigen Exemplaren auch in der früheren Rebzuchtanstalt Alzey) war sie noch lange beheimatet. Schon in Braunkohlenschichten des Tertiärs fand man im Rhein-Main-Gebiet Überreste der Urreben (Samen), ebenso Traubenkerne in Speiseresten der Pfahlbauten.

Daß nicht die Rebe nach Rheinhessen »gewandert« ist, gilt darum als gesichert. Auch darf man die zahlreichen Formen der Wildrebe als Stammformen der Kulturrebe (und nicht nur als deren verwilderte Abkömmlinge) ansehen. Dennoch kannten die im Mainzer Raum ansässigen Kelten und Germanen Wein nur durch Import aus dem römischen Imperium, nicht aus eigener Erzeugung. Lange bevor die Legionen um 50 v. Chr. an den Rhein vordrangen (100 v. Chr. gründeten die Römer das Lager Mogontiacum = Mainz, ältester Beleg = 44 n. Chr.; für 223 n. Chr. ist der vicus Altiaiensium = Alzey nachgewiesen), herrschte nach Cäsars Berichten bereits ein reger Handel zwischen gallischen und römischen Kaufleuten einerseits und den auf beiden Ufern siedelnden Germanen andererseits. Transportgefäße waren die mit Wachs versiegelten Dolien, vielfältig in den rheinhessischen Museen zu besichtigen und untrügliche Zeugen für diese Geschehnisse. Verschiedene Stämme – so die Sueben – duldeten die Weineinfuhr allerdings nicht, weil der Genuß des Rebensaftes verweichliche.

Daß vor der römischen Besetzung des Landes die Rebkultur hier noch unbekannt war, bezeugt Tacitus um 100 n. Chr. Den Legionären mag hernach der Weintransport aus der Heimat zu teuer geworden sein. Vielleicht war es aber auch eine von solchen Motiven ganz unabhängige Entwicklung, die frühestens gegen Ende des 1. Jh. n. Chr. dazu führte, daß die Rebkultur – diese, nicht die Rebe selbst – aus dem Süden nach Rheinhessen gelangte und hier die ersten Weinberge angelegt wurden: Nämlich aus dem Gebiet des 600 v. Chr. gegründeten griechischen Massalia (Marseille) die Rhône aufwärts, durch die Burgundische Pforte, entlang der alten Handelsstraße, die am linken Rheinufer von Straßburg über Speyer nach Mainz führte. Als weniger wahrscheinlich gilt, daß der Weg längs der Haardt über

Dürkheim und Alzey nach Bingen führte, über die damalige Bergstraße, oder daß die Rebkultur, ursprünglich griechisch-gallischer Prägung, nicht auf den von Süden nach Norden ziehenden Straßen Eingang fand, sondern direkt von den Kelten über die moselländischen Trevirer (zumal da Nordgallien zu jener Zeit noch keinen Weinbau aufwies).

Diese sehr langsame Ausbreitung der Rebkultur in der Regierungszeit der Kaiser Hadrian, Antoninus Pius und Marc Aurel, die erst gegen Ende des 2. Jh. n. Chr. den rheinhessischen Raum erreichte, wird vor allem durch die linksrheinisch gefundenen römischen Münzen gallischer und spanischer Herkunft sowie durch die charakteristischen griechischen Winzermesser (mit der beilartigen securis) bezeugt. Einige Wahrscheinlichkeit hat dabei die Annahme für sich, daß die erwähnten einheimischen Wildreben mit Kulturreben aus dem Mittelmeerraum gekreuzt wurden. Früh schon hatte man zwar im römischen Mutterland die Konkurrenz des in Germanien erzeugten Weines gefürchtet, weshalb Domitian um 90 n. Chr. ein Edikt erließ, das die Ausdehnung des Weinbaus zugunsten des Getreideanbaus beschnitt. Diese Verordnung wurde aber nicht allzu streng gehandhabt. Kaiser Probus – den man darum fälschlich als den Begründer des Weinbaus im hiesigen Raum ansah – hob sie um 280 n. Chr. wieder auf.

Für diese Anfänge des eigentlichen Weinbaus im heutigen Rheinhessen gibt es einige sehr beachtliche Fundnachweise: Im Jahre 1898 wurden in der Spritzengasse zu Mainz im Bronzegefäß (Beigabe) eines römischen Grabes 8 Traubenkerne gefunden. Sie dürften als Beleg für Rebpflanzung anzusehen sein. Allerdings wurde gelegentlich eingewandt, dies sei nicht unumstößlich, da bekannt ist, daß auch getrocknete Trauben aus dem römischen Heimatland eingeführt wurden. Indessen: Warum sollten die Römer die beschwerliche Einfuhr von Rosinen dem Anbau der Rebe in Germanien vorgezogen haben? (Der Grabfund wurde leider im Altertumsmuseum der Stadt Mainz durch Kriegseinwirkung vernichtet.) Auch die ältesten Rebenfunde in Deutschland stammen aus Mainz: Im März 1857 stieß man in der Großen Emmeransgasse in römischer Kulturschicht auf 3 Ruten der Weinrebe (an die Rieslingrebe erinnernd), außerdem fand sich eine Rebe vom Hochstamm und ein Rebwurzelstück (dies – meint Bassermann-Jordan – könnten freilich auch importierte Reben, als »Zuchtruten« benutzt, gewesen sein).

Allseits anerkannte Beweisstücke für den damals schon recht intensiven Weinbau sind im übrigen Karste, Winzermesser (falx) und Keltern aus jener Zeit: Nicht nur die bewehrten Kastelle Alzey, Bingen und Kreuznach entstanden im »Einzugsbereich« der Legionsfestung Mainz. Auch das offene Land wurde in den ruhigen Zeiten römischer Herrschaft zunehmend weiter besiedelt. Hier waren es die vici (meistens aus keltischen Kleinsiedlungen hervorgegangen) und die an sonnigen Südhängen erbauten, von wohlhabenden römischen Offizieren und Beamten bewohnten Meierhöfe (villae rusticae), von denen aus die Rebkultur sich ausbreitete. Im Gegensatz zu den am Limes gelegenen kleineren Gütern der Veteranen waren diese Villen überwiegend unterkellert. Es gab sie beispielsweise in Nierstein, Gau-Bickelheim, Dautenheim, Pleitersheim. Flurbezeichnungen und die beiden einzigen »-weiler«-Orte Rheinhessens (Horrweiler und Lörzweiler) erinnern ebenfalls an die – nach der Römerherrschaft wieder aufgegebenen – »villari«.

Die hier wohnenden Römer waren die weinbaulichen Lehrmeister der kelto-germanischen Bevölkerung. Daher rührt auch, daß fast der gesamte ältere Wortschatz des Weinbaus und der Kellerwirtschaft römischen Ursprungs ist, so etwa Keller = cellarium, Küfer = cuparius, Bütte = botona, Most = mustum, Flasche = flasca, Winzer = vinitor, Legel = lagella (Fäßchen) und viele andere.

Angesichts solch überzeugender Nachweisungen ist es ohne Belang, ob auch die sehr eindrucksvollen, ästhetisch ansprechenden steinernen Dokumente römischer Weinkultur in Rheinhessen für den Anbau der Rebe sprechen oder sich lediglich aus allgemeiner Verehrung des Weines erklären (wie beispielsweise die im Mittelrheinischen Landesmuseum zu sehenden Grabdenkmäler oder der Dativiusbogen – s. S. 60) und wie es sich mit den Weinbehältnissen verschiedenster Art aus jener Zeit verhält: ob sie einheimischen oder importierten Wein enthielten (wobei für die erstere Vermutung spricht, daß auch in den Gräbern armer Römer solche Gefäße gefunden wurden).

Erwähnenswert sind jedoch zwei ergänzende Hinweise: Zum einen, daß Mainz, neben Köln, im 3./4. Jh. ein Zentrum der Weingefäßherstellung (vor allem der dort auf dem römischen Friedhof gefundenen Kettenhenkelkannen) war, nachdem die Erfindung der Glasmacherpfeife um die Zeitenwende die Möglichkeiten verfeinernder Gestaltung eröffnet hatte. Zum anderen, daß bei Ausschachtungsarbeiten in Mainz, nach 1946, in der Uferzone eines ehemaligen Rheinarmes die Reste über 20 aus dem 2./3. Jh. stammender römischer Weinfässer geborgen wurden. Sie hatten den Römern als Brunnenverschalung gedient. Diese umfangreichsten Funde auf deutschem Boden waren deshalb aufsehenerregend, weil die Dauben teilweise aus Eichenholz angefertigt waren, während es bislang als nahezu sicher galt, daß in spätrömischer Zeit nur Tannenholz, seines Harzgehaltes wegen, zur Herstellung von Weinfässern verwendet wurde. Der Seltenheitswert der Funde erhellt auch daraus, daß die schon früher im Römerkastell Rheingönheim gefundenen Holzfäser zu den besonderen Ausstellungsstücken des Weinmuseums in Speyer zählen. Ein Holzfaß (gallischer Herkunft) war bereits 1868 auch in Mainz (in römischen Bodenschichten am ehemaligen Altmünsterweiher) gefunden, jedoch gleichfalls durch Kriegseinwirkung zerstört worden. Auf die erläuternde Übersicht der teilweise prächtigen und kulturgeschichtlich aufschlußreichen Fundobjekte aus der Römerzeit auf S. 60 ff. sei, um Wiederholungen zu vermeiden, im übrigen verwiesen.

Weinbau braucht, um sich entfalten zu können, friedliche Zeiten. Als die Römer auch im besetzten Linksrheinischen immer stärker von germanischen Stämmen bedrängt, Bingen, Kreuznach und Alzey zerstört wurden und die Völkerwanderung einsetzte, bedeutete dies auch für die Rebkultur Stillstand. Sie wurde aber nach 400, als die Römer endgültig abgezogen waren (406), zunächst für kurze Zeit von den sagenumwobenen Burgunden (um Worms, 413–437) wieder aufgenommen. Ihnen folgten die mit römischer Kultur vertrauten Alemannen, denen der Rebbau aus dem ehemaligen Dekumatsland am Oberrhein (heutiges Baden und Württemberg) etwa seit 280 n. Chr. bereits vertraut gewesen sei. Sie dürften ihn, zusammen mit der im Lande verbliebenen Urbevölkerung, auch in Rheinhessen weiterbetrieben haben, wo nur noch die Orte Sprendlingen und Gensingen an sie erinnern.

Schließlich wurde der Weinbau um 455 von den rheinaufwärts bis etwa zur Linie Nierstein–Donnersberg vordringenden ripuarischen Franken übernommen. Nach dem Sieg Chlodwigs über die Alemannen (496 n. Chr.), vermutlich – umstritten – bei Albiacum = Albig in Rheinhessen, dehnten sie sich in das Gebiet der heutigen Rheinpfalz aus, besiedelten und befriedeten das Land und prägten sein Erscheinungsbild in bis heute erkennbarer Weise: fränkisch die Dörfer, keltischen Ursprungs die Städte. Nicht nur die römischen Einzelhöfe, auch deren Streusiedlungen wurden überwiegend aufgegeben (»Wüstungen«), die Bauerndörfer entstanden nach 500 n. Chr. anderwärts in Hangmulden, oft an Bachläufen, die Kirche auf einer Anhöhe gelegen. Das Straßen- oder Gassendorf als Grundtyp der fränkischen Siedlung entstand und die noch heute für Rheinhessen typische Hofreite, bei der sich der Keller in der Regel unter Kelterhaus oder Scheune befindet, in größeren Weinbauorten auch unter der Straße. Die fränkische Landnahme führte zur planmäßigen Erschließung des heutigen Rheinhessen. Kaiserliche Ministeriale hatten hier Grundbesitz, sie verliehen den für Rheinhessen so kennzeichnenden »-heim«-Orten ihren Namen (»Heim des . . .«), die Saalhöfe wurden erbaut (Bingen, Nierstein, Oppenheim u. a.).

Die Franken führten das antike Weinbauerbe bewußt fort, die unterworfene eingesessene Bevölkerung war ihnen zunächst Lehrmeister, sie bildete den Winzerstand. Die Namen der »Walen«-Orte sind, nach Schumacher, auf die wegen des Weinbaus zurückgebliebene »Welschen«-Bevölkerung zurückzuführen (Wahlheim, Hangen-Weisheim, Walesheim = Heidenfahrt, evtl. auch Wallertheim, Wahlheimer Hof bei Hahnheim).

Die Weinkultur weist sonach Kontinuität auf. Weiträumig war die Rebfläche unter fränkischer Herrschaft. Dies geht aus den Schenkungsurkunden und Bewirtschaftungsgesetzen (insbesondere der Lex Ripuaria), die aus jener Zeit stammen, hervor. Der Bedarf an Wein war gestiegen, Königshof und Klerus waren Hauptabnehmer. Schon in dieser Frühzeit wurden den Klöstern zahllose Weinberge durch Stiftungen zugewandt, wie aus den Regesten der Provinz Rheinhessen ersichtlich ist. So schenkte schon 638 der Frankenkönig Dagobert Güter und Weinberge im Lobdengau, dem Gebiet des heutigen Ladenburg (Baden), dem Stift St. Peter in Worms.

Zahlreich sind die Nachweise über Weinbergsschenkungen in fränkischer Zeit in den Urkunden der Klöster Lorsch und Fulda. Die älteste Urkunde über den Weinbau auf rheinhessischen Boden stammt aus dem Jahre 753 und betrifft die Gemeinde (Mainz-)Bretzenheim, wo das Kloster Fulda einen Weinberg erwarb (ein Sandsteinrelief am Erker des Bretzenheimer Rathauses erinnert hieran). Als weinbautreibend werden in den Urkunden der Klöster Lorsch (L) und Fulda (F) sowie in sonstigen Schenkungsurkunden und Chroniken aus jener Zeit (U) genannt: 754 Mainz (F), 756 Dromersheim, Bodenheim, Dienheim, Wackernheim (F), 757 Bingen, Partenheim (F), Nieder-Saulheim (L), 762 Eimsheim (L), 763 Dorn-Dürkheim (L), 764 Ebersheim (L), Hahnheim (U), 765 Oppenheim, Pfaffen-Schwabenheim, Wintersheim, Dalsheim (L), Pfeddersheim (U), 766 Bechtolsheim, Worms, Ibersheim, Uelversheim, Mettenheim (L), 767 Albig, Sprendlingen, Harxheim, Kriegsheim, Hohen-Sülzen, Gau-Weinheim (L), Weinheim (U), 768 Bermersheim, Aspisheim, Heidesheim, Dromersheim (L), 769 Ensheim (L), 770 Welgesheim, Spiesheim (L), 771 Offenheim (L), Zotzenheim (F), 772 Nackenheim, Gau-

Algesheim (L), 773 Udenheim (L), Laubenheim (F), 777 Dittelsheim (F), 779 Büdesheim (F), Wörrstadt (U), 782 Hechtsheim, Selzen (L), 784 Osthofen (L), 786 Mommenheim, Eppelsheim (L), 790 Elsheim (F) – um nur die frühesten zu nennen. Die urkundliche Erwähnung ist allerdings oft nur eine rein zufällige. Sie läßt keinen zwingenden Schluß auf zeitliche und räumliche Ausdehnung der Rebfläche zu. Sicher ist aber, daß Rheinhessen schon in karolingischer Zeit ein ausgesprochenes Weinland war. Große Mengen wurden erzeugt. Auch die weinkulturelle Tradition wurde fortgeführt. Vor allem die Funde von fränkischen Trinkgefäßen aus dem rheinhessischen Raum sind künstlerisch wertvoll (s. S. 66, 76).

Von großer Bedeutung für die Fortentwicklung der Weinbehandlung waren die Erlasse und Maßnahmen Karls des Großen. In seinen Domänen (Ingelheim, das er erstmals 774 besuchte, u. a.) schuf er Musterbetriebe. Wichtige weinbauliche Anweisungen enthalten seine »Capitulare de villis« (die »Landgüter-Verordnung«), darunter auch, daß die Weingüter mindestens drei Straußwirtschaften (»Rebkränze«) halten sollten (eine nicht unumstrittene Deutung: da der selbstgeerntete Wein an die kaiserliche Hofhaltung abgeliefert werden mußte, sei – so Emmerling – eigener Ausschank unwahrscheinlich und zu vermuten, daß die Anweisung, nicht weniger als drei Rebkränze zu haben, den Rebschnitt, nämlich das – bis in das 18. Jh. übliche – Binden in 3 Bogenreben gemeint habe). Auch heißt es in den Satzungen von 812, es sollte sich niemand unterfangen, den Wein mit den Füßen zu treten, welche Sitte, noch lange in romanischen Ländern zu beobachten, zwar als unschädlich, aber doch hygienisch nicht einwandfrei zu erachten war. Sauberkeit und Sorgfalt bei der Ernte der Trauben und der Behandlung des Weines (z. B. ferner keine Schläuche aus Leder zu verwenden, sondern nur Holzfässer mit Eisenreifen) waren ganz allgemein Anliegen der »Bewirtschaftungsordnung«. Große Verdienste erwarb Carolus Magnus sich auch durch die Neuanlage von Weinbergen mit ausländischen Reben (Burgunder). Auf diese Sorge für die Rebkultur ist die Unterscheidung zwischen minderwertigem »hunnischen« (= aus hürnernen = hartschaligen Trauben) und »fränkischen« (wertvollerem) Wein zurückzuführen. Wingertsfrevel wurde, wie schon in der Lex Ripuaria angedroht, streng bestraft. Interessant ist in diesem Zusammenhang, daß Amtleute, welche, als Aufsichtsperson in Ansehung von Weinbau und -behandlung, die Anweisungen nicht genau befolgten, sich des Weines zu enthalten hatten, sobald der Kaiser von dem Verstoß erfahren hatte, und erst wieder Wein trinken durften, wenn sie ihn um Verzeihung gebeten hatten: Weinentzug als Strafe!

Wesentlichen Anteil an der Förderung des Weinbaus auch in Rheinhessen hatten Klöster und Mönchsorden. Spuren ihres Wirkens sind in vielen der besten Weinlagen erkennbar: So in St. Johann, Planig, Pfaffen-Schwabenheim, Bosenheim, Hohen-Sülzen, Bodenheim, Mainz, Worms (ehemals 10 Klöster), Alzey (7 Klöster). In Nieder-Olm, Schornsheim und anderen Orten standen Meierhöfe der Kirche und es galt, trotz Abgaben und Verschuldung der Winzer, das Wort: »Unter dem Krummstab ist gut leben«. Auch außerhalb des Gebietes gelegene Klöster erwarben in Rheinhessen ausgedehnte Besitzungen: Die Klöster Lorsch, St. Maximin bei Trier, Eberbach im Rheingau, die Hochheimer Domdechaney, Weißenburg im Elsaß, Otterberg in der Pfalz, Fulda, Würzburg (die Kilianskirche in Nierstein erinnert daran), Prüm in der Eifel, das St. Gereonsstift, Tholey im Saarland. (Deren Weinberge gingen im 14. Jahrhundert teilweise auf Mainzer Stifte und Klöster über, die ihren Besitz dadurch abrundeten.) Der Wein wurde als Meßwein, aber auch zum Eigenbedarf benötigt. Übrigens soll schon Bonifatius als Erzbischof von Mainz zahlreiche Weinberge bei der Stadt angelegt haben. Dort besaßen die Mönche den größten Weinkeller am Mittelrhein.

Als das Frankenreich im Jahre 843 durch den Vertrag zu Verdun unter die Söhne Ludwig des Frommen verteilt wurde, fielen Speyer-, Worms- und Nahegau an Ludwig den Deutschen. Der damalige Wormsgau umfaßte den größten Teil des heutigen Rheinhessen. Dies geschah »propter vini copiam«, der Menge des Weines wegen, die in des »Deutschen Reiches Weinkeller«, wie er hinfort genannt wurde, wuchs.

Die Rebfläche dehnte sich in der Folgezeit weit über die heutige Begrenzung der deutschen Weinanbaugebiete hinaus aus und nahm auch in Rheinhessen weiter

Raschelndes Herbstlaub, azurblauer Himmel: ▶
Weinberge bei Worms-Horchheim. Am Horizont der Dom der Nibelungenstadt.

zu. Grundlage des mittelalterlichen Weinbaus war ein verstreuter Großgrundbesitz, der in den Fronhofverbänden seine wirtschaftliche Organisation hatte. Anders als die weinbautreibenden Mitglieder der städtischen Zünfte waren die Bauern auf den Dörfern Leibeigene (Hüfner, Hörige). Sie mußten Zehnten und Gefälle entrichten, darunter auch einen großen Teil der Weinernte, und durften erst dann ihren Wein frei verkaufen. Damit ihnen der Weinzehnte auch nicht entgehe, ließen die Mainzer Erzbischöfe in Nieder-Olm eigens die »Maintzisch Kellerey« erbauen. Dort mußten die Trauben gekeltert und der zehnte Teil des Mostes in die kurfürstlichen Fässer abgefüllt werden. (Teilweise schon im 14. Jh., endgültig aber erst im 16. Jh. wurde die Leibeigenschaft aufgehoben, die Winzer wurden Erbpächter.) Unter diesen hohen Abgaben litt auch die Qualität des Weines, Massenträger wurden zunehmend angebaut, und demzufolge war auch der »Zinswein«, der abzuführen war, sehr minderer Art, oft mit Wasser verfälscht. Den Grundherren war wohl auch mehr an Menge als an Güte gelegen, zumal da aromatisierende Zusätze ohnehin üblich waren. Eine Einlagerung nach Herkunft war unbekannt, die Weine wurden wahllos zusammengeschüttet, getrennter Sortenanbau war damals noch unbekannt, und auch Beginn und Durchführung der Weinlese selbst bestimmten sich nicht nach Qualitätsmaßstäben. Allein der von den Mönchen erzeugte »theologische« Wein hatte noch guten Ruf. Bezeichnet wurden die Weine aber allgemein nur nach dem Ort der Herkunft (nicht Lage) und der Farbe (rot oder weiß), ohne Angabe der Rebsorte.

Sehr eingehend waren die Regelungen, welche sich mit Handel und Ausschank von Wein und dem Anbau von Reben befaßten. So gebot eine Weinzapfordnung des Binger Rates von 1463 den Bürgern, Riesling statt Kleinberger anzubauen. Die Weinpreise wurden von der Obrigkeit festgesetzt und kontrolliert. Allgemeine Gültigkeit hatte die Anordnung, daß nur Eingesessene Wein ausschenken dürften. Noch Anfang des 19. Jh. wurde auf dem Rathaus zu Blödesheim (heute Hochborn) eigenes Wachstum ausgeschenkt, »wie es in der Gemeind seit Jahren her bräuchlich«.

Weit verbreitet war die seit 1218 nachgewiesene Sitte des »Weinkauf« (winkuff). Jedwedes Rechtsgeschäft einschließlich Verlobung wurde durch einen Freitrunk besiegelt, desgleichen alle Amtsbestellungen vom Schulmeister über den Feldschütz zum Nachtwächter. Da dieser Brauch, den auch die Schultheißen redlich hegten, allmählich ausartete, bestimmte bereits eine Kurmainzer Verordnung aus dem Jahre 1577, das übermäßige Trinken und Zutrinken an Sonn-, Feier- und Markttagen sowie in Schenk- und Wirtshäusern habe zu unterbleiben. 1648 verbot Erzbischof Johann Philipp solches bei Hochzeiten, Kindtaufen und Begräbnissen. (Mehr zu den Weinbräuchen und Trinksitten in alter Zeit ist im Weinstubenkapitel auf S. 199 nachzulesen.)

Statuten, vor allem Ausschank und Ungeld betreffend, waren der »gemeinen bürgerschafft« alljährlich an Martini »vorzuhalten und öffentlich zu verlesen«. Abgabepflichtig waren freilich auch die Wirte. So ist in einer Urkunde Kaiser Karls IV. vom 21. Dezember 1357 zu lesen, »daß alle lute [. . .] die win oder bir zu zapfen haben oder schenken in der gen. stat zu Oppenheim, da selbst ungelt on all widderede, verzug und hindernus in künftigen ziten geben sollen und bezalen«.

Nicht unerwähnt bleiben darf jedoch, daß bis in die Mitte des 15. Jh. auch Stadtkämmerer und Klerus oft in Fehde lagen, weil die Geistlichkeit regen Weinhandel trieb, bis zum Angebot von der Kanzel herab, und in den Stiftskellern zollfreien »Pfaffenwein« ausschenken durfte. Die Städte erließen Vorschriften zum Schutz des eigenen Ausschanks. Andererseits ermahnte beispielsweise König Ruprecht am 30. September 1405 die Stadt Worms, die Geistlichkeit nicht zu hindern, die Trauben zu lesen, zu keltern und den Zehnten einzuziehen. Gegenstück waren die Ratskeller der Städte, in denen der Senat beim Wein tagte, dieweil zwei deputierte Ratsmitglieder als »Weinherren« über den Burgfrieden wachten (und auch sonst dieses Amt versahen).

Im Rheinhessen des Spätmittelalters kam eine besondere Bedeutung den Weinmärkten zu. Sie erstreckte sich über die wirtschaftliche Seite hinaus auch auf die städtepolitische Entwicklung jener Zeit. Die Weinmärkte wurden von der hohen Geistlichkeit (meistens Mainzer Erzbischöfe und Stiftsherren) gegen ein ansehnliches Pachtgeld an Ritter und Adlige vergeben. Als ältester ist der Weinmarkt für das Dorf Hechtsheim urkundlich erwähnt (1100); im Jahre 1190 erhielt ihn das Mainzer Stephansstift im Tauschwege von Erzbischof Konrad. Größere Bedeutung hatte ferner der Weinmarkt zu Gau-Algesheim, für den die älteste Verleihungsurkunde aus dem Jahre 1339 datiert. Darin belehnte Erzbischof Heinrich III. den Ritter Johann, seinen Schultheiß zu Gau-Algesheim. Sodann wurde, erstmals für 1346 bezeugt, »der weinmarkt alle Jare in dem dorffe zu Gauwbekkelheym und waz dartzu gehörig ist« abgehalten. Guten Besuch hatte auch der Bodenheimer Weinmarkt zu verzeichnen, zu dem oft Kaufleute von Holland heraufkamen. Bekannt waren desgleichen die Märkte in Ober- und Nieder-Olm (Weistümer von 1491 und 1557). Schließlich erwähnte eine Urkunde Kaiser Karl IV. aus dem Jahre 1357 den »wynmarkt zu Ober- und Nydern-Ingelheim«.

Eigentümlich waren die festen Weinmarktbräuche, aus denen sich später die Weinmarktordnungen (und in unserer Zeit die Weinhandelsbräuche) entwickelten: Vor Beginn des Weinmarktes durfte niemand seinen Wein absetzen. Je nach Marktlage setzte die Gemeindevertretung einen einheitlichen Durchschnittspreis fest, der auch für die guten Erzeugnisse galt, was sich naturgemäß nachteilig auf Qualitätsbestrebungen auswirkte. Erst nach dem – ebenfalls im voraus festgesetzten – Ende des Weinmarktes durfte der Winzer verbliebene Restbestände ohne Preisbindung verkaufen. Freihändigen Verkauf gab es sonst kaum. Die obrigkeitliche Preisbindung führte dazu, daß die Interessenten sich die besten Weine aussuchten. Daraus entwickelte sich der Marktbrauch der Gabelung: Die Weine eines Ortes wurden klassifiziert nach ihrer Güte, und wer ein höherwertiges Gewächs kaufte, mußte die korrespondierende Nummer – das geringwertigere Erzeugnis – hinzunehmen, das sonst unverkäuflich im Keller verblieben wäre.

Außer den Abgaben an die Territorialherren wurde für jedes ausgeführte Faß Wein ein Ungeld erhoben. Die Weinmärkte bildeten daher eine bedeutsame Einnahmequelle auch für die Städte. Zugleich waren sie eine wichtige Stufe auf dem

Seite 46/47: Rebenterrassen in der weitgeschwungenen Kehre bei Nierstein,   45
der größten Weinbaugemeinde am Rhein.

Wege zur Urbanisierung der Dörfer. Weil sie sich auf den Qualitätsweinbau hemmend auswirkten (gleicher Preis ohne Ansehen der Güte) wurden sie schließlich im 17. und endgültig im 18. Jh. in dieser Form aufgehoben. Aber auch dann hatte noch an vielen Orten die aus jener Zeit stammende Anordnung Gültigkeit, daß kein fremder Wein eingeführt werden dürfe, solange noch einheimischer in den Kellern lagerte. Lediglich der Wein einiger Nachbardörfer durfte gegen Entrichtung einer Zollgebühr »eingeführt« werden.

Im 16. Jh. war trotz alledem zunächst noch eine aufsteigende Entwicklung der Rebfläche feststellbar. Sie verringerte sich andererseits durch teilweise Säkularisation, die wiederum eine Folge der Reformation und nicht immer zum Vorteil pfleglicher Weinbehandlung war (weil die Tradition, die überlieferte Sachkenntnis, den neuen Besitzern fehlte) wie auch durch die Folgen des Bauernkrieges (Schlacht bei Pfeddersheim am 23./24. Juni 1525). Starken Auftrieb erhielt die Weinkultur im technischen Bereich in der Renaissance mit der Wiedereinführung vergessener römischer Weinbereitungsmethoden. Die Lagen an der Rheinfront erwarben sich bald über die Grenzen Rheinhessens hinaus einen guten Namen. Von den Weinen auf damals kurpfälzischem Gebiet waren vornehmlich, neben den Kreszenzen aus Wachenheim/Pfalz und Bacharach die Oppenheimer und Niersteiner begehrt. Aus dieser Zeit mag das bis in die Gegenwart reichende Ansehen-Gefälle rühren: die »Rheinfront»-Winzer sahen geringschätzend auf die Erzeugnisse aus dem »Gau« herab.

Der 30jährige Krieg schädigte auch den Weinbau schwer, sowohl durch die Verwüstung der Rebbestände selbst als auch durch die Entvölkerung der Weinbauorte. In der Folgezeit förderten weitere negative Umstände das Absinken der Weinerzeugung: Der zunehmende Handel der Hanse mit Südwein-Importen, das Aufkommen großer Bierbrauereien, die wachsende Beliebtheit von Kaffee und Branntwein und – immer wieder – die unerträglichen Abgaben. Auch machte sich nun erst die schon erwähnte Aufhebung vieler Klöster durch die Reformation und die Zerstörung vieler dieser Pflegestätten des Weines durch die Kriegswirren bemerkbar. Es wurden »staatliche Hilfsmaßnahmen« eingeleitet: Karl Ludwig, Kurfürst von der Pfalz, versuchte den Wiederaufbau der Weinberge dadurch zu fördern, daß er für die Neu- und Wiederanlage 6 Jahre Steuerfreiheit gewährte, und in den von Menschen entleerten Landgebieten wurden Flüchtlinge aus den Niederlanden, aus Frankreich und aus der Schweiz angesiedelt.

In der 2. Hälfte des 17. Jh. setzte in Rheinhessen die Verbreitung des Riesling ein, dessen Name als »rüssling« bereits im 15. Jh. erstmalig in Worms auftauchte. Bereits eine »förmliche Wingertordnung« des Rates von Osthofen aus dem Jahre 1607 betont, daß künftig nur noch »tüchtige Reben, besonders aber der Riesling« angepflanzt werden dürften, damit der gute Ruf der dort wachsenden Weine gewahrt bliebe, streng verboten sei aber der Anbau des »Älbling« (Elbling). Die Weinorte an der Rheinseite entwickelten sich in dieser Zeit zu bedeutenden Weinhandelsplätzen.

Nochmals hart traf den rheinhessischen Weinbau der pfälzische Erbfolgekrieg, in dem die Franzosen linksrheinisches Gebiet beanspruchten. Mélac ließ im Jahre

1689 Städte, Dörfer, Burgen und Kulturen allerorten zerstören. In den nächsten Jahrzehnten konnte kaum der Eigenbedarf an Wein gedeckt werden. Die Konkurrenz anderer Getränke dauerte fort, die Technik der Weinerzeugung hatte sich kaum fortentwickelt. Obwohl die Rebfläche 1720 wieder den Vorkriegsstand erreicht hatte und die Jahre 1747–1750 gute Weinernten brachten, blühte der Weinbau im Gebiet des heutigen Rheinhessen daher erst spät, nämlich in der zweiten Hälfte des 18. Jh., wieder auf, so daß ein Bericht aus dem Jahre 1776 die kurpfälzischen Oberämter Alzey, Oppenheim und Kreuznach als »diese so kostbaren Kornspeicher und herrlichen Weinkeller« erwähnen konnte.

Aus dieser Zeit sind in Rheinhessen zahlreiche Verordnungen und Erlasse regionaler und örtlicher Herkunft bekannt, die sich mit dem Anlegen von Weinbergen und der Weinlese recht eingehend befassen, mithin als Vorläufer heutiger Anbauregelungen und Herbstordnungen angesehen werden können. So verbot eine Verordnung des St. Stephanstiftes zu Mainz von 1697 allen Binger Bürgern, auf dem Scharlachberg einen Wingert wüst liegen zu lassen oder einem Fremden zu verkaufen. Auch sollten dort nur Rieslingreben angepflanzt werden, weil durch den Anbau schlechter Sorten »der sonst gewesene Beruf (= Ruf) der Weine um Büdesheim und deßwillen in etwa abgenommen«, und es sollten schlechte Weinstöcke »von der Oberkeit wegen wieder ausgehauen und der Übertreter mit gebührend Straff belegt werden«. In ähnlicher Weise erging sich eine Verordnung des Fürstlich-Leiningenschen Amtes von 1780 über das »Anrotten« (= Anlegen) junger Weinberge in der Gemarkung Bechtheim: »Nachdem man, nicht ohne äußerstes und gerechtes Mißfallen, wahrnehmen müssen, daß mehrere dahiesige Einwohner und Begüterte, in Untergrabung ihres eignen Nutzens, und insbesondere auch zum größten Nachteil des dahiesigen, eine Zeit immer mehr emporsteigenden Weinhandels, also dem gemeinen Besten e diametro zuwider sich auf eine schon mehrmalen untersagte Weise einfallen und beygehen lassen, auf solchen Plätzen Weinberge anzurotten, wo der Boden solches entweder schlechterdings nicht erleidet, oder doch wenigstens kein gutes und, nach den Weinlagen abgezogenen, kaufmännisches Gewächs hervorbringt [. . .]«, wird das Gebot wiederholt, Reben nur in bestimmten Lagen anzubauen, und zwar nur Riesling und Traminer, die übrigen auszuroden, bei Strafe.

Der zügellosen Ausdehnung der Rebfläche hatte schon ein Kurmainzer Verbot von 1749 zu steuern versucht: Es sei streng verboten, bisheriges Ackerland ohne Genehmigung in Weinberge umzuwandeln. Auch die kurpfälzische Regierung wandte sich in diesen Jahren nachdrücklich gegen die »wilde Anlage von Weinbergen«, wie man es heute nennt, und bestimmte, daß jede Gemeinde ein Verzeichnis der Rebpflanzungen in der Ebene, die auszuroden seien, anlege, desgleichen, daß eine Neuanlage nur zulässig sei, bis »der Augenschein dieserthalben eingenommen, und ohne Rücksicht, noch einer zu verspührenden Parteylichkeit erwogen seyn würde, ob das zu rotten seyende Stück zu einem Weingarten bequemlich, oder besseren Nutzen halber zu Acker-Feld, Wiesen, oder sonst zu verwenden rathsam oder thunlich seye« (Verordnung von 1755).

Wie streng damals die Gebote waren, ergibt sich u. a. aus einer Verordnung von 1690, darin »bey einem Thaler Straf verboten, in den herrschaftlichen Weinbergen Trauben bey Seit zu stecken, oder sich im Heimbgehen damit zu besacken«, und gleichermaßen untersagte eine »Weingartenschützenordnung« für die Gemeinde Bermersheim bei Worms aus dem Jahre 1752 den Wingertschützen, »nicht über Zwerch oder die läng durch die Weingärten zu laufen, die besten Trauben heraus zu suchen und abzubrechen«. Überhaupt war im 18 Jh. die Reglementierung des Weinbaus sehr umfassend. So betraf eine »Weingarts-Leut-Zunftordnung« aus dem Jahre 1714, erlassen vom Rat der Stadt Worms, in 34 Artikeln nicht nur das Schneiden der Reben und die Düngung, sondern auch das gute Benehmen der Winzer untereinander und ihre Beerdigung; sie galt noch bis gegen 1800.

Ähnlich erschöpfend waren zahlreiche Kurmainzer Verordnungen, bereits gegen Ende des 17. Jh. einsetzend: Gegen Machenschaften beim Weinkauf (28. Juni 1674), betreffend die Einherbstung auf kurfürstlichen Gütern (30. September 1746), Einsetzung von Weinkommissaren (3. August 1753), Abgaben der Straußwirtschaften (16. April 1765), Meldung bei Verkauf von Weintrauben (8. Juni 1775), Weiterverkauf von Maische (4. März 1786) – um nur einige Sachbereiche zu nennen. Besonders hervorzuheben ist, daß schon am 9. Juni 1760 eine Verordnung über die Festsetzung des Lesebeginns erging und im Jahre 1790 daran erinnert wurde, daß diese »Gegenstand der Polizei« sei und landesherrschaftlicher Zustimmung bedürfe, nicht aber Stifte, Klöster, Abteien und adlige Grundbesitzer hierüber selbst entscheiden dürften. Am 23. September 1771 erging an alle kurfürstlichen Beamten eine große Instruktion, wonach – ähnlich dem heutigen Kellerbuch – nur noch gedruckte Tabellen und Register für Grundstücke und Weinernte zu verwenden seien. Während des Kelterns wurde von Haus zu Haus kontrolliert, weil »sich einzelne nicht gescheuet haben, teils Wasser unter den Most zu mengen, teils nicht einmal zu genießendes Gut zusammenzuschütten«.

In den nächsten Jahrzehnten beschränkte sich der Weinbau, insgesamt gesehen, immer mehr auf den Südwesten Deutschlands, während einst sogar die Ordensritter in Ostpreußen Reben angebaut hatten. Beginnend um 1800 findet sich ein vermehrtes Verständnis für die Bedeutung einer nicht zu frühen Lese (deren Beginn aber auch damals schon Gegenstand lebhafter Meinungsverschiedenheiten war), deren Beginn – wie erwähnt – von der Obrigkeit festgesetzt wurde, und für die natürlichen Feinheiten des Weines, zugleich erlosch der Geschmack für die mit mannigfachen Kräutern zubereiteten »Würzweine«, wie sie nach römischem Vorbild seit dem Mittelalter hergestellt worden waren.

1792 waren die Franzosen im heutigen Rheinhessen einmarschiert, das 1797 (Frieden von Campo Formio) französisches Staatsgebiet wurde. Insbesondere nach dem Wegfall der drückenden Naturalabgaben besserte sich die soziale Lage der rheinhessischen Winzer und trat ein grundlegender Wandel zum Qualitätsweinbau hin ein, wenn auch die strengen Zollgesetze Napoleons I. sich vorübergehend hemmend auf den Weinhandel auswirkten: die neuen Landesherren behinderten den Weinbau nicht, wollten aber auch dem französischen Wein keine Konkurrenz entstehen lassen, der rheinhessische Wein sollte »im Lande bleiben«, was auch erreicht wurde. Ein Bericht aus dem Jahre 1807 besagt: »Nierstein, Oppenheim, Dienheim liefern den eigentlichen, einzigen Rheinwein, neben dem zu Bacharach, darauf die ehemalige Rheinpfalz stolz seyn konnte«. Nun erst bürgerte sich die Unterscheidung von Wein nach Lage und Jahrgang ein, desgleichen der Gebrauch der Weinflasche zur Aufbewahrung an Stelle jahrzehntelanger Faßlagerung. Man begann, bei der Festsetzung des Beginns der Weinlese stärker den Reifegrad der Trauben als Maßstab zu nehmen und Qualitätssteigerung anzustreben.

Schon nach der Veräußerung fast des gesamten, verstaatlichten Großgrundbesitzes, der in den ersten Wirren oft von fremden Spekulanten zu Spottpreisen erworben wurde, waren rationell arbeitende Eigenbetriebe an die Stelle der seitherigen Erbpacht- und Teilbaubetriebe getreten. Eine weitere Förderung erfuhr der rheinhessische Weinbau, als im Jahre 1815 die neue Provinz »Rheinhessen« im Großherzogtum Hessen-Darmstadt entstanden war. Hänge und Waldparzellen wurden gerodet und für den Weinbau nutzbar gemacht (die »Entwaldung« freilich oft übertreibend), das Gesicht der Landschaft änderte sich zusehends. Andererseits waren durch die Realteilung kleinere, oft kaum noch lebensfähige Betriebe entstanden, in dem die Bearbeitung der Weinberge unrationell wurde (der Einsatz von Maschinen lohnte kaum). Dieser Zustand, den erst in neuerer Zeit die Flurbereinigung wieder behob, führte vor allem um 1850 zu größeren Auswanderungen nach Amerika; so verließen von 2800 Einwohnern der Gemeinde Guntersblum 400 ihre Heimat.

Man vermutet, daß die dennoch beachtliche Ausdehnung der Rebfläche auch darauf zurückführen ist, daß die Großherzogliche Regierung in den Jahren 1826–1831, nach dem Bau der »Kaiserstraße« durch Napoleon (1808–1811) bessere Straßenverbindungen zwischen den Dörfern und Mainz schuf und ab

1853 das Land durch Eisenbahnverbindungen erschloß. Die neue Regierung war an weiterer Entwicklung des rheinhessischen Weinbaus sehr interessiert und sah in seinen Erzeugnissen einen guten Exportartikel.

Die Gründung des Zollvereins (1834) vergrößerte zwar die Möglichkeit, jedoch gewährte Preußen seinen Weinbaugebieten Rheingau, Mittelrhein, Mosel, Nahe und Ahr durch hohe Zölle Schutz. Dadurch bedingt waren die rheinhessischen Weine auf ihren bisherigen innerdeutschen Märkten nicht konkurrenzfähig, das Großherzogtum Hessen-Darmstadt selbst hingegen bot einen nur kleinen Markt. Diese entwicklungsgeschichtlich bedingte Barriere, die zur Zeit des Aufblühens des Qualitätsweinbaus in Rheinhessen bestand, war noch bis in jüngster Zeit nicht gänzlich überwunden. Außer dieser langwährenden Behinderung auf dem Binnenmarkt wird auch in der Betriebsstruktur (Gemischtwirtschaft) eine Ursache dafür gesehen, daß die Notwendigkeiten intensiver Qualitätsförderung später als in anderen Weinbaugebieten als solche empfunden und die sich daraus ergebenden Konsequenzen gezogen wurden. Hinzu kommt, daß die in Rheinhessen erzeugten Weine durchweg nur als »Rheinweine (Hessens)« gehandelt wurden.

Das Ende des 19. Jh. brachte noch andere Absatzschwierigkeiten: Die Einfuhr ausländischer Weine, die (bei entsprechender Kennzeichnung damals erlaubte!) Herstellung von Kunstwein, umfangreiche Weinfälschungen, die Steigerung des Bierverbrauchs. In den Jahren 1870–1900 traten bisher unbekannte Schädlingskrankheiten auf, verursacht durch Heuwurm, Sauerwurm, Schimmel, Peronospora. Starke Verseuchungen waren die Folge des Befalls durch die Reblaus, viele Weinberge mußten ausgehauen und neu bepflanzt werden (»Amerikaner-Unterlagsrebe«). Mißernten (wie 1890) und niedrige Preise verschlechterten die wirtschaftliche Lage der rheinhessischen Winzer noch mehr und zwangen manche zum Landverkauf.

Als Reaktion auf diese Erschwernisse, die noch bis um 1915 einen starken Rückgang der Rebflächen zur Folge hatten, waren u. a. eine gründliche Selektion, Klonenzüchtung und Grundstücksumlegung im Zuge der Flurbereinigung zu verstehen. Genossenschaften bildeten sich, Domänen und Weinfachschulen wurden eingerichtet: 1895 entstand die damalige Wein- und Obstbauschule (jetzt: Landes-Lehr- und Versuchsanstalt für Wein- und Gartenbau) in Oppenheim, deren Forschung, Züchtung, Lehre und Beratung (Weinbautechnik, Kellerwirtschaft, Schädlingsbekämpfung) den rheinhessischen Weinbau maßgeblich beeinflußt hat. 1897 wurde die erste rheinhessische Winzergenossenschaft in Gau-Bickelheim gegründet, 1900 die hessische Weinbaudomäne mit dem Sitz in Mainz, die mittels allgemeiner Förderung des Weinbaus durch mustergültige Bewirtschaftung des Domänialbesitzes und durch sachgemäße Pflege der eingelagerten Naturweine den Ruf der rheinhessischen Weine weiter heben sollte (die Domänenweine wurden in neuerer Zeit vorübergehend von der Zentralkellerei Rheinischer Winzergenossenschaften, danach von einem privaten Weingut vertrieben; das Weingut Bingen wurde der Domäne Niederhausen-Schloßböckelheim zugeschlagen und der Weinbergbesitz Nackenheim/Bodenheim und Oppenheim/Nierstein anderweitig staatlich verwaltet). Im Jahre 1905 wurde der Rheinhessische Weinbauverband

Alter Weinbergsturm im rheinhessischen Wonnegau. ▶

gegründet, der vor allem einen besseren Zusammenschluß der Winzervereine gewährleistete, 1906 die erste Rebschädlingsbekämpfungs-Organisation.

Nach Jahren zunehmenden Bekanntheitsgrades rheinhessischer Weine und den Mühen des Wiederaufbaus nach den Weltkriegen (1946 entstand Rheinland-Pfalz als größtes weinbautreibendes Land der Bundesrepublik Deutschland) folgte die Gründung großer Bezirkswinzergenossenschaften, die fortan – neben leistungsfähigen Weingütern (Selbstmarktern) und Weinhandelsunternehmen – den Weinmarkt mitprägten (als erste entstand 1946 die Hauptkellerei in Gau-Bickelheim, die zunächst der Weinbewirtschaftung durch die Besatzungsmacht diente, 1958 die Bezirkswinzergenossenschaft Wonnegau, 1959 die Bezirkswinzergenossenschaft Petersberg). Rebenzüchtung, verstärktes Qualitätsbewußtsein und geschultes Marktdenken brachten auch das innere Rheinhessen in das Bewußtsein des Weintrinkers. Nordrhein-Westfalen, Norddeutschland und Bayern wurden zu den wichtigsten binnendeutschen Absatzgebieten, die USA, Großbritannien und die Niederlande blieben es im Ausland. Die Rebfläche dehnte sich weiter aus (s. S. 32), Konzentration und Intensivierung der Betriebe wurden notwendig und verwirklicht.

Auch in der Zahl der Weinprämiierungen spiegelt sich die Anerkennung für das, was nunmehr, zwischen Großraumtank und Spezialität, einstweilen Ergebnis einer fast zweitausendjährigen, durch Römer und Klöster begründeten Weinkultur ist: rheinhessischer Wein.

Dokumente rheinhessischer Weinkultur

Zeugnisse aus 2000 Jahren

Rheinhessen ist altes Kulturland. Viele Völkerschaften haben ihre Spuren hinterlassen. Das gilt aber nicht nur für die Mentalität der Menschen, die hier leben, nicht nur für die Gestalt der Landschaft, der Städte und Dörfer. Aus der Symbiose »Mensch und Wein« sind in fast 2000 Jahren zahlreiche Zeugnisse lebendiger Weinkultur entstanden. Mannigfach sind die Erscheinungsformen, vielfältig die Materialien.

Diese »Dokumente« – um so die »Kulturobjekte« zusammenfassend zu bezeichnen – sind in Rheinhessen nicht zentral gesammelt, aufbewahrt als Selbstdarstellung des Gebietes und dessen, was hier aus dem Geist des Weines geschaffen wurde. Dadurch entsteht leicht der Eindruck, hierzulande gebe es dergleichen nicht, man habe sich seit jeher vordergründig dem Erwerb gewidmet und nichts Bleibendes gestaltet, das wert ist, angeschaut zu werden.

Sieht man vom Deutschen Weinbaumuseum in Oppenheim ab, das überregional und auf die technische Entwicklung des Weinbaus spezialisiert ist, so gibt es zwar in Rheinhessen kein gebietsbezogenes, umfassendes »Weinmuseum«, wie beispielsweise im Rheingau (Rüdesheim), in Franken (Würzburg) oder in der Pfalz (Speyer) oder auch im Ausland (so etwa in Krems/Österreich oder in Kaltern/ Südtirol). Irrig ist aber der Schluß, es sei nichts Vergleichbares vorhanden. Der rheinhessische Mensch ist kein »Sammlertyp«, nicht nach Naturell und nicht nach der Zeit, die ihm die umfassende Bewirtschaftung ertragreichen Bodens läßt. Aber man hat viel Bewahrenswertes zusammengetragen. In städtischen Sammlungen, solchen des Landes und anderen, ist es zu besichtigen.

Einige der wichtigsten Einzelstücke zeigte die Ausstellung »Wein und Kultur«, die der Rheinhessische Weinbauverband im Jahre 1951 im Gewölbesaal des Kurfürstlichen Schlosses zu Mainz veranstaltete. Eine zusammenfassende Übersicht und Erläuterung, eine Art Sonderkatalog der weinkulturellen Objekte in Rheinhessen fehlte aber bisher. Der vorliegende will diesem Mangel abhelfen und dem Weinfreund, dem Einheimischen wie dem Touristen, erstmals zeigen, wo und wann er was besichtigen kann. Dabei handelt es sich fast ausschließlich um Objekte, die in Rheinhessen gestaltet, jedenfalls aber hier gefunden wurden. Nur vereinzelt sind auch solche erwähnt, bei denen keine dieser Voraussetzungen zutrifft, die hier nur in Sammlungen ausgestellt sind. Aufgenommen sind andererseits auch solche, die aus Rheinhessen stammen, aber in Museen anderer Regionen aufbewahrt werden.

Der Aufstellung von Museen und ähnlichen Sammlungen ist eine Kurzübersicht von Einzelobjekten angefügt, die sich im freien Raum, in den Straßen und an Gebäuden der Orte, bei denen sie nochmals kurz erwähnt werden, befinden. Jedoch beschränkt sich die (nicht erschöpfende) Darstellung auf allgemein zugängliche

Gegenstände unter Ausschluß solcher, die in Privatbesitz und nicht zu besichtigen sind.

Die einzelnen Gegenstände sind anhand einschlägiger Literatur und Kataloge sowie auf Grund eigener Anschauung und der Auskünfte Fachkundiger beschrieben.

I. Museen und ähnliche Sammlungen

1. Deutsches Weinbaumuseum

Oppenheim, Wormser Straße 49
Tel. 0 61 33/25 44
April bis Oktober: Dienstag bis Samstag 13.00 Uhr bis 17.00 Uhr
Gruppenführung ganzjährig nach Anmeldung
Überregionales Museum, getragen vom Förderverein »Freunde des Deutschen Weinbaumuseums Oppenheim/Rheinhessen e.V.«. Aufbauend auf der ehemaligen Lehrschau der LLVA Oppenheim, die vornehmlich den Rebschutz betraf. Eröffnet am 20. Juni 1980, untergebracht im ehemaligen Zivilhospital der Stadt Oppenheim – späteren Volksschule –, einem klassizistischen Bau. Gezeigt wird die technische Entwicklung des deutschen Weinbaues (Rebanbau und Weinbereitung) von der Römerzeit bis heute und die Alltagsarbeit des Winzers einst und jetzt. Halbjährlich werden Sonderschauen veranstaltet.

Historische Keltern (hier aus Uffhofen, 1721) sind Zeugen der Weinbereitung vergangener Zeiten. Deutsches Weinbaumuseum Oppenheim.

Bodenkunde, Meteorologie, Weinbergsflurbereinigung

Bodenbearbeitungsgeräte aller Art
700 Exemplare umfassende Sammlung von Hacken und Karsten (1860/1870), Holzpflügen, Spezialgeräten

Rebenerziehung
Unterlagsreben, Rebenveredlung, Rebenerziehung (Modelle) und Rebenernährung
Rebmesser

◀ *Alter Pflug – Arbeitsgerät von einst, heute wertvolles Museumsstück –*   57
mit Initiatoren des Deutschen Weinbaumuseums.

Rebschutz
Rebkrankheiten, Schädlingsbekämpfung, alte und neue Pflanzenbehandlungs-mittel
Komplette Sammlung tragbarer und fahrbarer Weinbergsspritzen und Stäub-geräte

Historische und neuere Traktoren
(ab Baujahr 1917)

Keltern
Historische Spindel- und Baumkeltern (1721–1920), Keltermodelle (Abb. S. 57).

Weinausbau und Weinlagerung
Original Oechsle-Waage aus der Werkstatt des Erfinders (Oechsle, Pforzheim)
Weinkeller mit Holzfässern und Weinpumpen
Weinflaschen, Korken, Weinlagerung

Holzküferwerkstatt
mit allen zugehörigen Geräten

Weinbrennerei

Römische Krüge, Amphoren, Trinkgefäße

Weindenkmale
(Nachbildungen von Exponaten anderer Museen)

Alte Winzerfotos
Winzer aus Dienheim und Gau-Odernheim, die um 90 Jahre alt wurden und deren beachtlicher Weinkonsum dazu in Beziehung gesetzt ist

Mausefallen
aus vielen Ländern (als Besonderheit)

2. Mittelrheinisches Landesmuseum Mainz (MLM)
Mainz, Große Bleiche 49–51 (Ecke Bauhofstraße)
Tel. 0 61 31/2 17 44
Täglich außer Montag: 10.00 bis 17.00 Uhr
Wiedereröffnung nach Um- und Neubauten 1979, Neueinrichtung der römischen Steinhalle 1981

Das Mittelrheinische Landesmuseum besitzt die kulturhistorisch bedeutendsten und schönsten weinbezogenen Fundobjekte, insbesonere aus Stein und Glas. Die folgende Zusammenstellung enthält nur eine Auswahl der wichtigsten, teilweise (außerhalb der Fachwelt) unbekannten Stücke dieser Art.

Römische Weintrinksitten überliefert der Grabstein des Julius Ingenius. ▶
                         Mittelrheinisches Landesmuseum Mainz.

Grabstein des Silius
Um 80 n. Chr. Gefunden 1834 zwischen Dienheim und Ludwigshöhe.
Der auf dem Ruhebett Liegende (Darstellung des Verstorbenen) hält in der Hand
eine Trinkschale, vor ihm ein niedriger, dreibeiniger Tisch mit dem dreiteiligen
Trinkgeschirr, links stehend ein Diener.

Grabstein des Julius Ingenius
Mitte/Ende 1. Jh. n. Chr. Gefunden 1898 in Mainz, Kurfürstenstraße 56.
Julius Ingenius war Angehöriger des römischen »Reiterregimentes« (Ala) I Fla-
via. Über der Inschrift Darstellung des Totenmahles. Der Tote, auf dem Ruhebett,
hält in der Hand eine gerippte Schale. Davor ein dreibeiniger Tisch mit zwei Dop-
pelhenkelgefäßen und einem Krug. Links stehend ein Diener mit Schöpfkelle.
(Abb. S. 59).

Altar mit Weihinschrift
2. Jh. Gefunden 1904 in Mainz-Weisenau.
Dem Bacchus geweihte Inschrift: IN HONOREM DOMUS DIVINAE LIBERO
PATRI PUBLIUS URVINUS EX MONITU DEL ARAM IN SUO POSUIT
LIBENS LAETUS MERITO (= Zu Ehren des Kaiserhauses hat dem Gott des
Weines Publius Urvinus infolge einer Mahnung des Gottes auf eigenem Boden
gern und freudig nach Gebühr einen Altar errichtet). Die Identifizierung des Liber
Pater mit Bacchus ist allerdings nicht völlig unbestritten.
Da Denkmäler der Bacchus-Verehrung vom heimischen Weinbau völlig unabhän-
gig sind, kann die Inschrift allerdings von jedem Weinfreund gestiftet sein, sie be-
zeugt nicht unbedingt frühen Weinbau (Schumacher; v. Bassermann-Jordan).

Weinschröter-Denkmal
Ende 1./Anfang 2. Jh. n. Chr. Gefunden in Mainz in der Stadtmauer (Münster-
tor). Teil eines größeren Monumentes, evtl. eines Grabmals. Dargestellt sind zwei
Männer (Sklaven?), die über Schrotleiter ein Weinfaß in ein Schiff rollen (Schröter
von schroten, adh. scrontan = rollen, wälzen). Man vermutet, daß es sich um das
Grabdenkmal eines Weinhändlers handelte. (Abb. S. 54).

Ehrenbogen des Dativius Victor
3. Jh. n. Chr. Rekonstruktion aus Architekturteilen, die zwischen 1898 und 1911
bei Abbrucharbeiten an der mittelalterlichen Stadtmauer nordwestlich des ehemaligen Gautores in Mainz gefunden wurden.
Der ca. 6,50 m hohe Ehrenbogen ist nach seinem Stifter benannt. Die Inschrift besagt, Dativius Victor, Ratsherr der Gemeinde der Taunesier (Nida, heute Frank-
furt-Heddernheim), ehemaliger Provinzialpriester des Kaiserkultes, habe den
Mainzern diesen Bogen versprochen, seine Söhne und Erben hätten ihn »zu Ehren
des göttlichen Kaiserhauses« vollendet und dem Jupiter Optimus Maximus gewidmet.
Die Schauseite des Bogens ist reich verziert und gegliedert (aus Tierkreiszeichen
zusammengesetzter Fries, darüber Jupiter und Juno, begleitet von vier Gottheiten,

Auch Weinsymbolik findet sich am Fastnachtsbrunnen zu Mainz. ▶

Eroten, darüber Opferszenen, flankiert von den Genien der Jahreszeiten. Die Front des Bogens und die Bogenleibung sind mit stilistisch hervorragenden verschlungenen Rebenranken und Trauben (Friese und Schuppenmuster) verziert. Der Dativius-Victor-Bogen ist eines der augenfälligsten Zeugnisse früher Weinkultur in Rheinhessen.
Eine Nachbildung steht am Ernst-Ludwig-Platz (s. S. 84).

Weihinschrift mit Weinranken
Um 215 n. Chr. Gefunden 1887 in Mainz, Stadtmauer am Eisgrubweg.
Weihinschrift an die Julia Domna, Gemahlin des Kaisers Septimius Severus, als Caelestis dea. Fragment. Der breite Rahmen ist mit plastischen Weinranken, Trauben und Vögeln verziert. Reste alter Bemalung sind ersichtlich.

Herkules mit dem Bacchusknaben
Gefunden 1897 in Mainz, Ballplatz 5.
Bronzefigur. Der stehende Herkules trägt auf dem linken Arm, über den eine Decke oder ein Löwenfell gelegt ist, den sitzenden Bacchusknaben (rechter Arm teilweise verloren, stützte sich wohl auf einen Stamm).

Römische Feldflasche
Hergestellt in den südgallischen Töpfereien in La Graufesenque (60–85 n. Chr.).
Gefunden um 1910 auf dem frührömischen Friedhof in Mainz-Weisenau.
Feldflasche aus der rottonigen Terra-Sigillata, nach Art des »Bocksbeutels« abgeplattet. Vermutlich Grabbeigabe für einen römischen Offizier. Sehr seltenes Stück aus der Sammlung Prof. Fremersdorf (gebürtiger Mainzer). (Abb. S. 63).

Henkelflasche von Hohensülzen
4. Jh. Gefunden 1869 in einem römischen Sarg in Hohensülzen.
Kostbarstes in Rheinhessen geborgenes und zugleich schönstes Exemplar aus dem römischen Kulturbereich.
Große, zylindrische Faßkanne, doppelhenklig, aus entfärbtem Glas. In Ritz- und Hohlschlifftechnik (dadurch besonders wertvolles Stück), verziert mit einer bacchischen Szene nach italischem Vorbild und Ornamenten. Diese Form spätrömischer Glasflaschen wurde in der Fabrik des Römers Frontinus (oder Frontus) – Zeichen FRON – in Boulogne hergestellt, von wo auch die ähnlichen Kannen im Weinmuseum Speyer (enthaltend den ältesten Wein) und aus einem Steinsarg bei Ruppertsberg/Pfalz stammen. (Die übrigen Beigaben des Sarges – eine weitere Zylinderflasche, Balsarium und kostbares Netzglas – gingen durch Kriegseinwirkung verloren.) (Abb. S. 65).

Nuppenglas
Ende 4. Jh. Gefunden 1934 in einem Sarkophag in Wolfsheim als Grabbeigabe (zusammen mit einem Grabbecher).
Zweihenkliger Stengelbecher nach Art des griechischen Kantharos mit brauner Randspirale, farbigen (braunen und grünen) aufgeschmolzenen Glastropfen

Feldflasche und Nuppenglas, Weingefäße aus römischer Zeit. Mittelrheinisches Landes-museum Mainz.

(»Nuppen«). Nuppengläser sind die spätesten Gläser der römischen Zeit. (Auf das bereits erkaltete Glas wurden bunte Glastropfen aufgetragen, die je nach Wärme-grad unterschiedlich plastisch auf der Gefäßwand verblieben.) (Abb. oben).

Henkelkanne mit Fadenverzierung
4. Jh. n. Chr. Gefunden 1937 in einem römischen Steinsarg in Nieder-Saulheim.
Einhenklig grüne Glasflasche mit den Flaschenhals mehrfach umlaufender Fa-denauflage.

Kettenhenkel-Kannen
3./4. Jh. n. Chr. Zahlreiche Funde in Mainz (Neue Anlage, römischer Friedhof).
Grünliche, mit kettenförmig verarbeitetem Henkel verzierte Kannen. Mainz dürf-te neben Köln in römischer Zeit ein Zentrum der Weingefäßfabrikation gewesen sein, zumindest gilt dies für die »Mainzer Kettenhenkelgläser«.

Trinkbecher
4. Jh. n. Chr. Gefunden 1952 in Mainz, Gonsenheimer Hohl.
Besonders schöner, reich verzierter Nuppenbecher, wie er in dieser Größe selten angefertigt wurde. Auf grünem Glas große, prächtige Auflagen in grüner, gelbli-cher und brauner Farbe unter eingeschliffener Randlinie.

Inschriften-Becher
Alle 3./4. Jh.
Inschrift »VITAM TIBI QUIA SCIS SIT BONUM« (= Das Leben – wünsch ich – Dir, weil Du weißt, was gut ist). Gefunden in der Neuen Anlage in Mainz.

63

Schliffverzierung und – verblaßter – Doppelstreifen aus aufgelegtem oder gemaltem Gold (unter antiken Gläsern eine Kostbarkeit).
Inschrift »FELIX VIVAS« (= Glücklich sollst Du leben). Gefunden in einem Steinsarg in Mainz-Kastel. Kugelflasche, Inschrift gerahmt durch dreieckige Punkte und zwei Reihen gewinkelter Striche.
Inschrift »SIMPLICI ZESES« (= Simplicius, mögest Du leben!). Gefunden 1898 in einem Skelettgrab aus spätrömischer Zeit an der Hechtsheimer Straße in Mainz. Kleiner, dünnwandiger Glasbecher, in verschiedenen Farbtönungen schimmernd (dadurch besonders interessant), mit aufgesetztem Standring, unter dessen Rand sich die eingeschliffene Inschrift befindet.

Rüsselbecher
Um 600 n. Chr. Gefunden 1845 in Selzen.
Hoher Fußbecher, auf dem, insbesondere auf dem unteren Teil des Bechers, Fadenspiralen aufgesetzt sind. Rüsselbecher sind typische, besonders interessante fränkische Gefäße des 5.–8. Jh. n. Chr., deren eigenartige Verzierungsform von den römischen Konchilienbechern stammt.

Trinkhorn aus Frauengrab
7. Jh. n. Chr. (fränkisch). Gefunden 1895 in einem Frauengrab in (Wörrstadt-) Rommersheim.
Trinkhorn aus dunkelgrünem Glas mit angeschliffenem Rand (ungewöhnlich) und drei Reihen plastisch aufliegender Fäden in »Netzform«. Das Trinkhorn ist der einzige Fund dieser Art aus Rheinhessen. Kostbarstes fränkisches Glas des Museums.

Kranich-Kelch
5. Jh. n. Chr. bis 15. Jh. n. Chr. Gefunden 1901 in Mainz bei Grabungen in der Legionsfestung, neben den später errichteten Legionsthermen.
Trinkgefäß, 1 Liter fassend, mit ägyptisch-alexandrinischen Motiven auf dem Relieffries (Kraniche, Akanthusblätter, Libelle und Blüten).
Schönstes der in Mainz gefundenen Kelchgefäße, das zu den besten Stücken des Mittelrheinischen Landesmuseums gehört. Es ist von dem Töpfer Ateius gefertigt, wobei ein silbernes Gefäß als Vorbild diente, und gehört in die Gruppe der arretinischen Sigillate, die mit den ersten Legionen unmittelbar aus Italien kamen.

Mainzer Wochengötterbecher
Gefunden in Mainz (Stadtgrabenbereich), in den Kriegswirren verlorengegangen und hier nur der Seltenheit wegen erwähnt.
Der mehr einem Vorratsgefäß ähnelnde, sehr große Becher war mit den Brustbildern der 7 Tagesgötter versehen und trug folgende Inschrift: »Accipe me (si) tie(n)s et trade sodali« (»Nimm mich bei gutem Durst und reich' mich weiter dem Genossen«).

*Die Henkelflasche von Hohensülzen ist eines der kostbarsten Zeugnisse
alter Weinkultur in Rheinhessen. Mittelrheinisches Landesmuseum Mainz.*

Bronzeweinsieb
Römische Zeit (ca. 2. Jh. n. Chr.). Fundort Mittelrhein, evtl. Mainz.
Sehr gut gearbeitetes, hervorragend erhaltenes Exemplar mit Sieblöchern in Rosettenform.

Fränkischer Spangenhelm mit Rebenmotiv
Anfang 6. Jh. n. Chr. Aus dem Fürstengrab von Planig (1939).
Der Helm ist aus versilberten Bronzeplatten und vergoldeten Bronzespangen zusammengesetzt. Der Stirnreif trägt ein reliefartiges Muster eines stark stilisierten Weinberges, dazwischen Vögel. Zusammen mit gravierten Kreuzen, Palmetten und Kelch darf das Motiv schon in christlichem Sinne gedeutet werden.

Pegasus mit Weinlaubleiste
Mitte 8. Jh. n. Chr. (wahrscheinlich Oberitalien). Gefunden in der Kirche zu Ober-Ingelheim.
Dargestellt ist der geflügelte Pegasus, der sein Junges säugt. Eine als Rahmen rundum verlaufende Leiste ist mit plastischem Weinlaub und Trauben versehen. (Ein aus dem Osten schon für frühchristliche Sarkophage übernommenes Motiv, das besonders im langobardischen Bereich Verbreitung fand.)

Korbgassenmadonna
Um 1420. Gefunden in Mainz, Korbgasse 5.
Sandstein. Madonna mit reicher Krone, auf ihrem Arm der Christusknabe mit Schreibtafel auf den Knien. Maria hält ihm gegenüber das Kruzifix (heute im Museum Wiesbaden), das von Weinranken umgeben ist. Zwischen diesen Engel, die das Blut Christi auffangen. Jesuskind hielt evtl. früher Traube in der Hand (fehlt).

Christus in der Kelter
Um 1430/40. Aus der alten Pfarrkirche in Bingen-Dietersheim.
1951 erworben. Fragment eines Freskos. Der Kreuzestod wird symbolisiert als der blutopfernde Christus unter dem Kelterbalken. (Vorstellung der mystischen Kelter, seit 12. Jh. in den Weinlanden anzutreffen, hat ihre Grundlage im Buche Jesaja; 63, 1–6: »Warum ist rot dein Gewand und sind deine Kleider wie die eines Keltertreters? Die Kelter trat ich allein, und von den Völkern stand niemand mir bei . . .«.) Davor eine kniende Frauengestalt (Maria? Ecclesia?).

Büttenmännchen
Ende 16./Anfang 17. Jh. Aus dem Vermächtnis des Weingutsbesitzers Josef Schick, Nackenheim, 1906.
Birnbaumholz, auf der Butte der eingeschnitzte Name Johannes Schick. Am oberen Ende des Stabes, auf den sich das Männchen stützt, ein Rebmesser.

3. Römisch-Germanisches Zentralmuseum (RGZM)
Mainz, Ernst-Ludwig-Platz (ehemal. Kurfürstliches Schloß)
Tel. 0 61 31/2 31 43
Täglich außer Montag: 10.00–18.00 Uhr

Faun und Nymphe vor Weinstock. Tapete nach einem Einblatt-Holzschnitt von 1518.

Das RGZM enthält Objekte aus dem gesamten Römischen Reich, darunter Nachbildungen aus verschiedenen Museen, u. a. auch im MLM (S. 58) vorhandener Denkmäler. Ferner im Weinbau benutzte Geräte (Rebmesser, Hacke) sowie Amphoren, Dolien, Trinkbecher und andere Weingefäße.

4. Gutenbergmuseum (Weltmuseum der Druckkunst)
Mainz, Liebfrauenplatz 5
Tel. 0 61 31/12 26 40
Dienstag–Samstag: 10.00–18.00 Uhr
Sonntag: 10.00–13.00 Uhr
Montag geschlossen

Tapete mit Faun und Nymphe
Einblatt-Holzschnitt mit Reblaubornamenten von 1518. Früher Dürer zugeschrieben, jetzt dem Meister der Celtis-Illustrationen, Nürnberg. (Abb. S. 67).

Urkunde mit Weindeputat für Gutenberg
Urkunde über die Ernennung Gutenbergs zum Hofmann, erfolgt 1465 durch den Mainzer Kurfürsten Adolf von Nassau, verbunden mit einem Weindeputat.

Reb-Zeichnung aus erstem Weinbuch
Aus »Hortus Sanitatis« (später: Garten der Gesundheit) des Johann von Cube, gedruckt 1941 bei Meydenbach in Mainz und als erstes »Weinbuch« angesehen. (Der Verfasser war Arzt, verordnete in seiner Praxis Wein und stufte die Rebe unter die Heilpflanzen ein.)

Weinetiketten
Datierte (1822–1830) und undatierte deutsche Weinetiketten (ca. 870). Deutsche und französische Schaumweinetiketten (ca. 900). Sammlung in vier Klebebänden. (Abb. S. 51).

5. Bischöfliches Dom- und Diözesanmuseum
Mainz, Domstraße
Tel. 0 61 31/2 48 75
Montag, Dienstag, Mittwoch, Freitag: 9.00–12.00 Uhr, 14.00–17.00 Uhr
Donnerstag, Samstag: 9.00–12.00 Uhr
Sonntag geschlossen

Frauenlob-Grabplatte
Im Ostflügel des Domkreuzganges. Roter, stark verwitterter Sandstein (1318). Darunter barockes Relief der Grabtragung durch Mainzer Frauen. (Frauenlob = Meistersinger Heinrich von Meißen. Verherrlichte in seinen Gesängen die Frauen, die ihn bei der Grabtragung mit Rosen und Wein symbolisch begleitet haben sollen. Verstorben 1318 in Mainz.)

Papst Urban, Patron der Winzer
Holzbildwerk (um 1490) aus Hattenheim/Rheingau. Im Obergeschoß, Südflügel, des Dom-Kreuzganges. (Abb. S. 148).

»Die schöne Mainzerin« im Dom. ▶
Typisch »rheinhessische« Muttergottes der Spätgotik.

Weinkännchen mit Trauben
Auf dem Deckel des Weinkännchens, das zum »Napoleonskelch« gehört (Dom-
schatz). Geschenk Kaiser Napoleons an Bischof Colmar. Arbeit des Pariser
Goldschmieds Edme Petit (1755).

Reblaub-Blattfries
Stammt vom Westlettner des Mainzer Domes. Gelbgrauer Sandstein. Arbeit des
Naumburger Meisters (um 1240).

Im Dom

»Die schöne Mainzerin«
Muttergottes-Statue, aus Lindenholz von einem unbekannten, mittelrheinischen
oder mainfränkischen Meister (Zeigenosse Hans Backoffens) geschnitzt. Spätgo-
tisch (1520), im neugotischen Flügelaltar der Marienkapelle des Mainzer Domes
(»Marienaltar«, der aus dem Jahre 1875 datiert). (Abb. S. 69).
Stilisiertes Weinlaub bildet die Zacken der Krone. Das Jesuskind greift nach der
Weintraube in der Hand der »schönen Maria«, auch »schöne Mainzerin« ge-
nannt, deren Gesichtszüge typisch rheinhessisch sind (»mütterliche Winzerin«).
Die Plastik ist von großer Ausdruckskraft und gehört zu den besten Werken jener
Zeit aus Mainz.

6. Haus-Sammlung Kupferberg, Wein- und Sektmuseum
Kupferbergterrasse (Sektkellerei Kupferberg)
Tel. 0 61 31/10 50
Führungen nach vorheriger Anmeldung (firmen- und werbegeschichtlicher Kom-
plex, ein Teil der Kunst- und Gläsersammlungen, Rundgang durch die historischen Kelleranlagen; ein weiterer Teil der Kunstsammlung kann für Einzelperso-
nen und kleinere Gruppen nach vorheriger Vereinbarung zugänglich gemacht
werden).

Funde zur Standortgeschichte. Römische Amphoren, Mischgefäße und Gläser,
Sigillatakeramiken. Gefunden bei Ausgrabungen zur Einrichtung der Kellereian-
lagen (60 Keller in 7 Stockwerken unter der Erde, sehenswert) in der 2. Hälfte des
19. Jh. auf dem Kästrich.
Firmen- und Sektgeschichte (mit rund 1600 Original-Etiketten der Firma aus der
Zeit von 1850 bis 1914). Werbegraphik seit 1880 (Werbegeschichte).

Saal der Deutschen Weinausstellung auf der Weltausstellung Paris 1900
(»Traubensaal«)
Jugendstil-Eisenarchitekturen (Trauben, Weinblätter, Ranken, Faßreifen), Dra-
chenköpfe an den Pfosten. (Abb. S. 73).

Stiche, Radierungen, Gemälde und andere Objekte zur Geschichte und Kultur des
Weines.

70

Seltene Champagner- und Sektgläser
(1780 bis 1900)

Zahlreiche Weinkannen und -gefäße
Becher, Krüge, Gläser aus verschiedenen Zeiten und Herkunftsräumen, sehr interessante Einzelstücke.

Sektflaschen-Schmuckbehälter
Aus in Silber geschmiedeten Weinstöcken, innen vergoldet, mit Reben und Blättern. Am Henkel aufsteigender kleiner Bacchus mit Sektschale in der rechten Hand. Moskauer Goldschmiedearbeit. Um 1890.

Süddeutscher Barockputto mit Traube
Anfang 18. Jahrhundert
Geschnitzter Faßboden
Eichenholz, Reliefdarstellung des Zaren
Russische Arbeit, Ende 18. Jh.

Eichenholztruhe mit Weinranke
16. Jahrhundert

Weinfaß mit Putto
Feuervergoldeter Putto (Bacchus) sitzt auf Miniaturfaß, das auf dem größeren Faß steht. An der Stirnseite zwei Siegel, eines davon Weinlaub mit Traube zeigend. Um 1780.

Poppelsdorfer Fayencen (Weinkannen)
Aus der Manufaktur Poppelsdorf bei Bonn, sog. Mathes. Neun Offiziere in seidenen Interims-Uniformen mit breitkrempigem Hut, mit Weinflasche und Glas auf Fässern sitzend. Seltene Stücke. Um 1750.

Original-Barocksäulen einer Weinkelter
Mit handgeschnitzten Ranken, Weintrauben und Blättern. Nußbaumholz, aus einem Stück gearbeitet. Wien, 18. Jh.

Vortragsstange mit Trauben und Weinlaub
Zweiteilig, handgeschnitzt. Südtirol, um 1720.

Ochsenkopf mit Weinbütte und Weinblättern
Süddeutsch, um 1830. Symbolisiert den Brauch, bei der Weinlesefeier im Zug der Winzer einen Ochsen mitzuführen, der eine Weinbütte trug.

Model mit Josua- und Kaleb-Motiv
Für Bildgebäckherstellung. Seltenes Stück. 1683.

Ikone mit Weinlaub-Dekor
Muttergottes von Kasan. Bronze, mit roter Samttafel. 18. Jh.

Weintrauben-Teller
Sog. Tepsia. Kupferteller, Rand mit Weinlaub und Traubenornament, handgetrieben. Armenisch-türkisch. 19. Jh.

Im Küferkeller:

Gutenbergfaß
100 000 Liter fassend, gestiftet 1900 zum 500jährigen Jubiläum. Hessen-, Riesen-, Schützenfaß u. a. sowie geschnitzte Faßlagerfiguren und Faßriegel (18./19. Jh.).

Im Innenhof

Bacchuskopf am Brunnen
Eingefaßt von alten Weinfaßsteinen der Kellerei. Aus Main-Sandstein 1897 von unbekanntem Künstler geschaffen für Fassade des damals eingeweihten großen Sektkellereigebäudes, von dort 1973 abgenommen. (Abb. S. 197).

7. Museum der Stadt Worms
Andreasstift, Weckerlingplatz (Nähe Dom)
Tel. 0 62 41/85 33 33
Sommerhalbjahr: Täglich außer Montag 9.00–12.00 Uhr, 14.00–17.00 Uhr
Winterhalbjahr: Täglich außer Montag 10.00–12.00 Uhr, 14.00–16.00 Uhr
– Außer an einigen Feier- und anderen Festtagen –

»Wormser Gesichtskrüge«
Einhenkelige Krüge aus Ton mit rotem Überzug und weißer Bemalung. Unter dem Ausguß ist ein weibliches Gesicht. Hergestellt im 4. Jh. n. Chr. in den römischen Töpferwerkstätten im Südviertel der Stadt Worms, wo sie (hauptsächlich in Gräbern) in Schillerstraße, Maria Münster und am Bollwerk gefunden wurden. Ähnliche Krüge, ebenso Becher in Maskenform, teilweise mit kultischen Inschriften, wurden – auch als »keramische Scherze« – gleichermaßen in den Töpferwerkstätten von Trier und Köln geschaffen (Fortführung der hochentwickelten griechischen Vasenkunst). (Abb. S. 75).

Kugeliger Barbotine-Becher
3. Jh. n. Chr. Gefunden in Worms-Weinsheim.
Becher aus Terra Sigillata. Grabbeigabe einer wohlhabenden Dame. Das Reliefdekor zeigt einen springenden Hasen sowie Ranken mit herzförmigen Blättern. Die weiße Aufschrift lautet: ESCIPE QUE FERIMUS MANIBUSQUE LIBENTES FELICITER (= Nimm, was wir darbringen und den Manen gern und glücklich opfern – die »Manen« waren bei den Römern die Seelen der Verstorbenen).

Bruchstücke einer Bilderschüssel
3. Jh. n. Chr. Gefunden in Worms. Terra Sigillata. Reben- und Traubenmotive. Weinherbstszene mit Eroten (Trauben werden in Legel geleert).

Der »Traubensaal« im Hause Kupferberg, eine Jugendstil-Rarität. ▶

Amphoren

Glasbecher der Küferzunft
Geschliffene Insignien der Küferzunft, Weinranken, Initialen, Jahreszahl 1726.

Trinkgefäße aller Zeiten und Arten
(Besonders erwähnenswert aus römischer Zeit: kleines Trinkhorn aus Glas; Doppelhenkelkannen; Spruchbecher). (Abb. S. 88).

Griechische Winzermesser
3./4. Jahrhundert

Faßriegel

Zwei Weinsiebe
Aus Ton. 3./4. Jh. Gefunden in Worms.

Spindelkelter
18. Jh. (im Garten des Museums)

Faß mit kurpfälzischem Faßboden
(Ranken- und Rautenmuster), ca. 17./18. Jh. Herkunft unbekannt (im benachbarten Stiftskeller, wo sich auch andere Leihgaben des Museums befinden).

8. Stiftung Kunsthaus Heylshof, Worms
Stephansgasse 9 (zwischen Dom und Lutherdenkmal)
Tel. 0 62 41/2 20 00
Täglich außer Montag: 10.00–12.00 Uhr, 14.00–16.00 Uhr
Sommerhalbjahr: 10.00–12.00 Uhr, 14.00–17.00 Uhr
Winterhalbjahr: 14.00–16.00 Uhr, Sonntag 10.00–12.00 Uhr, 14.00–16.00 Uhr
Einmalige Sammlung bemalter Humpen, Pokale und Gläser des 16.–18. Jh. sowie historischen Porzellans des 18. Jh.

Reichsadlerhumpen
1577, vermutlich aus Böhmen. Abbildung des Kruzifix, auf der Rückseite die Eherne Schlange.

Kurfürstenhumpen
1627. Vermutlich aus Franken. Dargestellt sind die reitenden Kurfürsten (ohne den böhmischen).

Kurfürstenpokal
1645. Vermutlich aus Franken. Die Fürsten (ohne den böhmischen) halten die Amtsinsignien in Händen.

74

»Wormser Gesichtskrüge« aus den römischen Töpferwerkstätten.
Museum der Stadt Worms.

Venezianische Flügelgläser

Puttengruppe aus den vier Jahreszeiten
Der Knabe mit Weinlaub (»Herbst«), eine Kanne in der Linken, Trauben, gelbe
Ähren. Geschaffen von Konrad Link, Frankenthal (2. Hälfte des 18. Jh.).

Kinder mit Früchten
Darstellung des Herbstes. Der Knabe bringt statt einer Frucht einen Becher Wein.
Geschaffen von Adam Bauer, Frankenthal (2. Hälfte des 18. Jh.).

Trinkszenen
1767–1775, gestaltet von Karl Gottlieb Lück, Frankenthal.

Wein und Mäßigung
Holzplastik aus dem ehemaligen schwäbischen Kloster Buxheim (17. Jh.), die Tugend der Mäßigung symbolisierend. Die weibliche Figur gießt aus einer Kanne
Wein in ein Gefäß mit Wasser. Trauben in der Früchteranke unterhalb der Person. (Abb. S. 77).

9. Museum der Stadt Alzey
Antoniterstr. 41 (am Kronenplatz, im ehemal. Klosterhospital)
Tel. 0 67 31/13 13
Montag bis Freitag: 9.00–12.00 Uhr, 14.00–16.00 Uhr
Sonst nach Vereinbarung

Keltisches Stiefel-Trinkgefäß
400 v. Chr. bis 100 n. Chr. Gefunden auf dem Latène-Friedhof Alzey. Besonders interessantes Fundstück.

Römische Trinkbecher
(Einer mit Inschrift INPLEME CONDIT, evtl. = Füll mich mit Würzwein)

Römische Krüge, Amphoren und Dolien
(Eine aus keltischem Grab in Armsheim)

Römische Winzermesser

Fränkische Sturzbecher

Weinkrüge aus dem Mittelalter

Spindelkelter
1813, aus Albig

Kleinere Kelter

Fahrbare Traubenmühle

Küferwerkzeuge

Weinbergsgeräte
19. Jh.; Hacke, Karste, Pfahlhippen, Pflanzeisen, Bütten (Holz und Zinkblech).

Kellergeräte
Mosterkolben, Stechbecher, Zapffäßchen mit Gärtöpfchen, Weinstützen (Holz und Kupfer), Blasebalg-Weinpumpe (18. Jh.).

Faßriegel
(Meerweibchen; um 1800). (Abb. S. 78).

Abendmahlskrug

Jagdtrinkflasche mit Einlagen
(In Bocksbeutelform)

Geschnitzte Truhe mit Reblaubornamenten.

Dionysos und Amor, Trauben tretend
Empire-Gruppe (Fayence).

Im Rheingau- und Weinmuseum Rüdesheim (Brömserburg)

Weinkultur und maßvoller Genuß bedingen einander. Die Holzplastik ▶
»Wein und Mäßigung« symbolisiert dies. Kunsthaus Heylshof Worms.

Kuriose Gestalten schuf einst die Phantasie der Faßschnitzer. Meerweibchen als Faßriegel.
Museum der Stadt Alzey.

Spindelkelter
Von 1681, mit Inschrift »Gerhard von der Linde«, aus Framersheim

10. Heimatmuseum der Stadt Bingen
Burg Klopp (im Turm)
Tel. 0 67 21/18 41 90
Mitte April bis Ende Oktober:
Täglich außer Montag:
9.00–12.00 Uhr, 14.00–17.00 Uhr

Römische Trinkbecher
Schwarz oder braunrot gefirnist. Teilweise mit Inschriften: IVVAT ME (= Es macht mir Freude), GAUDIAS (= Freue Dich), REPLE ME (= Fülle mich), MISCE (= Mische; dazu die Inschrift eines römischen Weinbechers im Museum Bonn: MISCE, SED PARCE AQUAM = Mische, aber spare an Wasser).

Römische Amphoren und Dolien

Weinflasche in Form eines reifenumgürteten Fasses
(4. Jh.)

Bruchstück eines römischen Grabsteines
Mit besonders fein gearbeitetem Traubenornament

Ständer für Schröpfglocken
Aus dem Instrumentarium eines römischen Arztes, aus zwei sich kreuzenden Reben sehr kunstvoll gearbeitet.

Fränkische und mittelalterliche Trinkgefäße

Meßgefäße aus Zinnblech

Rochusbecher
(St. Rochus = Pestheiliger, nach ihm benannte Kapelle auf dem Rochusberg)

Krüge und Flaschen aus Ton
17./18. Jh.

Weinpumpe

Weinheber
(Stechheber)

Faßhobel

Faßriegel

Modell eines alten Weinkrans

Rebstamm von Hausstock
200 Jahre alt

11. Heimatmuseum Sprendlingen
Privat eingerichtetes, jedoch allgemein zugängliches Museum (besteht seit 1971).
Speziell Sammlung bäuerlicher Gebrauchsgegenstände und ähnlichen Anschauungsmaterials aus Ort und Umgebung.
Sankt Johanner Straße 14 (Traube am Türsturz) – ehemaliges, im wesentlichen belassenes Bauernhaus.
Tel. 0 67 01/71 97
(W. Genther, Ulmengasse 5)
Am 1. Sonntag eines Monats: 10.00–18.00 Uhr
Am 3. Sonntag eines Monats: 10.00–12.00 Uhr
Sonst nach Vereinbarung
Am Sprendlinger Markt (letztes Wochenende im August) jeweils Sonderausstellung (Sonntag/Montag ganztägig)

Weinbergsgeräte
Besonders zahlreich u. a. Gießfülle (zum Rebensetzen), Pflanzenschwerter, Heb-, Stech- und Treteisen.
Schädlingsbekämpfungsgeräte (vielfältige), u. a. Fangblech für Rebstichler, Handschwefler; alte Rebscheren; getöpferte Scherben für Schling- und Topfreben, Holzbutt, Steinsucher (zum Suchen der Abmarkungssteine).

Weinbereitungsgeräte
Spindelkelter, Balkenkelter, Stangenlogel, Mosterkolben, Trestermesser.

Feuerkorb zum Angären des Weines, erster Kaltentkeimungsfilter der Seitzwerke (1923), erste elektrische Weinpumpe der Seitzwerke, Traubenmühle mit Holzwalze auf Schiebekarren, Mostpeitschen (erstmals 1850 von Babo konstruiert, dienten zur Lüftung fehlerhafter, infolge Säure- und Alkohol-Mangel »zähgewordener« Jungweine). Weinheber, Holztrichter, Weinpumpen von 1900 und 1925, alte Korkmaschine, Küfergeschirr. (Abb. S. 145).

Trinkgefäße
Steingutkrügelchen, ovales Holztrinkgefäß und andere Weinaufbewahrungsgefäße für die Weinbergsarbeit; Schankkrüge; Destilliertopf der letzten Sprendlinger Branntweinbrennerei; Branntweinkrügelchen.

12. Weinmuseum Flörsheim-Dalsheim
Das seit Oktober 1977 bestehende, 1978 eingeweihte Museum ist im Privatbesitz der Familien Schales, die es auch eingerichtet haben.
Alzeyer Straße 160 (im Anwesen eines Weingutes)
Tel. 0 62 43/70 03
Montag bis Freitag: 8.00–12.00 Uhr, 13.00–17.00 Uhr
Samstag: 9.00–12.00 Uhr
Sonntag geschlossen
Bei größeren Gruppen Anmeldung erbeten

Faun und Nymphe
Geschnitzte Eingangstür zum Museum (Abb. S. 81).

Weinbergsgeräte
Pflüge verschiedener Art, handgeschmiedete Rodehacken, Rammbock (zum Pfählen). Mistkraxel, Kastendüngerstreuer, Pflanzschwert, Ausbrecheisen und -messer, Batteriespritzen, Schwefler (teils 18. Jh.), Bütten, Legelheber, alte Weinbergscheren, hölzerne Starenrätsche.

Weinbereitungsgeräte
Baumkelter, Traubenmühlen und -pressen, Tresterschaufel, Seckermesser (zum Zerschneiden der Tresterkuchen), Weinpumpen (1900/1910), Holzstützen und -bütten, Küferhandwerkzeug (40teilig), Kerzenfaßleuchte, Hohlspunde (zum Ableiten der Gärgase), altes Schwefeldosiergerät.

Weinbehältnisse
Etwa 200 Gläser (ältestes um 1700), Schlegelflaschen, Römischer Weinkrug, Feldkrug aus dem Mittelalter, Weinglaskrug.

13. Hessisches Landesmuseum Darmstadt
Friedensplatz 1
Tel. 0 61 51/12 54 34
Dienstag bis Sonntag: 10.00 bis 17.00 Uhr
Mittwoch außerdem: 19.00 bis 21.00 Uhr

Bacchantische Szene voll praller Lebensfreude an der Tür ▶
eines privaten Weinmuseums im Wonnegau.

Infolge der früheren Zugehörigkeit von Rheinhessen zum Großherzogtum Hessen-Darmstadt befinden sich auch im Hessischen Landesmuseum Darmstadt zwei interessante, aus Rheinhessen stammende weinkulturelle Objekte, weshalb auch auf dieses Museum hingewiesen wird.

Bronzekopf eines jugendlichen Satyr
2. Jh. Gefunden in Worms.
Büste, vermutlich Beschlag von Kopflehne eines Speisesofas, später mit Blei ausgegossen.
Brust teilweise mit Fell bekleidet, Efeukranz im Haar, Bockshörnchen (nur noch teilweise vorhanden).

Geschnitzter Faßboden
1791. Aus Laubenheim (Rhh.).
Mit »Faßreiter«. Darunter Jagdszene und »Fuchs, der die Gans gestohlen« hat und auf einem Hahn reitet. Traubenpickendes Papageienpaar als Faßriegel. (Ähnlicher Faßboden von 1807 im Weinmuseum zu Speyer, vermutlich dieselbe Werkstätte: Mainz? Landau?). (Abb. S. 83).

II. Einzelobjekte in Stadt und Land

1. Mainz *»Schoppe(n)stecher«-Standbild*

Das Standbild des »Mainzer Schoppe(n)stechers« befindet sich in der Schillerstraße, inmitten von Blumenrabatten neben dem Bassenheimer Hof. Geschaffen wurde das Bronzedenkmal von dem Mainzer Porzellanfabrikanten Heinz Schaubach, Mitglied und erster Gestalter der Chronik der »Ehrbaren Mainzer Weinzunft von 1443«, der es der Stadt Mainz im Jahre 1962 anläßlich deren 2000-Jahr-Feier stiftete.
Der Schoppe(n)stecher (»stechen« = zechen, gern und regelmäßig Wein trinken, »petzen«) hält in der rechten Hand das typische Mainzer Weinglas, die zylindrische Weinstange, die in den Weinstuben der Stadt für Ausschankweine benutzt wird. In der Physiognomie des »Schoppe(n)stechers« sind die Gesichter dreier populärer Mainzer Persönlichkeiten verewigt (Abb. S. 154).
Eine Miniatur-Nachbildung verleiht die Stadt Mainz in zweijährigem Turnus an Persönlichkeiten, die sich um den Wein verdient gemacht haben (»Schoppenstecher-Preis«).

Dativius-Victor-Bogen, mit Reben- und Trauben-Ornamenten
Am Ernst-Ludwig-Platz (zwischen Justizgebäude und RGZM) als Nachbildung im Jahre 1962 anläßlich der 2000-Jahr-Feier der Stadt Mainz errichtet.
Die Original-Rekonstruktion befindet sich im Mittelrheinischen Landesmuseum (s. S. 60).

Weinphantasien auf einem geschnitzten Faßboden aus Laubenheim. Hessisches Landes-museum Darmstadt.

Die Front des Bogens und die Bogenleibung sind mit Rebenranken und Trauben (Friese und Schuppenmuster) verziert.

Die Inschrift besagt, Dativius Victor, Ratsherr der Gemeinde Taunenser (= Frankfurt-Heddersheim), ehemaliger Provinzialpriester des Kaiserkultes, habe den Mainzern diesen Bogen versprochen, seine Söhne und Erben hätten ihn »zu Ehren des Kaiserhauses« (Jupiter Optimus Maximus) vollendet.

Der Dativius-Victor-Bogen ist eines der augenfälligsten Zeugnisse früher Weinkultur in Rheinhessen.

Jupitersäule mit Weingott-Darstellung

Am Deutschhausplatz (Nachbildung, Original im Mittelrheinischen Landesmuseum). Ca. 67 n. Chr. Neben anderen ist auch der keltische Gott Sucellius dargestellt, der neben Bacchus als Weingott verehrt worden sei (diese Identifizierung ist allerdings nicht unumstritten, auch könne der an der Jupitersäule erkannte »Trinkbecher« ein Weihegefäß sein).

Nachbildung des ältesten Faßfundes

Im Weinprobierkeller des Mainzer Rathauses. Anläßlich der Eröffnung des Weinmarktes 1974 bei Weinsheimer Küferei in Auftrag gegeben; Holz.

Das Original wurde 1868 in römischer Bodenschicht am ehemaligen Altmünsterweiher (Moorboden) in Mainz geborgen. Es hatte eine längliche, schmale Form, 400–500 Liter fassend, und enthielt Gefäßreste, Lederschuhe, Metallgegenstände, Fischreste, Teile von Fischernetzen und Weinreben. Das Faß war offenbar in römischer Zeit als Brunneneinfassung verwendet worden. Es befand sich im früheren Altertumsmuseum der Stadt Mainz (heute MLM) und ging durch Kriegseinwirkung (oder kurz nach Kriegsende) verloren. Es handelt sich um den wohl ältesten Fund dieser Art am Mittelrhein. (Beschriftung der Nachbildung nicht originalgetreu.)

Fastnachtsbrunnen – Weinsymbolik

Am Schillerplatz, vor dem Osteiner Hof (sog. »Gouvernement«) stehend, auch »Narrenturm« genannt, geschaffen von Prof. Blasius Spreng, München, enthüllt 1967, gestiftet den Mainzer Bürgern von der Firma Eckes-Chantré.

Der Fastnachtsbrunnen steht, 9 m hoch, auf fünf Säulen, die Flachreliefs aus Rebranken und Trauben tragen. Die zahlreichen Brunnenfiguren (Bronze) sind meistens vom Wasser der Fontänen übersprüht. Der Brunnen ist bewußt als optischer Kontrapunkt zum am anderen Ende der Ludwigstraße stehenden Dom gedacht (»umgestülpte Domhaube«). Einzige dargestellte Person unserer Zeit ist Toni Hämmerle, der verstorbene Komponist der Mainzer Fassenacht. Der Fastnachtsbrunnen ist Ausdruck der »Mainzer Seele«. Neben der Narretei ist Weinbrauchtum mehrfach symbolisiert: Weinschänksäule, darüber »Vater Rhein«.

Bacchuskopf.

»Der trunkene Römer«, bekränzt, Becher und Krug in Händen, vor antiker Tür, von Narrenmasken umgeben.

Satyrkopf, nahe dem »Trunkenen Römer«, darüber ein Bezechter.

»Weintrinker« am Säulenfuß, vorgeneigt zuprostend.

»Weinengel«, oben am Kelchrand des Turmes, Flügel mit Trauben beschwert, der Engel selbst trägt rechts Trauben, bei der rechten Schulter ein Erote, auf eine Traube gestützt.

Zu Füßen des Engels doppelgesichtige Figur, die einen Becher schwingt.

(Abb. S. 68).

Marktbrunnen mit Trinker

Auf dem Dom-Vorplatz, weithin sichtbar. Ältester (und einer der schönsten) Renaissance-Brunnen Deutschlands.

Errichtet 1526 (gestiftet von dem Kurfürsten und Erzbischof Kardinal Albrecht von Brandenburg nach Niederwerfung des Bauernaufstandes als Dokumentation landesfürstlicher Macht), 1890 beim Bau der Ludwigstraße auf dem unteren Markt nordöstlich versetzt, bei Neugestaltung des Dom-Vorplatzes zur Fußgängerzone 1975 wieder auf alten Standort verbracht.

An einem der drei Pfeiler ist ein liegender Trinker in bäuerlichem Gewand zu sehen. Er hält einen Krug, aus dem ihm Wein in den Mund fließt, auch ein Vogel in seiner linken Hand nippt davon. In der rechten Hand hält er ein Trinkgefäß.

Darüber Inschrift »O BEDENCK DAS END«. Totenschädel und Sanduhr.

(Abb. S. 177).

Brunnen-Madonna mit Traube und Ähre

Brunnen mit Mariensäule aus rotem Sandstein auf dem Kirschgarten (vor Carl Zuckmayers einstiger Lieblings-Weinstube), 1932 gestiftet vom Mainzer Verschönerungsverein. Madonna auf dem Halbmond (Nachbildung des Mainzer Universitätssiegels), umgeben von den Symbolen »Traube und Ähre«. (Abb. S. 151).

Weinbau-Relief

Am Erker des Rathauses des Stadtteils Bretzenheim. Rotes Sandstein-Relief mit Hinweis auf die erste urkundliche Erwähnung eines Weinbergs in Rheinhessen (754 für Bretzenheim). Geschaffen und gestiftet von Steinmetz Kurt Lenz (1978). (Abb. S. 41).

2. Bingen

St. Urban in der Basilika

Holzschnittarbeit (1480 neu gefaßt) in der katholischen Pfarrkirche an der Nahe (2. Pfeiler der Südseite). Eventuell ursprünglich aus der 1689 zerstörten Urbans-Kapelle (vermutlich Rheinstraße) stammend. Der Heilige hält eine große Weintraube in der Hand. Sitzfigur, die Thronbank als Zunftlade. Weitere Statuen befinden sich im Dom-Museum, Mainz (s. S. 70), und in der kath. Pfarrkirche Ober-Olm (s. S. 86). Zur Legende und Verehrung St. Urbans als Weinheiliger s. S. 152.

3. Oppenheim

Das Weinbergfenster in der St. Katharinenkirche
Farbiges Fenster im Westchor der Kirche (rechts, Mitte oben). Gestaltet von
Heinz Hindorf, gestiftet von Fritz und Else Harth, eingeweiht 1981.
Die Arbeiten des Winzers im Weinberg bis zur Traubenlese, Mühe und Weingenuß (»Der Wein erfreut des Menschen Herz«) umrahmen die biblische Mitte des
Fensters, die Gleichnisse des Weines in der Bibel darstellt: Christus in der Kelter
(Passion), die ungleichen Söhne, die Arbeiter im Weinberg. Ornamentaler Hintergrund sind Reben und Trauben, das Wort Jesu umschreibend: »Ich bin der Weinstock, ihr seid die Reben.« (Abb. S. 87).

Standbild des Ritters Hantstein in der St. Katharinenkirche
Im Glockenturm (Turmhalle) stehend, Heinrich Schro aus Mainz zugeschrieben.
Ritter Konrad von Hantstein war vom Kaiser geschickt, den Grafen Christian
von Oldenburg aus Oppenheim zu vertreiben und starb dort als kaiserlicher
Kriegsrat und Oberst im Jahre 1553. Der Sage nach war er ein gewaltiger Zecher
(s. S. 175).

4. Nieder-Olm

Trauben-Madonna
Madonna mit Krone aus stilisiertem Reblaub, Jesuskind mit Traube, 15. Jh., unbekannter Meister (»Meister der Eltviller Muttergottes«), in der katholischen Kirche (an der Ortsdurchfahrt). Neben der »schönen Mainzerin« (s. S. 70) und der
»Korbgassenmadonna« (S. 66) sehenswerteste Marienfigur mit Weinsymbolik in
Rheinhessen. Die ältesten bekannten Darstellungen von »Traubenmadonnen«
stammen aus der frühen Gotik. Die Weintraube ist Symbol der Fruchtbarkeit und
Mutterschaft. Auch die Symbolik des göttlichen Traubenblutes (Eucharistie) und
die weit verbreitete Marienverehrung der Winzer (Schutzpatronin) findet hier
Ausdruck.

Abendmahl-Brunnen
Auf dem Vorplatz der evangelischen Kirche. Gestaltet 1971/72 von dem Münchner Bildhauer Prof. Blasius Spreng (von dem auch der Fastnachtsbrunnen in
Mainz stammt, s. S. 85). Den Brunnenaufsatz prägen biblische Motive des Abendmahles (Brot und Wein, in Form stilisierter Ähren und Trauben) und das Symbol
der Urchristen (der Fisch). Das sprudelnde Wasser bedeutet das ewige Leben und
zugleich die Taufe. (Abb. S. 327). Die bronzene Brunnenschale, ebenfalls mit einem
Dekor aus »Brot und Wein« verziert, wird durch die Wasserstrahlen aus den vier
Fischköpfen zum Erklingen gebracht (Tonintervalle, die Glockengeläut ähneln).

5. Ober-Olm

Holzgeschnitzte Statue des Winzerpatrons St. Urban
Der Heilige hält die Traube in der Hand. Anfang 16. Jahrhundert. Weitere Statuen befinden sich im Dom-Museum, Mainz (s. S. 68), und in der kath. Pfarrkirche Bingen (s. S. 85).

Gleichnisse des Weines in der Bibel: Das Weinbergfenster in der ▶
St. Katharinenkirche zu Oppenheim.

6. Worms-Abenheim

St. Kilians-Bildstock
Am früheren Standort eines alten Bildstockes (Pilgerpfad) als Endstation der Flurprozessionen gestaltet (G. Nonnenmacher). St. Kilian, mit Mitra, Bischofsstab, Reben und Trauben, segnet die Weinberge. Material: Muschelkalk-Naturstein aus der Nähe von Würzburg.

7. Wörrstadt

Schmiedbrunnen
Moderne Brunnenfigur von Prof. Linke (1977) an der Ecke Friedrich-Ebert-Straße/Talstraße (einst waren dort Schmiede und »Weed«), unter der Linde (»Freiheitsbaum«). Der Schmied (Hammer als Symbol) ist weinestrunken zu Boden gesunken, der Becher entfällt ihm, er »sieht alles doppelt und dreifach«.

Weingefäße aller Stilepochen sind Ausdruck sich wandelnder Formen der Trinkkultur. Römische Gläser, Weinkrüge und Schale im Museum der Stadt Worms.

8. Reblaub- und Traubenmotive

Reblaub- und Traubenmotive schmücken viele Kirchen und weltliche Gebäude in Rheinhessen: So die Katharinenkirche in Oppenheim (südwestlicher Vierungspfeiler – 2. Hälfte des 13. Jh. – und nordwestlicher Pfeiler im nördlichen Nebenchor – Ende 13. Jh.), das Portal der Stephanskirche in Mainz, Kanzel und Engelköpfe der St. Martins-Basilika in Bingen, den Schlußstein im Chorumgang der Liebfrauenkirche in Worms (Weinreben und Rebmesser – Wappen der Weingärtnerzunft –, um 1400), den Schlußstein der Kapelle auf Hof Iben bei Fürfeld (Gotteslamm in Reblaub) und der Bergkirche in Udenheim, den Pfeiler der Toreinfahrt am ehemaligen Finanzamt in der Pfauengasse zu Oppenheim. (Vgl. auch S. 70: Reblaubornamente vom Westlettner des Mainzer Domes im Dom-Museum.)

9. Wirtshausschilder

Besonders kunstvoll gearbeitete Wirtshausschilder befinden sich am früheren »Weißen Roß« in Jugenheim, am ehemaligen »Löwen« in Wörrstadt (nun an die Hauswand versetzt, neben der evangelischen Kirche, Anwesen Wolf; von 1760, aus Mainz; Meisterstück des alten Schmiedehandwerks, mit Rebenblättern und -ranken) und im »Ochsen« zu Wonsheim. (Abb. Jugenheim S. 301).

10. Trulli (steinerne Weinbergshäuschen)

Eine kuriose Besonderheit des rheinhessischen Weinlandes sind die sog. »Trulli« (Einzahl: Trullo), eigentümliche Weinbergshäuschen, die nur im Worms-Alzeyer Raum (Wonnegau und Flonheim/Wendelsheim) und – aus ungeklärten Gründen – sonst nirgends in Deutschland anzutreffen sind. Sie können als für die genannte rheinhessische Region charakteristisch angesehen werden.
Die Form der Trulli ist granatenartig bis bienenkorbähnlich. Sie sind über kreisförmigem bis leicht ovalem Grundriß errichtet und von einem kegelförmigen Kragkuppelgewölbe überdacht.
Baulich variierend von steiler bis gedrungener Form, finden sie sich in Flonheim (das schönste Trullo ist dort das sog. »weiße Häuschen« von 1756, auf der Weinbergshöhe aus Flonheimer Sandstein erbaut, s. Abb. S. 91), Wendelsheim, Dalsheim, Nieder-Flörsheim, Gundersheim, Monsheim/Kriegsheim, Wachenheim, Offstein, Worms-Heppenheim, Westhofen und werden als Unterschlupf von Wingertschütz und Traubenlesern benutzt (teilweise mit Sitzbank). Vereinzelt (so in Flonheim) dienten sie früher auch als Warte.
Ihre Errichtung wird lombardischen Baumeistern zugeschrieben, die in den Flonheimer Sandsteinbrüchen gearbeitet haben mögen. Eventuell sind es aber einfachste Bauten ohne bewußtes Vorbild, da die konische Bauweise der Urtyp menschlicher Behausung ist.
Die Trulli haben größte Verbreitung in Süditalien (Apulien), dort besonders in Alberobello, einer Trulli-Siedlung (auch auf Weinetiketten abgebildet). Dort sind sie heute noch als weißgekalkte Feldhütten und Kelterhäuser anzutreffen, vor allem aber auch als Wohnbauten mit dem »Zippus«, der typisch steinernen Bekrönung

auf der Spitze des Trullo. In Apulien sind diese Gebäude jedoch auf quadratischem Grundriß erstellt.

11. Keltern

Historische Holzkeltern stehen – teils in Privatbesitz und daher nicht allgemein zugänglich – an folgenden Orten Rheinhessens (alphabetisch geordnet):

Alzey: Burggrafiat (früheres Museum der Stadt Alzey, s. S. 76); im Garten der Praxis Kleinknecht, Hellgasse (Steinkelter).

Bingen: Rheinbergkellerei (vor dem Anwesen und im Garten).

Bingen-Büdesheim: Weingut Hildegardishof; Weingut Grünewald (Vierspindelkelter, Doppelspindelkelter und zerlegte Baumkelter).

Bodenheim: Weingut Giloth.

Dittelsheim-Heßloch: Weingut Georg Beeg.

Gau-Algesheim: An der Abfahrt zur Winzerhalle; Weingut Dorée.

Horrweiler: Dorfplatz; Weingut Kost.

Ingelheim: Vor dem städtischen Probierkeller.

Mainz: Sektkellerei Kupferberg.

Nierstein: Weingut Guntrum (2 Einspindelkeltern); Weingut Wernher; Weingut Ulrichshof (2 Doppelspindelkeltern aus der Wachau); Hof der Winzergenossenschaft; Weingut Gerhard (1 Doppelspindelkelter, 1 Niederdruckpresse, 1 Baumkelter vor dem Hauptgebäude in Dexheim).

Ockenheim: Im Weinbergsgelände (Weingut Merz).

Oppenheim: Deutsches Weinbaumuseum (1 Baumkelter, 3 Einspindelkeltern, s. S. 58).

Sprendlingen: Nähe Heimatmuseum; im Hof des Heimatmuseums.

Stadecken-Elsheim: Windhäuser Hof.

Westhofen: Vor der Kellergasse.

Worms: im Städtischen Museum (s. S. 74); Weingut Spohr.

Eine besonders interessante Balkenkelter des 18. Jh. befand sich in Westhofen im Schülerhof (Familie Weißheimer), ihr Verbleib (sie stand dann vorübergehend in Zwingenberg an der Bergstraße) ist leider unbekannt. Die Kelter war geziert mit der Darstellung »Josua und Kaleb« und einer »Dreireligionen-Wein-Inschrift«:

Ach Wein, du edler Rebensaft, geziert mit schönen Gaben,
Du soldest nach dem Besten Rat drey Tugenden an dir haben!
Gut Catholisch sollst du sein wegen deinen guten Werken!
Ein Protesdant, sauber und rein, ohn Falsch den Schwachen stärken,
Gut jüdisch solt du auch sein und bleiben ohngetauft –
Dis ist der beste Wein, darin kein Wasser lauft!
(Bekannter ist der »Vierreligionenwein«-Text, wonach der Wein auch sein soll »calvinisch aufgeklärt, rein lauter von dem Faß«: so auf dem Ehrenpokal der Stadt Bingen aus dem 19. Jh.)

12. Weinmotive in Ortswappen

Traube und Rebe
Armsheim (Arm eines Winzers, der Rebzweig mit Traube und Rebblatt hält)

Altes Weinberghäuschen (»Trullo«) bei Flonheim, ▶
eine rheinhessische Besonderheit ungeklärter Herkunft.

Gundersheim (Karst und zwei Trauben mit Rebblättern)
Harxheim (Weintraube, Ähre und Eichel)
Monzernheim (Löwe über Traube mit Rebblättern)
Paffen-Schwabenheim (»Pfaffe«, der eine Traube hält, über gräflichem Wappen)
Sörgenloch (Rebstock)
Weinheim = Alzey-Weinheim (Kirchenpatron St. Gallus, pfälzischer Löwe und
Weintraube)
Westhofen (Weinlaub und Trauben)

Schrotleiter
Bornheim (Schrotleiter)
Gau-Weinheim (Weinkanne und zwei Schrotleitern)

Weinbergsbickel
Gau-Bickelheim (drei Weinbergsbickel über dem Mainzer Rad)

Rebmesser
Worms-Heppenheim (zwei sichelartig gebogene Rebmesser, = »Heppen«, und
Kleeblatt, die frühere »Vorfrucht« im Weinberg symbolisierend)

*Behäbig dehnen sich die rheinhessischen Weinorte zwischen Weinbergen und Äckern.
Flonheim im Wiesbachtal.*

Vielfalt und Fülle des Geschmacks

Rebsorten in Rheinhessen

Boden, Rebsorte (Traubensorte), Klima und – als Faktor in der Aufzählung oft vergessen – Behandlung (»der Keller«) bestimmen die Art eines Weines, wie er sich für die Sinne (Auge, Geruch und Geschmack) des verkostenden Weinfreundes darbietet. Über Böden und Klima ist bereits oben (S. 27 ff.) das Wesentliche gesagt. Wie der einzelne Winzer sein Erzeugnis behandelt, ist ganz individuell und entzieht sich der Darstellung. Die außerordentliche, in anderen Weinanbaugebieten nicht vergleichbar anzutreffende Vielfalt der rheinhessischen Weine wird aber vor allem durch die variantenreiche Rebsortenskala bedingt, sie sei daher skizziert. Die Rebsorte dürfte zudem in Zukunft, angesichts immer größer werdender weingeographischer Bezeichnungsräume (unbeschadet traditioneller, bekannter Einzellagen) noch größere Bedeutung als bisher für die Weinvermarktung erlangen.

In Rheinhessen werden überwiegend weiße Traubensorten angebaut, sie machen 96 % der Ertragsfläche aus. Auf Rotweinsorten entfallen nur 4 %, hauptsächlich angebaut in Ingelheim und Umgebung, desgleichen in Ockenheim, Gau-Algesheim, Gundersheim, Saulheim. Besonders die Erzeugnisse aus Ingelheim können sich nicht nur mit denen anderer »Rotwein-Enklaven« (an der Ahr, in Baden-Württemberg und Aßmannshausen) messen, sondern auch (Spätburgunder) mit ausländischen Weinen.

Das Verhältnis der Weißwein- zur Rotweinfläche betrug im Jahre 1907 = 92 %:8 %. Im Jahre 1935 erreichte der Anteil der roten Sorten 13 %, im Jahre 1951 sogar 15 % (man nimmt an, daß der Rotweinanbau die Schwierigkeiten der Kriegs- und Nachkriegszeit besser überstand). Nach dem Frostjahr 1955/56 fiel er auf 10 % zurück und dann – bei zunächst gleichbleibender Rotweinfläche, jedoch gleichzeitige Zunahme der Weißweinfläche – bis zum oben genannten Anteil (4 %).

Die »Standardsorten« (nämlich: Müller-Thurgau, Silvaner, Riesling, Ruländer, Gewürztraminer, Portugieser, Spätburgunder) nehmen zwar noch immer den größeren Teil der sogenannten »bestockten Rebfläche« (d. h. des mit Reben bepflanzten Weinberggeländes) ein. Neue Rebsorten (»Neuzüchtungen« oder auch »Neuzuchten« genannt) verdrängen sie aber von Jahr zu Jahr mehr in der Rebensortenpalette Rheinhessens (Ausnahmen: Riesling und Gewürztraminer). Während noch im Jahre 1945 das Verhältnis der Standardsorten (= herkömmlichen, konventionellen Rebsorten) zu den Neuzüchtungen prozentual 96:4 betrug, veränderte es sich bis zum Jahre 1971 und nachher (beispielhaft) wie folgt: 1971 = 88:12, 1975 = 76:24, 1977 = 67:33, 1979 = 61:39.

Die Entwicklung bei den wichtigsten Rebsorten macht die Übersicht auf S. 98/99 im einzelnen anschaulich. Von der rückläufigen Entwicklung der Standardsorten besonders betroffen ist der Silvaner, dessen Anteil innerhalb von 11 Jahren (1968 bis 1979) von 36 % auf 18 % (also um die Hälfte) absank.

Besonders deutlich wird diese (bisherige) Entwicklung, stellt man nicht auf die tatsächlich bestockte Rebfläche, sondern auf die Neu- und Wiederanpflanzungen ab: Seit 1972 – einem »Wendejahr« – werden jährlich mehr Neuzüchtungen angepflanzt als traditionelle Rebsorten. Im Jahre 1979 war hier das Verhältnis Standardsorten zu Neuzüchtungen = 37:63, im Jahre 1980 33:67. Allerdings muß hinzugesetzt werden, daß nur wenige Neuzüchtungen (vor allem Scheurebe und Bacchus) sich »durchsetzen« und eine größere Ausdehnung (Rebfläche) erreichen konnten.

Bevor nun auf die Ursachen dieses »Trends zu Neuzüchtungen« näher eingegangen wird, einige grundsätzliche Anmerkungen zu den erlaubten Rebsorten und speziell der Rebenzüchtung: Unbeschränkt anbaubare Rebsorten sind a) in der Sortenliste des Bundessortenamtes eingetragen, b) von der EG als empfohlen oder zugelassen klassifiziert. Empfohlene Sorten (nur für sie zahlt die EG Zuschüsse zu den Kosten der Wieder- oder Neupflanzung) gelten als für die Gewinnung von Qualitätswein besonders geeignet. Sortennamen gibt es für geschützte Sorten (= Ursprungszüchter bekannt und Sorte noch in die Sortenschutzrolle eingetragen – Dauer 25 Jahre ab Eintragung) und nicht geschützte (»freie«) Sorten (Standardsorten, wie Riesling, Silvaner). Daneben gibt es die zur Eintragung in die Sortenliste angemeldeten sowie die sonstigen Rebsorten. Alle noch nicht geschützten Zuchtstämme aus der Kreuzungszüchtung (»Sorten«) haben Zuchtnummern.

In von der Reblaus verseuchten Gebieten werden die Edelreiser auf »reblausfeste Unterlagen« (in der Praxis kurz »Unterlagsreben« genannt) gepfropft. In Rheinhessen sind die Unterlagssorten Berlandieri + Riparia Kober 5 BB aus dem Jahre 1896 (verträglich für kalkreiche wie für kühle und feuchte Löß-, Lehm- und Lettenböden, jedoch in tiefgründigen, nährstoffreichen Böden zum Verrieseln neigend) und die Berlandieri + Riparia Selektion Oppenheim 4 (SO$_4$) aus dem Jahre 1922 (geringere Rieselgefahr, frühe Holzreife, gute Affinität mit Silvaner und Portugieser) eingeführt. Durch Kreuzungszüchtungen versucht man, gute Eigenschaften der »Eltern«-Reben in einer neuen Rebe zu vereinigen. Hierzu sind langjährige Anbauversuche notwendig. Diese »Neuzüchtungen« haben, wie schon erwähnt, vor allem in Rheinhessen besondere Bedeutung. Man hat dieses Anbaugebiet daher oft als »das Land der Neuzüchtungen« bezeichnet. Worin ist dies begründet?

Ursächlich war von Anfang an vor allem die Chlorosegefährdung der Standardsorte Silvaner auf schweren Kalk- und Mergelböden, die in Rheinhessen verbreitet sind. Mit diesem Problem hatte sich schon Altmeister Georg Scheu beschäftigt, als er im Jahre 1903 seine Tätigkeit in der Rebzuchtanstalt Alzey begann. Zudem hat der Riesling abseits der Rheinfront, im inneren Rheinhessen, keine idealen Standortbedingungen, er bringt hier nicht die dort (oder im Rheingau und am Mittelrhein) möglichen Qualitäten. Zu dieser rheinhessischen Besonderheit treten die allgemeinen Ziele der Kreuzungszüchtung: Sie strebt »die Idealrebe« an, deren Eigenschaften lauten: Gute Bodenanpassungsfähigkeit, einfache Erziehungsart, we-

Georg Scheu, Nestor der rheinhessischen Rebenzüchtung (1879–1949).

nig schwankende jährliche Erntemengen (sog. »Ertragstreue«), frühe Reife (bei hohem Mostgewicht und reifer Säure), guter Wuchs, gute Holzreife, Unempfind-lichkeit gegen Frost, kein Durchrieseln der Blüte, fruchtig-würzige Weinart (Eig-nung zum Verschnitt).

Daß die Neuzüchtungen in Rheinhessen inzwischen (Stand: 1979) einen Anteil von 40,7 % der bestockten Rebfläche erreicht haben (s. S. 98; vergleichsweiser Anteil in der Bundesrepublik: 23,1 %), hat verschiedene Ursachen: Die speziellen Standortbedingungen des rheinhessischen Raumes, die Selektion wertvolleren Pflanzenmaterials, die höhere Zuckerbildung in Trauben von Neuzüchtungen (was bedeutet: höhere Mostgewichte = höhere Qualitätsstufen = mehr Prämiie-rungen = insgesamt mehr Gewinn und damit Einkommenssteigerung), Änderung der Geschmacksrichtung und daraus folgende neue Ansprüche des Marktes, zu-mal da höhere Restzuckergehalte und Neuzuchtweine sich gut vertragen, oft die-ses starken Sortenbuketts wegen geradezu bedingen (wobei die »Wünsche des Verbrauchers« freilich manipulierbar sind).

Die vermehrte Anpflanzung von Neuzüchtungen in Rheinhessen ist daher fast ausschließlich vom Rentabilitätsdenken bestimmt und mithin eine »Entscheidung für die Wirtschaftlichkeit«. Geschmacksästhetische Motive haben neben den ökonomischen wenig Raum. Dabei ist anzumerken, daß zu irgendeinem Zeitpunkt einstige »Neuzuchten«, die sich bewährt haben, zur »Standardsorte« werden: so die Müller-Thurgau-Rebe. Als erste erfolgreiche Kreuzung (s. S. 105) brauchte sie mindestens 40 Jahre, bis ihre positiven Eigenschaften allgemein anerkannt wurden. Dann allerdings verdrängte sie den Silvaner und bestimmte den Typ des rheinhessischen Weines wesentlich mit.

Viele Neuzüchtungen zeigen erst im Verschnitt (nicht zuletzt mit dem angeblich oft als »langweilig« empfundenen Silvaner) ihre beste Eigenart, sind unverschnitten aufdringlich und plump. Die Tendenz zu vermehrtem Anbau solcher Neuzüchtungen ist nicht unumstritten. Denn oft sind es auch zeit- und modebedingte Geschmacksrichtungen, die zur Bevorzugung solcher Weine führen. Schwankungen in der Nachfrage sind damit zwangsläufig, gute Jahrgänge und Prämiierungen beeinflussen diese zusätzlich, während bei den Standardsorten eine nur allmähliche Veränderung und im Prinzip konstante Nachfrage zu beobachten ist. Die zukünftige Marktentwicklung ist bei Neuzüchtungen ungewiß. Unsicherheiten über Erziehungs- und Behandlungsmöglichkeiten kommen hinzu. Eine absatzorientierte »Experimentierfreudigkeit« führt leicht zu Übertreibungen und zur Verwirrung beim Konsumenten. Die Beschränkung auf einige wenige, erprobte Neuzüchtungen wird daher von einigen Fachleuten sehr empfohlen, damit eine Nachfrage nach gleicher Qualität und Spezialität über einen bestimmten Zeitraum hinweg gewährleistet ist.

Ein gewisser »Gebietstyp«, der Charakter des Rheinhessenweines, durch eine Überzahl von Neuzüchtungen verwischt, muß erkennbar erhalten bleiben. Diese Forderung wird neuerdings auch in der Weinbaupraxis verstärkt erhoben. Unterstützt wird sie durch Erfahrungen, die man in Frostjahren (wie 1979) mit einigen Neuzüchtungen gemacht hat, die sich – anders als die meisten Standardsorten – als sehr frostanfällig erwiesen und hohe Einbußen bedingten. Auch weinkulturell wäre eine solche Rückbesinnung und eine Abkehr von nahezu zügelloser Vermehrung neuer Rebsorten sehr zu begrüßen. Denn auch geschmacklich sind die Weine der Standardsorten auf Dauer »beständiger«.

Dennoch muß eingeräumt werden, daß – unbeschadet der Aspekte »Sortenart« und »weinkultureller Wert« – es die Neuzüchtungen waren, die das einst abfällig als »Hinterland« titulierte innere Rheinhessen aus der Vergessenheit hervorgeholt und ihm, neben anderen Geschehnissen, durch ihre »Vielfalt und Fülle des Geschmacks« Wohlstand gebracht haben.

Daß die Landesanstalt für Rebenzüchtung in Alzey unter diesen Umständen in der Bundesrepublik Deutschland führend ist in der Züchtung neuer Rebsorten, nimmt – versteht man diesen Hintergrund – nicht wunder (über sie ist auf Seite 226 Näheres ausgeführt). Die von dort kommenden Neuzüchtungen machen den Hauptteil der mit Neuzuchten bestockten Anlagen im deutschen Weinanbaugebiet aus (1977 waren es schon 7,2 % der Gesamtrebfläche, in Rheinhessen im sel-

Übersicht über die Neuzuchten der Landesanstalt für Rebenzüchtung Alzey

Sorte und Zucht-Nr. Weißweinneuzuchten	Kreuzungseltern Mutter	Vater
Siegerrebe Az 7957 Sortenschutz seit 1958 In Sortenliste eingetragen	Madeleine angevine x Gewürztraminer	
Perle Az 3951 Sortenschutz seit 1961 Erhaltungszüchter Rebenzüchtung – Würzburg	Gewürztraminer x Müller-Thurgau	
Scheurebe (S 88) Sortenschutz seit 1956 In Sortenliste eingetragen	Silvaner x Riesling	
Kanzler Az 3983 Sortenschutz seit 1967 In Sortenliste eingetragen	Müller-Thurgau x Silvaner	
Faberrebe Az 10375 Sortenschutz seit 1967 In Sortenliste eingetragen	Weißburgunder x Müller-Thurgau	
Huxelrebe Az 3962 Sortenschutz seit 1968 In Sortenliste eingetragen	Gutedel x Courtillier musqué	
Septimer Az 3952 Sortenschutz seit 1970 In Sortenliste eingetragen	Gewürztraminer x Müller-Thurgau	
Regner Az 10378 Sortenschutz seit 1978 In Sortenliste eingetragen	Luglienca bianca x Gamay früh	
Würzer Az 10487 Sortenschutz seit 1978 In Sortenliste eingetragen	Gewürztraminer x Müller-Thurgau	
Thurling Az 4612 Zum Sortenschutz angemeldet Zur Sortenliste angemeldet	Müller-Thurgau x Riesling	

Entwicklung der Hauptrebsorten im Weinanbaugebiet Rheinhessen*

Rebsorte bestockte Rebfläche)	1979 ha %	1978 ha %	1977 ha %	1976 ha %	1975 ha %
Müller-Thurgau	6824 29,79	7175 31,31	7439 32,49	7618 33,76	7751 35,01
Silvaner	4199 18,33	4680 20,42	5127 22,39	5492 24,33	5776 26,08
Scheurebe	1935 8,44	1762 7,68	1621 7,08	1516 6,71	1432 6,48
Faberrebe	1269 5,54	1185 5,17	1086 4,74	980 4,34	833 3,76
Bacchus	1242 5,42	1105 4,82	988 4,31	849 3,76	663 2,99
Kerner	1162 5,07	962 4,19	805 3,51	594 2,63	428 1,93
Riesling	1110 4,84	1085 4,73	1086 4,74	1096 4,85	1113 5,03
Morio-Muskat	1097 4,78	1118 4,87	1128 4,92	1127 4,99	1126 5,08
Portugieser	773 3,37	800 3,49	846 3,69	897 3,97	940 4,24
Huxelrebe	698 3,04	644 2,81	582 2,54	496 2,19	416 1,88
Ruländer	524 2,37	523 2,28	513 2,24	493 2,18	481 2,17
Insgesamt	20 833 90,95	21 039 91,82	21 221 92,68	21 158 93,76	20 959 94,65
Sonstige**	2071 9,05	1874 8,18	1674 7,32	1407 6,24	1185 5,35
Alle Sorten	22 904 100,00	22 913 100,00	22 895 100,00	22 565 100,00	22 144 100,00

* Reihenfolge der Sorten nach Stand 1979. Jeweiliger Stichtag = 31. Mai. Faber, Bacchus, Ruländer, Kerner und Huxel sind vor 1971 nicht gesondert aufgeführt. Die Übersicht beginnt mit
dem Jahre 1968, weil 1965, 1966, 1967 keine Erhebungen über die bestockten Rebflächen
nach Rebsorten durchgeführt wurden (nach der EWG-Verordnung Nr. 39/68 war das zum
31. 12. 1964 eingerichtete Weinbaukataster erstmals 1968 auf den neuesten Stand zu bringen).

1974 ha %	1973 ha %	1972 ha %	1971 ha %	1970 ha %	1969 ha %	1968 ha %
7829	7813	7730	7589	7330	6981	6692
35,88	36,16	36,72	37,25	36,97	36,52	36,16
6165	6756	7097	7306	7578	7592	7588
28,25	31,27	33,71	35,86	38,22	39,72	41,00
1340	1208	1012	813	480	406	305
6,14	5,59	4,81	3,99	2,42	2,12	1,65
640	447	250	127	–	–	–
2,93	2,07	1,19	0,62	–	–	–
397	187	84	36	–	–	–
1,82	0,87	0,40	0,18	–	–	–
326	327	145	55	–	–	–
1,49	1,10	0,69	0,27	–	–	–
1139	1182	1198	1193	1003	990	973
5,22	5,47	5,69	5,86	5,06	5,18	5,26
1109	1062	975	865	556	447	335
5,08	4,92	4,63	4,25	2,80	2,34	1,81
1009	1089	1165	1229	1281	1322	1343
4,62	5,04	5,53	6,03	6,46	6,92	7,26
342	269	208	142	–	–	–
1,57	1,25	0,99	0,70	–	–	–
467	443	424	389	–	–	–
2,14	2,05	2,01	1,91	–	–	–
20 763	20 693	20 288	19 744	18 228	17 738	17 236
95,14	95,79	96,37	96,92	91,94	92,80	93,12
1057	912	166	629	1598	1377	1273
4,86	4,21	3,63	3,08	8,06	7,20	6,88
21 820	21 605	21 054	20 373	19 826	19 115	18 509
100,00	100,00	100,00	100,00	100,00	100,00	100,00

** In prozentualer Reihenfolge (Stand 1979): Ortega, Optima, Siegerrebe, Gewürztraminer, Perle, Spätburgunder, Weißburgunder, Reichensteiner u. a. (s. S. 100 ff.), vor 1971 auch Faber, Ruländer, Kerner und Huxel (s. vorstehend).

ben Zeitraum 12,9 %). Sie haben darüber hinaus in allen weinbautreibenden Ländern der Welt Verbreitung gefunden, so vor allem in Österreich, sodann in der Schweiz, im Elsaß, in Kanada, USA, Südafrika, Australien, Neuseeland, Japan.

Die wesentlichsten Eigenschaften und Merkmale der für das Anbaugebiet Rheinhessen wichtigsten Rebsorten und ihrer Weine werden nachstehend lexikonartig skizziert. Diese spezielle Darstellung ist abgestellt auf den Weintrinker. Was für ihn wichtig und interessant zu wissen ist, wurde aufgenommen. Verzichtet ist daher auf botanische und weinbautechnische Anmerkungen (wie Züchtungsnummer, Angaben über Erziehung, Austrieb, Wachstum, Unterlagen, Traubenform und -farbe). Fachbücher geben detaillierte Auskunft hierüber. Andererseits enthält die Aufstellung manches an »Hintergrund-Information« und »Weinproben-Geflüster«.

Die Reihenfolge ist alphabetisch, damit der Sortenname leicht aufzufinden ist. Benutzt wurden die allgemein üblichen Namen (die »amtlichen« stehen, soweit abweichend, in Klammer, im übrigen sind auch sonst geläufige Bezeichnungen hinzugefügt), z. B. »Riesling« statt – amtlich – »Weißer Riesling« oder »Silvaner« statt – amtlich – »Grüner Silvaner«. Welche Rebsortennamen (einschließlich der Synonyme) im Handel mit Wein (also auch auf Etikett und Preisliste) ausschließlich zulässig sind, ergibt sich aus Anhang III zur Verordnung (EWG) Nr. 997/81 vom 26. März 1981. Kreuzungszüchtungen sind durch das x-Zeichen kenntlich gemacht. Die erste Sorte ist die Kreuzungsmutter, die zweite der Kreuzungsvater, z. B. Silvaner (Mutter) x Weißburgunder (Vater) = Morio-Muskat.

Die Anstalten, in denen Kreuzungen gezüchtet wurden, sind jeweils als Klammerzusatz mit dem Ortsnamen angegeben. Es bedeutet hierbei

Alzey	= Landesanstalt für Rebenzüchtung, Alzey/Rheinhessen
Freiburg	= Staatliches Weinbauinstitut, Freiburg/Baden
Geilweilerhof	= Bundesforschungsanstalt für Rebenzüchtung, Geilweilerhof, Siebeldingen/Pfalz
Geisenheim	= Hessische Lehr- und Forschungsanstalt für Wein-, Obst- und Gartenbau, Geisenheim/Rheingau
Weinsberg	= Staatliche Lehr- und Versuchsanstalt für Wein-, Obst- und Gartenbau, Weinsberg/Württemberg
Würzburg	= Bayerische Landesanstalt für Wein-, Obst- und Gartenbau, Veitshöchheim

Albalonga
Herkunft: Rieslaner x Silvaner.
Würzburg (gezüchtet 1951). Sortenschutz 1971.
Name: »Alba longa« = weiße, lange (bezogen auf das Aussehen – Farbe und Größe – der Traube).
Anbau: Rheinhessen, Rheinpfalz und Franken.
Merkmale: Botrytis- und stiehllähmeanfällig, aber frostunempfindlich. Ertrag und Mostgewicht mittel bis sehr gut, Säure hoch.

100

Eisweine sind hochbezahlte Raritäten, sie zu gewinnen ist risikoreich.

Weinart: Sehr fruchtige, elegante, betont »vornehme« Weine mit nachhaltigem Abgang. Bei geringem Mostgewicht fremdartiges Bukett, bei hohem Mostgewicht deutlicher Botrytiston. Lange Ausbauzeit.

Bacchus
Herkunft: (Silvaner x Riesling) x Müller-Thurgau.
Geilweilerhof. Sortenschutz 1972.
Name: Nach dem römischen Weingott Bacchus.
Anbau: Nur in den nördlichen Weinanbaugebieten der Bundesrepublik.
Merkmale: In Anbau und kellerwirtschaftlicher Behandlung problemlos. Ertrag hoch, Mostgewicht mittel (durchschnittlich 5–10° höher als Müller-Thurgau), Säure mittel.
Weinart: Traditioneller Wein. Gehaltvoll, extraktreich, fruchtig-würzig. Blume stärker ausgeprägt als beim Müller-Thurgau. Dezentes Muskat-Bukett. In geringen Jahren oft »Scheurebe-Ton«, dann (und bei sehr hohem Ertrag) oft aufdringlich. Reife Weine haben etwas Rieslingart.

101

Blauer Frühburgunder → Frühburgunder

Blauer Spätburgunder → Spätburgunder

Burgunder, Weißer → Weißburgunder

Ehrenfelser
Riesling x Silvaner.
Herkunft: Geisenheim (gezüchtet 1920). Sortenschutz 1969.
Name: Nach Burgruine Ehrenfels bei Rüdesheim/Rheingau.
Anbau: Auch noch in Rheingau, Franken und an der Mosel.
Merkmale: Ertrag mittel, Mostgewicht hoch (auf guten Standorten 5–10° mehr als Riesling), Säure mittel.
Weinart: Weine in fast allen Eigenschaften dem Riesling ähnlich, besonders feine Säure, reife, fruchtige Art. Jedoch geringere Lageansprüche, geringeres Qualitätsrisiko (etwas frühere Reife) und raschere Entwicklung als Riesling, im Alter aber nicht so nachhaltig.

Faberrebe
Weißburgunder x Müller-Thurgau.
Herkunft: Alzey (Scheu, gezüchtet 1929). Sortenschutz 1967.
Name: Faber (lat.) = Schmied, nach dem erfolgreichen Versuchsansteller Karl Schmitt III. aus Wollmesheim bei Landau/Pfalz. Ursprünglicher Sortenname »Faber«. Wegen gleichnamiger Bezeichnung eines Schaumweines, dem die Eintragung in die Warenzeichenrolle vom Bundespatentamt verweigert wurde (Gefahr der Irreführung, wenn der Schaumwein nicht aus der Rebsorte Faber hergestellt sei), kam es zu einem Zivilprozeß vor dem Landgericht Mainz, der mit einem Vergleich und der Umbenennung der Rebsorte in »Faberrebe« (1979) endete.
Anbau: In Rheinhessen, Pfalz und an der Nahe.
Merkmale: Ertrag hoch (ähnlich Silvaner, den die Sorte ersetzt oder ergänzt), Mostgewicht mittel bis hoch, Säure mittel. Sortenspezifische Reife = 80–85°. Sehr anpassungsfähig an Böden, aber botrytis- und stiehllähmeanfällig.
Weinart: Vornehme, volle, kräftige, fruchtige Weine mit »traditionellem Geschmack«, etwas »Riesling-Charakter« (reife, rassige Säure charakteristisch) und dezentem Muskat-Ton. Eine der wertvollsten Neuzüchtungen, für Prädikatwein-Gewinnung sehr geeignet.

Freisamer
(Ursprünglich »Freiburger«). Silvaner x Ruländer.
Herkunft: Freiburg (gezüchtet 1916). Sortenschutz 1962.
Name: Nach Züchter K. Müller (Staatl. Weinbauinstitut Freiburg) aus Dreisam im Breisgau (Zusammensetzung aus Züchtungs- und Wohnort: Anfangs- und Endsilbe).
Anbau: In Baden, Pfalz, vereinzelt Rheinhessen.

Merkmale: Ertrag und Mostgewicht mittel, Säure hoch. Mostgewicht fällt bei hohem Ertrag nicht ab. Vereint hohe Qualität des Ruländers und (bedingt) Ertragshöhe des Silvaners. Problemlos.

Weinart: Neutraler, gelegentlich arteigener (»Mokka-Ton«), vollmundiger Wein, extraktreich, mit Fülle und Rasse. Zum Verschnitt geeignet. In geringen Jahren leichter »Holzton«, weil 3. und 4. Traube nicht voll ausreifen (auch »Bonbon-Ton«).

Frühburgunder

(amtlich: »Blauer Frühburgunder«).

Herkunft: Vermutlich Mutation aus Blauem Spätburgunder.

Anbau: In Rheinhessen nur vereinzelt angebaut (Ingelheim).

Merkmale: Ertrag gering bis mittel, Mostgewicht mittel bis hoch, Säure mittel.

Weinart: Milde, samtige Weine mit zartem Bukett. Riskanter als Spätburgunder.

Gewürztraminer

(amtlich: »Roter Traminer«, aber offen, ob mit diesem identisch oder dessen Spielart; früher auch: »Dreimänner«, in der badischen Ortenau: »Clevner«).

Herkunft: Älteste Rebsorte im deutschen Weinbau, schon im 15. Jahrhundert in gemischtem Satz bekannt. Freie Sorte (kein Sortenschutz). Als alte Landessorte in das Besondere Sortenverzeichnis eingetragen.

Name: Vermutlich nach Weinbauort Tramin in Südtirol.

Anbau: Hauptsächlich in der Pfalz und Baden (gedeiht gut auf vulkanischen Tuffen).

Merkmale: Ertrag gering, Mostgewicht hoch, Säure niedrig, Blüteempfindlich.

Weinart: Schwere, alkoholreiche (Liebhaber- und Dessert-)Weine. Bei hohem Mostgewicht würziges, intensives, anhaltendes, an Rosen, Vanille oder Veilchen erinnerndes Bukett (Gewürztraminer als Mutation), das mit steigendem Ertrag abnimmt und nach Standorten unterschiedlich ist. Verschnitt mit Riesling. Sorte mit geringen Erträgen, daher geringe Anbaufläche.

Der Gewürztraminer wird wegen seiner oft sehr geringen Erträge in Rheinhessen auch als »degenerierter Hochadel« bezeichnet und gilt als »Spezialität« mit geringen Zukunftschancen.

Grüner Silvaner → Silvaner

Heroldrebe

(amtlich: »Herold rot«). Portugieser x Limberger.

Herkunft: Weinsberg. Sortenschutz 1960.

Name: Nach Züchter Landwirtschaftsrat August Herold.

Anbau: Hauptsächlich in Württemberg.

Merkmale: Ertrag hoch, Mostgewicht gering, Säure mittel. Hohe Botrytisanfälligkeit. Keine Anbauvorteile gegenüber Portugieser.

Weinart: Leichte, kernige, neutrale, gerbstoffbetonte Weine, gelegentlich auftretender »Apotheken-Ton«. Farbe zartrot.

Huxelrebe

(»Huxel«, »Huxel-Muskat«, »die gelbe Seidentraube«). Weißer Gutedel x Courtillier musqué.

Herkunft: Alzey (Scheu, gezüchtet 1927). Sortenschutz 1968.

Name: Zu Ehren des Winzers Fritz Huxel aus Westhofen bei Worms (1892–1972), der Anbauversuche anstellte (erste Anlage ca. 1952) und der bedeutendste Förderer der Rebsorte war.

Anbau: Gedeiht besonders auf Lößböden des Wonnegaus (Weinbaugemeinden um Worms).

Merkmale: Sehr riskante Sorte. Stielfäule, häufige Verrieselung, Frostgefährdung, hohe Ansprüche an Boden und Lage (starke Neigung zu Chlorose, kalkfreie Böden bevorzugt; Standortbedingungen besonders zu berücksichtigen). Neigung zur »Jungfernfrüchtigkeit« (= Bildung samenloser Beeren, wodurch Ausleseeignung).

Ertrags- und Qualitäts-Risiko wesentlich höher als bei allen anderen Neuzüchtungen. Allgemeiner Anbau daher nicht möglich, große Erfahrung erforderlich. Hohe Erträge (bei glattem Blüteverlauf) auf Kosten der Lebensdauer der Rebe. Mostgewicht und Säure mittel.

Weinart: Wenn im Ertrag nicht überfordert, sind bei später Lese Prädikatsweine möglich (zunehmend angestrebt). Bei hohen Erträgen nicht sehr ausdrucksvoll, eher flach. Sonst reife, rassige Weine mit angenehmem, feinem (Muskat-)Bukett (als »Herrenweine« gefragt).

Kanzler

Müller-Thurgau x Silvaner.

Herkunft: Alzey (gezüchtet 1927). Sortenschutz 1967.

Name: Entstand zur Zeit der Kanzlerwahl (Motto: »Reif wie Adenauer, rund wie Ehrhard, elegant wie Kiesinger«), soll die gehobene Qualität kennzeichnen.

Anbau: Außer in Rheinhessen in der Pfalz und an der Nahe.

Merkmale: Für alle Böden geeignet, aber nur in guten Lagen. Ertrag gering, Mostgewicht hoch, Säure mittel, Winterfrostempfindlich, schlechte Holzreife. Ertragsunsicher, nur in klimatisch sehr günstigen Lagen anzubauen, daher nicht für allgemeinen Anbau geeignet. Frühe Lese möglich.

Weinart: Neutraler, gehaltvoller, fruchtiger Wein traditioneller Art, ähnelt reifem Silvaner guter Jahrgänge. Typisches Sortenbukett (an Nelken und Zimt erinnernd), erst im zweiten Jahr (bei Spätlesen ist ein »Rosen-Ton« sortentypisch). Ausgesprochener Spät- und Auslesewein.

Kerner

(»Weißer Herold«).

Trollinger x Riesling (bemerkenswert ist, daß diese weiße Rebsorte einen »roten Vater« – Trollinger – hat).

Herkunft: Weinsberg. Sortenschutz 1969.

Name: Nach dem schwäbischen Dichter (Arzt und Weinfreund) Justinus Kerner (1786–1862, seit 1819 in Weinsberg tätig gewesen).

Anbau: Auf allen Böden anzubauen, daher für Rheinhessen sehr geeignet. Entgegen ursprünglicher Annahme nicht so frosthart wie Riesling. Starke Geiztriebbildung.

Merkmale: Ertrag mittel bis sehr gut, Mostgewicht hoch, Säure mittel. Reift früher als der Riesling und bringt höhere Mostgewichte und Erträge als dieser.

Weinart: Rassiger, fruchtiger, eleganter, selbständiger Wein mit leichtem Muskat-Ton, auf schweren Böden rieslingähnlich (aber doch nur dessen »kleiner Verwandter«).

Malvasier

(amtlich: »Früher roter Malvasier«).

Herkunft: Vermutlich aus Österreich (wo noch viel angebaut) oder Italien.

Anbau: In Deutschland gering, bedeutender auf Madeira und in Italien.

Merkmale: Ertrag gut, Mostgewicht mittel, Säure mittel.

Weinart: Kräftiger, ausdrucksvoller Wein mit dezentem Bukett.

Morio-Muskat

(»Morio«).

Silvaner x Weißer Burgunder.

Herkunft: Geilweilerhof. Sortenschutz 1956.

Name: Nach Züchter Landwirtschaftsrat Peter Morio. (Sorte hat nichts mit dem »Muskateller« zu tun, der zweite Namensteil weist nur auf den typischen Muskat-Ton hin.)

Anbau: In der Pfalz und in Rheinhessen.

Merkmale: Ertrag hoch, Mostgewicht daher gering, Säure mittel bis hoch. Ertragssicher. Gefahr frühzeitiger Fäulnis (Rohfäule, Essigstich möglich). Hohe Bodenansprüche.

Weinart: Auf milden, tiefgründigen Lehmböden Weine mit reichem Bukett. Auf leichten und steinigen Böden sowie bei ungenügender Reife aufdringliches Bukett (dann nur zum Verschnitt verwendbar). Bei geringer Reife durch grasige Säure unharmonisch. Reife Morio-Muskat-Weine sind elegant bis füllig, bukettreich mit intensivem Muskat-Parfum, bisweilen traminerähnlich. Verschnitt mit Silvaner und Müller-Thurgau verbreitet.

Müller-Thurgau

(Luxemburg und Schweiz: »Rivaner«).

Herkunft: Riesling x Silvaner (neuerdings zweifelhaft, evtl. »Selbstung«, d. h. Selbstkreuzung von Riesling x Riesling).

»Älteste Neuzüchtung« (und zugleich erfolgreichste), inzwischen Standardsorte.

Name: Nach Züchter Prof. Hermann Müller aus dem Kanton Thurgau/Schweiz (1850–1927), der einen Steckling dieser Geisenheimer Kreuzung – 1882 gezüchtet – im Jahre 1891 in seine Heimat nach Wädenswil (Versuchs- und Lehranstalt für Obst- und Weinbau) kommen ließ um ihn dort aufzuziehen. Von dort kam die Rebe 1913 nach Deutschland zurück, wo sie erst seit 1921 näher bekannt ist. Zunächst wurde sie als im Geschmack »grober« »Massenträger« angezweifelt und sogar ihr Verbot erstrebt. Heute ist ihr kultureller Wert anerkannt (in Alzey wies Georg Scheu auf die Bedeutung der Rebsorte hin).

Die Bezeichnung »Riesling x Silvaner« (in Rheinhessen nie üblich gewesen, wohl in Baden-Württemberg) ist auch wahlweise nicht mehr erlaubt.

Anbau: Meistangebaute Rebsorte der Bundesrepublik Deutschland.

Merkmale: Die Müller-Thurgau-Rebe verdrängte in Rheinhessen den Silvaner im Jahre 1971 vom früheren ersten Platz (weil bei gleicher Menge höhere Qualität, Winterfestigkeit und Bodengenügsamkeit sowie geringere Chloroseneigung). Hohe Ertragstreue (vom Silvaner), große Winterfestigkeit (vom Riesling), aber große Botrytis- und Peronospora-Anfälligkeit. Anbau und kellerwirtschaftliche Behandlung problemlos. Frühe Reife. Ertrag hoch, Mostgewicht mittel bis hoch (in guten Jahrgängen und Lagen 85–90°), Säure gering, in trockenen Jahren minimal. Auslesen sind selten. Am Müller-Thurgau werden die Neuzüchtungen gemessen (um wieviel Grad Oechsle darüber deren Moste erbringen).

Weinart: Runde, milde, leichte, blumige Weine, bisweilen »kurz im Abgang«, mit zartem Muskat-Ton bei reifem Wein, in geringen Jahrgängen und auf schweren Böden hingegen sehr betontes bis fast penetrantes sortentypisches Aroma (gelegentlich fremdartig empfundener »Stachelbeer-Ton«), teilweise mit leichtem Bitterton (wenn zu streng: sog. »Maggi-Ton«).

Nicht nur (wenn auch vornehmlich) Schoppenweine. Durch fruchtige, schwache Säure ideale »trockene« Weine. Junge Müller-Thurgau-Weine (rasche Reife) sind besonders anregend, verlieren aber meistens mit Lagerung an Frische (nicht über 3 Jahre lagern, möglichst jung trinken, das Risiko rascher Alterung ist groß).

Muskateller

(amtlich: »Gelber Muskateller«).

Herkunft: Stammt aus dem spanischen Pyrenäengebiet (nach Scheu) oder aus Kleinasien. Die Sorte »Morio-Muskat« ist mit Muskateller nicht verwandt.

Name: Vom Muskatellergeschmack des Weines.

Anbau: Baden-Württemberg, Pfalz.

Merkmale: Ertrag gering, Mostgewicht gering, Säure hoch.

Weinart: Reine Muskatellerweine sind »Spezialitäten« und kaum auf der Weinkarte zu finden. Sie sind bukettreich, rassig, mit kerniger Säure, haben in geringen Jahren aufdringliches Bukett.

Muskat Ottonel

Herkunft: Abstammung fraglich.

Name: Vom Muskatellerbukett des Weines.

Anbau: Vor allem noch in Österreich.

Merkmale: Ertrag gering, Mostgewicht mittel, Säure gering.

Weinart: Gefälliger Wein mit elegantem, feinem Muskatellerbukett (vornehmste aller Muskatellerarten). Zum Verschnitt geeignet, als Spezialität gefragt.

Das Heiligenhäuschen im Rebenland bei Udenheim ▶
war einst Ziel von Bittprozessionen.

Nobling
Silvaner x Gutedel.
Herkunft: Freiburg (gezüchtet 1939). Sortenschutz 1971.
Name: »Edler«.
Anbau: Außerhalb Rheinhessens in Baden und Pfalz.
Merkmale: Bevorzugt tiefgründige Böden. Ertrag hoch, Mostgewicht mittel, Säure mittel.
Weinart: Die Weine sind fruchtig und körperreich. Bei hohem Mostgewichten feines Bukett mit deutlicher Eigenart, frische Säure. Für Spät- und Auslesen geeignet.

Optima
(Silvaner x Riesling) x Müller-Thurgau.
Herkunft: Geilweilerhof. Sortenschutz 1971.
Name: (lat.) »die Beste«.
Anbau: In Rheinhessen und der Pfalz.
Merkmale: Dem Riesling ähnlich, reift aber viel früher. Lößböden bevorzugt. Frosthart, sehr botrytisempfindlich. Ertrag gering, Mostgewicht hoch (fast jährlich, auch in geringen Jahren, Ausleseweine), Säure mittel.
Weinart: Harmonische, gehaltvolle Weine, reif und von hoher Qualität. Duftiges Bukett. Ähnlich dem Riesling, aber ohne dessen Rasse und Eleganz. Eine noch im Auslesebereich markante Säure ist typisch für diesen Wein.

Ortega
Müller-Thurgau x Siegerrebe.
Herkunft: Alzey (gezüchtet 1948), in Würzburg vom Züchter (Breider) weiterbetreut. Sortenschutz 1971.
Name: Nach dem spanischen Philosophen José Ortega y Gasset (1883–1955), der sich auch mit weinkulturellen Fragen befaßte.
Anbau: Vor allem auch in Franken.
Merkmale: Blüteempfindlich, durch Wespen und Vogelfraß gefährdet. Sehr frühreifend. Ertrag mittel, Mostgewicht sehr hoch, Säure gering. Prädikatsweine sind häufig.
Weinart: Fruchtig, feines Muskat-Pfirsich-Bukett (ähnlich der Siegerrebe), harmonisch, voll, zart-würzige Blume. Bei niedrigen Mostgewichten kann ein gebietsfremdes Bukett auftreten. Längere Flaschenreife notwendig, lagerfähig.

Perle
(»Mainriesling«).
Gewürztraminer x Müller-Thurgau.
Herkunft: Alzey (Scheu, 1927), in Würzburg züchterisch weiterentwickelt (Scheu/Breider). Sortenschutz 1961. (»Perle von Alzey«, Würzburger Selektion »Perle«.)
Anbau: Hauptsächlich in Franken.

Merkmale: Ertragssicher, geringe Ansprüche, frostresistent, aber auch fäulnisanfällig. Ertrag mittel, Mostgewicht mittel, Säure gering (daher zum Verschnitt mit säurereichen Weinen geeignet).
Weinart: Leichte, milde, würzig-blumige Weine mit nicht selten fremdartigem Bukett. Qualität nicht sehr hoch. Der Wein ist früh füllreif und trinkfertig und sehr lagerfähig.

Portugieser
(amtlich: »Blauer Portugieser«).
Herkunft: Aus Nieder-Österreich und Ungarn stammend, wo seit Jahrhunderten angebaut.
Name: Herkunft ungewiß, in Portugal unbekannt, daher nicht vom Landesnamen abgeleitet.
Anbau: Seit 1860 in Deutschland (Pfalz und Rheinhessen) angebaut. Größte Rotweinfläche.
Merkmale: Anspruchslos (Boden und Lage), nicht blüte-, aber frost- und schädlingsempfindlich. Ertrag stetig und sehr hoch (»Massenträger«), Mostgewicht und Säure gering. Frühe Reife (»Frühherbst«).
Weinart: In guten Jahren aber auch im inneren Rheinhessen vorzügliche, selbständige Rotweine, in Spitzenjahrgängen tiefdunkel mit Burgunderart. Sonst heller, leichter, bukettarmer, säure- und alkoholarmer Schoppenwein, der rasch altert, bei geringen Böden körperarm. Meistens Deckweinzusatz. (Der Deck-Rotwein soll vor allem die vom Konsumenten geschätztere kräftigere Farbe verleihen. Ausländischer Rotwein darf nur noch bis 30. Juni 1984 zugesetzt werden. Deutsche Deck-Rotweinsorten: Domfelder, Dunkelfelder u. a.). Weitere Verwendung: Portugieser-Rosé (= aus hellgekeltertem Most, ohne Angärung der roten Trauben auf der Maische). Portugieser-Weißherbst (nur bei QbA-Wein statt »Roséwein«, wenn nur aus Portugieser gewonnen, die Rebsorte muß in Verbindung mit dem Wort »Weißherbst« angegeben werden: »Portugieser-Weißherbst«).

Regner
Luglienca bianca x Gamay früh.
Herkunft: Alzey (Scheu, gezüchtet 1929). Sortenschutz 1978.
Name: Nach langjähriger Mitarbeiterin der Alzeyer Rebzuchtanstalt benannt.
Merkmale: Oidiumsanfällig, aber ertragstreu.
Weinart: Milder bis frischer, traditioneller Wein mit leichtem Muskat-Ton. Für Verschnitte geeignet.

Reichensteiner
Müller-Thurgau x (Madeleine d' Angevine x Calabreser-Fröhlich).
Herkunft: Geisenheim. Sortenschutz 1978.
Name: Nach Burg Reichenstein bei Trechtingshausen/Mittelrhein.
Anbau: In den nördlichen Anbaugebieten.
Merkmale: Maifrost- und krankheitsanfällig, aber sehr blütefest. Verlangt frucht-

baren Boden. Ertrag geringer als bei Müller-Thurgau, Mostgewicht und Säure höher.

Weinart: Weine schwach im Bukett, süffig, neutral, erinnern an Weißburgunder. Gute Verschnittmöglichkeiten.

Rieslaner

(»Mainriesling«).

Riesling x Silvaner.

Herkunft: Würzburg (gezüchtet 1921). Sortenschutz 1957.

Anbau: Überwiegend in Franken.

Name: Kombination aus Anfangs- und Endsilbe der Kreuzungsarten.

Merkmale: Hohe Lagen-, geringe Bodenansprüche. Neigt zum Verrieseln der Blüte. Ertrag gering, Mostgewicht hoch, Säure sehr hoch und kräftig.

Weinart: Langsamer Ausbau. Alkoholreicher Wein, Bukett nur entfernt rieslingsähnlich, in guten Jahren und bei Auslesen an südliche Weißweine erinnernd. Gehaltvoll und rassig. Bei weniger reifem Wein »gelegentlich Holzton« und spitze Säure.

Riesling

(amtlich: »Weißer Riesling«).

Herkunft: Stammt von rheinischer Wildrebe (mittlerer Oberrhein).

Name: Ungewiß. »Edles Reis« oder »Röslein« (= duftige Blume) oder »rieseln« (Neigung zum Durchrieseln der Blüte), oder aus dem Wortstamm »rus« (= dunkel, als Hinweis auf dunkles Rebholz, über »Rüsling« zu »Risling«), oder von »reißen« (als Hinweis auf rassige Säure des Weines). Erste urkundliche Erwähnungen in Rheinhessen 1498 im Kopialbuch von St. Andreas zu Worms (als »rißling« im Weinberg hinter dem Kirchgarten) und 1511 im heutigen Wormser Stadtteil Pfeddersheim (als »rüßling«).

Anbau: Ursprünglich im Mischsatz angebaut, erst seit 300 Jahren reiner Rieslinganbau, in Rheinhessen auch danach noch häufig Mischsatz mit Silvaner (heute nicht mehr), beide Sorten ergänzten sich gut.

Merkmale: Hohe Lagen-, geringe Bodenansprüche (auch auf steinigen, felsigen Böden anzubauen). Sehr große Frosthärte, späte Reife, Ertragstreue kennzeichnend. Ertrag und Mostgewicht mittel, Säure hoch.

Qualitativ wertvollste Rebsorte des deutschen Weinbaus, an der alle anderen Rebsorten gemessen und deren positive Eigenschaften mit dem Ziel, seine negativen Merkmale »auszumerzen«, in der Züchtung angestrebt werden.

Anbau nur in den besten Lagen großer Weingüter auf warmen, trockenen Verwitterungsböden, so in Rheinhessen an der »Rheinfront« (dort zwischen Worms und Nackenheim) und in Bingen, wo der Riesling den relativ größten Anteil der Rebfläche einnimmt. Anteil im inneren Rheinhessen gering. Rieslinglagen lassen sich nicht unbegrenzt ausweiten, die Sorte bringt nur dort hohe Qualitäten »wo sie hingehört« (in Grenzlagen ist die Kerner-Rebe »Riesling-Ersatz«). Auch enttäuschend, wenn in südliche Länder verpflanzt.

Später Austrieb, sonst keine gutes Ausreifen. Quantitative Einbußen werden auf besonders geeigneten Böden durch hohe Qualität ausgeglichen. Verlangt zur vollen Reife viel Sonne bis in den späten Herbst (Reifezeit Mitte Oktober bis November, die späteste aller Rebsorten). Entnimmt dem Boden ein Optimum an Aromastoffen und Spurenelementen: Der Riesling ist die »Rebe der nördlichen Weinbaugebiete«, er hat in Rheinhessen als einzige Standardsorte seinen Anteil an der bestockten Rebfläche (ca. 5 %) nahezu gewahrt.

Weinart: »König der Weine«, Spitzengewächse, die den Weltruf deutscher Weine begründet haben (besonders von steinigen Böden und Schieferhängen). Unter günstigsten Bedingungen wird ein ideales Verhältnis von Süße, Frucht und Säure erreicht.

Rieslingweine sind duftig, rassig, elegant, fruchtig, nervig, mit viel Spiel, stahlig, mit mäßigem Alkoholgehalt, anregender, feiner Säure (ein wesentlicher Faktor der Riesling-Qualität), die bei der Ernte sehr hoch ist (15–20 %), bei längerer Lagerzeit sich verringert; dadurch bedingt ist die Bodenart sehr markant zu erkennen. Reines, anhaltendes Bukett (in guten Jahren »Pfirsichbukett«). Grünliche Farbe charakteristisch. Lange lager- und entwicklungsfähig. Zur Schaumweinherstellung sehr geeignet.

Ruländer

(auch »Grauer Burgunder«, »Pinot gris«, fälschlich »Tokajer«: hat nichts mit dem ungarischen – »echten« – Tokajer zu tun).

Herkunft: Abstammung wahrscheinlich von Wildreben, aus denen durch Auslese und Mutation die verschiedenen Burgunderarten entstanden. Freie Sorte (ohne Sortenschutz). Als alte Landessorte in das Besondere Sortenverzeichnis eingetragen.

Name: Nach dem Kaufmann (Apotheker?) Johann Seger Ruland aus Speyer, der diese Rebe aus Burgund nach Deutschland gebracht (1711 erste Anpflanzung) und die Stecklinge vermehrt habe.

Anbau: Hauptsächlich am Kaiserstuhl angebaut. Warme, kalkhaltige Böden und Lößböden bevorzugt.

Merkmale: Ertrag, Mostgewicht und Säure mittel. Krankheits-, Frost- und Blüte-Empfindlichkeit.

Weinart: Sehr alkohol- und extraktreich (manchmal zu »mastig«, ohne Eleganz), in trockenen Jahren wegen zu geringer Säure plump. Sonst (wenn hohes Mostgewicht) füllig, saftig, mit typischem Sortenbukett (»Honig-Ton«), säurearm, vollmundig, »feurig«, auch in ungünstigen Jahren selbständig. Braucht Lagerzeit, um auf der Flasche reifen zu können (nicht für »eilige Genießer«).

Auffällig tiefgoldene Farbe. Der Ruländer ist »der deutsche Tokajer-Typ«, wenn auch nicht mit dieser Rebe verwandt.

Scheurebe

(»Scheu«, »Dr. Wagnerrebe«, von Scheu 1934 so benannt; mehr als alle anderen Neuzüchtungen auch unter der Züchtungsnummer geläufig: »S 88« = Sämling 88).

Silvaner x Riesling.
Herkunft: Alzey (Züchter: Georg Scheu; s. S. 94; 1916 gezüchtet). Sortenschutz
1956.
Anbau: Vorwiegend in Rheinhessen und Pfalz, im übrigen in allen weinbautreibenden Ländern (s. S. 100).
Eine der am besten bewährten und interessantesten Neuzüchtungen. In Rheinhes-
sen weit verbreitet, in jedem Weingut vorhanden. Daher zwar übersteigert, aber
die Verbreitung kennzeichnend, bisweilen als »Rheinhessen-Riesling« bezeichnet.
Merkmale: Einzige Rebsorte, die auf schweren Kalk- und Mergelböden gut an-
baubar ist (der schwierigen Bearbeitung wegen »Brummelochseböden« genannt).
Verdrängt dort den Silvaner (»chlorosefest«). Auch auf Sand- und Tonböden. Bo-
denanpassung allgemein sehr gut. Ertragstreu. Ertrag und Mostgewicht mittel,
Säure hoch.
Weinart: In guten Lagen und Jahren reife, rassige Weine von ausgezeichneter
Qualität (besonders auf Lößböden) und markanter Säure, mehr Körper als Riesling. Unverkennbar typisches Sortenbukett (wie schwarze Johannisbeeren, »Jo-
hannisbeer-Ton«). In guten Weinjahren, bei Vollreife, ist dieses Bukett dezent,
rieslingsähnlich und verfeinert (dann Spezialität), ebenso bei Anbau auf sandigen
lößfreien Böden. Auf schweren Böden (vor allem Ton und Mergel), in kleinen Lagen und/oder Jahren ungünstiger Witterung hingegen plump-aufdringliches Bukett (wofür es in Rheinhessen eine sehr deftige mundartliche Umschreibung gibt).
Dann ist der Wein nur im Verschnitt mit neutralen Weinen vorteilhaft verwendbar
oder bei hoher Restsüße (die vom Bukett der Scheurebe meistens noch »unterbo-
ten« wird). Unter solchen Umständen findet sich oft eine überhöhte, spitze, grasige Säure.
Reift spät. Starke Neigung zur Edelfäule. Bei sehr später Lese feine, rieslingsarti-
ge, überdurchschnittliche Prädikatsweine. Alte Scheurebe-Weine (sehr lagerfähig!) erinnern im Bukett an Pfirsicharoma und Rosenduft.

Septimer
Gewürztraminer x Müller-Thurgau.
Herkunft: Alzey (Scheu, 1927 gezüchtet). Sortenschutz 1971.
Name: »Siebte« (= die siebte Rebsorte, die von der Alzeyer Rebzuchtanstalt zum
Sortenschutz angemeldet wurde).
Merkmale: Hohe Neigung zu Botrytis und Stiellähme, nicht frostfest. Auf mittle-
ren Böden mit geringem Kalkgehalt. Frühreifend. Ertrag gering, Mostgewicht
hoch, Säure sehr gering. Vollreife in allen Jahren.
Weinart: Traminerähnliches Sortenaroma bei nicht vollreifen Weinen. Durch ge-
ringe Säure im Abgang etwas kurz, wird als mild empfunden.

Siegerrebe
(»Sieger«)
Madeleine d'Angevine x Gewürztraminer.
Herkunft: Alzey (Scheu, 1929 gezüchtet). Sortenschutz 1958.

Name: Die auserwählte Rebsorte (»der Sieger«) unter den damals vorgestellten Sämlingweinen.

Anbau: In Rheinhessen und der Pfalz.

Merkmale: Sehr früh reifend, ertragsunsicher (Wespen- und Vogelfraß; Maifrostgefahr, früher Austrieb; Neigung zum Verrieseln der Blüte). Kalkarme, nicht zu schwere Böden (da Neigung zur Chlorose). Ertrag mittel, Mostgewicht hoch, Säure sehr gering.

Weinart: Hochgradige Weine mit ausgeprägtem (gewürztraminerartigem) Bukett, extraktreich und wuchtig (Alkohol). Ausleseweine, aber auch ideal für Verschnitt mit Riesling.

Silvaner

(amtlich: »Grüner Silvaner«).

Frühere Schreibweise: »Sylvaner« (in Rheinhessen war die alte Bezeichnung, allgemein »Östreicher«). Freie Rebsorte (kein Sortenschutz).

Herkunft: Vermutlich Abkömmling von wilder Donaurebe oder kaukasischer Wildrebe. Sortenschutz 1956.

Name: Wohl Hinweis auf Herkunft aus Transsylvanien (Siebenbürgen/Rumänien), Wanderweg von dort nach Österreich (daher auch »Östreicher«), nach Franken (ebenfalls Synonym »Franken«), wo sie nachweislich 1665 im Steigerwald anzutreffen war (Abt Alberich Degen: Bildstock aus Lage »Würzburger Stein« im Keller des dortigen Bürgerspitals). Evtl. auch von Silvanus, dem römischen Gott des Waldes (lat. silva = der Wald = aus den Wäldern kultiviert).

Anbau: Im gesamten deutschen Weinanbaugebiet, besonders Rheinhessen, Franken, Pfalz, Nahe. Bis 1960 meistangebaute Rebsorte Deutschlands, in Rheinhessen seit etwa 150 Jahren in größerem Umfange gepflanzt und als die eigentliche Standardsorte führend bis 1960, vor allem wegen Chloroseanfälligkeit vom Müller-Thurgau »überrundet«. Auch das Aufkommen der Neuzüchtungen bewirkte den Rückgang des Silvaner-Anbaus (ausführlich S. 94). Der Silvaner prägte bis dahin den »rheinhessischen Weintyp« und verdrängte im 19. Jh. die minderwertigen Massenträgersorten. Rheinhessen ist noch immer Hauptanbaugebiet. In Österreich gibt es den »Zierfandler« als besondere Form.

Merkmale: Frost- und Fäulnis-Empfindlichkeit, auf schweren, feuchten Kalk- und Mergelböden besonders chlorosegefährdet (Bemühungen Scheus, chlorosefeste Neuzüchtungen als »Ersatz« zu schaffen). Bevorzugt warme, tiefgründige Verwitterungsböden (Muschelkalk und Sandstein). Ertrag hoch (besonders reichtragende Sorte, im Volksmund daher früher »Schuldenzahler« geheißen). Mostgewicht mittel, Säure mittel.

Hohe Wandlungsfähigkeit bedingte zahlreiche Kreuzungen (bekannteste: Müller-Thurgau und Scheurebe). (Abb. S. 115).

Weinart: Geschmacksneutrale, vollmundige Weine ohne spezifisches Sortenbukett, meistens weich (je nach Reifegrad). Herkunft (Bodenart) in guten Jahrgängen und guten Lagen und bei später Lese besonders deutlich erkennbar (hierin von keiner anderen Rebsorte übertroffen). Nicht plump und breit, aber sehr konventionell (kein »moderner« Weintyp). Goldgelbe Farbe.

Weine früher als »langweilig« empfunden, den Neuzüchtungen auch deshalb weichend, inzwischen »wiederentdeckt« und immer noch als wertvolle Sorte einzustufen. Der Silvaner-Anbau bleibt jetzt jedoch auf gute Lagen beschränkt. Reift, wo Riesling nicht mehr volle Reife erreicht (fast 14 Tage vor diesem), jedoch nicht so lange haltbar wie dieser Wegen seiner Milde oft mit Riesling (härtere Säure) verschnitten (als übergebietlicher Verschnitt noch zulässig war, besonders mit Moselwein). In guten Jahren und Lagen eleganter Spitzenweine mit viel Körper und feinem Bukett. Bei Herkunft aus kleinen Weinjahrgängen und geringeren Lagen kann negativ ein bitterer, breiter Boden-Ton auffallen.

Spätburgunder
(amtlich: »Blauer Spätburgunder«, auch »Pinot noir«).
Herkunft: Vermutlich Mutation einer von Wildreben ausgelesenen Sorte oder von allobrogischer Traube aus der Gegend von Vienne (Rhône-Tal) stammend. Spielart: Frühburgunder.
Anbau: In Rheinhessen fast nur in und um Ingelheim, sonst in der Champagne, im nördlichen Burgund, bei Aßmannshausen, in der Ortenau, am Kaiserstuhl, in Württemberg, an der Ahr.
Merkmale: Qualitativ hochwertige Traubensorte, eine der wertvollsten Abkömmlinge der Pinot-Rebsorten. Ertrag, Mostgewicht und Säure mittel. Anfällig gegen Fäulnis und Maifröste. Bevorzugt tiefgründige, lockere Böden und flache, warme Lagen.
Weinart: Fruchtige, gehaltvolle Weine mit viel Körper und Alkohol, Kraft und Fülle, von warmer, weicher, samtiger, pikanter Art. Junge Spätburgunderweine sind noch rauh, langsamer Ausbau, mit zunehmender Flaschenreife wird Höhepunkt nach 8–10 Jahren erreicht, lange haltbar.
Feines, an Bittermandel und Brombeeren erinnerndes Aroma, rubin- bis dunkelrote Farbe (hoher Farbstoffgehalt der Beerenhäute). Qualität unter den Rotweinen unerreicht. Heimische Spätburgunderweine können großen französischen Rotweinen durchaus ebenbürtig sein.

Weißburgunder
(amtlich: »Weißer Burgunder«, auch »pinot blanc«).
Herkunft: Wahrscheinlich vom Blauen Spätburgunder (pinot noir) abstammend (Mutation).
Anbau: Vor allem im Chablis, in der Champagne, in Baden und Pfalz. In Rheinhessen nicht sehr verbreitet (hohe Standortansprüche).
Merkmale: Widerstandsfähig, jedoch frostempfindlich. Bevorzugt tiefgründige, durchlässige, kalkhaltige Böden und gute Lagen in warmem Klima. Ertrag, Mostgewicht und Säure mittel.
Weinart: Fruchtige, fein aromatische, extrakt- und alkoholreiche, säurearme Weine mit zartem, rauchigem Sortenbukett (je nach Standort: auf geringen Böden we-

Hohe Erträge bringt der Silvaner, eine der meistangebauten Rebsorten ▶
Deutschlands. In Rheinhessen ist er besonders zu Hause.

nig Körper, ausdruckslos). Nicht so blumig wie der Riesling, ohne Boden-Ton. Für Verschnitte geeignet.

Weißer Riesling → Riesling

Würzer
(»Wartberger«).
Gewürztraminer x Müller-Thurgau.
Herkunft: Alzey (Scheu, 1932 gezüchtet). Sortenschutz 1978.
Name: Von der würzigen Weinart hergeleitet.
Anbau: Rheinhessen und Pfalz.
Merkmale: Ertrag mittel, Mostgewicht und Säure höher als beim Müller-Thurgau. (War als »Nachfolger« des geringe Erträge bringenden Gewürztraminers gedacht.)
Weinart: Gute Qualität, feine Art, rassig, frisch, intensives Muskatbukett (bei Vollreife zurücktretend).

Der Weintrinker hat Anrecht auf strenge Kontrolle: Fachleute bei der Sinnenprobe der amtlichen Qualitätsprüfung des Weinbauamtes Alzey.

Vom Siliusbrunnen zum Galgenberg

Wortkundlicher Streifzug durch reinhessische Lagenamen

Erst mit dem Beginn des Qualitätsweinbaus, nach 1800, bürgerte es sich ein, Wein auch nach der Lage, in der er gewachsen war, zu benennen. Für die Unterscheidung der Weinberge selbst waren Lagenamen jedoch seit alters her in Gebrauch. Allerdings wurden noch in karolingischen Urkunden, welche die Veräußerung von Weinbergen betreffen, die Weinbergsfluren nur nach sie kennzeichnenden äußeren, örtlichen Merkmalen beschrieben. Die so allmählich entstehenden »Lagenamen«, zunächst als solche nicht empfunden, waren noch im 12. Jahrhundert vornehmlich Beschreibungen der Eigentumsverhältnisse. Aber vom 13. Jahrhundert ab kann man schon eher von Lagenamen im heutigen Sinne sprechen, im 14. Jahrhundert sind sie allgemein verbreitet. Sie waren Veränderungen unterworfen, bedingt durch den Wandel der Sprache, der Bewirtschaftungsverhältnisse, viele verschwanden, andere – insbesondere volkstümliche Benennungen – kamen neu auf. In Verzeichnissen erfaßt wurden Lagenamen frühestens im 16. Jahrhundert, amtlich festgelegt wurden sie, einschließlich Lagegrenzen, etwa zugleich mit der erwähnten Üblichkeit, Wein u. a. auch nach seiner engeren Herkunft (Lage) zu bezeichnen. Von den deutschen Weingesetzen sanktioniert, war ihre Zahl außerordentlich groß und entsprach den individuellen Bedürfnissen und Vorstellungen kundiger Weintrinker, die schon geringe Herkunftsabweichungen bei der Weinprobe zu erkennen vermochten. Über 30 000 Lagenamen sollen es in den deutschen Weinbaugebieten vor dem 2. Weltkrieg gewesen sein, genau gezählt hat sie wohl niemand.

Mit den veränderten Konsumgewohnheiten und verringerter Weinkenntnis neuer Verbraucherschichten, aber auch der internationalen Entwicklung zu Herkunfts-Großräumen kam indessen in der Masse der Verbraucher der Wunsch auf, Weine unter geläufigen, gleichbleibenden Namen zu erhalten, deren Beschaffenheit bekannt war. War die werbepsychologische Wirkung einprägsamer, auf ein Minimum beschränkter Lagenamen, die dem Weintrinker die Wahl erleichtern, offensichtlich, ebenso die Notwendigkeit, die Wettbewerbsfähigkeit des deutschen Weines gegenüber ausländischen Erzeugnisse zu wahren, erschien es doch nicht angebracht, solch weite Herkunftsräume zu schaffen, wie sie in anderen Weinbauländern schon immer vorhanden waren. Denn die speziellen, qualitätsbestimmenden Eigenschaften des deutschen Weines werden auch von der engeren Herkunft mitbedingt. Indessen gab es viele veraltet klingende, kaum noch verständliche Weinlagenamen, während andererseits ein marktbestimmendes Angebot mit geringen Weinmengen nicht möglich war. Eine gewisse Stetigkeit in der Benennung ist Voraussetzung für ein marktgerechtes Angebot.

Aus diesem Bedürfnis entstanden deshalb, vom Weingesetz 1930 gebilligt, die sog. Sammellagenamen (oft »Gattungsnamen« genannt), für die in Rheinhessen typisch waren »Oppenheimer Krötenbrunnen« und »Niersteiner Domtal« (an deren Stelle traten später – 1971 – die Bereiche). Schon bald nach 1900 hatte aber die Zusammenlegung von Einzellagenamen begonnen, unbeschadet der in Grundbuch und Kataster eingetragenen Gewannbezeichnungen. Das Weingesetz von 1971 bestimmte schließlich, daß zur engsten Bezeichnung eines Weines nur noch die in die Weinbergsrolle (ein öffentliches Register) eingetragenen Namen von Lagen benutzt werden dürfen. Als Lagenamen darf nur ein Name eingetragen werden, der für eine zur Lage gehörende Rebfläche herkömmlich oder in das Flurkataster eingetragen ist oder sich an einen solchen Namen anlehnt. Auf Grund der Weinlagengesetze der einzelnen weinbautreibenden Länder der Bundesrepublik wurden dann die Lagenamen »durchforstet«, neu festgesetzt und dabei ihre Zahl erheblich reduziert, teils unter Übernahme bestehender Lagenamen, teils unter Bildung neuer Namen. Grundsätzlich dürfen nur Lagen eingetragen werden, die mindestens 5 ha groß sind. Nach dem Weinlagengesetz von Rheinland-Pfalz sollte angestrebt werden, »Namen von einer Aussagekraft, die die Vermarktung des Weines auch unter veränderten Wettbewerbsbedingungen ermöglichen«. Zuständig für die Namensgebung ist das Weinbauministerium, das zuvor einen Sachverständigenausschuß hört.

Das Ergebnis dieser »Vereinfachung der Lagenamen« läßt sich für das Weinanbaugebiet am besten dadurch aufzeigen, daß es anstelle von über 1800 Lagenamen des Jahres 1951 im Jahre 1975 nur noch über 500 Lagenamen gab. Viele, kulturgeschichtlich und ethymologisch interessante Lagenamen mußten dabei weichen, andere wurden übernommen, nicht wenige neugebildet, allerdings unter Berücksichtigung der genannten Grundsätze.

Auch recht originelle, ebenso im Sprachgebrauch des Gesetzes »anstößige« (im Volksgebrauch eher als »derb« empfundene) Lagenamen sind, dadurch bedingt, heute nicht mehr als Weinlagebezeichnung zulässig. Eine kleine Auswahl hiervon: Mörderhölle (Bingen-Kempten), Lebkuchenberg (Heßloch), Schwellkopf (Lörzweiler), Geierscheiß (Ludwigshöhe und Uelversheim), Diebszehnten und Walachei (Nieder-Olm), Schlangenberg (Nierstein), Löwenberg (Bechtheim), Wolfskaut (Bingen-Kempten), Backofen (Lonsheim), Paternoster (Engelstadt).

Aber auch die »neuen« (teils alten) rheinhessischen Lagenamen bergen ein gutes Stück Kultur- und Bewirtschaftungsgeschichte, erzählen daneben aber auch von der Sinnesart der Winzer. Aus dieser Sicht seien die einer Deutung fähigen rheinhessischen Einzellagenamen (es sind dies nach Zahl die meisten), nach Beziehungsgruppen geordnet, aufgezählt, mit kurzen Erläuterungen und Deutungsversuchen verbunden.

Besonders interessant sind dabei Fälle von Wortumbildungen (Verballhornungen), die des werbekräftigen Namens wegen, des besseren »Klanges« halber, gelegentlich wohl auch unbewußt, unmotiviert, erfolgten. Außerhalb des Weinanbaugebietes Rheinhessen ist als markantes Beispiel die (Gimmeldinger) »Meerspinne« kennzeichnend, die nichts mit einem Meeresuntier zu tun habe, sondern ein »Mehrgespänne« (= mehrspänniges Fuhrwerk) gewesen sei (s. v. Bassermann-Jordan). Es wird aber auch die Meinung vertreten (Christmann), der Name kom-

Fruchtbare Fluren, buntgewürfelte Winzerdörfer, heitere Hügel: ▶
Weinparadies Rheinhessen. Blick vom Kloppberg
(mit »Weinkastell«) bei Dittelsheim-Heßloch

me von Meerswünne (mhd.) = sumpfige Weide. Folgende, unten mit den zugehörigen Gemarkungen aufgeführte Weinlagenamen dieser Art sind für Rheinhessen zu nennen:

Der in vielen Orten vorhandene »Honigberg« soll anzeigen, daß hier im Mittelalter, als man noch keine genaue Unterscheidung der Rebsorten kannte, der sog. hunnische Wein angebaut wurde, der zwar nicht mit den Hunnen zu uns kam, wohl aber seinen Namen von hiune = Hüne = große, hartschalige Traube, herleitete. Der »Heunisch« wurde zum Unterschied vom qualitativ höherwertigeren fränkischen »Herrenwein« derart bezeichnet und wegen seiner Minderwertigkeit vielfach im 15. Jahrhundert nicht mehr angebaut und sogar verboten. Auf die Bodenqualität läßt diese Wertung aber nicht schließen, sie betrifft nur die Rebsorte. Die hl. Hildegard von Bermersheim schreibt hierzu: »Der fränkische und also starke Wein bringt gleichsam Wallungen im Blut hervor, und deshalb möge der, der diesen trinken will, ihn durch Wasser abschwächen. Nicht nötig aber ist es, den hunnischen Wein mit Wasser zu mischen, weil er schon von Natur aus wässerig ist.« Mit dem »Honig« (etwa zur Bezeichnung der Süße des Weines), hatte der »Honigberg« also nichts gemein. Diese Meinung (v. Bassermann-Jordan) ist nicht unbestritten. Nach Christmann können auch Honigweiden, die dort standen und zur Gewinnung von Wildbienenhonig dienten, den Namen gegeben haben.

Die ebenso häufige »Hölle« entstammt nicht religiösen Vorstellungen, meint nicht die Verdammnis und auch nicht eine besonders heiße Lage, sondern kommt von ahd. halda, haldi, = Gebüsch bewachsener, sanft ansteigender Hang (Halde). Gebräuchlich und gleicher Herkunft sind auch die Weinlagenamen »Hell«, »Höll« und oft sogar »Höhle«.

Der Lagename »Vogelsang« besagt nicht, daß dort viele Singvögel hausen. Vielmehr bedeute diese (anderswo – Geisenheim und Johannisberg – auch als »Vogelsand« auftauchende) Bezeichnung, daß es sich um früheres Rodungsgelände handelt. »Sang« sei das Substantiv von sengen, absengen, dem Mittel der Urbarmachung und Vorgang nach der Rodung. (Nach anderer Meinung handelt es sich um einen sehr wohl auf Vogelhecken bezogenen Modenamen aus der Minnesängerzeit: Christmann.)

Ebenfalls kein Tiername ist das »Äffchen«, dieser Lagename kommt vielmehr von einer besonders auffälligen Effe (Ulme, Rüster) als Wahrzeichen einer Lage her.

Die folgenden Gruppen von heutigen Lagenamen des Weinanbaugebietes Rheinhessen (Einzel- und Großlagen) überschneiden sich bisweilen (so gehört z. B. der Lagename »Drosselborn« sowohl zur Gruppe der Quellen- wie der Tiernamen, und klösterliche Namen können sowohl Besitz- wie Gebäude-Hinweise geben):

Blumen und sonstige Pflanzen

Bei den von Blumen und sonstigen Pflanzen hergeleiteten Lagenamen handelt es sich entweder um Hinweise auf in den Weinbergen stehende Gewächse oder um poetische Verherrlichungen des Weines, auf dessen »Blume« anspielend.

Mandelberg (Lonsheim, Offenheim, Weinheim)

Ob dieser Lagename auf einen früher in dieser Flur stehenden Mandelbaum hinweist, ist zweifelhaft, da solche Bäume eher in der Pfalz, in Rheinhessen aber kaum heimisch waren; wahrscheinlicher ist die Wortherkunft von mhd. mantel = Kiefer.

Dornpfad (Gabsheim)

Äffchen (Wöllstein)

Affenberg (Worms)

Die »Affen«-Lagenamen gehen zurück auf die in Rheinhessen einst weitverbreitete »Effe« (= Ulme, Rüster: s. oben), weniger wahrscheinlich ist die Ableitung von einem Personennamen.

Blume (Stadecken-Elsheim)

Gewürzgarten (Hackenheim)

Gewürzgärtchen (Horrweiler)

Frühere Kräuter- oder Würzgärten in den Weinbaugebieten (besonders bekannt »Ürziger Würzgärtchen«). Im Mittelalter hatte jeder Winzer einen eigenen W., worin er die benötigten Duft-, Heil- und Gewürzpflanzen zur Herstellung der Würzweine zog. Schon die Römer hatten dem Wein eingekochten Most zugesetzt, der mit Fenchel, Lavendel, Safran und anderen Gewürzextrakten angereichert war. Auch die hl. Hildegard von Bingen (S. 241) zählt zahlreiche Gewürze als Weinbeigaben auf und erwähnt, daß sie in den klösterlichen Würzgärten wuchsen: so Salbei, Ingwer, Lawendel, Wermut, Majoran, Fenchel, Liebstöckel.

Rosenberg (Biebelnheim, Nierstein)

Rosengarten (Monsheim, Bechtheim, Gabsheim)

Die Deutungsmöglichkeiten für »Rosengarten« sind mannigfach: Ursprünglich war dies die Bezeichnung für den Friedhof. Es könnte aber auch von kelt. roo (rost), der Verkleinerungsform von rosen = hervorspringende Anhöhe abzuleiten sein. Nicht ausgeschlossen ist, daß an solchem Platz früher Wildrosen wuchsen. Schließlich ist an die alte mythische Beziehung zwischen Rebe und Rose zu denken (Liebessymbol, Marienverehrung; die Zecher antiker Gelage wurden nicht nur mit Weinlaub und Efeu, sondern auch mit Rosen bekränzt). Unwahrscheinlich aber die Deutung »Garten der Rosse« (Pferde).

Eichelberg (Fürfeld, Neu-Bamberg)

Laberstall (Ockenheim)

Hat nichts mit »laabern« (= dumm daherreden) zu tun, sondern an dieser Stelle hat sich das Laub (mundartlich »Laab«) gesammelt; nicht ausgeschlossen ist auch die Ableitung von einem Besitzernamen.

Quellen und Brunnen

(heute meistens versiegt oder zugeschüttet)

Götzenborn (Wolfsheim)

Evtl. zugleich auf Besitzer hinweisend.

Bornheim (Harxheim)
Bornpfad (Guntersblum)
Siliusbrunnen (Dienheim)
> *Hier wurde der Grabstich des Römers Silius gefunden (s. S. 60).*
St. Julianenbrunnen (Guntersblum)
Heitersbrünnchen (Bodenheim)
> *Vorsilbe »Heiter-« evtl. als allgemeine Lobpreisung oder von einem Besitzer-*
> *namen abgeleitet.*
Mandelbrunnen (Gundheim)
> *Siehe oben S. 121 wegen der Deutung des Wortteils »Mandel«.*

Historische Erinnerungen, Sagen

Blücherpfad (Ober-Flörsheim)
Frankenstein (Freimersheim)
Königstuhl (Gundersheim, Lörzweiler)
> *»Stuhl« ist der Gerichtsstuhl, ein erhöhter Unterbau mit Steinstufen, in der*
> *Regel ein Versammlungs- und Gerichts-Platz. Am Königsstuhl zu Lörzweiler*
> *tagte die Landesgemeinde, auch wurde dort 1024 Konrad II. gewählt. Bis*
> *Ende des 13. Jh. habe dort ein festes Gemäuer gestanden, im 15. Jh. abgetra-*
> *gen und teilweise in den Niersteiner Wartturm eingemauert.*
Römerberg (Engelstadt, Badenheim, Alsheim, Dorn-Dürkheim, Alzey, Essen-
heim)
Alte Römerstraße (Volxheim)
Römerschanzen (Eimsheim)
Römersteg (Worms)
> *Die Römer hatten die Rebkultur nach Rheinhessen gebracht (s. S. 37).*
Villenkeller (Klein-Winternheim)
> *Wortdeutung ungewiß; villa = römischer Gutshof, evtl. aber auch abgeleitet*
> *von dem Verb »fillen« (= die Haut abziehen, schinden).*
Sackträger (Oppenheim)
> *Die Zunft der Sackträger verteidigte an dieser besonders angriffichen Stelle*
> *die Stadt.*
Heiliger Blutberg (Weinheim)
> *Ermordung von Christen in einem umwallten Lager durch die Hunnen; daher*
> *auch alter Flurname »Mordkammer«.*
Geisterberg (Erbes-Büdesheim, Flonheim)
Burg Rodenstein (Großlage)
Spiegelberg (Großlage)
> *Hinweis auf Signalturm des Mittelalters.*
Schelmenstück (Bingen)
Schelmen (Wahlheim)
> *»Schelmen«-Lagenamen haben nichts mit einem schelmischen (schalkhaften)*
> *Menschen zu tun. Abgeleitet von ahd. scelmo = Aas, Leichnam. Es handelt sich*

Reben schneiden will gelernt sein. Der rheinhessische Winzer ▶
wird gründlich und vielfältig ausgebildet.

um Plätze, an denen verendete Tiere vergraben wurden (Schindanger), wo »der Schelm« (der Schinder, »Abdecker«) seine Tätigkeit ausübte, evtl. auch um eine Gewann, die ihm als Entgelt für seine Dienste zur Nutzung überlassen war. Gelegentlich kann es sich aber auch um den Hinweis auf eine nahegelegene Richtstätte handeln.

Findling (Nierstein)
Ein Hinkelstein (Menhir) kennzeichnete die Grenze zwischen fränkischem und alemannischem Herrschaftsgebiet.

Pilgerstein (Biebelsheim)
Pilgerweg (Zornheim)
Pilgerpfad (Großlage)
Der Pilgerpfad zog sich von Worms über Gau-Odernheim nach Bingen. Er entstand spätestens im Mittelalter und wurde zunächst von Pilgern benutzt, die aus dem Rheinland nach Rom wallfahrten, später von Flößern und Schiffern, die das Rheinknie bei Mainz abkürzen wollten.

Besitzrechte

Adelspfad (Engelstadt)
Reichsritterstift (Bodenheim)
Reichskeller (Frei-Laubersheim)
Hinweis auf früheres Reichsgut; evtl. gehörte die Flur zum Besoldungsgut eines Amtskellers (Amtmannes).

Rheingrafenberg (Wörrstadt, Frei-Laubersheim)
Früherer Besitz der Wild- und Rheingrafen.

Kaisergarten (Gau-Weinheim)
Fraglich, ob auf Grundbesitz hinweisend. Größter Grundbesitzer war der König. Die Vorsilbe scheint eher von einem Personennamen abgeleitet.

Benn (Westhofen)
Beinde (Bende, Bein) meint das alte Beinhaus, aber hier vermutlich von adh. biunda = einbinden, einzäunen: eingefriedete, ausgesonderte Grundstücke entweder der Herrschaft – Herrenbeunde – oder private der Bauern.

Sioner Klosterberg (Mauchenheim)
Klosterberg (Bechtolsheim, Osthofen, Nieder-Olm, Bermersheim v. d. H.)
Kirchenstück (Bornheim, Ingelheim, Hohen-Sülzen, Weinheim)
Kirchwingert (Neu-Bamberg)
Kirchgärtchen (Welgesheim)
»Kirch«-Lagenamen weisen auf Meßwein-Besitzungen der Kirche hin; der Meßwein mußte einst »garantiert naturrein« sein; kirchlicher Grundbesitz diente auch der Naturalversorgung der Geistlichen, die diese Weinberge selbst teilweise zu bewirtschaften hatten. Später Verpachtung an die ortsansässigen Winzer, aber auch zur Eigenerzeugung von Abendmahlswein teilweise verbleibend.

Kirschplatte (Nierstein)
Auch die Schreibweise »Kirsch-« deutet eher auf Kirchenbesitz als auf die Frucht (Kirsche) hin; Platte = abgeholzte, kahle Fläche.

Liebfrauenstift-Kirchenstück (Worms)
Liebfrau (Volxheim)
Paterhof (Dienheim, Oppenheim)
St. Cyriakusstift (Worms)

Kurfürstenstück (Großlage)
Hinweis auf den Kurfürst von der Pfalz.
Herrenberg (Dienheim, Oppenheim)
Herrengarten (Dienheim, Oppenheim)
Herrnberg (Gau-Bischofsheim)
Deutschherrenberg (Ober-Flörsheim)
»Herrn«-Lagenamen erinnern an Ordensgut (Deutschherrn, Tempelritter).
Haubenberg (Saulheim)
Hubacker (Flörsheim-Dalsheim)
Hub = Hufe = zum Herrnhof gehörig; das Gut war dem Hübner (= Lehens-mann) zu Besitz gegeben, auch hatte es eine bestimmte Größe. Auch der »Hau-benberg« ist von daher abzuleiten, dieser Name hat nichts mit der festtäglichen Kopfbedeckung der Frau (»Haube«) zu tun.
Bubenstück (Bingen)
Wahrscheinlich vom Besitzernamen (Bobo) abgeleitet.
Remeyerhof (Worms)
Edelmann (Mainz)
Adliger Besitz
Zechberg (Framersheim)
Zechen oder Zechgesellschaften haben hier nichts mit dem Bergbau (Kohlen-zeche) und auch nichts mit dem Verb »zechen« zu tun, sie sind aus den alten Wingertlehngenossenschaften hervorgegangen, mhd. Zeche = Gesellschaft, dann = Zunft (s. auch nachstend).
Lenchen (Elsheim)
Wahrscheinlich von »Lehen« (verliehenes Gut); in den Weinbaugebieten bilde-ten die Winzer Wingertlehngenossenschaften; evtl. auch = leicht abfallender Hang, »geneigte Berglehne« (verschiedene Deutungen; bekannt als »Östricher Lenchen«), jedenfalls nicht auf den Frauennamen bezogen.
Hockenmühle (Ockenheim)
Von Hucken, worin der Vorname Hucho oder Hucco des Besitzers steckt.
La Roche (Flonheim)
Hinweis auf Besitzer (Hugenottenfamilie).
Klosterbruder (Groß-Winternheim)
Klostergarten (Schwabenheim, Hackenheim, Zotzenheim, Sprendlingen, Flon-heim, Bermersheim v. d. H.)
Bergkloster (Großlage)
Mönchberg (Siefersheim)
Klosterweg (Dromersheim)
Mönchspfad (Bodenheim, Schornsheim)
Mönchspforte (Ober-Hilbersheim, Nieder-Hilbersheim)
Mönchbäumchen (Zornheim)
Mönchhube (Dittelsheim-Heßloch)
»Mönch«-Flurnamen weisen auf Ordensgrundbesitz hin; wegen »Hube« s. oben.

Nonnenwingert (Worms)
Nonnengarten (Mörstadt)
Frauenberg (Flörsheim-Dalsheim)
Frauengarten (Wintersheim)
   Erinnerung an Frauenklöster, die hier Besitz hatten.
Paterberg (Nierstein)
Paterhof (Nierstein)
Bruderberg (Nierstein)
Abtei (Großlage)
Pfarrgarten (Bingen)
Pfaffenberg (Flonheim, Saulheim)
Probstey (Saulheim)
Pfaffenkappe (Nierstein)
Pfaffenwege (Gau-Bickelheim)
Pfaffenmütze (Dittelsheim-Heßloch)
Pfaffenhalde (Alzey)
   »Pfaffen«-Namen deuten auf den Besitz oder das Nutzungsrecht des Dorfpfar-
   rers hin; »Pfaffenmütze« wird jedoch als Grundrißbezeichnung angesehen
   (Ramge).
Frühmesse
   Nutzungsrecht des Frühmeß-Kaplans.
Gutes Domtal (Großlage)
Domherr (Großlage)

Himmel und Hölle

Herrgottspfad (Gau-Odernheim)
   »Herrgott«-Flurnamen finden sich meistens in der Nähe von (früheren) Bild-
   stöcken mit Darstellung des Gekreuzigten.
Himmelthal (Guntersblum)
Himmelacker (Dautenheim)
   »Himmel«-Lagenamen deuten entweder auf die Nähe eines (ehemaligen)
   Friedhofes hin oder sind zu deuten aus kelt. meill (= Hügel).
Gottesgarten (Selzen)
Gotteshilfe (Großlage)
Teufelskopf (Ludwigshöhe)
Teufelspfad (Essenheim)
   Wegen der »Hölle«-Namen s. oben S. 120.

Allgemeine Lobpreisungen

Doktor (Dexheim)
   Evtl. auch ein Besitzerhinweis.
Leckerberg (Armsheim, Dittelsheim, Heßloch)
   Das Adjektiv »lecker« ist in Rheinhessen nicht üblich, die Deutung ist daher
   fraglich (Hinweis auf frühere Salzlecke für das Vieh?).

Schädlingsbekämpfung im Weinberg. Mit modernsten Geräten wird den »Plagen des Winzers« begegnet, damit gesunde Trauben reifen.

Zuckerberg (Oppenheim)
Edle Weingärten (Dittelsheim, Heßloch)

Vögel

Hinweise auf Vögel des Weinlandes, aber auch auf Fabeltiere.

Drosselborn (Appenheim)
Geyersberg (St. Johann, Armsheim, Gau-Weinheim, Bechtheim, Heßloch)
Geiershöll (Klein-Winternheim)
Falkenberg (Dienheim)
Schwalben (Wackernheim)
Rabenkopf (Ingelheim, Wackernheim)
Greifenberg (Sulzheim)
Vogelsgärten (Großlage)
Vogelsang (Erbes-Büdesheim, Wallertheim, Zornheim, Gau-Odernheim)
  Vögel nisteten in den früher (vor allem vor der Flurbereinigung) zahlreichen Hecken und waren »Rebnützlinge«, da sie Schädlinge vertilgten; wegen »Vogelsang« als Hinweis auf Rodungsland s. unten S. 120.

Andere Tiernamen
Hergeleitet von Tieren, deren Aufenthalt in den jeweiligen Weinbergen häufig war.

Eselstreiber (Eckelsheim)
Eselpfad (Appenheim)
Sauloch (Flörsheim-Dalsheim)
Saukopf (Gau-Bickelheim)
> *»Sau«-Namen deuten auf frühere Schweineweiden (Suhlen) hin.*

Schneckenberg (Worms)
Fuchsloch (Gau-Odernheim)
Hasensprung (Jugenheim, Bechtheim, Dorn-Dürkheim)
Hasenlauf (Bermersheim)
Hasenbiß (Osthofen)
> *Der Hase galt auch als ein dem Weingott heiliges Tier und Fruchtbarkeitssymbol (Osterhase!).*

Geißberg (Heidesheim)
> *Die Geiß fraß in den Weinländern der Antike die jungen Rebtriebe. Um den Weingott zu versöhnen, wurde sie nach ritualem Brauchtum, als Sühne für den Frevel, geopfert (Dionysos-Mythos). Sprachlich ist jedoch das keltische kait = Anhöhe der Wortursprung (nach Christoffel von den Franken mit dem germanischem gait verwechselt, das mhd. zu geiz und daraus zu Geiß geworden sei).*

Hundskopf (Albig)
> *Siehe unter »Bodenform«.*

Rehbach (Großlage)
Pares (Ingelheim)
> *Mhd. parich = Viehweide.*

Krötenbrunnen (Großlage)
> *Wegen »Äffchen« s. S. 121.*

Bodenart, Mineralien, Rodungen
Hinweise auf geologische Zusammensetzung und damit auf die Bodenfarbe.

Ritterberg (Schornsheim)
> *Kaum Hinweis auf Grundbesitz der ritterlichen Ganerben, die seit 1288 Dorfherren waren, sondern abzuleiten von mhd. rod, riute = Rodung (E. Koch).*

Rothenberg (Gau-Algesheim)
Rotenpfad (Flonheim)
Rothenberg (Nackenheim)
Rotenstein (Westhofen)
Rotenfels (Alzey)
Rotenberg (Wachenheim)
> *Die »rot«-Lagenamen können sowohl auf rote, eisenhaltige Böden (Roterde) als auch auf einen früheren Rodungsberg hinweisen, es kommt auf den Einzelfall an; in Rheinhessen überwiegt die erstere Gruppe (Roterde in Nackenheim,*

Die mittelalterliche Dorfbefestigung ist das Wahrzeichen ▶
des Weinortes Flörsheim-Dalsheim im fruchtbaren Wonnegau.

Flonheim usw.); Rodungsbezeichnungen waren früher Weinbergsnamen wie Neuwingert, Neuberg, Schlag.

Scharlachberg (Bingen)

Name 1248 als scarlachen erwähnt; soll auf die frühere Anpflanzung von Rotwein (scarlet), aber kaum auf die Bodenfärbung zurückzuführen sein; ähnlich sei der Schalksberg in Franken abzuleiten.

Wißberg (Gau-Bickelheim)

Der »weiße Berg« (wizenberc – 770), nicht als »Wiesberg« (falsche Schreibweise) von Wiese abgeleitet.

Kieselberg (Biebelnheim)

Goldgrube (Köngernheim)

Silbergrube (Mommenheim)

Silberberg (Bodenheim, Monsheim, Mölsheim)

Hinweis auf Edelmetall-Fundstätten oder überhaupt auf vorgeschichtliche Fundstätten oder (was wahrscheinlicher ist) ganz allgemein auf reichen, wertvollen Ertrag. »Silber« auch als »Quarzgang mit Bleiglanz« (»silberartig in Farbe«).

Schwarzenberg (Bingen)

Steinert (Gau-Algesheim)

Steinacker (Nieder-Hilbersheim, Heidesheim, Ingelheim)

Steinberg (Partenheim, St. Johann, Wackernheim, Dalheim, Guntersblum)

Steingrube (Westhofen)

Stein (Bechtheim)

Steinböhl (Monzernheim)

Steiniger Hügel.

Aulenberg (Uelversheim)

Aulerde (Westhofen)

Von mhd. ule = Topf: dort wurde Töpfererde gegraben.

Kachelberg (Rommersheim)

Kachel (Ensheim)

Zunächst sprachlich ebenfalls Hinweis auf ein Gelände, wo eine für Töpfereien geeignete Lehmart gefunden wurde. Da aber eine solche Ableitung an beiden Orten kaum erklärlich ist, könnte eine Deutung von der Form der Weinbergshügel her näherliegen.

Fels (Frei-Laubersheim)

Felsen (Eppelsheim)

Moosberg (Hahnheim, Sörgenloch)

Feuchtes Gelände (mhd. mos).

Kloppenberg (Mommenheim)

Felsiger Berg

Feuerberg (Flomborn)

Zu Rodungszwecken entzündete Feuer, aber auch durch Blitzschlag oder Unvorsichtigkeit entstandene Brände, ebenso Feuerbräuche (Johannistag) gaben den Namen.

Bodenform, örtliche Lage

Die äußere Gestalt eines Berges oder Hanges, seine Lage in der Gemarkung oder größeren Umgebung war früher, weit mehr als heute, häufiger Namensgeber.

Mainzer Weg (Dromersheim)
Bingerberg (Flonheim)
Rheinpforte (Selzen)
Zellerweg am schwarzen Herrgott (Mölsheim)
Rheinberg (Worms, Osthofen)
Rheinhöhe (Ingelheim)
Spitzberg (Stadecken-Elsheim)
Hoch (Bodenheim)
Hochberg (Worms, Lörzweiler)
Homberg (Albig)
Hoher Berg.
Bergpfad (Friesenheim)
Domblick (Großlage)
Rheinblick (Großlage)
Steige (Fürfeld)
Steig (Flörsheim-Dalsheim)
Steig-Terrassen (Guntersblum)
Steigerberg (Wendelsheim)
Steig = Hinweis auf Steillage.
Bürgel (Flonheim-Dalsheim)
Der Name bedeutet »Berg«.
Tafelstein (Dienheim)
Rheingrafenstein (Großlage)
Kaiserpfalz (Großlage)
Hundskopf (Albig)
Der Berg hat die Form eines Hundekopfes. Aber auch als Hinweis auf Nutzungsrechte des Hunno, des centenarius und Hundertschaftsrichters der fränkischen Zeit, gedeutet (Ramge).
Fischerpfad (Alsheim)
Höhlchen (Dienheim)
Höllenbrand (Gundersheim)
Höllenweg (Ingelheim)
Höllenberg (Heidesheim)
Schloßhölle (Gumbsheim)
Höllberg (Siefersheim)
Hölle (Wöllstein, Wonsheim, Pfaffen-Schwabenheim, Weinheim, Saulheim, Nierstein)
Schönhölle (Ockenheim)
Vgl. oben (S. 120) zur Deutung der »Hölle«-Lagenamen als Hinweis auf einen Hang (Schönhöll = »schöner Hügel«); »Höhlchen« ist hingegen Hinweis auf eine »Hohl«, einen Hohlweg.

Kallenberg (Bubenheim)
Vermutlich von »kahler (kalter?) Berg«.

Osterberg (Bingen, Wolfsheim, Mommenheim, Selzen, Spiesheim)
Ein im Osten der Gemarkung liegender Berg (mhd. oster = im Osten gelegen), hat nichts mit »Ostern« i. e. S. zu tun.

Gebäude, Wahrzeichen, Markierungspunkte

Die Grenzen zu allgemeinen religiösen Bezeichnungen und solchen, welche die Besitzverhältnisse anzeigen, sind oft fließend.

Schloß Westerhaus (Ingelheim)
Schloßgarten (Offstein)
Schloß (Oppenheim, Uelversheim)
Schloß Hammerstein (Albig)
Schloßberg (Saulheim, Oppenheim, Gau-Heppenheim, Mettenheim, Harxheim, Groß-Winternheim, Ingelheim, Schwabenheim)
Schloß Schwabsburg (Nierstein)
Schloßhölle (Gumbsheim)
Schloßberg-Schwätzerchen (Bingen)
Schloß = Burg Klopp, »Schwätzerchen« = von »am swetzgin« (1471), evtl. Besitzerhinweis, aber auch Name der Weinprinzessin des Binger Winzerfestes.

Kreuz (Ockenheim, Dienheim, Oppenheim)
Kreuzblick (Worms)
Heilig Kreuz (Bechtheim)
Rotes Kreuz (Ingelheim)
Kreuzweg (Framersheim)
Kreuzberg (Bodenheim)
Kreuzkapelle (Guntersblum)
»Kreuz«-Lagen finden sich meistens in der Nähe eines (früheren) Wegkreuzes, können aber auch Gerichtsgrenzen und die Reichweite des Blutbannes anzeigen (hölzernes Kreuz als Sinnbild des Königsbanns).

Sankt Rochuskapelle (Großlage)
Gutleuthaus (Oppenheim)
Ehemaliges Leprosenhaus.

Daubhaus (Oppenheim)
Wird als Taubenhaus gedeutet, aber fraglich, da weitab vom Ort.

Ölberg (Wöllstein, Grolsheim, Nierstein, Gau-Odernheim)
In der Regel Hinweis auf dort früher stehende Darstellung Christi und der Jünger in Gethsemane, weniger wohl auf ehemalige Ölmühle.

Schützenhütte (Oppenheim, Dolgesheim)
Vermutlich Schutzhütte des Wingertschützen.

Hockenmühle (Ockenheim)
Burgberg (Ingelheim, Bodenheim)

Traubenlese ist mühevolle Arbeit. »'s Imbs« im Wingertsweg mundet danach besonders.

Bockstein (Groß-Winternheim, Elsheim)
  Bockstraße = alte Heerstraße, an dieser standen Steine, um Lasten abstellen zu können (Ruhesteine).
Brückchen (Nierstein)
Kellersberg (Gau-Bickelheim)
Brunnenhäuschen (Westhofen)
Eiserne Hand (Guntersblum)
  Ebenfalls Hinweis auf früheren Standort von Gerichtsstöcken: An hölzernem Kreuz war eine aus Eisenblech geschnittene Hand und ein Schwert angebracht (E. Koch), evtl. auch nur Wegweiser in Form einer eisernen Hand an der Kreuzung zweier alter Wege (Ramge).
Galgenberg (Hackenheim, Badenheim)
  Hinweis auf frühere Richtstätte.
Wartberg (Alzey)
  Nach dem mittelalterlichen Wartturm benannt.
Heiligenhäuschen (Jugenheim)
Heiligenhaus (Sulzheim)
Heilighäuschen (Groß-Winternheim)

Am Heiligen Häuschen (Worms)
Heiligenbaum (Nierstein)
  Hier stand früher ein Baum, an dem ein Heiligenbild befestigt war (christliche Fortführung des germanischen Baumkultes).
Bildstock (Worms, Nierstein)
St. Laurenzikapelle (Gau-Algesheim)
Kapelle (Gau-Bickelheim, Bodenheim)
Kapellenstück (Worms)
Kapellenberg (Alzey, Weinheim, Fürfeld, Bingen, Ober-Olm)
Schmittskapellchen (Nackenheim)
Kirchberg (Eckelsheim, Frei-Laubersheim, Bingen, Gabsheim, Hackenheim, Dromersheim, Udenheim, Osthofen)
Bergkirche (Nierstein)
Glöck (Nierstein)
Herrgottshaus (Klein-Winternheim)
Klosterberg (Mainz)

Sonnen- und Goldnamen

Goldberg (Gau-Algesheim, Jugenheim, Vendersheim, Gensingen, Udenheim, Horrweiler, Undenheim, Alsheim, Eich, Mettenheim, Esselborn, Flomborn, Flörsheim-Dalsheim, Osthofen, Worms, Monzernheim)
Goldstückchen (Armsheim)
Goldgrube (Köngernheim)
  »Gold«-Lagenamen sind wohl Hinweise auf Goldschürfstellen oder alte Grab-fundstätten (Goldschmuck usw.), evtl. auch auf Bodengüte (Christmann; Ramge).
Goldpfad (Worms)
Sonnenberg (Sprendlingen, Udenheim, Nieder-Olm, Bechtolsheim, Hohen-Sülzen, Heimersheim, Schwabenheim)
Sonnenköpfchen (Eckelsheim)
Sonnenhang (Ingelheim, Schornsheim, Eimsheim, Guntersblum)
Sonnenweg (Gimbsheim)
Sonnenheil (Hillesheim)
  Das heißt »Sonnenhalde«. »Sonnen«-Lagen sind entweder besonders von der Sonne begünstigt (Südlagen) oder nur phantasievoll so benannt (so wie der Dichter vom »Sonnengold« des Weines und vom »Sonnenblut« der Traube spricht).

Bewirtschaftung, Größe und Wert

Honigberg (Bubenheim, Biebelsheim, Dromersheim, Ludwigshöhe, Nieder-Hilbersheim, Sprendlingen, Sulzheim)

Siehe zur umstrittenen Wortdeutung oben S. 120.

Lottenstück (Ingelheim)
Lotten: die jungen, noch nicht verholzten Triebe am Rebstock, von loden = üppig treiben, lote = schößling.

Zehnmorgen (Nierstein)
Entweder Hinweis auf Besitzgröße (10 Morgen) oder auf frühere Zehntpflicht. Wegen Rodenberg siehe unter »Bodenart, Mineralien, Rodungen«.

Hähnchen (Bornheim)
Vermutlich von »Hahn«, »Hain« als Zusammenziehungen von »Hag(en)«, die Flurstücke benennen, die ursprünglich eingezäunt waren. Sprachwandel von kelt. aighe = Wald über hagen, hain zu Hahn.

Hundertgulden (Appenheim)
Hinweis auf reiche Erträge und deren Wert, evtl. aber statt dessen ein »Ereignisname« (nämlich: Hinweis auf früheren Fund einer Geldsumme oder, daß das Gelände diesen Wert in einem Rechtsstreit zugemessen bekam).

Heilige und Schutzpatrone

Johannesberg (Gau-Algesheim)
Johannisberg (Aspisheim, Zotzenheim, Mainz)
Evtl. Hinweis auf Klosterbesitz.
Sankt Georgen (Partenheim)
St. Georgenberg (Jugenheim, Worms)
Sankt Kathrin (Wolfsheim)
Hildegardisberg (Bermersheim v. d. H.)
Hinweis auf die hier geborene hl. Hildegard von Bingen (S. 241).
Heiligenpfad (Wendelsheim)
Martinsberg (Siefersheim)
St. Jakobsberg (Ockenheim)
St. Annaberg (Worms)
Liebfrau (Siefersheim, Volxheim)
Liebfrauenthal (Gimbsheim)
Liebfrauenberg (Dittelsheim-Heßloch)
Sankt Alban (Großlage)

Seite 136/137: »Rebengeometrie«: Weinbergsgelände nach der Flurbereinigung ist nicht mehr idyllisch, aber rationeller zu bearbeiten und auf seine Art auch von reizvoller Struktur.

Weinlesezeit

Herbstliches Brauchtum anno dazumal und heute

So wenig Trachten, Folklore-Tänze oder dörfliche Idyllen in Rheinhessen lohnende Kamera-Objekte sind oder für Brauchtumsforscher jemals waren, so sehr sind Bräuche und Sitten speziell um den Wein lebendig geblieben. Natürlich haben sie sich gewandelt, auch ein wenig abgeschliffen. Neuzeitliche Entwicklung, Mechanisierung und gesteigerter Erwerbssinn, Rationalisierung und Perfektion der Arbeitsvorgänge bei Gewinnung und Herstellung des Weines haben seine Welt nüchterner werden lassen.

Das gilt für die Lese der Trauben im Weinberg (in Rheinhessen »Wingert« genannt) ebenso wie für die Behandlung im »Keller«, der oft nicht mehr unterirdisch, sondern eine ebenerdige »Wein-Werkstatt« ist und in dem nicht mehr die bei Touristen so beliebte Spinnwebromantik alter Holzfässer vorherrscht, sondern die ein wenig labormäßige Sauberkeit von Tanks, Plastik, Beton- und Glasbehältern. Die Individualität hat Einbußen hinnehmen müssen, beim Wein wie beim Brauchtum um den Wein. Neues, nicht immer rühmenswert, vieles aber doch verbessernd, hat Konturen angenommen, hier wie da. Dennoch ist etliches von dem, was die rheinhessische Weinlese – den »Herbst« – einst erlebnisreich machte, erhalten geblieben. Anderes ist volkskundlich und sprachlich interessante, die Rückerinnerung lohnende Vergangenheit geworden. Einiges hiervon sei berichtet, ohne daß Raum wäre, auf die teils untergegangenen, etymologisch interessanten mundartlichen Bezeichnungen aus der Arbeitswelt des Winzers einzugehen.

Wenn die Winzerfeste landauf, landab gefeiert werden (damit »der Neue« leere Fässer vorfinde, die Mühsal des Jahres durch weinselige Tage entgolten und auch »der Fremde« zu den Quellen rheinhessischer Fröhlichkeit geführt werde) – dann sind die »Wingert« (Weinberge) geschlossen. Der Wingertschütz mit der Starenpistole (recht »dorschtige« Orts-Originale) nimmt sein Amt wahr. Früher wurde der Weinbergsschluß durch aufgesteckte Strohwische angezeigt. Sie waren an einer Stange befestigt (die an den ersten Wingertspfahl angebunden war) oder an einem über den Feldweg gespannten Draht, sollen kultischen Ursprungs sein und die bösen Geister bannen. Heutzutage wird die öffentliche »amtliche Bekanntmachung« (Verbot, das Weinbergsgelände zu betreten) nüchtern durch Schilder mitgeteilt. Von da ab und bis das Ende der Traubenlese wiederum öffentlich verlautbart ist, dürfen die Weinberge sowie die Wirtschaftswege und Fußpfade im Weinbergsgebiet nur mit Erlaubnis der Gemeindeverwaltung betreten werden. Sie wird dem Winzer oder von ihm beauftragten Personen erteilt, wenn er nach dem Reifestand der Trauben sehen oder unaufschiebbare Arbeiten vornehmen will.

In der kurzen, ruhigen Spanne zwischen der Getreideernte und der Frühlese reifen die Trauben. Die ersten Blätter werden gelb, gleiten zu Boden. »Altweiberfäden« segeln durch die Luft, enden ihre Fahrt am Feldrain, an rotglühenden Hagebuttensträuchern. Der Abendwind ist schon kühler. Die Fässer werden bald in den rhein-hessischen Orten geschwenkt, das Lesegerät wird hergerichtet. Nebel am Morgen und Sonne am Mittag, die »Traubendrücker«, machen die Häute der Traubenper-kel dünn. Die Trauben »gehen in den Wein«, werden weich, durchscheinend, süß und in manchen Jahren so dick, »daß mer e Kränche eneischlage kann« (»brü-hig«, wenn sie besonders viel Saft geben). In schlechten Jahren ist viel »Gerappsel und Zwäckelcher« darunter (kleine, schlecht entwickelte Trauben). Hat es die Sonne besonders gut gemeint, dann heißt es von den goldbraun schimmernden Trauben (vor allem des einst stark verbreiteten Silvaners): »Der Fuchs hat die Trauben geleckt« (wozu es auch eine derbere Version gibt).

Gerne glaubten wir das als Kinder, wenn wir – natürlich ohne Bezahlung, »ehren-halber« – mitgehen durften »in de Herbscht« (die Wendung »in die Weinlese ge-hen« ist unechtes »rheinhessisches Hochdeutsch«). Die Traubenlese wurde früher um 7 Uhr eingeläutet oder einfach vom Ausscheller, einem meist weinfreudigen und stets zu Spaß und Schwatz aufgelegten »Original«, bekanntgemacht. Abends, so gegen 6 Uhr, zeigten die Glocken nicht selten auch das Ende des Lesetages an. Es gab sogar Orte, in denen bei starkem Regen »aus dem Herbst geläutet« wurde. Der Wingertschütz trat dann wieder »in Aktion« und sorgte dafür, daß alles seine Ordnung hatte.

Nun ist alles strenger und »bürokratischer« reglementiert: Die Bezirksregierung bestimmt den frühesten Zeitpunkt des möglichen Lesebeginns. Dazu hört sie vor-her den Weinbauverband, die Landwirtschaftskammer und die Landes-Lehr- und Versuchsanstalt für Wein- und Gartenbau in Oppenheim an und holt deren fachli-chen Rat ein. Während einst dieser Termin für alle Traubensorten zugleich galt, werden die Lesezeiten nunmehr für die verschiedenen (weit zahlreicheren als frü-her) Sorten gesondert festgelegt. Davon ausgehend bestimmt dann der Bürgermei-ster nach Anhörung des örtlichen Leseausschusses Beginn und Ende der Hauptle-se, den Beginn der Spätlese und auch die täglichen Lesezeiten. Dies und noch viel mehr ist in der »Landesverordnung über die Schließung der Weinberge und die Lese der Trauben« (kurz »Herbstordnung« genannt) geregelt. Heute ist der fest-gesetzte Lesetermin den amtlichen Mitteilungen zu entnehmen.

Einst ging es schon im dichten Nebel hinaus, nur die großen Güter warteten, bis die Sonne sich zeigte, heute ist dies fast allgemein üblich. Butten (Lägel) – soweit noch benutzt –, Eimer (früher verzinkt, jetzt aus Plastik), gereinigt und frisch mit säurefestem Lack gestrichen, Traubenscheren, frisch geölt, Messer und anderes Gerät, vom Winzer bereitgehalten, werden auf die Wagen gestellt. Das Lesevölk-chen (vor allem in die Ortschaft unterhalb des Wißberg kamen Viele jahrelang aus dem Hunsrück) kommt aus der Küche (gemeinsamer Morgenkaffee ist aber sel-ten), und hinaus geht die Fahrt. Der Traktor zieht »die Roll« und hat Ochs und Pferd verdrängt. Ein wenig steif und verfroren sitzen die Leser auf Holzbrettern oder Bänken, wie auch die ersten Stunden oft nur klamme Finger bescheren.

Wenn erster Reif die Blätter bedeckt oder Regen strömt, wird Stock um Stock, Zeile um Zeile dick vermummt gelesen, die älteste Kleidung ist eben recht. Von scherzender Ausgelassenheit, von Prospekt-Buntheit, von Winzerinnen im Dirndl

Der Buttenträger, ein wichtiger Mann im Traubenherbst, wird immer mehr von Fahrzeugen ersetzt.

ist ohnehin nichts zu bemerken. Der Weinherbst ist harte Arbeit (weshalb, trotz guter Bezahlung, sich immer weniger Helfer finden), und wenn auch bei schlechtem Wetter Scherzworte aufkommen, dann weil die Korbflasche die Runde macht: Früher war es einfacher »Haustrunk« (auch »Blubbes« genannt), wenn auch nicht unbedingt ein »Rachebutzer« oder »Radegaggel« (wie man einen sehr sauren Hauswein nennt), heute ist er besserer Qualität. Bricht die Sonne durch, dann ist es tatsächlich *das* Erntefest des Jahres, schönste Zeit im Winzerjahr und trotz aller Mühen für jeden erlebenswert.

Die Leser (in der Oppenheimer Gegend »Lieser« geheißen) freuen sich immer über ein nettes Gegenüber, auf der anderen Seite der Rebstöcke, mit dem man die Zeile liest, stets auf gleicher Höhe. Da blühen Unterhaltung und Schwatz, freilich auch Klatsch und Neugier: von Liebschaften bis zu Krankheiten ist dies die lebendigste Nachrichtenbörse Rheinhessens.

Wirkliches Weinlese-Brauchtum freilich ist eine Rarität geworden. Ehedem zogen die Winzerfamilien aus mit frischen Schürzen und sauber gewichsten Schuhen (je-

den Abend von den Frauen frisch eingefettet), das Pferdegeschirr war blank ge-
putzt. Große Weingüter hatten sogar Musikanten dabei und hißten in den Weinbergen, die gelesen wurden, die Flagge. Mit der Fahne wurden vereinzelt auch am
letzten Lesetag die Wingerte »abgeschritten«. Das gibt es schon lange nicht mehr.
Seltener geworden ist auch das gmeinsame Mittagessen, die »Bezahlung ohne Essen« ist an seine Stelle getreten, weil einfacher für die Winzerfamilie und von den
meisten Lesern gewünscht, die sich selber belegte Brote und Thermosflasche mit-
bringen. Gerade die Vesper im Wingert machte aber noch in meiner Jugend die besondere Romantik der Lese aus: Etwa gegen 10 Uhr – je nachdem, wann das Ende
einer Zeile erreicht war – gab es eine kleine Stärkung, Paarweck mit Trauben oder
Hefekuchen, und später, irgendwann zwischen 11 und 1 Uhr (»im Unnere«, zwischen dem Glockenläuten zur Mittagszeit), folgte das Mittagessen. Im Zwischen-
raum zwischen den letzten Zeilen benachbarter Weinberge, neben der »Lembel«
(lat. limbus = der Saum) oder auf dem grasbewachsenen Feldweg, am Rain auch,
wurden die Eimer umgestülpt. Darauf sitzend schmeckte »'s Imbs« besser als
die feinste Leckerei an vornehmer Tafel. Es gab, im weißen Tischtuch aus dem
hinausgebrachten Korb, Quellkartoffeln (»Gequellte«, »Quellmänner«), Weichkäse, Hausmacher Leberwurst und prächtigen Schwartenmagen, der niemals besser schmeckte, Brot und Butter. Die Korbflasche machte wieder die Runde. In
einigen Gemeinden gab es auch den »Herbstkäs«, bei dem Handkäse in den
Weichkäse eingebrockt war. Ein alter rheinhessischer Spruch beschreibt die »Szenerie« wie folgt:

> *Kommt jetzt vom Trauwelese*
> *Her und geht ans Mittagesse.*
> *Unser Herrgott deckt de Disch*
> *Unnerm freie Himmel frisch.*
> *Un wer gern an's Schaffe gange*
> *Soll jetzt noo dem Käsbrot lange.*
> *Awwer seimt eich nit so lang,*
> *Bal' is Sonneunnergang.*
> *Dudswit is im Herbst de Brauch:*
> *Wie mer ißt, so schafft mer auch!*

Wird heute noch draußen gevespert, dann meistens am Kleinbus, bei schlechtem
Wetter auch darinnen oder unter einer Wetterplane. Alles ist ein wenig »ökono-
mischer« geworden. Immer noch – wenn auch seltener als früher – gesellt sich
aber der Wingertschütz dazu. Seine Vorahnung, wann wo »e Stick« (Brot und
Wurst) oder »en Schluck« (aus der Flasche) fällig sei, ist untrüglich. Die Wingert-
pistole, um die Stare zu verscheuchen, ist freilich fast eine museumsreife Rarität geworden, so sehr sie früher selbstverständliches Attribut und »Abschreckwaffe«
war. Knallraketen und Schreckschußapparate, ferngesteuerte gar, haben sie ersetzt.

142

*Weinlese im Jahre 1901 bei der Liebfrauenkirche zu Worms. Ein Zeitdokument von
kuriosem Reiz.*

Von all dem weinbeflügelten Spaß zu erzählen, den es während der Lese gab, würde zu weit führen. Die Brauchtumsforscher unterlegten vielen Neckereien (sie waren oft an die Umgebung bestimmter Orte gebunden) tieferen Sinn, so etwa dem weit verbreiteten »Stumpen«: Es bestand darin, daß ein des Wegs kommender Fremder oder ein Mitleser an Händen und Füßen gepackt und dreimal mit der Kehrseite auf den Boden gestoßen (»gestumpt«), dann mit einem Spruch bedacht und zu einer Geldspende veranlaßt wurde. Mit dieser Art des »Hänselns« war er von den Einheimischen als würdig anerkannt. Besonders in der Oppenheimer Gegend kannte man diesen Brauch. Dann gab es noch das »Weljern« der jungen Leute, das »Schinkenkloppen« und Eselsreiten. Fast ausgestorben ist auch die festliche Heimkehr vom letzten gelesenen Weinberg.

Die besondere Figur der »Herbstmuck« (Herbstmook) wurde schon im Jahre 1897 als »seit Jahren verschwunden« bezeichnet. Auf einem Ladfaß saß eine Leserin, Weinlaub und Trauben im Haar, das Gesicht gelegentlich hinter einem weißen Schleier verborgen. Sie hielt einen mit Most gefüllten Weinpokal, war von anderen Lesern umgeben und glich so einer Bacchantin. Dem mit Rebgirlanden geschmückten Pferdefuhrwerk zog eine Musikkapelle voran, ein bis in den frühen Morgen währendes Fest schloß sich nach ihrem Einzug in den Hof des Winzers an. Da gab es auch das Leseschluß-Essen, sonntäglich, mit Kotelett und Gebratenem, es wurde eifrig getanzt, wo das Anwesen Platz dazu bot, und natürlich nicht wenig gezecht (das Vorsatzblatt dieses Buches zeigt Szenen solch eines rheinhessischen Weinlesefestes von einst). An manchen Orten sei es auch der Winzer oder ein Buttenträger gewesen, der, ein Bäumchen in der Hand, auf dem Ladfaß thronte. (Als »Herbstmuck« bezeichnete man allerdings nicht nur diese »schöne Winzerin«, sondern – wohl spottend – auch eine durch Regen und aufgeweichte Erde verschmutzte Leserin. Dies sei auch der Name einer großen, flügellosen Heuschrecke gewesen, die sich im Wingert häufig fand und die man Leserinnen scherzhaft »in's Genick setzte« –, an Einfällen mangelte es in solcher Zeit nicht.)

Während der Lese in den Zeilen achtete der Besitzer streng darauf, daß niemand einen Hängel Trauben am Stock beließ, auch die abgefallenen Perkel mußten aufgelesen werden. Da gab es keine Nachsicht, und das galt nicht nur, wenn Auslesen gewonnen wurden. Angesichts höherer Erträge sind die Sitten heute nicht mehr ganz so streng. Dem Legelträger stand eine gewisse Aufsichtsbefugnis zu. Blieb aus Unachtsamkeit etwas hängen, durfte er ehedem »pritschen«, nämlich den Leser mit einem aufgespaltenen alten Weinbergspfahl »strafen« (woher auch die Fastnachtspritsche stammen mag). Soviel gesungen, wie es in manchen verklärten Berichten zu lesen stand, wurde nicht, und wenn, dann soll es seinen Sinn darin gehabt haben, daß der Winzer mit den Worten »singen, ehr Leit« erreichen wollte, daß nicht zu viele Trauben gegessen wurden. (Ob deswegen bei der Lese in unserer Zeit weniger gesungen wird, weil man großzügiger geworden ist, oder sind die Menschen hektischer und darum weniger sangesfreudig?) Aber: mißgönnt wurden sie nur von den Geizigen. Man konnte sich an Trauben zur Genüge satt essen, wurde es bald überdrüssig oder mußte, der Folgen wegen (Traubenkur!) rasch

»hinter einen Stickel« (wie der Pfahl bei Drahterziehung heißt; bei der alten Stock-erziehung sprach man vom »Pool«).

Vieles hat sich in Weinlese und Weinbereitung im Laufe der Jahrzehnte, ja weniger Jahre oft geändert, die Technik hat Einzug gehalten und Arbeitserleichterung ge-bracht, vertraute Bilder verschwanden: Wo nicht schon durch Traubenvollernte-maschinen ersetzt, die vorsintflutlichen Monstern gleichen, ist der Leser im Wein-berg noch immer zugehörig. Früher aber wurden die Trauben aus dem Eimer in »die Butt« oder »das Lejel« (so im nördlicheren Rheinhessen; beides sind übri-gens romanische Lehnwörter) geschüttet. Der Buttenträger stapfte schwer zum Wingertsweg. Dort stand die Feldbütt, auf Karren oder Rolle, und er stieg die Lei-ter hinauf und kippte den Inhalt der Butte, die er auf dem Rücken trug, hinein (ein »Geschäft«, das gelernt sein wollte. Ungeübte fielen zunächst in den Bottich hin-ein und spürten abends ihre Wadenmuskeln wie noch nie). Oder die Trauben wur-den schon im Weinbergsweg durch die Traubenmühle gedreht, die den ganzen Herbst über draußen blieb und den alten Mosterkolben ersetzt hatte, und die Maische in's nebenan auf dem zweirädrigen Pferdekarren stehende Ladfaß ge-schöpft.

Alte Weinbereitungsgeräte aus Rheinhessen. Heimatmuseum Sprendlingen.

Ladfaß und Traubenmühle, Relikte aus der »guten, alten Zeit« · Weinlese in Rheinhessen anno 1931.

»Die Butt« und der Buttenträger sind aus der »Weinlese-Szene« fast verschwunden. Jedenfalls in den Flach- und Hanglagen hat sie der Traubenwagen ersetzt, der etwa 200–3000 Liter faßt. Sie sind gemeint, wenn aus alter Gewohnheit und Tradition noch immer der Ruf der Leser erschallt, deren Eimer voll ist: »Butt! Butt!«. Da die Rebzeilen viel breiter sind als früher, kann der Traubenwagen bequem in den Wingert gefahren werden. Er folgt der Lesekolonne, da hinein werden die Trauben geleert und bisweilen sogar direkt in den Hof des Winzers gefahren. Fast nur in extremen Steillagen oder bei Feierabendwinzern ist der Buttenträger noch anzutreffen. Oder Maischetankwagen, die 3000–4000 Liter fassen und auf denen teilweise, wie einst, eine vom Traktor angetriebene Traubenmühle aufgesetzt ist, nehmen die Maische auf und ersetzen so das alte Ladfaß.

Übernimmt der Winzer noch selbst die Weinherstellung, dann pumpt er heutzutage die Maische im Weingut auf eine vollautomatische Spindelkelter, und bevor der Most in den Keller fließt, wird er noch ein bis zwei Tage vorgeklärt, damit Trubstoffe und Kerne sich absetzen können. Es geht alles perfekter vonstatten als in jenen Zeiten, da langwierig »uffgeschütt'«, später der Tresterkuchen »verriwwelt« und zu »Trinkwein« verarbeitet wurde, den man auch dem Zufallsgast im irdenen

»Kriggelche« (Krug) als »Hol-emol-eruff«-Wein einschenkte, der »Gute«, heute selbstverständlich, blieb für Festtage. Eine lange Nacht ist es aber noch immer, und vorher gibt es bisweilen noch eine warme Mahlzeit, aus Suppe, Kartoffeln, Fleisch und Gemüse bestehend. Während die Männer keltern, bereiten die Frauen Schürzen, Schuhe und Geräte für den nächsten Tag her.

Liefern die Winzer ihre Trauben an eine Winzergenossenschaft ab, stehen sie bis tief in die Nacht an den Abnahmestellen bei »Traktor und Rolle«, darauf die zuckersüße Fracht ruht. Über die Aussichten des Jahrgangs, die man nur abschätzen kann (denn »man steckt nicht drin«), wird da »gefachsimpelt«, die Mostgewichte der anderen Winzer werden erkundet und welcher Preis wohl zu erzielen sei. Früher war das anders, handwerklicher, mühsamer.

Doch einst wie heute fängt der Most bald an zu »brummen« und zu »rauschen«. »Bremser« nennt man den noch süßen, jungen Wein, hingegen »Federweißer«, nach seiner Farbe, den schon säuerlichen, der nur noch etwas »brotzelt«, auch »Bitzler« geheißen, weil er auf der Zunge »bitzelt«. Die Zeit, in der man ihn ausschenkt, hat auch immer noch einen Hauch Romantik. Örtliche Schwankbücher ließen sich über die Erlebnisse mit ihm füllen, und eine »Bremser-Musik« gab und gibt es in allen rheinhessischen Ortschaften ...

Mit dem Traubenvollernter ist eine neue Zeit angebrochen. Muß Weinromantik der Technik weichen?

St. Martin tät gut Wein gern saufen

Schutzpatrone der Winzer und Zecher

Nicht nur die Rebkultur kam zu Römerzeiten nach Rheinhessen, auch der Bacchuskult der Antike wurde von den Eingesessenen übernommen. Es ist anzunehmen, daß auch hierzulande – wie es etwa für die französischen Weinbaugebiete bezeugt ist – solche Hügel, die in besonderem Maße dem Weinbau dienten, zugleich Kultstätten des Weingottes waren, und daß auf ihrer Höhe nicht selten Tempel zu seinen Ehren errichtet wurden.

Zu Anfang des 4. Jahrhunderts breitete sich das Christentum zunächst im Mainzer Raum aus. Die Kirche knüpfte in der Übergangszeit unter Umdeutung und Anpassung heidnischen Brauchtums an den Bacchuskult an. Kapellen und Kirchen erstanden auf den Ruinen der Weintempel. Schon im 6. Jahrhundert wurden viele rheinhessische Gotteshäuser erbaut (ihr genaues Alter ist wegen der verhältnismäßig späten urkundlichen Erwähnung nur schwer festzulegen). Gewiß mag bei der Wahl der Höhenlage auch das Schutzbedürfnis nicht ohne Bedeutung gewesen sein, doch ist auffällig, daß eine Anzahl der ältesten Kirchen, die schon in frühchristlicher Zeit bekannte Wallfahrtsorte waren, noch heute inmitten berühmter Weinbergslagen auf dem Boden heidnischer Kultstätten stehen. In weit geschwungenem Halbrund zieht sich der Kranz solcher Bergkirchen entlang des Rheines. Doch auch im Herzen des Landes grüßen sie aus dem Meer der Reben, wie die Bergkirche in Udenheim oder die Kapelle zum heiligen Blut in Gau-Weinheim.

In vielen dieser Kirchen werden seit jeher Heilige verehrt, die als Schutzpatrone vor allem der Winzer, aber auch der Zecher (besonders derjenigen, die ein wenig schwankend den Heimweg antreten) angesehen werden. In Rheinhessen sind St. Urban und St. Martin die eigentlichen »Weinheiligen« (von ihnen sei darum hier ausführlicher erzählt). Daneben leben in Sitte und Sage als Heilige des Weines auch andere im kirchlichen Leben fort: St. Michael (Appenheim, Sprendlingen, Frei-Weinheim), Pankraz (Bodenheim, Hechtsheim, Udenheim), Bonifaz (Abenheim), Pankraz und Bonifaz – zwei der gefürchteten Eisheiligen – zugleich in Gau-Weinheim wie auch Johannes (St. Johann).

»Sankt Martin tät gut Wein gern saufen / Und läßt das Wasser zur Mühle laufen« – so lautet ein altfranzösisches Sprichwort aus dem 17. Jahrhundert. Romain Rolland hat es seinem berühmten Roman »Meister Breugnon«, diesem prächtigen Gemälde des Weinlandes Burgund und seiner Menschen, vorangestellt und das Werk auch dem heiligen Martin gewidmet. Dies geschah nicht von ungefähr, denn *St. Martin* war schon ehedem einer der angesehensten Schutzpatrone der Winzer und Zecher. In Rheinhessen sind aus der Karolingerzeit viele Patrocinien zu seinen Ehren bekannt, die einen festen Bestandteil des kirchlichen Lebens bildeten (Alzey, Eppelsheim, Framersheim, Gau-Bickelheim, Vendersheim, Bermersheim,

Wolfsheim, Schimsheim, Bornheim, um nur einige aus dem Innern des Landes aufzuführen). In römischer Zeit stand wahrscheinlich auf dem Martinsberg bei Siefersheim ein Tempel, an seiner Stelle ließen die Franken eine christliche Kapelle dem hl. Martin weihen.

Das Martinifest kann ganz allgemein als eines der ältesten deutschen Feste angesehen werden. Während es in romanischen Ländern vornehmlich auf kirchliche Feiern beschränkt bleibt, trägt es bei uns weit mehr volkstümliche Züge, so daß die Vermutung nahe liegt, der heilige Martin von Tours, Stifter des ersten abendländischen Klosters (370 bei Poitiers), sei an die Stelle einer germanischen Gottheit getreten, der schon unsere Vorfahren Opfer brachten. Eine ähnliche Erscheinung ist bezeugt für das Minnetrinken, das ebenfalls von nordischen Gottheiten auf christliche Heilige in einem Umfange übertragen wurde, daß etliche Synoden sich eingehend und zürnend mit diesem als »heidnische Unsitte« getadelten Verhalten auseinandersetzten. Speziell mit der »Martinsminne« befaßte sich die Synode zu Auxerne im Jahre 590 (580?). Wahrscheinlich war sie an die Stelle des alten Thortrunkes getreten. Später noch kannte man die knusprigen Martinshörnchen, die nichts anderes als eine Nachbildung des Trinkhornes und damit eine blasse Reminiszenz an das Brauchtum der zechfreudigen Altvordern waren.

An Martini waren einst schon viele Naturalabgaben, besonders an die Geistlichkeit, fällig. Später erlangte der 11. November als allgemeiner Pachtzinstermin Bedeutung. Knechte und Mägde wechselten die Arbeitsstelle, die »Lichtarbeit« begann wieder, und in den Spinnstuben herrschte emsiges Treiben. In den Weinbaugebieten war die Traubenernte eingebracht, wurde schon der junge Wein geprobt, Herbstlohn und Mostgeld ausgezahlt. Der Winzer erbat den Segen des Heiligen für das kommende Jahr: Soviel Sterne man am Martiniabend zählen konnte, soviel Ohm sollte die nächste Weinlese bringen. Gegenteiliger Meinung sind andere Wetterregeln: »Wie Mertestag die Kändel rauschen, so rauschen im nächsten Jahr die Keltern« und: »Soviel Tropfen an St. Martin an der Heck, soviel Trauben im Herbst an de Stöck«. Pfarrer und Schullehrer erhielten jährlich (neben einem Pfingsttrunk) den Martinstrunk, der auch ansonsten bei den umfangreichen Schmausereien dieses Tages nicht fehlen durfte.

In zahlreichen Legenden und Histörchen erscheint der Heilige entweder als hilfreicher Reiter, der unerkannt durch den späten Novemberabend seiner Wege zieht und bei den Armen einkehrt, um ihre Gastfreundschaft zu erproben, oder als verständnisvoller Begleiter der Zecher, denen der Federweiße die Sinne verdreht hat. Als Verfasser vieler Martinslieder, deren Entstehung bis in's 14. Jahrhundert zurückreicht, sind trinkfeste Mönche anzusehen, und in einem solchen Gesang begegnen uns symbolisch »Herr Burkart mit den Brezeln, Bruder Urban mit der Flasche und St. Bartel mit den Würsten«, die beim Festschmaus ebenfalls zugegen sein sollen. Schon Sebastian Franck schrieb: »St. Martins fest celebriert diss volck wunder ehrlich. Erstlich loben sie Martin mit guten wein, gänssen, bis sie voll werden. Unselig ist das Haus, das nicht auff diese nacht eine Ganss zu essen hat; da zepffen sie ihre neue wein an, die sie bisher behalten haben, da gibt man auff diesen tag den armen eine gute notturft«. Interessant ist, daß einstmals die Weinerntefe-

Die »Kirschgarten-Madonna« in der Mainzer Altstadt ▶
ist umrankt von Traube und Ähre, den Früchten des bäuerlichen Landes.

ste, aus denen sich dann die heutigen Winzerfeste in gewandelter Form entwickelten, erst an Martini gefeiert wurden; sie trugen vornehmlich den Charakter von Erntedankfesten. Im übrigen galt der alte Spruch: »Wer nicht vull sich supen [saufen] kann, der is ken rechte Martensmann«, was ganz aus der Mentalität jener Zeit heraus zu verstehen ist.

Am meisten verbreitet ist in Rheinhessen die Verehrung des *St. Urban.* Gedenktag dieses auch sonst in Deutschland volkstümlichsten Weinpatrons ist der 25. Mai. Urbild ist der Bischof von Langres. Er starb im Jahre 375 und wurde mit einer Traube in der Hand neben einem Weinstock dargestellt, dahinter er sich einmal vor seinen Verfolgern verborgen habe. In Deutschland galt hingegen Papst Urban I. (gemartert und verstorben am 25. Mai 230) als der eigentliche Weinpatron, vielleicht deshalb, weil sein Gedenktag in die Zeit der Traubenblüte fällt. Beide wurden im Laufe der Zeit im Volksgedenken »ausgewechselt«.

Kunstvoll geschnitzte Statuen des heiligen Urban, die Traube in der Hand haltend, stehen in der St. Martinsbasilika in Bingen (S. 86), in der Pfarrkirche Ober-Olm (S. 70) und im Dom-Museum zu Mainz (S. 88). Eine Urbansglocke befindet sich in der Pfarrkirche zu Mainz-Laubenheim. Die alte von 1896 trug folgende Inschrift: »Sancte Urbane, ora pro nobis! Sancte Urbane, vinearum patrone, ora pro nobis! Droben Gottes Macht ich preis', Hier lohn ich des Winzers Fleiß.« Im Jahre 1956 wurde diese Glocke durch eine neue ersetzt. Deren Inschrift lautet: »Sancte Urbane, patrone vinearum, ora pro nobis. A fulgure et tempestate, a peste, fame e bello libera nos, Domine.«

Der Gedenktag des heiligen Urban ist mit mancherlei Winzerbräuchen verbunden, die auch in Rheinhessen noch lange gepflegt und mit Voraussagungen verbunden wurden, die an das Wetter dieses Tages geknüpft waren. Die Winzer unternahmen Bittprozessionen zu den Kapellen in den Weinbergen. Die »Urbansmänner« trugen dabei eine mit Weinlaub geschmückte Statue des Schutzpatrons durch die Fluren und stellten sie in einem besonders gepflegten Weinberg ab. Den »Urbansumzug« veranstalteten auch die Weinschröter. Er entsprach dem anderswo – vor allem in Franken – geübten Brauch des »Urbansreitens« (es existierten dort sogar »Urbansbruderschaften«, wie sich Weingärtnerzünfte nannten). Gemeinsam war den in den Weinbaugebieten unterschiedlich gestalteten Flurprozessionen, daß sie allmählich vom frommen Brauch zu weltlichen Festzügen und teilweise recht derben Belustigungen wurden: War schönes Wetter am Urbanstags, verhieß dies guten Wein, so daß man dem Heiligen wohlgesonnen war und ihn lobte. Regnete es aber – angeblich einen schlechten Weinjahrgang kündend –, dann wurde das Standbild St. Urbans ebenfalls mit Wasser besprengt oder gar in einen Brunnentrog gestürzt, getreu einer Wetterregel von 1650:

Scheint die Sonn schön und helle am Sankt Urbanstag
So gibt es guten Wein, wie laut' der Alten Sag.
Ist aber Regen dann, so bringt's den Reben Schaden.
Daher Urbani Bild muß in dem Brunnen baden.

St. Alban vor den Rebzeilen von Bodenheim gab einer Weinbergslage den Namen.

Mit Wein getauft

Intimes von Art und Wesen der Rheinhessen

Es gibt kluge Leute, die behaupten, so wie Rheinhessen, das Land, ein künstliches Zufallsgebilde sei, so könne man auch nicht von »dem Rheinhessen« reden. Es gebe keine charakteristischen Merkmale, so wenig eine Volkstracht oder ein Volkslied aus diesem Raum je hervorgegangen. Es sei eben das typische »Durchgangsland«, das Gemisch und Gebräu der Völkerwanderungen, der Besatzungszeiten, aus Eingesessenen und solchen, die »hängenblieben«. Wenige Irrtümer sind gründlicher, und man muß schon einen starken Hang zur Abstraktion haben, dergleichen ernsthaft zu verkünden. Denn: Ein Rheinhesse unterscheidet sich von einem »echten Hessen« oder einem Pfälzer so deutlich wie die Weine, die hier wachsen, von denen anderer Gebiete, nur bemerkt es nicht, wer nicht zu »kosten« versteht.

Wo beginnen? Will man es »rassisch« sehen (eine Betrachtung, die in Rheinhessen seit jeher verpönt war, und nicht nur mangels eigener »Reinrassigkeit«, sondern weil man hierzulande die vorzüglichen Ergebnisse jeglichen »Verschnittes« kennt) – fragt man also nach den Stammesherkünften, dann nimmt es kein Ende: Gallier, Römer, das bestimmende, dominierende rheinfränkische Element, alemannische Komponente, französisches Blut der Hugenotten (der Emigranten aus der Zeit der Französischen Revolution, auch in der Sprache dokumentiert), Juden (Worms und Mainz waren Zentren des Judentums), Menschen vom Niederrhein und viele andere. Und aus alledem wurde zwar kein »Volkstum«, aber auch kein unharmonisches Konglomerat, sondern immer wieder der lebensfrohe, vitale, weltoffene, schlitzohrige, sich am Übervorteilen erfreuende, arbeitsame, oft unmäßig selbstbewußte, sich als das Maß der Dinge sehende, in besonderem Sinne »weltmännische« Mensch von bäuerlichem Adel.

Mit größter Gelassenheit läßt man hierzulande auch »Andersstämmige« selbst im geheiligten Reservat des Weines tätig werden, sofern sie dem Land »etwas bringen«. Und so erlebt man bei einer bekannten repräsentativen Weinprobe einen Österreicher und einen Sachsen als Besprecher der Weine, ein Schwabe leitet das Weinbauamt, und ein Rheinländer züchtete die bekannteste Rebe der Alzeyer Landesanstalt. Er bleibt anpassungsfähig und tolerant, der »Rheinhesse«, wobei seine Toleranz bisweilen auch rest-französische Gleichgültigkeit im Sinne des »laissez-faire, laissez-aller« ist. Dem Diesseitigen zugewandt, erfolgreichen »Praktikern« Respekt zollend und nicht eine Spur Philosoph oder Spökenkieker, sanguinisch bis cholerisch, mund- bis maulfertig, sich gerne an anderen »wetzend« (und nicht nur das mäßigere »Uzen und Foppen« mit Hingabe übend), besonders gelungene »Stickelcher« zum einmaligen musischen Höhepunkt des Jahres einbringend (»uff die Fassenacht«), so könnte man ihn skizzieren. Wer's genauer wissen will: In meinem Rheinhessisch-Mainzer Schimpf-Lexikon »Wenn Schambes schennt« und in der Mundartanthologie »Gelacht, gebabbelt un gestrunzt« ist mehr über seine Eigenschaften nachzulesen, eine ganze, wohlgefällige Litanei lang.

An kritischen Chronisten hat es nie gefehlt. So vermerkte im Jahre 1935 W. Heße, Direktor des Großherzoglich Hessischen Oberschulrats und Präsident des landwirtschaftlichen Vereins, fast schulmeisterlich-streng über die »Lebensweise der Landleute in Rheinhessen« dies: »Von Natur aus mit glücklichen Anlagen und heiterem Sinne begabt, haben die äußeren Verhältnisse, in welchen der Rheinhesse sich bewegt, seine Gewandtheit im Leben erhöht. Leider können wir hier nicht unbemerkt lassen, daß die gründliche Bildung und Entwicklung des Gemüthes und Geistes nicht in gleichen Schritte mit jenen äußeren Einwirkungen gefördert wurde.«

Urban ist er gewiß nicht, der Rheinhesse, auch der Mainzer ist es nicht (eher von einer wohlwollend-herzlichen, fast ungehobelten Direktheit, die Zartbesaitete für Unfreundlichkeit halten, aber das Gegenteil ist: Schöntuerei gilt hier als Untugend). Grobschlächtig kann er sein und verletzend, ohne es zu wollen oder auch nur zu ahnen, für ihn ist es rustikale Herzlichkeit. Trotz ihrer scheinbar rauhen Schale und obwohl sie andere gerne mit jener Ironie bedenken, die nicht ätzend und bösartig, aber auch nicht geschliffen ist – trotz alledem sind die Rheinhessen selbst verletzlich. Und natürlich sind sie, nicht von ungefähr, von unnachahmlicher Schlagfertigkeit. Der Mutterwitz, weingenährt, treibt originellste Blüten, die Freude am »parlieren« (aber nicht am faden »Geschwätz«), am Wortgefecht, am kurzweiligen Einfall, sie ist hier besonders ausgeprägt, Gestik und Mimik sind es desgleichen.

Rheinhessen werden rasch laut, aber mit ihnen ernstlich in Streit zu geraten, setzt meistens eigene Unduldsamkeit voraus, oder auch, daß man »hochgestochen« daherkommt, was sie als ärgste Provokation verstehen (man merke: »preußische Art« in ihren gar zu erhabenen Erscheinungsformen ist nicht erwünscht). Allzuviel Obrigkeitssinn und Untertanengeist haben sie nicht, seit der liberale Wind der Französischen Revolution ihnen um die Wein-Nase strich, und den Hut ziehen sie nicht gerne, außer wenn ihre eigenen Weine – und vielleicht auch die des Nachbarn – auf Prämiierungen vorgestellt und andachtsvoll gekostet werden: Da können sie fast widernatürlich stille werden, die maulfertigen Strunzer, die sich so rasch begeistern können, ohne sich darüber in musische Gefilde zu verlieren (es sei denn beim Gesang, den sie, mit weiniger Kehle, heiß und innig lieben und praktizieren). Dann ist eine Andacht, die eines Gottesdienstes wert wäre, da ist Stolz unübersehbar, daß man selbst so etwas zuwege brachte, aber kaum zugestanden ein wenig Dank an ein höheres Wesen. Land der Widersprüche? Land der Fülle. Das ist vollblütiges Temperament, weder sich selbst gegenüber noch sonst allzu kritisch und seinen eigenen Wertmesser anlegend.

Doch von wegen der etwa stiefmütterlich behandelten Muse, die ein auffälliges Literatur-Manko bedingt: Es ist nicht Einfallslosigkeit, sondern die Tatsache, daß kaum ein bäuerliches Land soviel Arbeit abverlangt wie dieses, wo die Gemischtwirtschaft typisch ist und keine Ruhe läßt. Freilich ist die ameisenhafte Emsigkeit,

Dorfbrunnen unter alten Bäumen erinnern an Geplauder am Abend ▶
und ländliche Stille. In Bornheim.

auch ein Teil des Wesens, nicht nur von der Arbeitsumwelt bedingt: Ein fast zum Dogma erhobener Materialismus kann nicht übersehen werden, »das hunn« (hochdeutsch: »das Haben«, der Besitz) ist schon ein wenig Götzenbild (Glaubensbekenntnis: »wer hott, der hott«). Vor allem an der Rheinfront gibt es einige Orte, in denen dieses Verständnis und Werten vor noch nicht allzulanger Zeit mittelalterlich-hierarchische Verhältnisse (»Grundherren und Leibeigene«) konservierte und wo man auch heute erst ab einer bestimmten Größe des Weinbergsbesitzes etwas gilt – Geist scheint nicht wägbar.

Auch in puncto Weinkultur sind die Rheinhessen sehr für das Faßliche: Kultur ist Lob und Weihe des eigenen Produktes, als Selbstzweck, abstrahiert, existiert sie nicht, und die Winzer empfinden sich keinesfalls als Hüter der Weinkultur, so sehr sie sich an weinfrohem Zeremoniell zu erfreuen vermögen. Mit tiefenpsychologischem Deuten und »dem Metaphysischen« ist in Rheinhessen keine Gegenliebe zu gewinnen. Was nicht ummünzbar ist, wird wenig geschätzt, der Nutzeffekt bestimmt die Wertigkeit. Und auf rheinhessischen Kirchweihen (der »Kerb«) flüsterte man sich – und bisweilen noch heute – mit dem Namen der jungen Damen zugleich die Hektarzahl der Mitgift zu.

Das schlägt sich dann auch nieder in den vergleichsweise schmucklosen Dorfbildern, wo sie im Ortskern noch in alter Bauweise erhalten sind, und in der fehlenden, erst neuerdings ein wenig künstlich geweckten Freude an schön gestalteter Natur – die »Kultursteppe Rheinhessen«, in der ein jeder Baum kein Schattenspender oder reizvoller Blickfang, sondern ein störendes Hindernis für den Traktor und ein Verlust an bestem Boden ist, wird so zum Spiegel rheinhessischen Umweltverständnisses. Wie läßt der Mundartdichter Friedrich Lennig seinen rheinhessischen Bauern sagen:

> Mer is uff de Welt
> – freilich aach Gott zu ehrn –
> doch for sunst nix do,
> als for ze proffedeern.

Und was scheinen dem Rheinhessen darum die ärgsten Untugenden? Es drückt sich in seinen Schimpfworten aus: Es sind dies Absonderlichkeit, Ungeschicklichkeit, Faulheit, Unsauberkeit ...

Die Wertungsskala spiegelt sich auch in der Fragefolge des Nachbarn oder dessen, der – wie man früher sagte – »über Land reist« und seinen Besuch macht: Man fragte nach dem Ergehen von Vieh, Wein und Kind (wobei das Vieh inzwischen kaum noch Bedeutung hat), und es gibt die in verschiedener Version bekannte, fast grob erscheinende »Spruchweisheit«, welche da lautet:

> Weiwersterwe – kaa Verderwe,
> Veeh verrecke, das bringt Schrecke.
> [auch: Geil verrecke, großer Schrecke]

Dabei ist anzumerken, daß sonst »du Vehh« ein böses Schimpfwort, auf den Mitmenschen bezogen, ist, »es Veehche« aber liebevoll auf das Vieh im Stall. Das wäre aber ein schiefes Charakterbild, es dabei zu belassen, denn gleich daneben liegt hingebungsvollst gehauchte Liedlyrik, am Abend im Gesangverein empfunden.

Ja – »da guckste, das is rhei'hessisch«, möchte man dem erstaunten Leser beschwichtigend sagen. Der Rheinhesse ist den Sinnen verhaftet, in jeder Hinsicht, »um die Ecke gedacht« wird hier nicht, manchmal sogar ein wenig zu kurz, zu augenblicksnah, aber immer unübertrefflich real. Dies lobpreisend verschweigen hieße, das »Psychogramm« der Menschen im Rebenland zwischen Rhein und Nahe verzeichnen. Der rheinhessische Bauerndichter Isaak Maus (1748–1833) hat dies in seinem »Bauernlied« so ausgedrückt:

Güter für Seelen
Sind in unsern Hütten unbekannt.
Bauern werden danach wenig streben;
Immer gibt das umgepflügte Land,
Was wir brauchen, um vergnügt zu leben.
Weg mit aller Weisheit! – Eitler Glanz!
Und nur statt Minervens Eule
Eine fette Gans!

Überhaupt ist dem Rheinhessen jedes Pathos fremd, mit einer besonderen Art Ironie und gezielt benutzter Mundart geht er ihm zu Leibe und freut sich des gelungenen Spaßes selber. Er hat einen feinen Nerv für Gradsinnigkeit und Ehrlichkeit (ein wenig Schlitzohrigkeit nicht als ehrenrührig, sondern als Charakterwürze verstehend) und nichts übrig hat für geziertes Getue. Und selbst der einst als Gradmesser aller Weinqualität verehrten Weinbau-Domäne in Mainz dichtete er an: Domäne, das heiße: »Do määne die Leit, do geb's was Besseres!« Von wegen – »unser Wein« ist allemal besser, so heißt das, und ist doch zugleich ein Stück Anerkennung für »die anderen«. Ja, dererlei Wortspielereien und barocken Wortbildungen, fastnachtlich immer wieder belebt, aus der »Provinz« urtümlich hereinkommend in »die Stadt«, sie sind so einmalig rheinhessisch (und »määnzerisch«, was dazugehört): Rheinhessen ist, so gesehen, das Land der »abbene Knöpp«, der »zuene Tür«, der »bateau-Schiffcher« (typische Mainzer Doppelwortbildung) und des »Selzerwasserklickerfläschjeschnudche«, das Land, wo fast jegliches Schimpfwort durch Anfügung eines »che« oder »je« zum Kosewort (hierzulande »Schmuswort« geheißen) wird.

Viele phantasievolle Umschreibungen gibt es in Rheinhessen so auch für den guten Wein: Der eine »babbelt aus em Glas« vom anderen heißt es, daß er «'s ganze Maul tapeziert« (weil er so extraktreich und stoffig ist), und ist es ein besonders feiner Tropfen, wird gesagt: »Do mecht mer e Gorchel hawwe als wie e Giraff!« Als Summe aller Selbsterhöhung und Genüßlichkeit aber gilt das Wort: »So gut wie mir en trinke könne, so gut kann er gar net wachse!« Das ist wieder typischer »Rheinhessenstolz«, ein fast uriges Selbstbewußtsein, aber auch ein Verlangen nach dem Schönsten, was die Erde hervorbringt: uralte Genießerkunst – Sparta findet hierzulande nicht statt.

Der Wein hat nicht nur das Gesicht der Landschaft geprägt, sondern auch seine Bewohner. Wie er sind die Rheinhessen nicht schwer und belastend, sondern heiter und keine Rätsel aufgebend, von offener Art, zugänglich, doch nicht leichtfüßig, sondern gehaltvoll und unverwechselbar. Dem Wein verdanken die Rheinhessen oft nicht nur ihr Wesen, sondern in sehr konkret-biologischem Sinne auch das Dasein. Und so sind es wirkliche »Kinder der Freude«, die als Folge eines guten Weinjahrganges das Licht der Welt erblicken: Fröhlich soll der Wein uns stimmen, Freude dann der Storch wird bringen! (zu welch gesittet-hochdeutscher Umschreibung der Volksmund ergänzend anmerkt, in schlechten Weinjahren sei es eben »aus Wut passiert« . . .).

Kaum seinesgleichen hat das rheinhessische Bedürfnis nach Geselligkeit, und bis zum Exzeß wird Gastlichkeit geübt. Typisch für Rheinhessen ist da, was die Einladung zum Wein angeht, die im ländlichen Bereich geübte Sitte des Nachschänkens: Das Glas des Gastes darf niemals leer werden, der Gastgeber schänkt immer wieder nach. Das hat nichts damit zu tun, daß man den Gast auf seine Trinkfestigkeit prüfen und ihn heimlich »füllen« will. Sondern es ist eine Geste des Wohlwollens, um anzudeuten, daß man nicht stillschweigend vermerke, wie viele Gläser schon getrunken wurden, man zählt sie nicht . . .

Zu Zeiten, als man »zwischenmenschliche Kommunikation« noch nicht propagierte, sondern ohne soziologische Sterilität praktizierte, war auch die Nachbarschaft in den Weinorten von Weinfröhlichkeit geprägt. Vor allem in den Wintermonaten fand man Zeit dazu und mancherlei Vorwände, miteinander zu essen und zu trinken. Johann Philipp Bronner berichtet aus dem Jahre 1834 über die früher verbreitete »Keller-Gastfreundschaft«, die damals nur noch in Guntersblum üblich gewesen sei (was er rühmend vermerkt): »Hier ist es nämlich üblich, daß gegen das Frühjahr, wenn der Wein abgestochen wird, jeder Kellerbesitzer, dessen Keller nicht weinleer ist, seine Nachbarn, Verwandte und Bekannte zu einem Imbiß einladet, welcher in dem Keller selbst eingenommen wird. Dieser Imbiß besteht aus Brod, Butter und Käse, auch Würsten, Schinken und dgl., besonders weil um diese Zeit oft geschlachtet wird. Daß dabei der Humpen frei unter den Fässern waltet, versteht sich von selbst. Dieser Anreiz zur Fröhlichkeit verfehlt selten den Zweck. Nachdem man bis in den späten Abend genug geschwätzt, über diese oder jene Qualität dieses oder jenes Besitzers gestritten, und mitunter durch Anstimmung mehrerer Lieder dem Sinne für Lustigkeit die Zügel gelassen, trennt man sich mit dem Versprechen, den morgenden Mittag bei einem der Gäste auf dieselbe Art zuzubringen, und taumelt in mehr oder weniger Begeisterung nach Hause. Dies begeisternde Verhältnis dauert so lange, bis die liebe Sonne die Winzer an ihre Frühlingsarbeiten ruft, und somit den Taumel des Winters verscheucht«.

In seinem Dorfroman: »Die Herlishöfer und ihr Pfarrer« läßt Richard Knies den Pfarrer Huchebuck verständnisvoll sagen: »So seid ihr Rheinhessen alle; eine Flasche Wein und eine armsdicke Wurst gehen euch über alles, und ihr seid bereit, dafür euer Seelenheil herzugeben!« Auch die in Alzey geborene Elisabeth Langgässer meint im »Unauslöschlichen Siegel«, die eigentlichen Ideale der Rheinhessen seien »gut essen, gut trinken und fröhlich sein«. Die rheinhessische »Trinität« ist

Kritisches Mienenspiel der Weinkenner verrät intensive Verkostung. Talent und Übung verlangt die fröhliche Wissenschaft.

denn auch »e Stick Brot, e Stick Worscht, e Stick Woi« – wobei in schalkhafter Wortspielerei die Relativität aller Dinge aus der sehr unterschiedlichen Bedeutung des Begriffes »e Stick« erkennbar wird (für Nichtwissende: ein Stück Wein sind 1200 Liter). Natürlich ist es eine böswillige Übertreibung, wenn es vor dem alten Satz »Dummheit frißt, Intelligenz säuft« heißt, in Rheinhessen gebe es da keinen Unterschied, beide täten beides. So arg sind die Verhältnisse nun wirklich nicht, nur »halten sie sich bei ihren Festen nicht immer in den polizeimäßigen Schranken«, berichtet ein Chronist aus dem Jahre 1824, obwohl er vorab feststellt: »... der Rheinhessen Sitten sind milde«.

Mancher rheinhessische Wirt mag den Zeiten nachtrauern, an die der zum geflügelten Wort gewordene Ausspruch erinnert: »Früher hawwe die Leut' mehr verschütt' als se heut trinken!« Ein Chronist berichtet beispielsweise von dem berühmten Markt an der Bellerkirche, bei Eckelsheim, wo der Boden in der Kirchenruine Tanzboden war, im Jahr 1858 sei soviel getrunken worden, daß das Wasser des ständig fließenden Bellerbrünnchens nicht ausgereicht habe, die Gläser zu

161

schwenken, und vom Reichstag zu Worms wird vermeldet, dort hätten sich die rheinischen Edelleute anno 1493 »mit Saufen ziemlich säuisch gehalten« – verzehrten sie doch rohe Gänse mit Knochen und Federn und tranken je 7 Maß Wein pro Mann. »Turm- und Geldstraf« bedrohten aber angesichts wüster Gelage bald jene, so sich über die »Weinglock« im Wirtshaus finden ließen. Aus Wöllstein berichtet die Chronik entrüstet (1722), es hätten dort junge Leute, »die ganze Nacht mit Tanzen, Springen und anderen Üppigkeiten bis an den hellen Morgen geraset und getobet«. Solche »Excesse« abzuwenden und in den Wirtshäusern auf Einhaltung der »Policey-Stunde« hinzuwirken weist auch eine Verordnung des Pfalzgrafen Theodor vom 20. September 1754 an (Gemeinde-Archiv Dienheim): »Uns ist mißfälligst bekannt gemacht worden, wie durch die Kirch-Weyhen so mannigfaltige schwehre Gottes-Beleydigungen, allerhand Laster, Schlägerey, Schlemmereyen und andere ärgerliche Mißbräuche eingeschlichen, wodurch der Seegen Gottes von dem Land abgehalten und der Unterthan anselbsten in das Verderben gestürtzet wird . . .«.

Heute hat sich von alledem, als eine fast degenerierte Abart jener rustikalen Sinnenlust, nur noch die jährliche Kerb erhalten. Der Wein stand (und steht vereinzelt noch immer) auch bei ihr nicht nur als trinkbares Medium, sondern auch symbolisch im Mittelpunkt: In der Nacht auf den Kerbesonntag wird »die Kerb« in Gestalt einer mit Bändern und Blumen geschmückten Flasche Wein irgendwo versteckt, am nächsten Tag von den »Kerbebursch« gesucht und am Sonntagmittag in gemeinsamem Zuge mit Musik zum Tanzsaal gebracht und dort an der Decke aufgehängt – natürlich nachdem man sie unterwegs ausgetrunken hatte.
Isaak Maus, oben schon zitiert, beschrieb »die Kerb« auf seine Art:

> *Selten gibt's in unserem Dörfchen Feste;*
> *Jährlich einmal fällt die Kirchweih ein.*
> *Uns're Nachbarn sind willkomm'ne Gäste,*
> *Und wir lärmen wild bei gutem Wein.*
> *Trinken in die Runde*
> *Bis zur Morgenstunde*
> *Froh und fröhlich gute Brüderschaft.*
> *Tanzen lustig in gereihter Kette,*
> *Stampfen mutig und voll Männerkraft;*
> *Wissen nichts von schlauer Etikette.*
> *Küssen unsre Weibchen wie sie sind,*
> *Treu und fleißig, uns zum Glücke*
> *Für so manches blind.*

Auch in Goethes bekanntem Bericht vom Binger Rochusfest des Jahres 1814, von dem er die vielzitierte Weinpredigt des Weihbischofs überlieferte (es soll sich freilich nur um die Nacherzählung einer anderswo gehaltenen Predigt handeln), heißt es: »Niemand schämt sich hier der Weinlust, sie rühmen sich einigermaßen des Trinkens«.

Till Eulenspiegel mit der Traube, Sinnbild närrischer Weinweisheit. ▶

So lebt man auch heute noch gut (wenngleich nicht üppig-verschwenderisch) in Rheinhessen. In seinem Empfinden aber hat der Rheinhesse ein Stück Weichheit, Sensibilität, die man ihm kaum zutraut. Wilhelm Holzamer, der in Nieder-Olm geborene bedeutende Erzähler des Landes, charakterisiert in »Vor Jahr und Tag« einen Schulmeister so: »Er hatte etwas in sich von der Kunst des Trinkens, von der alten Genießerkunst der Rheinhessen, von all ihrer Weichlichkeit der Hingabe und des Versunkenseins in das Köstlichste, was ihr Land hervorbringt«.

Auch die Rheinhessin hat ein herzliches Verhältnis zum Wein. Ihre Fröhlichkeit läßt es ahnen (und: Wein macht schön!). Ist Aphrodite, die Schaumgeborene, salzigem Meerwasser entstiegen, muß die Ur-Rheinhessin aus einem Weinfaß aufgetaucht sein. Um die Weinphantasie launig weiterzuspinnen und an den Titel dieses Buches anzuknüpfen: Die rheinhessische Eva hat Adam im »Weinparadies Rheinhessen« natürlich keinen Apfel gereicht, sondern eine fleischige Tafeltraube (bekanntlich kann man Trauben notfalls auch essen, und die Traube ist die wahre Frucht der Erkenntnis).

Ohne intimes Verhältnis zum Wein wäre auch das Verständnis rheinhessischer Frauen für ihre weinschlutzernden Männer geringer. So aber braucht kein Weinbruder in dieser gesegneten Region das folgende Bittgebet zu sprechen:

> *Zwei Dinge, die machen das Leben zur Pein:*
> *Grantige Weiber und saurer Wein.*
> *Drum schütz' uns, St. Urban, mit gütiger Hand*
> *Vor Essigstich und Weibergrant!*

Manchem scheinen die Rheinhessen gar zu vordergründig. Das sind sie aber nicht, und man kann sie nicht mehr ärgern, als sie als »Rheinländer« einzustufen, die sie als »leicht« empfinden. Gewiß: »Määnzer Blut is kää Buddermilch«, heißt das Wort, will sagen: Da ist Wein-Geist darinnen, seit Generationen, und das bleibt nicht ohne Einfluß auf die Menschen eines Landes, gibt Temperament, Lebhaftigkeit, schnelles Reagieren und lebhafte Zunge. Ihre Ewigkeitsbetrachtung mündet in den Weinspruch:

> *Sei lustig, du Schoode, was leidschde dann Not,*
> *Du lebscht doch so korz und so lang biste dood.*

Wein ist in Rheinhessen wie das Amen in der Kirche, er ist allgegenwärtig, und wenn in einem bekannten Nachrichten-Magazin zu lesen stand, in dieser Region ende jede Zeremonie, auch die staatliche, im »Ergo bibamus«, dann fassen sie dies keinesfalls als Abwertung auf, sondern sind stolz darauf.

Es mag für einen Außenstehenden schwierig sein, zu begreifen, wie unverkrampft, wie selbstverständlich das Verhältnis zum Wein hierzulande ist: Er ist Teil des Lebens und nicht ein Getränk, das man neben anderen gelegentlich »konsumiert«. Diese Erkenntnis will gewonnen sein, so wie es Pfarrer Wilhelm Hoffmann, dem Volkskundler der Region, erging. Beschreibt er doch im Jahre 1911, er sei in seinen ersten Amtsjahren »reichlich entrüstet« gewesen, wenn ihm bei einem Trauerbesuch von den nächsten Angehörigen mit Wein »Bescheid getan« worden sei mit dem Anfügen, man könne es ja doch nicht ändern; dies, so habe er gelernt, sei wirklich nichts Rügenswertes gewesen.

Die ganze Zeiteinteilung, der rheinhessische Jahreskalender, folgt der Festesfreudigkeit, und die höchsten Feiertage nach »altrheinhessischem Kalender«, manchem erstaunten Lehrer schon in der Schule so genannt, sind nicht Weihnachten, Ostern usw., sondern »die Fassenacht, die Kerb unn wann mer schlachte«, und es heißt auch »vor und nach der Fassenacht« (wobei man sich in Mainz am Freitag vor Fastnacht »schöne Feiertag« wünscht und es »ganz ernst« meint) und »vor und nach der Kerb«. Und nicht zufällig ist ein nach hinten offenes, halbrundes Weinfaß »die Bütt« der Fassenacht, aus der die Wahrheit lachend gesagt wird, was immer man von zeitbedingten Wandlungen des äußeren Gepräges und Gepränges dieses Volksfestes halten mag.

Man hält es mit der Friedfertigkeit beim Wein und will nichts wissen von kriegerischen Heldentaten, ist bis zur Groteske pazifistisch: Mainz war eine der stärksten Festungen des Reiches, und dennoch vermerken Chronisten immer wieder mit Erstaunen, es sei von allen möglichen Angreifern leicht und ohne nennenswerte Gegenwehr seiner Bewohner eingenommen worden. Aus solcher Einstellung wird verständlich, warum der hehre Recke Siegfried des Nibelungenliedes oder König Gunther nie »volkstümlich« wurden, wohl aber Volker von Alzey, der wein- und sangesfreudige Spielmann des Nibelungenliedes, der – mag er nun gelebt haben oder nicht – der Prototyp des musischen Menschen rheinhessischer Prägung ist.

Nun gibt es aber keine pauschale rheinhessische Art, vielmehr sind in den einzelnen Regionen des Gebietes Nuancierungen festzustellen: So gibt es die trinkfreudigen, sehr »rheinischen« Binger, die sich als eigenständige »Wonnegauer« empfindenden Wormser, die »bauernadligen« Alzeyer und die gegenüber der alten »Pfalz« (ab Nieder-Olm verstanden) sich als sehr eigenständig verstehenden, auch nach Physiognomie und Gebaren überall erkenntlichen »Meenzer«.

Die intime Beziehung zum Wein hat in Rheinhessen viele Originale hervorgebracht, Käuze und Sonderlinge, schrullige Menschen, weltweise in ihre Weinphilosophie versunken und sie anderen auf eben nicht alltägliche Weise mitteilend. Da war ein Friedensrichter in Ober-Ingelheim, zur Franzosenzeit aus dem Volk gewählt, weinliebend und deutlich in seiner Ausdrucksweise. Wenn er in einem Regenjahr, das Kohl und Kartoffeln zugute kam, aber keinen guten Wein hervorbrachte, an einem üppigen Krautfeld vorüberfuhr, dann stieg er aus der »Chaise« aus und trat wütend nach den Krautköpfen, wobei er lauthals schimpfte: »Dedsde verrecke!« Unvergessen ist auch das Binger Unikum Faber, Notar und Gelegenheitsdichter und Verfasser des »berühmten« Textes auf dem Grabstein, den ein Ehemann seiner Frau, einem schlimmen Hausdrachen, setzen ließ. Als Kaiser Franz einst Bingen besuchte und die politische Einstellung des Volkes erkunden wollte, darum Faber frug, was für ein Geist in Bingen herrsche, da gab dieser die klassische, zum geflügelten Wort gewordene – und sachlich richtige – Antwort: »Halten zu Gnaden, kaiserliche Majestät, in Bingen herrscht gar kein Geist oder nur der Wein-Geist!«.

Wein-Verbundenheit machte in den »guten, alten Zeiten« selbst vor den heiligen Hallen der Sancta Justitia nicht halt. In Bingen und Oppenheim grenzten die Amtsgerichte einst an beste rheinhessische Weinlagen, in Mainz reichten die Keller der Weinbaudomäne bis unter die Richterzimmer (in die bisweilen, waren die Gewölbe brüchig, feiner Weinduft aufstieg und zu mancherlei falschen Unterstellungen Anlaß gab, wie ich mich selber erinnere). Manches Fäßchen stand hinter Vorhängen verborgen in den »trockenen«, staubigen Grundbuchämtern, und die schlimmste Disziplinarstrafe für einen rheinhessischen Staatsdiener (gelegentlich exemplifiziert) bestand im ehemaligen Großherzogtum darin, in den Odenwald versetzt zu werden (was vor allem dann geschah, wenn durch das Zuviel an Weinzuspruch die Dienstgeschäfte Not gelitten hatten). Warum? Weil er, wie alle Rheinhessen, »mit Wein getauft« war . . .

Freude und Nachdenklichkeit beim rheinhessischen Wein vereint alte und junge Semester. Zünftige Weinprobe im alten Kellergewölbe.

Gut essen und trinken

Rheinhessische Küche einst und jetzt

Die Symbiose von Wein und Speise ist ein Teil menschlicher Kultur überhaupt und von der Weinkultur nicht zu trennen.

Wer gerne gut ißt, ist selten ein böser Mensch. Vegetarier und Abstinenzler haben weit mehr Unfrieden gestiftet auf dieser Welt als gourmets, gourmands, bonvivants (oder auf rheinhessisch: ». . . als Leit, die gern aane hewe un aach gern achile«). Wie kann denn auch ein auf Schlankheit hungerndes Gemüt friedlich sein! Dies ist die Grunderkenntnis der rheinhessischen »Wein- und Schnitzel-Philosophie«. Sie bejaht die Einheit von Leib und Seele mit allen praktischen Konsequenzen, bis hin zu dem Seufzer einer Bäuerin: »Ach, wenn doch mein Buckel aach en Bauch wär!«

Darum bejaht diese Denkungsart auch das Bestreben, dem Leib Gutes zu tun, damit auch die Seele in einem »wohlbestallten Gehäuse« fröhlich sein könne. Dies ist der »Lehrsatz Numero eins« der Wein- und Schnitzel-Philosophie. Ihre geradezu psychotherapeutische Ausprägung findet sich übrigens im Cantus der Weinbruderschaft Rheinhessen, wo es heißt:

> *Weltenschmerz heilt in Rheinhessen*
> *Guter Wein und gutes Essen*
> *Weil es Leib und Seel' zusammenhält.*

Wie in Rede und Denken zeigt sich auch bei den Speisen die Vorliebe der Rheinhessen für das »Handgreifliche«, für grundsolide Kost. Reichlich muß sie auch sein und ursprüngliche Freude an Wohlgeschmack wie Fülle bewirken. Carl Zuckmayer hat dies auf seine Weise, doch ganz und gar »rheinhessisch« in der Sache selbst bedichtet:

> *Welch ein entzücktes Spiel: zu hohen Festen*
> *Erlesner Bissen Liebreiz zu erflehn,*
> *und welche Lust: sich mächtig vollzumästen*
> *Satt und mit Saft gefüllt vom Hals bis zu den Zeh'n.*

Eine besonders originelle Variante dieser Denkweise habe ich in einer fröhlichen Weinrunde erlebt: Mir gegenüber saß ein alter Winzer, wir kamen ins Plaudern, und prompt war das Thema da: »gut essen und trinken – früher!« Da kam er ins Schwärmen und sprach diesen unvergeßlichen – nicht von mir erfundenen – Satz: ». . . ja, moi größt Schnitzel hunn ich emol in Framerschem [Framersheim] geß (genüßliche Pause des Sicherinnerns) – des war 1923!«

In Rheinhessen hat man das Behagen an den guten Dingen kultiviert, zum Selbstzweck erhoben, aus ursprünglichster Freude an Wohlgeschmack und Fülle. Man wird beim Anblick rheinhessischer Festessen an Homers Odyssee erinnert (übertragen von G. P. Landmann):

> *Ja, ich sag's es gibt kein feineres Ding zu erreichen*
> *Als Zufriedenheit unter dem Volk und fröhliche Herzen,*
> *Daß sie schmausen die Häuser hindurch und lauschen dem Sänger,*
> *Sitzend in Reih'n den Wänden entlang, und es brechen die Tische*
> *Voll von Fleisch und von Brot, und immer bereit in den Krügen*
> *Schöpfet der Mundschenk Wein und teilet ihn aus in die Becher:*
> *So ist's gut, so dünket mich das Schönste auf Erden.*

Es ist kaum denkbar, daß auf der Einladung zu einem rheinhessischen Fest nicht zu lesen ist, es sei »für Essen und Trinken bestens gesorgt«. Nur wenn eine »akademische Feier« ansteht, beläßt man es bei Brezel und einem Glas Wein – womit »das Akademische« zwar als »gebildetes Gebaren« verstanden, aber auch bescheidener Enthaltsamkeit, um des Intellektuellen willen, gleichgesetzt wird.
Das Verhältnis »Eingeborener« zur Ästhetik ist darum auch von der Wein- und Schnitzel-Philosophie mitbestimmt. Es gipfelt in Aussprüchen wie diesem, auf einer »Bildungswanderung« zu Stätten der Kunst und durch die Natur notiert: »Was nützt die schönste Landschaft und alle Kultur, wenn man Hunger und Durst hat« (Originalton Rheinhessen, in's Hochdeutsche übertragen).
Doch nach soviel ein wenig ironischer »Ideologie« zu den konkreten Erscheinungsformen der rheinhessischen Küche einst und jetzt.
Aus der Zeit, von der es gesicherte schriftliche Überlieferungen gibt, sei ein Festmenue erwähnt, das in Biebelnheim ehemals aufgetischt wurde. Alle Gänge zu servieren, so wie sie uns überliefert sind, wäre weder unserem Magen noch unserem Geldbeutel zumutbar. In Hoffmanns »Rheinhessischer Volkskunde« ist es wie folgt erwähnt und kommentiert: »Frisches Kraut braucht der Bauer für seine eigenen Bedürfnisse ebenfalls nicht allzuviel, bloß Rot- auch Blaukraut genannt, ist bei Fest-, insbesondere Kirchweih-Essen eine nie fehlende Zugabe zur Bratwurst und dabei von solcher Wichtigkeit, daß es wie auch ›Wirsching‹ in einem Biebelnheimer Festmenue von 1846 vor der Fleischspeise genannt wird. Es heißt darin wohl auch Rindfleisch mit Meerrettich, auch Hasenbraten mit Salat, dazwischen aber Rotkraut mit Bratwurst und Wirsing mit Karmenaden (Karbonaden = Kotelett).«
Den Kartoffeln wurde von unseren Vorfahren nicht allzuviel Liebe entgegengebracht. Sie konnten sich als Grundnahrungsmittel nur sehr langsam durchsetzen. Etwa um 1750, so kann man nachlesen, wurden sie bei uns vorwiegend in den Gärten angebaut, nicht etwa deshalb, weil sie besonders schön anzusehen gewesen wären oder weil sie an den Höfen dieser Zeit als Delikatesse angeboten wurden, sondern wahrscheinlich deshalb, weil bei der Feldbauart der verhaßte Zehnte davon abgegeben werden mußte. Hingegen waren der Anbau von Schoten- und Hülsenfrüchten im Felde nicht dieser Abgabe unterworfen. Ernst Klug berichtet über die Eßgewohnheiten der einfachen Leute in Rheinhessen um 1900: Sonntags gab es Suppe und Fleisch mit Gemüse ohne Kartoffeln, montags die aufgewärmten

Jeder kennt jeden, und beim Wein sind alle gleich, ob »Majestät« oder Präsident: Rhein-hessisches Weinproben-Ritual.

Reste von sonntags, dienstags Klöße mit Obst, mittwochs dicke Suppe, donners-tags Schweinefleisch mit Gemüse ohne Kartoffeln, freitags Mehlspeise mit Obst, samstags Kartoffelbrühe in der Leberwurst gekocht und Pfannkuchen. Das Abendessen bestand im Sommer aus Kartoffeln mit Sauermilch, die im Winter durch süße Milch ersetzt wurde. Der Milch hatte man das Fett entzogen, nicht um schlank zu bleiben, sondern um Butter daraus zu machen. Zu Salaten wurden jun-ge Brennesseln und Löwenzahn verwendet, junge Dickwurzpflanzen dienten als Gemüse. Die Suppen bestanden aus gemahlener Gerste. Äpfel, Birnen und Zwet-schen wurden gedörrt, um als Beilagen zu den Mehlspeisen verwendet zu werden.

Sonntag war der Tag des »Grünfleisches«, d. h. des Rindfleisches, das als Luxus galt und auf den Dörfern meist von Juden geliefert worden ist. Wo christliche Metzger waren, wurde das Großvieh mit Rücksicht auf die jüdische Kundschaft auch oft geschächtet. Mit zunehmendem Wohlstand wurde auch noch der Don-nerstag zum Rindfleischtag. Hingewiesen sei auch noch auf die weitverbreitet gewesene Sitte des Samstagabend-Essens, das aus Kaffee und Kuchen bestand. War diese Lebensweise schon nicht gerade als üppig zu bezeichnen, so war sie, wie Heße schreibt, um 1830 noch kärglicher: »Die Arbeiter auf dem Felde genießen nach fünfstündiger Arbeit gegen 8 Uhr ein Stück Kornbrod mit Käse. Das Mittagessen besteht meistens aus Kartoffeln oder anderem Gemüse mit Schweinefleisch. Selten ist der Genuß des Weines beim Mittagsessen. Gegen 7 Uhr am Abend wird zu Nacht gegessen. In der Regel besteht diese Mahlzeit aus Suppe, weichem Käse, im Sommer aus saurer Milch. Bei anstrengenden Feldarbeiten erhalten die Arbeiter Wein und bessere Verpflegung. Doch wird gewöhnlich der Wein von geringen Jahrgängen in den Haushaltungen verbraucht«.

Aus dem Jahr 1815 berichten Aufzeichnungen, daß die meisten Arbeiten gegen Naturallohn verrichtet wurden. Für einen halben Tag Raps dreschen sind 4 Käse als Entlohnung verzeichnet. Es sind auch Akkordarbeiten aufgeführt, beispielsweise für Abmähen von Getreide einige Käse oder Brote oder ein gewisser Bruchteil des Produkts. Mehrmals wird bemerkt, am Wein dürfe während der ganzen Tagesarbeit nicht gespart werden (meist war es allerdings ein leichter Trester- oder Drusenwein, im 18. Jahrhundert Lauerwein genannt). Des abends müßten jedoch noch einige Schoppen »Gute« draufgesetzt werden. Denn Wein stärke, und ohne ihn könne die schwere Arbeit nicht getan werden.

Die Hochzeit hingegen hatte ganz feste Regeln: Es begann mit Kaffee und mit den verschiedensten Kuchen. Nach einer Weile folgen Wein, Kleingebäck, Torte, Zigarren und Zigaretten. Dann kam als Zwischenmahlzeit Schinken, Gurken und Brot (ohne Butter). Beim Nachtessen, das spät seinen Anfang nahm, waren Nudeln und Brüh (Kalbs- oder Zungenragout) der erste Gang, darauf Schweine- und Rinderbraten mit Kartoffeln, Salat und Kompott, mitunter noch Hase oder Geflügel, alsdann wieder Konfekt, dem in früher Morgenstunde Kaffee und Kuchen folgten. Wein floß ohne Unterlaß, die besseren Jahrgänge später. Ebenso feste Regeln waren für das Trauermahl einzuhalten. Es war einfach und beschränkte sich in der Hauptsache auf den Kaffee mit zwei Arten von Kuchen. Der Pfarrer bekam Kuchen und Wein ins Haus geschickt. Kranken und Armen wurde in verschiedenen Orten Kaffee und Kuchen oder Brot und Wein überbracht.

So wie feste Regeln für üppige Fest- und Feiertage galten, so bescheiden war aber auch wie oben geschildert, das Alltagsleben geregelt. Einige Beispiele für solche »Alltags-Essen« mögen dies deutlich machen (es handelt sich ausnahmslos um Gerichte, die in Rheinhessen früher wie heute landestypisch und nicht von anderswo, durch Kochbücher oder sonst, übernommen sind; die wirklich »originalrheinhessischen Gerichte« sind recht selten und von »adoptierten« sehr wohl zu unterscheiden):

Suppen-Alltag
Frühling: Rahmsuppe mit Kräutern
Sommer: Erbsensuppe mit Reis und Schweinefleisch
Herbst: »Grummbeerbrieh« mit Zwetschgenkuchen
Winter: Dicke Bohnensuppe und »Abbelkichelcher«

Kartoffel-Alltag
Frühling: Gequellte und Weichekäs
Sommer: Gedämpfte und Sauermilch
Herbst: Geröstete und Weinsuppe
Winter: »Backesgrummbeere«

Gemüse-Alltag
(mit einem einzigen Kraut für's ganze Jahr: Weißkraut, genannt Kappes)
Krautsalat, Gestuftes Kraut (Kümmelkraut), Krautwickel, Weißkraut-Gemüse,
Kartoffel- und Weißkraut-Eintopf, Sauerkraut
(mit Bohnen, die hierzulande ebenfalls zu allen Jahreszeiten auf den Tisch kommen)
Grüne Bohnen in Butter, Bohnensalat, Bohnengemüse, Brockelbohne, »ausge-
plickte Bohnen« (im Herbst, für Suppe), »derre Bohne« (im Winter, für Suppe),
»Stennerbohne« (eingesalzene Bohnen, bis zur nächsten Bohnenernte)

Einige beliebte rheinhessische *Sonntagsessen* folgen in der Skala heimischer Eß-
freuden:
Nudelsuppe
Gemischter Braten (Schweine und Rind)
Kartoffel

Salate (Kopfsalat im Sommer, Endivie im Herbst, je nach Jahreszeit Karottensa-
lat, Selleriesalat, Blumenkohlsalat oder Bohnensalat)
Vanillepudding mit Obst der Jahreszeit (entweder gezuckerte Früchte – Erdbee-
ren, Himbeeren – oder getrocknete Früchte – Aprikosen, Pfirsiche, Zwetschen –)

Klare Fleischbrühe mit Schwenkklößchen
Erbsen und Karotten
Kotelett oder Bratwurst
Kartoffel
Weincreme

Lauchcremesuppe
Gefüllter Kalbsnierenbraten
Wirsing
Kartoffel
Schattenmorellen

Typisch rheinhessische *Gerichte für besondere Anlässe* schließen sich an:
Zu Kindtaufe oder Kerb: Nudel mit Brüh'.
Nach der Jagd: Dippehaas.
Zum Schlachtfest: Metzelsuppe und Quellfleisch, Meerrettich und Senf.
Am Karfreitag: Grießschnitten und Weincreme oder Nudeln und Dörrobst.

Welche *Spezialitäten zum Wein* man in Rheinhessen kennt, steht im Kapitel über
Weinstuben und Gutsschänken auf S. 212 geschrieben.

Die Schilderungen frugaler und opulenter, alltäglicher wie festlicher Speisen, wie sie für die rheinhessische Küche typisch sind, möge ein *Festmenue* der »Weinbruderschaft Rheinhessen zu Sankt Katharinen« beschließen – einer weinkulturellen Vereinigung, über die auf Seite 181 mehr zu erfahren ist und die beim Herbstfest die Harmonie von Speise und Wein als wesentlichen Teil der Weinkultur Gaumen und Magen zur Freude pflegt. Die Rezepte zu diesen Speisen sind ebenfalls angefügt.

Rheinhessen · Menue

Gerichte und Weine einer Landschaft

gereicht beim Herbstfest der
Weinbruderschaft Rheinhessen zu Sankt Katharinen
in der Stadthalle Alzey am 8. November 1980

Grünkernsuppe mit Markklößchen
nach Art der Bawett vun Sörjeloch

1977er Alzeyer Rotenfels Bacchus Kabinett halbtrocken
Bronzene Kammerpreismünze

*

Rindfleisch mit Meerrettich und süßsauren Beilagen
nach Art der goldisch Meenzer Gruschel

1976er Oppenheimer Kreuz Silvaner Auslese trocken
Silberne Kammerpreismünze, Silberner Preis der DLG

*

Schweinebraten mit Apfelrotkohl und Kartoffeln
nach Art vom Oreremer Bimbernellche

1979er Weinheimer Kapellenberg Ortega Spätlese halbtrocken

*

Arrakgetränkter Biskuit
mit Schokoladenpudding und Vanillesauce
nach Art vom Wonnegauer Schossefinche

1976er Bermersheimer Burg Rodenstein Ruländer Auslese
Goldene Kammerpreismünze, Großer Preis der DLG

Rezepte zum nebenstehenden Rheinhessen-Menue

Grünkernsuppe mit Markklößchen:

Grundlage der Suppe ist eine kräftige Fleischbrühe. 500 g Rindfleisch, 1 Rosenknochen, 1 ausgelöster Markknochen, Suppengrün, 1 Zwiebel, Salz, 2–3 l Wasser, evtl. etwas Fleischextrakt.

Alles zusammen kalt aufsetzen und etwa 1½ Std. langsam kochen lassen. Fleisch herausnehmen und – gesondert von Brühe – bedeckt warmstellen. Auf 1 l Brühe 40 g Grünkernmehl anrühren und auf kleinem Feuer etwa 20 Min. kochen. Mit Muskatnuß abschmecken. Dann die Markklößchen einlegen und bei schwacher Hitze garziehen lassen.

Markklößchen: 1 großer Markknochen, 1 großes Brötchen, 1 Ei, Salz, Muskat, Petersilie, Weckmehl.

Markknochen auslösen und auslassen. Das in Wasser eingeweichte Brötchen fest ausdrücken und zu dem lauwarmen Mark geben. Ei, reichlich feingewiegte Petersilie, Salz und Muskat hinzufügen, alles mit einer Gabel gut zerdrücken und dann durchkneten. Bei Bedarf etwas Weckmehl darangeben. Nußgroße Klößchen formen und diese in der schwach kochenden Brühe etwa 10 Min. ziehen lassen.

Rindfleisch mit Meerrettich und süßsauren Beilagen:

Das Rindfleisch wurde von Fleischbrühe bedeckt warm gehalten.

Meerrettichsauce: 40 g Butter, 30 g Mehl, ¼ l Fleischbrühe, ¼ l Milch, Salz, 1 geh. EL Meerrettich, 1 Prise Zucker, 1 EL Weinessig.

Aus den angegebenen Zutaten eine Mehlschwitze herstellen, mit der Flüssigkeit aufgießen, abschmecken. Ganz zum Schluß erst den geriebenen Meerrettich zugeben. Er darf keinesfalls mitkochen. Man kann noch mit Sahne verfeinern.

Süßsaure Gurken. Süßsaure Kürbisse. Süßsaure Zwetschen. Alle diese Köstlichkeiten werden im Herbst hergestellt. Sie sind lange haltbar.

Grundrezept für die Gurken: Ausgewachsene, goldgelbe aber noch feste Gurken halbieren und das Kerngehäuse entfernen. Fingergroße Stücke daraus schneiden und in leichtem Essigwasser kurz abkochen. Auf ein Sieb gießen und gut abtropfen lassen. Dann abwiegen. Auf 1 kg Gurken rechnet man 1 kg Zucker und 1 l Essig. 2 Stangen Zimt, einige Nelken.

Der Essig wird mit dem Zucker und den Gewürzen gut durchgekocht. Dann abkühlen lassen und die Gewürze wieder entfernen. Die Gurken werden in Gläser oder Steintöpfe gefüllt, mit der Lösung übergossen und zugebunden. Nach etwa einer Woche wird der Essig von den Gurken abgegossen, erneut abgekocht und erkaltet wieder darübergegeben. Nach weiteren 8 Tagen das gleiche noch einmal (3mal abkochen). Nun kann man alles endgültig verschließen und nach Bedarf entnehmen.

Kürbisse werden auf die gleiche Art zubereitet. Es empfiehlt sich jedoch, eine Ingwerwurzel hinzuzufügen. Auch sollte man dem Essig etwas Wasser und Salz hinzufügen (1 l Essig, ¼ l Wasser, 1 EL Salz.)

Auch für Zwetschen gilt dieses Verfahren. Nur rechnet man hier auf 1 l Essig ½ l Wein und 750 g Zucker. Bei der dritten Behandlung sollte man die Zwetschen kurz mit aufkochen.

Schweinebraten mit Apfelrotkohl und Kartoffeln:

1 kg Kammbraten, Schinken oder Rückenstück.

30 g Fett, Salz, Pfeffer, 2 Zwiebeln, etwas Beifuß, einige Salbeiblätter, etwas Wein, etwas Wasser.

Fleisch ringsum anbraten. Zwiebeln zugeben. Salzen und würzen. Mit Wein ablöschen. Wasser zugeben. In den Backofen schieben und unter öfterem Begießen gar werden lassen (etwa 2 Std.). Den Saft entfetten, nach Belieben andicken und mit etwas Sahne abziehen.

Apfelrotkraut: 1 kg Rotkraut, 2 große Äpfel, 1 Zwiebel, 40 g Fett, 2 EL Essig, 1 Lorbeerblatt, 4 Nelken, Pfeffer, Salz, Zucker, Wasser, 1 EL Mehl.

Die kleingeschnittenen Zwiebeln im Fett anbräunen, das kleingehobelte Rotkraut zugeben, durchschwitzen. Den geschnittenen Apfel und alle anderen Zutaten zugeben, mit Wasser auffüllen und gardünsten. Gegen Ende der Garzeit das angerührte Mehl zugeben und unter öfterem Rühren aufkochen.

Salzkartoffel: Kartoffel in der gewünschte Menge schälen. In Stücke schneiden, salzen und mit Wasser knapp bedeckt garkochen. Wasser abgießen und aufgedeckt lassen bis zum Servieren.

Arrakgetränkter Biskuit mit Schokoladenpudding und Vanillesauce:

Man verwendet dazu Löffelbiskuit, den man mit Liqueur nach Wahl tränkt. (Früher war es immer Arrak, da er neben Rum am gebräuchlichsten war.) Schokoladenpudding nach Vorschrift kochen, darübergießen und erkalten lassen. Vanillecreme, die mit einem Eigelb verfeinert wird, darübergeben.

Bei Sunn- und auch bei Mondenschein

Vom »Hormel« und großen »Dorscht«

Wer nach Oppenheim kommt und die St. Katharinenkirche besucht, findet dort im Glockenturm das gewaltige Standbild eines wackeren Zechers, des Ritters Konrad vom Han(t)stein. Als kaiserlicher Kriegsrat und Oberst vom Kaiser gesandt, jedoch schlecht entlöhnt, suchte er Trost beim Wein aus der berühmten Lage »Sackträger«. Die Sage erhebt ihn in den »Rang« eines so aus Kummer zum gewaltigen Zecher gewordenen Recken. Im Jahre 1553 starb er, den Humpen in der Hand, in seiner Kammer. In volkstümlich-idealisierenden Versen ist die Erinnerung an ihn wachgehalten:

> Zehn Tage – meldet alte Mär –
> Saß er und trank und trank,
> Dann war die Tonne leicht und leer,
> Doch Hanstein nimmer krank.
> Sein Antlitz glänzte wunderbar
> Und selig schlief er ein,
> Genesen war er ganz und gar
> Am heimatlichen Wein.

Ein ähnlich »füllfreudiger« Zechkumpan lebte auch in Nieder-Saulheim: der Ritter Hundt, Fronvogt oder Ortsschultheiß beim Rittergericht zu Nierstein, Sproß eines alten rheinischen Geschlechts. Im dörflichen Brauchtum gedenkt man an beiden Orten noch heute seiner. Ludwig Linkenbach hat die Legende bedichtet und läßt den Ritter Hundt so sprechen:

> Ihr alle kennt mein Wappenschild,
> Drei halbe Monde zeigt's im Bild.
> Das heißt nach altem Brauch und Recht,
> Dreimal am Tage wird gezecht,
> Geleert die Becher Zoll um Zoll,
> Damit des Nachts die Monde voll.
> Drum füll' ich dreimal mich mit Wein
> Bei Sunn- und auch bei Mondenschein.

Andere »historische« Zechgenies sind der zu literarischen Ehren gekommene Magister Laukhard aus Wendelsheim (1757–1822, s. S. 367), über den unten noch zu berichten ist, der Rodensteiner, von Scheffel verewigt, der oft in Alzeys Mauern weilte und drei Odenwälder Dörfer (mit Verlaub) versoffen haben soll, und auch Kurfürst Friedrich von der Pfalz, dem über studentische Kommersbücher eine gewisse Berühmtheit bewahrt wurde und der die »Achse Heidelberg–Alzey« stets mit gutem Wein, im Alzeyer Schloßkeller gelagert, »ölte«. Er war es auch, der eines Tages dem Übermaß an Wein absagen wollte und beschloß, sein Tun zu kontrollieren, jeden Tag darüber eine Notiz im Tagebuch zu machen. Jedoch:

Als der Kurfürst kam zu sterben
Machte er sein Testament,
Und es fanden seine Erben
Auch ein Buch in Pergament.
Drinnen stand auf jeder Seit:
Seid vernünftig, liebe Leut!
Dieses geb' ich zu Attest:
Heute wieder voll gewest!

Von ähnlichen »lebenden Fäßchen« künden rheinhessische Anekdoten und Schnurren in Hülle und Fülle, des alten Spruches eingedenk:

Wein nur trinkt der Mensch,
Alle anderen Wesen aus Brunnen,
Fern, deinem Schlund, o Mann, bleibe das Wassergesauf!

Manch einer brachte es zu bestaunten Quantitäten auf diesem Gebiet. Die Predigt des Weihbischofs vom Binger Rochusfest anno 1844, von Goethe der Nachwelt erhalten, weist aber den rechten Weg: Wer den Wein nicht verträgt, meide das Übermaß, das ihn mißfällig macht Gott und den Menschen und gar der Trunksucht ausliefert. Hingegen fügte der geistliche Herr hinzu: »Wer aber bei dem Genuß von vier Maß, ja von fünfen und sechsen, noch dergestalt sich selbst gleich bleibt, daß er dem Hauswesen vorstehen kann, ja die Befehle geistlicher und weltlicher Obern auszurichten sich im Stande findet, auch der genieße sein bescheiden Teil, und nehme es mit Dank dahin. Er hüte sich aber, ohne besondere Prüfung, weiterzugehen, weil hier gewöhnlich dem schwachen Menschen ein Ziel gesetzt ward. Denn der Fall ist äußerst selten, daß der grundgütige Gott jemanden die besondere Gnade verleiht, acht Maß trinken zu dürfen, wie er mich, seinen Knecht gewürdigt hat.«
So ist denn auch das herzhafte, aber stets bewußte, nie maßlose Zechen eine Spielart der rheinhessischen Weinlust, die sich besinnlicher, sachkundig-kultivierter Weinverkostung ebenso zugesellt wie dem »Fläsch'chen am Abend« (Motto: Vor 6 Uhr keinen Wein, nach 6 Uhr kein Wasser). Das Wort »saufen« hören die Rheinhessen nicht gerne, so beliebt auch der unbeschwerte Umtrunk, die fröhliche Fehde mit der Kraft des Weines nach Art des Landes ist. Solch zünftiges Zechen, bei dem der Wein nicht achtlos geschlürft wird und das Gespräch beim Wein (bedeutsamstes Element aller Weinkultur) nicht der stummen Betrunkenheit weicht, ist durchaus nicht stillos. Wären die rheinhessischen Zechgenies von ehedem, eingangs skizziert, nur plumpe Trunkenbolde gewesen, würde man sie hierzulande rasch vergessen – dergleichen wird nicht »estimiert«. Die von Wolfskehl übertragenen Verse aus den »Carmina burana« empfindet man darum als burleske Übertreibung:

Der Trinker am ältesten Renaissance-Brunnen Deutschlands ▶
am Markt in Mainz symbolisiert unmäßiges Zechen.

Säufer! Auf den Durst versessen,
Ohne Dürsten, rühmt euch dessen,
Trinkt ihr kundig wie die Hessen!

Der Weindurst der Rheinhessen hat nichts mit dem rein körperlichen Verlangen nach Flüssigkeit zu tun. Er heißt »Dorscht«, und es ist dies nicht einfach die mundartliche Wiedergabe des hochdeutschen »Durst«, der anderen, minderen Getränken vorbehalten ist. Solcher »Dorscht« freilich kann eine arge Pein sein. Wein gehört zum Leben in diesem Land, ist Lebenselixier, ohne süchtig zu machen, ist Inhalt und Freudenspender.

Daß es freilich auch exzessive Exemplare unter denen gibt, die da »Dorscht« haben, sei nicht verschwiegen. So ist verbürgt (also kein Winzerlatein), daß ein Wörrstädter Original abends zu seinen Angehörigen zu sagen pflegte: »Wecken mich, wann ich Dorscht hunn [Durst habe]«, und auf die Frage, wann er denn Durst habe, entgegnete: »Ei, wann er mich wecken! [wenn ihr mich weckt]«. Hierhin gehört auch, weil – wenn auch in der Karikatur – typisch rheinhessisch, die etwas makabre Anekdote von dem sterbenden Weinfreund, der immer zu nach Wein verlangte, einen Halben nach dem anderen trank, bis seine Frau barsch anmerkte: »Was is – werd hier geleppert oder gestorwe?«

Ähnlich realistisch und lebensweise formuliert der Rheinhesse im kürzesten Zweizeiler seiner Mundart, wie er die unterschiedliche Beständigkeit schöner Dinge des Lebens einschätzt und die Relativität aller Erscheinungsformen versteht:

Liebe vergeht –
Dorscht besteht.

Wenn aber einer mal, zufolge »Dorscht«, einen »Hormel« hat, dann ist dies nur die übliche Weines-Trunkenheit, in der man Älbertritschen fängt und Muhkälber und das Kutschar sieht und andere Fabelwesen einen bedrängen, ohne daß dies ein arger (wenn auch der Gattin wenig gefälliger) Zustand wäre. Solche Situationen sind in Rheinhessen nicht standeswidrig.

So schreibt denn schon Pfarrer Wilhelm Hoffmann im Jahre 1911: »Trunkenheit von Wein ist in den Augen unserer Leute nicht die allergeringste Schande, solange sie nicht zum wirklich krankhaften Zustand ausartet und andere üble Folgen, namentlich wirtschaftlicher Art, nach sich zieht. In der unbefangensten Weise erzählen sie selbst von ihrem Rausch [...] Auch der Pfarrer, der mehr als gut ist dem Bacchus huldigt – und es gab ihrer bis in neuere Zeit, nicht immer bloß vereinzelte – wird im Volksbewußtsein kaum als ein clericus irregularis betrachtet. Darüber wird so leicht keiner verklagt.« Daß freilich Bischof Hatto, als er sich von Mäusen verfolgt fühlte, die ihn ob seines Geizes auffressen wollten, und zum »Mäuseturm« bei Bingen vor ihnen rettete (wie die Sage berichtet) in Wirklichkeit nur einen Hormel gehabt habe (wie eine alte Schrift darlegt), nämlich »weiße Mäuse gesehen« habe, ist wohl eine ketzerische Übertreibung.

Übrigens verlor auch Magister Laukhard, der ja Geistlicher werden wollte, eine rheinhessische Vikarstelle, weil sonntags er recht eigenartig (nämlich nach durchzechter Nacht noch des Weines voll) und frei (will sagen: unvorbereitet) predigte.

178

Er berichtet in seinen Memoiren auch, was die Frauen und der Wein angeht, recht derb: »Meine Tante war eine große Freundin vom Trunk, und diese Neigung ging so weit, daß sie sich nicht nur oft beschwipste, sondern sich auch dann und wann recht derb besoff [. . .] Zur Schande der Frauenzimmer in der Pfalz [Anmerkung: gemeint ist Rheinhessen] muß ich anmerken, daß sehr viele unter ihnen sich dem Saufen recht unziemlich ergeben. Alle Frauenzimmer trinken Wein und viele dergestalt, daß sie die Mannspersonen darin übertreffen.« Weinfreudigkeit der Rheinhessinnen – wenn auch beileibe nicht in der übersteigerten Darstellung Laukhards – bezeugt ebenfalls Goethe vom schon erwähnten Rochusfest zu Bingen. Weinabstinent ist die rheinhessische Eva auch heute noch nicht, keinesfalls aber mit männlichem »Dorscht« gesegnet (darüber ist im Kapitel »Mit Wein getauft« einiges nachzulesen). Wohl nicht zufällig fand man schon in einem fränkischen Frauengrab bei Wörrstadt-Rommersheim auch ein Trinkhorn.

Im Jahre 1835 vermerkte Heße, ein sehr genauer Beobachter der Region: »Den Hauptgenuß gewährt dem Rheinhessen der Wein. In guten Weinjahren versagt er sich zuweilen das Übermaß desselben nicht. Doch kann man den Hang zur Trunkenheit nicht als allgemeinen Fehler im Leben des Rheinhessen bezeichnen.«

»Der trunkene Schmied«, trinkfreudigen Originalen nachempfunden, ist Ausdruck rheinhessischer Spottlust. Schmiedbrunnen in Wörrstadt.

Tatsächlich ist auffällig, wie wenig wirklich Betrunkene man hier – wie überhaupt in den Weingegenden – antrifft, ganz anders als in Gebieten, wo Bier und Schnaps bestimmende Getränke sind. Wein erzieht zum Maß. Betrunkenheit ist dem Rheinhessen ein Zeichen dafür, daß einer entweder unerfahren ist im Umgang mit Wein oder, seiner unwürdig, ihn vom lebendigen Wesen zum Ding degradiert. Darum vergißt er zwar, was der Betrunkene an groben und kränkenden Worten vielleicht gesagt hat, aber es verliert an Wertschätzung, wer sich betrunken hat – dies ist gelebte Weinphilosophie!

Eine Plauderei über den »großen Dorscht« und gelegentlichen »Hormel« wäre unvollständig ohne eine Auswahl der vielfältigen Redewendungen, mit denen der Rheinhesse den Zustand der Weinestrunkenheit in seinen unterschiedlichen Stadien bildhaft-anschaulich umschreibt:

Er is benewwelt, beschaskert, illuminiert, duddelisch, belzisch, schigger, bloo, grie, schwarz, so schwarz wie e Krobbe [Brattopf], wie es Oferohr, wie en Schugg [Schuh], bedusselt, staawig [staubig], sterngranatevoll, stechgranatevoll, voll wie e Haubitz, voll wie e Haus, voll wie hunnert Mann, voll als wie e Krott, voll wie e Kuh, benewwelt, so voll wie en Stiwwel, voll wie hunnerddausend Mann, steif vollgesoff, e Volleil, e Saufeil.

Er hott en Rausch, en Ordenliche [Rausch], 's Durche [Sauftour], en Hieb, en Storm, en Hormel, e Kischt, e Knuppe, en Käwwer [Käfer], zu dief in's Dippche geguckt, e Dudd gemacht, de Chako gewichst, im Heft, sei Daal [Teil], was er brauch', im Tee, sich die Schnud gedunkt, schebb gelade, en Brand, en versteckde Dorscht, ään sitze wie e Kischd, die Nos voll, im Giwwel, sei Sach, im Heft, e Hiebche, en Aff, e Detz, e Knibbel, en Dunnerschlag, és Dier, aaner in de Kron, aan hocke, sich die Schnud gedunkt, zu dief in's Gläsje geguckt, die Mennercher, Babbelwasser gedrunk.

Als schalkhafte »Eigenwarnung« am Beginn eines Zechabends gilt auch der typisch rheinhessische Ausspruch: »Broschd (Prost) Gorjel, es kimmt en Wolkebruch!«

Aber: mer kann aach aan petze (heewe), die Gorjel schwenke, die Kehl afeichde, sich aan genemische, muß sich awwer net gleich de Krotze absaufe, saufe wie e Loch, sich die Kudd vollsaufe (Lesern, die der rheinhessischen Mundart noch unkundig sind, werden Einheimische dies gerne übersetzen).

Nur »Weinsprache in Mundart« kann so anschaulich sein!

In Vino Salvatio – Ergo bibamus

Weinkulturelle Vereinigungen in Rheinhessen

In Rheinhessen bestehen zwei weinkulturelle Vereinigungen (deren Ziel also nicht die Förderung des Weinabsatzes, sondern ideeller Art ist). Es sind dies die »Weinbruderschaft Rheinhessen zu Sankt Katharinen« und die »Ehrbare Mainzer Weinzunft von 1443«. Über ihre Regularien, Bräuche und Zusammenkünfte, über historischen Ursprung und Aktivitäten zu berichten würde einen Band füllen. Hier sind nur einige charakterisierende Informationen möglich. Wer sich für diese Vereinigungen näher interessiert, lese darüber nach in meinem Buch »Im Zeichen des Dionysos«, ferner in meinem Beitrag »Drum, Brüderchen, ergo bibamus« (in: Lebendiges Rheinland-Pfalz 1974 Heft 4).

»Weinbruderschaft Rheinhessen zu Sankt Katharinen«

Im Rathauskeller der alten Weinstadt Oppenheim, wo sie auch ihren Sitz hat, wurde sie im Jahre 1970 aus der Taufe gehoben. Vorläufiges Domizil ist das Weinkastell auf dem Kloppberg bei Dittelsheim. Dort ist auch das Symbol als kunstvoll geschnitzter Faßboden in einem Nebenraum zu sehen: Die »Oppenheimer Rose« der St. Katharinenkirche, von Trauben und Reblaub umrankt, Sinnbild für »Wein und Ästhetik«. Den unwandelbaren Geist der Weinkultur in Rheinhessen in den Formen unserer Zeit stilvoll darbieten und mehren – das ist Ziel dieser Vereinigung weinwürdiger Männer.

Unter dem Wahlspruch »In Vino Salvatio« (will sagen: Der Wein erlöst von den Bedrängnissen des Lebens) praktiziert die Weinbruderschaft Rheinhessen eine aus der Tradition von Weinbrauchtum und Bruderschaftsriten schöpfende, zugleich aber der Gegenwart und ihren Realitäten zugewandte Weinkultur. Dies geschieht in Vorträgen wein- und geisteswissenschaftlichen Inhalts von hohem Rang, in anspruchsvoller weinfachlicher Diskussion, in Kennerschaft bedingender Problem-Weinverkostung und festlichen Weinproben, besonders dargeboten am »Frühlingsfest«, bei dem auch neue Mitglieder aufgenommen werden. Experten aller Art, Professoren und engagierte Amateure, Wissenschaftler, Geistliche und Literaten kommen dabei zu Wort. Einige der Themen solch weinbeflügelter Referate seien beispielhaft genannt: Wein und Gesundheit; Weinkultur als Erziehung zum rechten Maß (und damit als Gegenpol zu den Suchtgefahren); die Geologie der Weinbergsböden und ihr Einfluß auf den Weingeschmack; Wein und Lebenskultur; Christliche Humanität und Weingenuß; Weinkultur, Weinbaupolitik und Weinwerbung (Abgrenzung und Berührungspunkte); Herstellung und Kulturgeschichte des Weinglases. So soll Weinverstand (er wird vorausgesetzt) um die Weinbildung bereichert werden.

Hingegen sind heitere Muse sowie die Symbiose von Wein und Speise Mittelpunkt des »Herbstfestes«, bei dem auch die Damen der »Weinbrüder« zugelassen sind (alle übrigen Veranstaltungen sind »Männersache«). Musik und Wein, künstlerisch dargeboten in vielerlei Gestalt und auch im Wort vertieft, Lieder vom Wein und zur Laute: beschwingt von einer erlesenen Weinprobe aus allen Regionen Rheinhessens wird steifen Gesellschaftsallüren abgesagt. Ein excellentes Festessen gehört dazu (die Weine darauf abgestimmt), bisweilen auch nach Art des Landes wie beim »Festschmaus der Wingertsleut anno dazumal« (auf S. 172 ist eine andere Menuekarte abgedruckt).

Werden bei diesen beiden festlichen Zusammenkünften dunkler Anzug und schwarz-golden gestreifte Querschleife, »Radaddelchen« geheißen, sowie vom Vorstand (dem »Bruderrat«) ebensolche Bänder mit dem ordensähnlichen Symbol getragen, finden die »Weinzirkel«, an Dreikönigs- und St. Rochustag, zwangslos »im Alltagsgewand« vor allem in rheinhessischen Weinstuben und Gutsschänken statt, die nacheinander visitiert und deren Ausschankweine und »Atmosphäre« kritischer Prüfung, im Ergebnis dem Wirt offen mitgeteilt, unterzogen werden: praktische Weinpädagogik, auch dem sonstigen Weinfreund und nicht zuletzt dem Tourismus zugute kommend (siehe dazu S. 202).

Daneben gibt es Sonderveranstaltungen wie diese: Sommerliche Wanderungen durch Weinberge »mit Kind und Kegel«, eine Art heimat- und weinkundlicher Familienausflug, zu Quellen und idyllischen Aussichtspunkten, zu kühlem Wein und herzhafter Vesper, oder Ratereisen durch Rheinhessen und nicht zuletzt Exkursionen zu kulturellen Stätten und Sammlungen.

Man »wirbt« nicht um Mitglieder, so sehr »aktiver Zuwachs« willkommen ist, und hat sogar einen »numerus clausus« eingeführt – um eine wirkliche Bruderschaft und nicht eine Gesellschaft von »Schnudedunkern« zu sein (so heißen die Rheinhessen Leute, die gerne dabei sind, wo es billig guten Wein gibt), aber auch, weil die Räumlichkeiten nicht alle fassen würden, die da kämen, Bacchus zu ehren. Repräsentiert wird die »Weinbruderschaft Rheinhessen« vom »Brudermeister«. Mit weinkulturellen Vereinigungen anderer Regionen pflegt sie freundschaftlichen Kontakt, man besucht einander wie in guter Verwandtschaft, und zum Jahresende wird in einem »Weinbrief« (so nennt sich bescheiden eine gehaltsvolle Broschüre) Rückschau gehalten.

Will einer aufgenommen werden, muß sein Antrag von einem Bürgen befürwortet werden. Maßgeblich ist die »Weinwürdigkeit«, ein gerüttelt Maß an Weinwissen wird als selbstverständlich vorausgesetzt, aber auch die Bereitschaft, sich ohne Eigennutz für die Weinkultur einzusetzen. So lautet auch die Verpflichtungsformel: »Die Weinkultur nach Kräften zu fördern / Unwissende in die Kunst des Weingenießens einzuführen / Nicht ohne Not an einer guten Flasche Wein vorüberge-hen.« Wer durch die Zugehörigkeit geschäftliche Belange verfolgt, wird ausgeschlossen. Nachahmenden Pseudo-Weinbruderschaften ist man abhold und sorgt für eine klare Trennung zwischen kommerzieller Rührigkeit und weinkulturellem Bemühen. Im übrigen ist die »Weinbruderschaft Rheinhessen« ein trefflicher Querschnitt durch alle Gesellschaftsschichten, vom Handwerker bis zum Ministerpräsidenten des Landes: nicht Bankkonto oder gesellschaftlicher Rang, sondern Interesse und Weinredlichkeit sind Maßstab, Weinfachleute finden sich zum Gespräch mit »Nur-Weintrinkern«.

Der Brudertrunk aus dem großen Pokal. Feierliche Aufnahme neuer Weinbrüder in die Weinbruderschaft Rheinhessen.

Jahraus, jahrein sorgt der Bruderrat dafür, daß ein über bloße »Weinlustigkeit« (die man nicht verachtet) hinausreichendes Niveau gewahrt bleibe, Wein-Snobismus keinen Platz finde, aber auch keine biedermeierliche Feierabendclique entstehe. Im Bruderschaftslied, dem »Cantus«, erklingt das Glaubensbekenntnis der Weinbrüder: »Wer ihn liebt, dem schenkt der Wein Freundschaft, Weisheit, Lachen . . .«
Auch Weinkultur-Realpolitik betreibt man in der Weinbruderschaft Rheinhessen: Die vielbeachtete Resolution des Jahres 1973, dem trockenen Wein wieder eine Chance zu geben, führte zur Schaffung des bekannten »trocken-Weinsiegels« der DLG, und jährlich wird ein Ehrenpreis der Weinbruderschaft für den qualitativ besten trockenen Qualitätswein aus Rheinhessen verliehen, mit der Folge, daß die Zahl der Anstellungen seitdem deutlich anstieg. Vor »heißen Themen« fürchtet sich die Weinbruderschaft Rheinhessen nicht und nimmt auch lebhafte Diskussionen in Kauf: Flurbereinigung und Umweltschutz, Naturkork oder Schraubverschluß, Ökowein pro et contra, das waren aktuelle Probleme, die Fachleute wie »Nur-Weintrinker« gleichermaßen interessierten.

Mancherlei Aktivitäten runden das Tun der rheinhessischen Weinbrüder ab: Eine festliche Scheuprobe erinnerte im Juni 1979 an den 100. Geburtstag des Altmeisters, ein Weinseminar wurde abgehalten, 1978 das Treffen der deutschsprachigen Weinbruderschaften Europas in Oppenheim und auf dem Weinkastell durchgeführt, die Ausstellung »Künstler sehen Rheinhessen« gefördert, die Gründung des Deutschen Weinbaumuseums in Oppenheim unterstützt (Weinbrüder waren auch dort die Initiatoren) und eine Sammlung kurfürstlicher Urkunden über Weinbau und Weinkonsum angelegt.

In einer Resolution trat die Weinbruderschaft Rheinhessen gemeinsam für die Bewahrung der Individualität der Weine, ihrer herkunftstypischen Eigenarten ein und betonte, daß Weinkultur »an der Basis« beginnt, mit der täglichen Flasche einfachen Weines, nicht erst bei den Spezialitäten der Prädikatsweine. Scharf verurteilte sie auch alle Manipulationen mit rheinhessischem Wein, fühlt sich aber stets zugleich als Bürge des ehrlichen Winzers.

So reicht, um viele Beispiele vermehrbar, das Tun und Wollen dieser Vereinigung weit über »geselliges Beisammensein«, hinaus, erschöpft sich nicht in »gut essen und trinken« (den rheinhessischen Seligkeiten) und versucht, die Weinkulturlandschaft Rheinhessen, oft selbst Einheimischen wenig bekannt, bewußt zu machen und neu mitzuprägen. Ihr »Alternativprogramm« lautet: Statt Karriere-Trip, Konsumsucht und Terminhektik – Einkehr und Besinnung beim Rheinhessenwein.

»Die Ehrbare Mainzer Weinzunft von 1443«

Sie wurde 1954 in einer Mainzer Weinstube gegründet und ist in einem Weinprobierkeller, mitten in der City, daheim. »Ergo bibamus« lautet der Wahlspruch dieser eigenwillig-originellen Runde, und der von Goethe »getextete« gleichnamige Rundgesang ist auch das Zunftlied, das aus weinigen Männerkehlen, nicht immer konzertreif, zu den Klängen eines alten weißlackierten Klaviers erklingt, wenn der »Spaß an der Freud« nach Määnzer Art sich im Gespräch beim Wein offenbart hat, eine Probe bei mancherlei unorthodoxen, liberalen Reden vorüberging, dennoch sachlich verkostet, bekrittelt und mit launigen Glossen umrahmt (siehe auch die Bilder auf S. 166, 203).

Die Mainzer Weinzunft ist auf den Stadtbereich beschränkt, unbeschadet gelegentlicher Exkursionen, hat keine geschriebene Satzung und keinen festen Mitgliederstamm: Man wird, nach Anfrage, »mitgebracht« und darf »wiederkommen«, wenn man als weingerecht und passend befunden wurde, nach dreimaligem Fernbleiben wird der Name aus der Kartei entfernt, und der finanzielle Aufwand wird durch eine Hutsammlung gedeckt – so leger geht es im alten Gewölbekeller zu. Das allzu Pathetische wird nicht zimperlich parodiert, Historie und Gegenwart werden durch's Weinglas betrachtet, und alles, was geschieht, ist fein säuberlich und köstlich illustriert in einer schweinsledern gebundenen Chronik festgehalten, einem Kaleidoskop Mainzer Weinverständnisses.

Trocken wie der Humor, den man dort verzapft, sind die Weine, so die Zunftbrüder bevorzugen, daraus wird kein Hehl gemacht, Geschmacksmanipulation mag man gar nicht in der Mainzer Weinzunft und sagt das auch sehr deutlich. Vor gro-

»Der Wein erlöst von den Ängsten und Bedrängnissen des Lebens« – ▶
Mitglieder des Bruderrates der Weinbruderschaft Rheinhessen
vor der Oppenheimer Rose von St. Katharinen.

ßen Kreszenzen aber stehen sie auf und ziehen die großen Schlapphüte, die man bei besonderen Anlässen trägt. Gelegentlich werden auch Mainzer Weinstuben »getestet« und – war das Ergebnis zufriedenstellend – ausgezeichnet (hierüber ist mehr auf S. 203 nachzulesen).

Die »Ehrbaren« haben Mainz um eine Vereinigung mit spezifischem Lokalkolorit bereichert, der nichts ferner liegt, als sich zur Schau zu stellen. Ambitionen haben die Zunftbrüder nicht, der Alltag ist »abgelegt«, trifft man sich in unregelmäßiger Folge: Man schaut in's Glas, in sich hinein und »babbelt« mit dem Nachbarn und dem Wein, doch was dabei zu hören ist, ist erholsam und weinig. Vereinsmeierei ist ihnen zuwider und wird persifliert.

Weil alles einen Namen haben muß, heißen sie »Zunftbrüder«, und ihre Geschikke bestimmt der »Rat der Sieben«, dem nicht immer genau diese Zahl von Weinnasen angehören muß. Vorsteher aber ist, dem griechischen Symposion nachempfunden, der Symposiarch. Sie halten es mit der im Stadtarchiv nachgewiesenen Vorgängerin, der Zechbrüderschaft aus dem 15. Jahrhundert: »Das Leben ist kurz, also lasset uns fröhlich sein, guten Wein trinken und die Nichtigkeit der Welt und ihrer Eitelkeiten belachen.«

Einige vom »Rat der Sieben« der Ehrbaren Mainzer Weinzunft mit weinverständigem Stadtoberhaupt im Keller-Domizil.

»Kein Hügel ist ohne den Weinstock ...«

Eine literarische Weinreise

Vielfältig und reizvoll ist die Wechselwirkung zwischen Wein, Mensch und Landschaft. Auch der Dichter, sei er Sohn des Landes oder Gast, kann sich ihr nicht entziehen; denn der Wein duldet kein abstraktes Denken, sondern läßt es in der Gegenwart und Örtlichkeit des Augenblickes wurzeln und erfüllt es von dort mit Leben, mit greifbar plastischen Bildern. Einige davon, in Prosa und Poesie eingefangen, mögen auf einer literarisch-geographischen Weinreise durch Rheinhessen lebendig werden, von Mainz bis Worms und weiter durch das Hügelland nach Bingen.

Von Goethe über Victor Hugo bis Norbert Jacques haben viele Meister des Wortes im goldenen Mainz den Pulsschlag des Weinlandes verspürt und ihre Eindrücke in Tagebuchnotizen festgehalten, und heute wie ehedem gilt der Vermerk des romantischen Philosophen und Arztes Carus: »Indes ein Glas edlen Weines fehlt hier nie, und es erhebt von irdischer Unvollkommenheit zu poetischer Ansicht der Dinge.«

Wer Nackenheim sagt, denkt an den »Fröhlichen Weinberg«: Das dramatische und erzählerische Schaffen keines anderen Dichters ist so stark von rheinhessischer Art bestimmt wie das Carl Zuckmayers, und es zeigt sich gerade hier, daß es eine vom Geist des Weines geprägte Weltanschauung gibt, im Frieden mit Gott und der Welt. Wer einige Stufen höher gestiegen ist auf der Leiter des Weinstudiums, der wird Zuckmayers »Weinblume«, aus der hier nur einige Verse zitiert seien, zu den schönsten Schöpfungen der Weinpoesie zählen:

> Viel reicher als der Rosen Elixier,
> Viel voller als die Wolke aus Importen,
> Viel heiliger als Weihrauch duftet mir
> Die Blume Wein von edlen Heimatsorten.

> Bordeaux ist Labgeruch aus warmen Abends Talen,
> Die Bowle spritzt und witzt ein leichter Moselwein,
> Südliche Berge im Falernen strahlen,
> Doch reinste Blume reifet Pfalz und Rhein.

> Da ist die Sonne flüssiges Gold geworden,
> Da treibt der Boden herbster Wurzel Saft,
> Da ist der Strom von Süden und von Norden
> Stürmisch vereint zu großer Lebenskraft.

> Rheinhessen: tönende Hügel, fröhliches Nackenheim.
> Hochheim: Gesang der heilig »Weißen Erde«.

Rheingau: der schweren Düfte Wunderkeim.
Pfalz: starken Sommers Reichtum, läutende Himmelsherde.

Wer eine Nacht in solchen Wogen schwamm,
Der weiß sich reifer und begreifet gut,
Wie froh und gern das holde Gotteslamm
In Wein verwandelt seiner Liebe Blut.

Für Carl Zuckmayer war der Wein Mysterium und lebendige Erinnerung zugleich, Weihe des Lebendigen und »Heimat Rheinhessen« in des Begriffes unpathetischem Sinne. Wenig bekannte Zeilen wie die folgenden machen dies deutlich: »Das ist das Besondere und Wunderbare an ihm, gemessen an jedem anderen landwirtschaftlichen Erzeugnis, daß er sein eigenes Leben lebt und seiner Lebendigkeit weit über seine stoffliche Substanz hinaus Ausdruck gibt, durch die Gegenstände, Gefäße, Gemäße, durch die ganze Dingwelt, die von ihm beseelt ist und zu ihm gehört. Wie haben sich von Kindheit her alle die Sinneseindrücke vertieft, befestigt und verewigt, die mit dem Wein zu tun haben! Wie unverkennbar der Geruch, der sich in den Zeiten der Lese durch ein Weindorf zieht. Wie feierlich mutete es an, wenn zum Sonntag oder zu einem Fest im Elternhaus die Weingläser auf den gedeckten Tisch gestellt wurden. Wie unvergeßlich die Besuche im Keller meines Onkels Burckhardt in Oppenheim, wenn ein alter Küfer erst vorsichtig mit dem Senklämpchen die steile Steintreppe hinab voranschritt, so wie ein Bergmann in früher Zeit in seinen erzfunkelnden Schacht eingestiegen sein mag. Und die Erinnerung an herbstliche Wege, Spaziergänge von Ort zu Ort, am rötlichen Weinlaub, am holprigen Mäuerchen, an den ernsten Zeilen der Nußbäume entlang. Lassen Sie mich noch einmal Goethe anrufen, mit einem Satz aus einem Brief von einer Herbstreise an den Rhein: ›Trauben mit jedem Schritt und Tag besser. Jedes Bauernhaus mit Reben bis unters Dach, jeder Hof mit einer großen, vollhängenden Laube. Himmelsluft, weich, warm, feuchtlich, man wird auch wie die Trauben reif und süß in der Seele.‹ Reif und süß in der Seele. Wer, der den Wein liebt, verstünde nicht dieses Wort und hätte dieser Empfindung nicht seine besten Stunden zu verdanken.«

Ein rechter Poetenwein ist seit jeher der Niersteiner gewesen. Goethe war er wohlbekannt. Im »Urfaust« fragt Mephisto in Auerbachs Keller, welchen Wein er herbeischaffen solle, worauf Frosch ihn ersucht, »so ein Glas Rheinwein, ächten Niersteiner« quellen zu lassen (zu bemerken ist dabei jedoch, daß die Weine damals vielfach noch nach den Stapelplätzen – Verladehäfen – genannt wurden). Desgleichen läßt Kleist im »Zerbrochenen Krug« Frau Marthe den Niersteiner Wein rühmen, den Richter Adam seinem Gast kredenzt. Schiller labte sich an ihm, als er 1783, von Mainz herabkommend, auf seiner Reise von Frankfurt nach Oggersheim hier Station machte. Nicht zuletzt verdankt auch das berühmte »Rheinweinlied« von Matthias Claudius, das 1778 im Wandsbeker Boten erschien, seine Entstehung dem Niersteiner Wein. Im Jahre 1776 hatte der Dichter, von Darmstadt kommend, seinen »Labewein« hier geprobt, eingedenk des alten Spruches, daß jeder Wein dort, wo er wächst, am besten schmeckt. Später schnitt er sein Weinlied

»Lasse mer uns de Wein schmecke, liewe Leut« – Carl Zuckmayers »Fröhlicher Wein-
berg«, von der Nackenheimer Laienspielgruppe aufgeführt, ist Ausdruck rheinhessischer
Lebens- und Denkungsart.

in die Fensterscheiben des Gasthauses »Zur Goldenen Krone« in Groß-Gerau
ein: »Bekränzt mit Laub den lieben, vollen Becher, und trinkt ihn fröhlich leer. In
ganz Europia, ihr Herren Zecher, ist solch ein Wein nicht mehr!« Schwärmerisch
fast und fern jeder Abstraktion erinnert sich in unseren Tagen auch Elisabeth
Langgässer in einem Brief vom 13. März 1947 an die Schriftstellerin Oda Schae-
fer: »Kellerproben in Nierstein – solche Weinkeller haben etwas von alten Heilig-
tümern, jede Bewegung ist eine kultische Handlung . . .«.
Keine überraschenden Effekte blenden das Auge in Rheinhessen, eine ausgegli-
chene Stimmung umfängt die Sinne, unaufdringlich, bisweilen sogar zart und ver-
innerlicht. Die Hast der Zeit verebbt vor jedem Glase Wein, das mit Hingabe und
Entdeckerfreude getrunken wird. Ludwig Tieck, der den weisen Eulenböck einen
Lehrstuhl fordern läßt, von dem herab die Menschheit über die trefflichen Eigenschaften des Weines unterrichtet werden solle, hat uns aus solchem Erleben ein be-
geistertes Lob auf Rheinhessens Weine hinterlassen: »Diese trefflichen Wogen
vom leichten Laubenheimer bis zum starken Niersteiner, diese Geister gehen rein

und klar, kühlend und den Sinn erheiternd den Gaumen hinunter. Soll ich sie vergleichen, so ist es die ruhige Gediegenheit trefflicher Schriftsteller, Gemüt und Fülle ohne Phantasterei und schwärmerische Allegorie.«

Oppenheim, Stadt der Gotik und des Weines, grüßt auf der Weinreise nach Süden zu. Der Pfälzer Wolfgang Diehl, der einige Jahre in Rheinhessen lebte, hat diese Symbiose aus Kunst und Reben trefflich in Versen eingefangen (1975):

Der Sonne entgegen:
Wo die gemächlichen Hügelwellen,
die meine Straße nach Westen heben,
im Angesicht des Rheins
über die Kante des Tales
abwärts fallen,
damit weniger Reben
sich in das Maß der Sonne teilen,
wächst aus den Weinbergen
ein sandsteinrotes Gebirge
gotischen Gegenklangs
zu den eingeebneten Konturen
der gerundeten Landschaft.

Die Gedanken klettern
an Strebepfeilern hoch,
verfangen sich an den Fialen,
ertasten das steinerne Spiel
der gezirkelten Blüten,
verweilen
im goldenen Geäst
der Sonnenuhr.

Von dieser Warte
öffnet sich im Süden
das schmale Band des Rheins
zum breiten Spiegelsee,
der aus dem Horizont drängt.

Die Schlachtordnung
der Rebzeilen
springt die Hügel hinab,
hat das Niemandsland
der Gärten erobert,
brandet an die Pappelwälle
der Ebene.

St. Katharinen
schickt steinerne Grüße übers Land
und legt am Abend
die Wärme des Tages
über die Gescheine.

Idyllisch und anmutig dehnt sich die Uferlandschaft des Rheines zwischen Worms und Oppenheim, gesäumt von den Alraunegestalten knorriger Weiden und von schlanken Pappeln, die zu den ziehenden Wolken aufwärts fliehen wie die Türme der gotischen Kirchen. Ruhig fließt der Strom dahin, aus Wiesen und Weinbergen leuchten die schmucken Dörfer hervor. Die Verse Hölderlins werden lebendig:

Seliges Tal des Rheins! Kein Hügel ist ohne den Weinstock,
Und mit der Traube Laub, Mauer und Garten bekränzt,
Und des heiligen Tranks voll im Strome die Schiffe
Städt' und Inseln, sie sind trunken von Wein . . .

Wegkreuze im Weinberg mahnen zur Andacht und lassen Segen erbitten. Blick zur St. Gereonskirche in Nackenheim und den Rheinauen.

Von der Pfalz her näherte sich Alfred Döblin, als er unmittelbar nach dem Ende des Zweiten Weltkrieges seine »Reise zur Mainzer Universität« unternahm. Seine Begegnung mit dem Wonnegau schilderte er hernach so: »Wir gleiten über spiegelnden Asphalt nach Worms. Der Rhein wälzt gewaltig und unscheinbar sein Wasser, ein einziger breiter See. Nun wird die Landschaft hügelig, und wir bemerken mit Freude, wir treten in eine Weingegend. Hier winden sich grüne Reben um die Stöcke. Sie stehen weiter auseinander als die Weizenhalme und führen keine Diskussionen miteinander. Sie stehen, jedes für sich an seinen Stock geschmiegt, und träumen in sich hinein. Was sie denken, werden wir später aus ihrem Saft erfahren.«

In Worms, wo sein Vater Pfarrer an der Dreifaltigkeitskirche gewesen, wurde Johann Nikolaus Götz geboren. Er besuchte das dortige Gymnasium, studierte in Halle Theologie und gehörte dem 2. Halleschen Dichterkreis um Gleim und Uz als einer der bedeutendsten deutschen Anakreontiker des 18. Jahrhunderts an. Aus dem Jahre 1746 stammt seine Übertragung der Verse des griechischen Dichters Anakreon, der den Wein und die Liebe pries und einer ihn nachahmenden Strömung des Rokoko den Namen gab. Die 52. Ode trägt den Titel »Auf den Most«; sie könnte rheinhessische Weinlese von einst schildern:

Junge Manns- und Weibs-Personen
Tragen hier auf ihren Schultern
Körbe voller schwarzer Trauben
Die sie in die Kelter schütten.
Bloß das Mannsvolck tritt die Trauben
Und befreyt den Wein vom Kerker,
Und erhebt den lieben Weingott
In vergnügten Winzerliedern
Da es von dem jungen Weine
Die Gefässe schäumen sieht.

Im rheinhessischen Hügelland grüßen die Frankendörfer, buntgewürfelt in das Rebenmeer eingebettet. Die Straße eilt nach Alzey. Elisabeth Langgässer, hier geboren, hat das Städtchen im »Unauslöschlichen Spiegel« portraitiert: »In den Rebsorten nicht unterschieden, trugen die Wingerte der Bürgerschaft Weinbergshäuschen, welche der eine und andere Besitzer wie rohe Liebestempelchen ringsum mit Amoretten hatte bemalen und mit Bänken, einfachen Eisenstühlen und in die Erde gestampften Tischen für gesellige Zwecke hatte versehen lassen. Sitzt man dort oben, so ist es ein leichtes, das Städtchen und seine Umgebung mit einem Blick zu umfassen. Auf den lang hingleitenden Bodenwellen des rheinhessischen Hügellandes liegt es an diesem Spätfrühlingstage wie erschöpft in den stumpfen, rostigen Farben der Erde da, von vielen Apfelbäumen umbuscht, die durch den weichlichen Ansatz der Früchte fast olivengrün schimmerten ...«

Im selben Werk findet sich auch die Schilderung eines Weinbergweges in Rheinhessen – irgendwo zwischen den Hügeln, mythisch und des Römererbes gedenkend und sinnlich in einem: »Herr Belfontaine wartete noch ein Weilchen und schlug dann entschlossen den Feldweg ein, welcher von Schlehenbüschen umsäumt, bereits nach der ersten Biegung vollkommen unsichtbar war, um nach der zweiten und dritten aufs neue herauszutreten – nicht etwa deshalb, weil ihn das Buschwerk wieder entlassen hätte, sondern gemäß dem Gesetz dieses Landes: sich auf- und niederzuatmen. ›Was, Wingert!‹ – dachte er wie ein Knabe, der seinem Lehrer entronnen ist, und verschwand in der Bodenwelle. Der Pfad war eng und von Unkraut verwuchert; eine staubhelle Raupe mit haarigem Rücken . . . zu schmal, um von Wagen gespurt zu werden, und nur von Fußstapfen, Handkarren, Stöcken und Fahrrädern flüchtig genarbt; hier und dort war eine Brennesselstaude seitwärts niedergeschlagen und fegte den Rain mit gebrochenen Händen wie ein feuriger Hexenbesen. Wo der Schuh in den lockeren Boden einsank, war er sofort überpudert; doch war es kein dürrer, störrischer Sand, obwohl ihm die Quellen, die Wiesen und jegliche Moosdecke fehlten, vielmehr ein Gemisch aus gemahlenem Sandstein und rebendurchzogenem Kalk; das Gewürz der Erde, pulvrig und stark, als ob ihm die römischen Weihgefäße auf Schritt und Tritt beigefügt wären; – und was man zu finden erwarten konnte, waren weniger Blumen und Vogelfedern, als Tonscherben, Knochen und Mauersteine: die Inschrift seiner Geschichte gleichsam, die jenes Volk hinterlassen hatte, dessen Statthalter quer über alle Blätter ›was ich geschrieben habe, das hab’ ich geschrieben‹ setzte. Diese Erde hier: sie beschönigte nichts, sondern sprach in der Nacktheit der rötlichen Hügel, in ihrem Dahinfluß, der nur durch die Lanzen der Rebstöcke aufgeteilt wurde, selbst noch das uralte mondene Meer der frühesten Zeitalter aus. Diese Natur – sie nahm nichts zurück, sondern trieb, was von jeher und jederorts in ihrem Bilderschoß ruhte, ohne innezuhalten hervor . . . jeder Stein eine Herme an Handelsstraßen, an Wandelwegen, an Todespfaden, die in die Unterwelt führten. Selbst der Acker schien hier von Mythen genährt und üppiger zu sein. Auf den Halmen strotzten die Weizenähren in grüner, metallischer Fülle; grannenlos, unverborgen und prall wie Demeters Fingerspitzen.«

In Nieder-Olm stand die Wiege des größten rheinhessischen Erzählers, früh verstorben, in seinem Schaffen Knut Hamsun verglichen: Wilhelm Holzamer, der Winzer und Wein in vielen Formen der Dichtung gleichnishaft erfaßte. Sein Gedicht »Firnewein« läßt etwas von der Symbolik des Weines erahnen:

Laß’ mich in der Dämm’rung nicht allein,
Denn sie ist wie schwerer, firner Wein,
Drin von seiner Jugend noch die Glut,
Ihrer Süße weher Zauber ruht,
Der Vergangenes sacht verschlossen trägt,
Daß es plötzlich heiß aus Flammen schlägt.
All die Sonne, die ihn einst gereift,
Und die Fröste, die ihn früh gestreift,
Tau des Morgens, der ihn mild genährt,
Kühle, die der Abend ihm gewährt,
Und des Bodens starke, satte Kraft,
Draus die Wurzel sog den Lebenssaft.

Laß' mich in der Dämm'rung nicht allein
Schwer dringt das Vergang'ne auf mich ein,
Meine Seele, die noch ringt und gärt,
Hat sich noch zur Firne nicht geklärt.

Wer zur Sommerszeit auf einem der schnittigen weißen Rheindampfer, diesen stählernen Schwänen, von Mainz aus stromabwärts fährt, an der Rotweinstadt Ingelheim vorbei, der empfindet, wie sich der Rhein hier für den Durchbruch zum bizarren Tal jenseits von Mäuseturm und Ehrenfels rüstet, wie er, breit gelagert wie ein gewaltiges Heer, Kräfte sammelt, um bald eine neue Gestalt anzunehmen. Vom anderen Ufer aus, wo sich der Rheingau dehnt, blickte Rudolf G. Binding herüber und hielt seine Eindrücke im »Rheinrausch« fest: »Wo der Rhein fließt, gerät die Landschaft in eine leise Erregung. Sie möchte sich mit ihm vermählen, und muß es sich doch gefallen lassen, daß er niemals verweilt, immer Abschied winkend enteilt, unbekümmert und ungefesselt.«

In Bingen schließlich, am Treffpunkt von vier Weinbaugebieten gelegen, wo die Nahe in den Rhein mündet, gesellt sich die Weltoffenheit des Stromlandes der beharrenden Gelassenheit des rheinhessischen Raumes. Carl Maria Weber (nicht mit dem romantischen Komponisten zu verwechseln) hat die Weinstadt in lyrischen Versen skizziert:

Zu Blutesmischung, kühlem Liebeskuß
Schnellt sich das Flüßchen aalgleich unter Brücken,
Will bunte Bilder noch vom Strand sich pflücken
Bevor es sich dem Starken geben muß.
Und drüben immer steht der Bergesrücken,
Als wollt' er meilenweit das Land erdrücken
Und spannt das blaue Zelt, du Welten Schluß.
Straße ist ganz von Landschaft eingefangen,
Kein Stein ist da, der rund für sich besteht
Und Traubenduft durch alle Gassen weht.

Lange vor ihm hatte Bettina Brentano vom Rochusberg geblickt und in einem Brief an Goethe 1808 ihre Eindrücke festgehalten: »Man kann da alle Wirkung der Natur in die Kraft des Weines deutlich erkennen, wie sich die Nebel zu Ballen wälzen und sich an den Bergwänden herabsenken, wie das Erdreich sie gierig schluckt, und wie die heißen Winde drüber herstreifen. Es ist nichts schöner, als wenn das Abendrot über einen solchen benebelten Weinberg fällt; da ist's, als ob der Herr selbst die alte Schöpfung wieder angefrischt habe, ja, als ob der Weinberg vom eignen Geist benebelt sei.«

Die Binger und der Wein: ein unerschöpfliches Thema. Nicht nur Victor Hugo widmete ihm köstliche Anmerkungen, als er seine Rheinreise machte, auch Goethe schilderte aus dem Jahre 1814 das St. Rochusfest und die durch ihn berühmt gewordene Weinpredigt des Bischofs (siehe oben S. 176). Vier Jahre später notierte der Rheinreisende Adam Stork: »Jener unruhige Geist der Binger zeigt sich heutzutage vorzüglich in einer großen Lebhaftigkeit und Lebenslustigkeit. Dafür sind

Bingen, die »fröhliche Weinstadt« an der Mündung der Nahe in den Rhein, ▶
überragt von Burg Klopp und Rochusberg.
Dahinter dehnt sich das größte Weinanbaugebiet Deutschlands.

sie bekannt, und wahrlich, die Lage der Stadt und die Gunst des Bacchus lassen wohl kaum hier den Trübsinn aufkommen.« Und anno 1828 schrieb Johann August Klein nieder, was – die Einwohnerzahl und die leider sehr zurückgegangene Weinbergsfläche ausgenommen – heute noch zutrifft: »Bingen zählt über 4000 Einwohner, deren vorzüglichste Erwerbszweige Wein- und Gartenbau nebst Schiffahrt sind. Das Ackerland beträgt nur ein Viertel der Weinberge, deren beste auf dem trefflich angebauten Scharlachberge liegen. Munterkeit und Frohsinn zeichnen die vielen gesellschaftlichen Vereine aus, besonders wenn der volle Becher mit köstlichem Traubensafte kreist, und in ihrer Mitte, wo heitere Lust und gebildeter Witz alles belebt, wird es dem besuchenden Gaste wohl.«

Die literarisch-geographische Weinreise beschließen Verse Stefan Georges, in Bingen-Büdesheim als Sohn eines Weinhändlers geboren. Eine Herbstlandschaft am Rhein schildert er im »Jahr der Seele«:

> *Flammende wälder am bergesgrat*
> *Schleppende ranken im gelbroten staat!*
> *Vor ihrem schlummer in kärender haft*
> *Hebst du die traube mit leuchtendem saft.*

Im »Siebenten Ring« erinnert sich der Dichter der Römer, mit denen die Weinkultur nach Rheinhessen kam, und nennt den Waldgott Pan und Hebe, die Mundschenkin der griechischen Götter:

> *Heil dir sonnenfroh gefild*
> *Wo nach sieg der heiligen rebe*
> *Nach gefälltem wald und wild*
> *Kam in kränzen Pan mit Hebe!*

Weinkundliches aus seiner Heimat, erlebt und in der ihm eigenen Art verdichtet, eine Liebeserklärung an Rheinhessen enthält »Der Freund der Fluren« (aus: »Der Teppich des Lebens«):

> *Kurz vor dem frührot sieht man in den fähren*
> *Ihn schreiten · in der hand die blanke hippe*
> *Und wägend greifen in die vollen ähren*
> *Die gelben körner prüfend mit der lippe.*
>
> *Dann sieht man zwischen reben ihn mit basten*
> *Die losen binden an die starken schäfte*
> *Die harten grünen herlinge betasten*
> *Und brechen einer ranke überkräfte.*
>
> *Er schüttelt dann ob er dem wetter trutze*
> *Den jungen baum und misst der wolken schieben*
> *Er gibt dem liebling einen pfahl zum schutze*
> *Und lächelt ihm dem erste früchte trieben.*
>
> *Er schöpft und giesst mit einem kürbisnapfe*
> *Er beugt sich oft die quecken auszuharken*
> *Und üppig blühen unter seinem stapfe*
> *Und reifend schwellen um ihn die gemarken.*

Bacchuskopf am Brunnen im Hof der Sektkellerei Kupferberg in Mainz, ▶
eingefaßt von alten Weinfaßsteinen.

Wo Schoppestecher Halwe petze

Bei Wirten und Winzern zu Gast

Weinstuben und Trinksitten

Die Schenke ist fast so alt wie die Weinkultur. Schankgesetze sind schon aus Zeiten Hamurabis überliefert. Die Weinstuben des Altertums waren aber überwiegend nur kleine Raststätten, nicht für längeren Aufenthalt in geselliger Runde ausgestattet und daher auch ohne »soziologische Funktion«. Die Weinschankstätten nördlicher Länder, diesseits der Alpen, waren hingegen schon früh von einer Atmosphäre der Häuslichkeit geprägt, die Schenken des romanischen und slawischen Kulturkreises fremd war.

Schon früh brauchten die Herbergen eine Konzession, wollte man Speisen verabreichen und Getränke ausschenken. Nur die »legitima taberna«, gleichzeitig öffentliche Herberge, war zum Ausschank befugt. Laienbrüdern und Geistlichen verbot eine Verordnung des Konzils zu Frankfurt bereits 794, dort einzutreten, um zu trinken (ut presbyteri, diaconi, monachi et clerici tabernis ad bibendum non ingrediuntur) – eine Regelung, die oft erneuert werden mußte. Da im übrigen die Stiftskeller der Mönche aber zollfreien »Pfaffenwein« kredenzen durften, zum Nachteil der städtischen Finanzen, zog sich der Streit zwischen ihnen und den Ratsherren durch das ganze Mittelalter. Schließlich wurden strenge Schankgesetze zur gerechteren Verteilung der Abgaben erlassen. Weinfähnchen deuteten an, daß allhier an diesem Tage Wein verzapft werden durfte.

Auch in Rheinhessen kannte man schon damals die Unterscheidung zwischen den »gewöhnlichen Wirten«, die nach ihrem Gewerbezeichen »Schildwirte« hießen, den »Heckenwirten«, die nur eigene Weine ausschenkten, und den »Herrenwirten«, bei denen Edelleute einkehrten. Mit den Herrentrinkstuben verbunden waren die teilweise berühmten Ratskeller der städtischen Schenken, Symbole des erstarkenden Bürgertums und gesellschaftlicher Mittelpunkt zugleich. Dort wurden aber auch die von den Weinhändlern importierten Weine gestapelt und konnten so von der Obrigkeit kontrolliert werden.

Penibel und detailliert waren die Ratskeller-Ordnungen. Erwähnt sei eine Anweisung, die sich an den Hausknecht des Binger Rathauses richtet und wie folgt lautet: »Kommen Bürger und andere ehrbare Personen und begehren zu trinken, so soll er sich bei dem Bürgermeister oder dem Ratsherren befragen, wo er Wein holen soll. Den Wein soll er dann auf eine Bank stellen, einschenken und die Kanne auf den Tisch tragen. Das Gelag soll im Beisein eines Ratsfreundes gemacht werden«. Alljährlich mußten die Wirte auch eidlich bekräftigen, daß sie die Schank- und Einkaufsvorschriften einhielten.

An den Durchgangsstraßen der Ortschaften aber entstand das Dorfwirtshaus. Ursprünglich war es nur eine Herberge für die Reisenden. Erst seit dem 13. Jahrhundert verlegten die Bewohner auch Feste und Schlemmereien dorthin, wurde es zu einem wichtigen Teil des gesellschaftlichen Lebens auch der Weinbaugemeinden. Die Trinksitten waren, hier wie dort, manchmal recht derb und der Weg zum kultivierten Weingenuß noch weit. Sich mit dem Verhalten der Untertanen in den Weinstuben zu befassen, sah die gestrenge Obrigkeit darum oft Anlaß. Nicht nur die ausschweifende Lebenslust der Renaissancezeit wurde so zu reglementieren versucht.

Vor allem aus dem 18. Jahrhundert sind viele städtische Verordnungen und Erlasse dieser Art überliefert. Bedingt war dies vor allem durch die langwährende Sitte, in Weinstuben Rechtsgeschäfte abzuschließen und Versteigerungen abzuhalten. Besonders der »winkuff«, der mit einem herzhaften Freitrunk besiegelt zu werden pflegte, ging mit mancherlei weinigen Exzessen einher und wurde deshalb mehrfach (weil immer wieder trotzdem geübt) von Stadtvätern und Landesherren verboten. So bestimmte eine Verordnung des Kurfürsten Karl Philipp von 1723, Zechgelage vor und nach Versteigerungen seien abzustellen; letztere sollten nicht in Wirtshäusern, sondern auf dem Rathaus stattfinden.

Ebenso häufig ging es bei den oft drakonischen Bestimmungen aber um die Einhaltung der Polizeistunde – wie man es heute nennen würde –, damals »Weinglock« genannt: war diese geläutet, hatten brave Bürger nach Hause zu gehen, auch wenn sie nach weiteren Schöppchen gelüstete. Zapfenstreich war im Sommer um 9 oder 10 Uhr abends, im Winter schon um 8 Uhr. Der Büttel, in Begleitung des Nachtwächters, bot dann Feierabend; er war gehalten, dem Wirt beizustehen, widerstrebende Gäste hinauszubefördern. Nur späte Reisende, die »in der Still' nothörflich ein Claß Wein trinken wollen«, waren ausgenommen.

Da die »Pauren« (Bauern) dies immer wieder mißachteten, gebot der Olmer Amtmann Heinrich von Selboldt im Jahre 1590: »Nachdem befunden, daß bei nacht in den wirtsheußern die pauren über die Zeit viel übersitzen mit spielen, fressen und sauffen, dadurch allerley fluchen und scheltwort entstehen, so soll niemand über die weinglock sich in den wirtsheußern oder anderen heußer finden lassen, bey thrum und geldstraf, auch den wirten solches mit eingebunden sein soll.« Daß dies alles wenig fruchtete, erhellt daraus, daß noch 1733 Philipp Karl von Eltz eine ganz ähnliche Verordnung erlassen mußte. (Siehe S. 201).

Warum dies alles so streng gehandhabt wurde, ergibt sich aus einer Verordnung der Stadt Bingen aus dem Jahre 1712, darin angewiesen wurde, die Wirtshäuser zu visitieren und Wirt und Gäste notfalls dem Amtmann ohne Rücksicht der Person anzuzeigen: »Da bei nächtlichem Trinken und Gassenschwärmen mehrenteils die größten Ungelegenheiten, auch Leibes- und Todesgefahren, zu entstehen pflegen und ohnehin in einer christlichen Gemeinde solche Exzesse sehr ärgerlich sind, so ist unser ausdrücklicher Befehl, daß keiner sich hinfür gelüsten lasse, im Sommer nach zehn Uhr und im Winter nach acht Uhr gemeine Wirtshäuser zu betreten oder auf offener Straße bei Verübung von Insolenzen sich antreffen zu lassen«. Mit Entrüstung vermerkt eine kurpfälzische Verordnung vom 4. Oktober 1747, »daß sogar die Einheimische, oder dero übel geartete Söhn, und Nacht-Schwörmer nach gegebenem Glocken-Zeichen die Würths-Häußer ohngescheut besu-

Nachdemahlen Ihro Churfürstl. Gnaden unserm allerseits Gnädigsten Herrn höchst mißfällig zu vernehmen gewesen / wasgestalten die von beeden Dero Herren Chur-Vorfahrern LOTHARIO FRANCISCO , und FRANCISCO LUDOVICO lobseel. Gedächtnuß in Anno 1713. den 7. Septembris und 8. Augusti 1730. wegen denen Nacht-Schwermereyen / excessiven Zechen / und anderen verderblichen Uppigkeiten bereits emanirte heylsame Verordnung von denen Mehristen ausser Acht gesetzet worden / und dann höchst Deroselben gnädigste Willens-Meinung dahin gehet / daß diesem starck im Schwang-gehenden und zum gäntzlichen Ruin der Burgerschafft und anderer Eingesessenen gereichenden Unwesen mit Nachdruck gesteuret / sofort gegen die Contravenienten ohne Unterscheid mit der Schärpffe verfahren werde ; Als wird hiermit allen und jeden Gast-und Baum-Wirth / Wein und Bier-Schenck ein-vor allemahl alles Ernstes anbefohlen / künfftighin von Ostern bis Michaëlis nicht über 9. Uhr / von Michaëlis aber hinwieder bis Ostern länger nicht als 8. Uhr einen Einheimischen Gast-oder Trincker / weß Stands und Condition er / auch unter was vor Prætext es immer seyn mögte / zu dulden / sondern denselbigen umb die vorgesetzte Stund hinauß zuschaffen / denen hierzu bestellten Visitatoribus, oder der etwa sich des Ends einfindenden Patrouille keinen Widerstand zu thun / sondern denenselbigen mit behöriger Bescheidenheit zu begegnen / oder aber ohnfehlbar zu gewärtigen / daß nicht allein der contravenirende Wirth mit zwey Reichs-Thaler / sondern auch der Gast-oder Nacht-Schwermer ohne Unterschied der Persohn jedesmahl mit einem Reichs-Thaler ohnnachläßig / auch da solches zum öfftern geschehen solte / gar mit Schantzen-Straff angesehen und beleget werde. Signatum unter mehr höchstgedachter Ihro Churfürstl. Gnaden hievorgedrucktem Cantzley-Insiegel. Mayntz den 21. Martii 1733.

chen, darinnen ganze Nächt hindurch mit Sauffen, Fressen, Juchzen und dergleichen Unthaten verharren, auff denen Strassen ungeziehmlich sich aufführen«, weshalb ewige Landesverweisung und selbst Leibes- und gar Lebensstrafe für solche Fälle angedroht wurde. Das Geringste, was für »Übersitzen« drohte, waren Turm- und Geldstrafen.

Um besagte »Weinglock« rankt sich auch ein Mainzer Schwank, der voller fastnachtlicher Eulenspiegelei ist, der vom »Lumpenglöckchen«: Die Mainzer Ehefrauen hatten seit jeher Anlaß zur Klage, daß ihre Männer in den Wirtshäusern das Heimgehen vergaßen. Selbst der Nachtwächter »lepperte« in der Schänke, so daß sein Horn nur unregelmäßig ertönte. Als auch die Stadtväter aus naheliegenden Gründen wenig Einsicht zeigten, diese Bräuche abzustellen, stifteten die Mainzerinnen kurz entschlossen ihren Schmuck und ließen aus dem Erlös eine Glocke gießen. Sie wurde in aller Stille im Turm der Quintinskirche aufgehängt, und seitdem mahnt ihr Klang um 11 Uhr nachts die trinkfesten Zecher, hier »Schoppestecher« geheißen, zum Aufbruch. Fortan konnte sich niemand mehr auf den umnebelten Nachtwächter berufen, der vergessen habe, die Stunde zu blasen. Es bedarf keiner Erklärung, warum man die Glocke später »Lumpenglöckchen« nannte.

Auch das »Zehnuhrschoppenfrühstück« (»Weck Worscht un Woi«, der noch immer typische Mainzer Dreiklang, auch im Rosenmontagszug symbolisiert), heute fast ausgestorben, wurde damals noch »rituell« praktiziert. Wo aber der Wein die Geister beflügelt, war schon immer der Humor zuhause. Mancherlei Sprüche verewigte der Wirt selbst, ein wenig Eigenlob und Anpreisung, ein wenig Aufforderung zum guten Trunk oder auch vorsorglich Warnung für säumige Zecher enthaltend. Im »Stolpereck« zu Bingen hieß es darum:

Hier wird der Wein noch nicht getauft,
Dieweil der Wirt ihn selber sauft.

und im steinernen Türrahmen eines 1556 erbauten Wirtshauses in Nieder-Hilbersheim:

Allhie gut Herberg zum Strauß,
Wer kein Geld hat, der bleib drauß.

Typisch rheinhessisch aber klingt die Philosophie im Vierzeiler einer Essenheimer Weinstube:

Trink, solang du trinken kannst,
Trinke alle Tage –
Ob man auch im Jenseits trinkt:
Das ist sehr die Frage!

Früher als auf dem Lande wurde es in den Städten üblich, die Wirtshäuser zu benennen – nach einem Zeichen, nach dem Namen des Wirtes oder auch mit einem Spottnamen. Weingeistiges und Volkskundliches paarten sich in vielen Weinstuben-Namen, von denen hier nur einige besonders einfallsreiche genannt seien: Da gab es in Mainz im Jahre 1857 »Badbütt«, »Läusebrunnen«, »Flöhlappen«, »Gänsestall«, »Lustige Kuh«, »Fresser«, »Zum artigen Wirt«, »Zum schmierigen Löffel«. Man kannte auch Namen wie »Herrgöttchen«, »Vatikan«, »Bratwurstglöckchen«, »Zur kleinen Politik«. In Bingen gab es – heute noch zu sehen – das »Geschwollene Herz« und in Alzey schließlich das »Bobbeschänkelche«.
Weinstuben nicht nur in fröhlicher Runde, sondern auch kritisch wertend aufzusuchen ist ebenso aufschlußreich und interessant wie förderlich. Denn solche praktische Weinpädagogik läßt den Wirt die Meinung eines sachverständigen Gremiums erfahren und gibt ihm Gelegenheit, Mängel zu beheben. Warum auch soll nur Wein einer Qualitätsprüfung unterzogen werden? Andererseits ist lobende Anerkennung ein gutes Aushängeschild und nützliche Mundpropaganda zugleich. Nicht zuletzt sind offene Worte am rechten Ort auch ein Beitrag zur Pflege der Weinkultur, zu der auch Ausstattung und Weine einer Weinstube gehören. Darum haben die beiden Vereinigungen, die sich in Rheinhessen ohne jedes kommerzielle Interesse und frei von werblichen Zielen für die Erhaltung und Förderung der Weinkultur einsetzen, auch diese »Sparte« schon immer betreut: Die »Weinbruderschaft Rheinhessen zu Sankt Katharinen« als das gesamte Weinanbaugebiet umfassende Gemeinschaft (s. S. 181) und die »Ehrbare Mainzer Weinzunft von 1443« als der im Mainzer Stadtgebiet wirkende Zusammenschluß von Weinfreunden (s. S. 184).

In den Regularien der »Weinbruderschaft Rheinhessen« ist bestimmt, daß in Ergänzung der beiden großen Treffen sogenannte Weinzirkel stattfinden. Sie sind zur Diskussion weinkultureller und weinfachlicher Probleme (besonders aus der Sicht des Weintrinkers) und zum geselligen Umtrunk nach rheinhessischer Art gedacht. Die »Weinzirkel« werden hauptsächlich in rheinhessischen Weinstuben und Gutsschänken abgehalten, deren Ausschankweine dabei kritisch-beratend gekostet werden.

Die »Inspektion« umfaßt aber auch die Atmosphäre eines Weinlokals. Man will nicht schulmeistern, nimmt nicht Ideal-Weinstuben zum Maßstab, möchte aber

»Hier sind wir versammelt zu fröhlichem Tun«: Zunftbrüder bei einer ▶
Jahrgangs- und Sortenprobe rheinhessischer Weine.

auch ein gastliches, stilvolles Niveau hinwirken. Angestrebt wird im ländlichen Bereich die »Weinstube mit rheinhessischen Kolorit« und einer gewissen Mindestausstattung, in der »ehrliche Weine« typisch rheinhessischer Art zu erträglichem Preis ausgeschenkt werden (denn der Ausschankwein ist nicht etwa der mindere Wein, sondern Gradmesser dafür, was eine Weinstube anzubieten vermag – das gilt vor allem für den »Wein Nr. 1«, den untersten auf der Weinkarte). Auf einem »Testbogen« vermerken die Weinbrüder ihre Eindrücke, das Resümee der Meinungen wird dann, durch den Bruderrat ausgewertet, dem Wirt mitgeteilt, als Lob oder als Anregung, es anders zu machen, wobei ganz konkrete Vorschläge unterbreitet werden. Übrigens: Der Wirt darf für die Probe keine Weine anstellen, die nicht auch auf seiner Weinkarte als offene Weine stehen.

Die »Mainzer Weinzunft« führt seit 1973 Visitationen der dortigen Weinstuben durch, und zwar zunächst inoffiziell durch einzelne Mitglieder, die dann im Gespräch mit dem Wirt darauf hinwirken, daß der Wein im Mainzer Schoppenglas ausgeschänkt, auf der Weinkarte richtig bezeichnet und dafür gesorgt wird, daß kleine Speisen angeboten werden, wo es hieran fehlt. Wird alsdann eine Weinstube für gut befunden, unterrichten die Zunftbrüder den »Rat der Sieben« (wie der Vorstand heißt). Er besucht das Lokal seinerseits und testet es, kündigt dem Wirt die Absicht eventueller Auszeichnung an, bespricht eventuelle Mängel mit ihm. Haben alsdann Zunftbrüder mehrfach ohne Beanstandung die Weinstube aufgesucht (sozusagen amtlich und damit vor der Gattin gerechtfertigt), trifft der »Rat der Sieben« seine Entscheidung. Fällt sie positiv aus, wird im Lokal ein offizieller

Zunftabend durchgeführt, mit Essen und Weinprobe, und die Auszeichnung überreicht.

Welche Weinstuben es in Mainz und im »ländlichen Rheinhessen« gibt, ist aus meinem »Rheinhessischen Weinquellenführer« zu ersehen.

Schankgewohnheiten und Weinmaße sind in Rheinhessen teilweise anders als sonstwo. Wer hierzulande ausdrücklich einen »Schoppen« bestellt, dem setzt man, wie auch in anderen Weinanbaugebieten, nicht etwa einen halben Liter (0,5 l) vor, denn dies ist ein im Weinausschank sehr unübliches Maß. Aber was anderswo »der Schoppen« ist, das Glas Wein, heißt hier »en Halwe« (= ein halber Schoppen). Dieser Halwe, wie er in den Weinstuben verlangt wird, faßt aber nicht 0,25 l (wie dies rechnerisch richtig wäre und in der Pfalz sowie in Württemberg beispielsweise auch üblich ist), sondern 0,2 l. Das Glas 0,2 l-Glas ist das übliche Ausschankglas in rheinhessischen Weinstuben, in ihm wird der »offene Wein« (»Schoppenwein«) kredenzt. Dieser »Halwe« wird im allgemeinen im Pokal (Römer) ausgeschenkt, der das noch Ende des 18. Jahrhunderts allgemein gebräuchliche Schoppenglas ersetzte.

Anders verhält es sich aber mit der sog. »Mainzer Stange«, einem zylindrischen Weinglas, das es nur noch in Mainz gibt (früher war es zum Beispiel auch in Bingen anzutreffen) und dort für Alt-Mainzer Weinstuben charakteristisch ist, in jüngster Zeit auch neu belebt wurde. Die »Mainzer Stange« faßt heute 4/10 (früher 5/10, also ein »echter« Schoppen: hin und wieder gibt es auch diese alten Gläser noch). Sie wird fast überall mit 2/10 (also halb voll) ausgeschenkt. Geeicht sind diese speziellen Gläser aber nur auf 4/10. Daher müssen die Weinwirte den Wein mit einem Meßbecher, der wiederum auf 2/10 geeicht ist, in die Stangen füllen – eine etwas umständliche Prozedur. Nur in ein solches Weinglas kann der Zecher eigentlich seine Nase »hineinstecken« (woher die Bezeichnungen »Schoppe steche« und »Schoppestecher« rühren). Wie solch einer, der seine »Schoppen petzt« (kaut und schlutzert) aussieht, ist am »Schoppestecher«-Standbild auf dem Schillerplatz in Mainz (S. 82) und abends in jeder dortigen Weinstube festzustellen.

Wer hingegen als Landesfremder »ein Achtel« verlangt, wie dies gelegentlich am Nebentisch zu hören ist, der erhält »ein Zehntel« (= 0,1 l), entweder im kleinen Pokal oder im fußlosen Probierglas, wie es auch bei Weinproben und Wein- und Winzerfesten allgemein üblich ist (bei Weinproben wird das Probiergläschen aber meistens nur zu 1/3, höchstens zur Hälfte, bei Beeren- und Trockenbeerenauslesen oft noch sparsamer gefüllt: nicht aus Geiz, sondern weil die Weine zu wertvoll sind und der Weinfreund schließlich noch ohne Schwankungen nach Hause gelangen soll). Am besten verlangt, wer nur kosten oder mehrere Sorten kennenlernen will, wie der Rheinhesse selbst »e' Piffche«, (= wie ein kurzer Pfiff, wenig also, d. h. 0,1 l), dann gibt es keine Verständigungsschwierigkeiten (die ohnehin beim Wein selten sind). Es gibt allerdings in Rheinhessen einen Weinwirt, der auf den Wunsch nach einem »Piffchen« zu antworten pflegt: »Da hock dich ehinner, in die Eck, un wart', bis de Dorscht uff en Halwe hast«! – von einem ehrenwerten Weinbruder glaubwürdig verbürgt.

In den kleinen, gemütlichen Mainzer Weinstuben trifft sich alle Welt, ▶
vom Dämmerschoppen bis zum »Zapfenstreich«.

In der Nahegegend des rheinhessischen Hügellandes hört man bisweilen auch »e' Remis'che« verlangen. Das »Remis'che« ist die dort eingebürgerte Bezeichnung für den »Halben«. Woher das eigenartige Wort kommt, darüber streiten sich die Gelehrten. Einige meinen, es stamme aus dem Hebräischen, abgeleitet von »Remüs hin«, was ein Maß von 0,127 l bedeute. Überwiegend aber ist die Deutung, wonach Ursprungswort die Remise sei, der Schuppen also, in dem die Postpferde einst untergestellt wurden, während der Postillon die Weinstube aufsuchte, um »ein Remis'chen« zu trinken.

An Trinkgewohnheiten wäre manches erwähnenswert, jedoch sei hier nur auf zwei Besonderheiten eingegangen: Die eine ist die Vorliebe der Mainzer für »harte Knochen« (das sind besonders säurereiche, stahlige, kernige Weine ohne Restsüße, vor denen der »Fremde« zunächst erschrecken mag, an die man sich aber von Glas zu Glas mehr gewöhnt, die auch absolut verträglich und die Gewähr für einen langen, disputierfreudigen Abend sind). Eine »kräftige Unterlage« (nämlich ein gutes Essen oder, noch besser, eine Hausmacher Vesper, auch ein »stinkiger Handkäs«) ist rätlich; einige solcher weingerechter Speisen werden auf S. 212, 214 vorgestellt. Der Normalweintrinker mache die Bekanntschaft mit diesen in den Altmainzer Lokalen ausgeschänkten Weinen behutsam, zur Freundschaft wird sie nach nicht langer Zeit dennoch.

Dabei gilt es der Ehrlichkeit halber anzufügen, daß – dem nicht landeskundigen Leser wird dies bei den Weinstuben-Beschreibungen ohnehin auffallen – es sich hierbei nicht selten um Rheingauer Weine handelt und diese in Mainz besonders beliebt sind. Diese für Mainz typische Erscheinung ist zum einen historisch bedingt, nämlich durch die frühere Zugehörigkeit des Rheingaus zu Kurmainz, die sich auch auf die Weinlieferungen auswirkte, zumal da Rheinhessen damals weithin noch »unbekanntes Hügelland« war (woran sich inzwischen einiges geändert hat), zum anderen durch die schon erwähnte Vorliebe der Mainzer für »harte« Rieslingweine, die Rheinhessen nicht hervorbringt (wobei allerdings anzumerken ist, daß auch der Rheingau von gewissen neuzeitlichen Weinbehandlungsmethoden, die zu Weinen mit höherer Restsüße führen, nicht verschont blieb). Im Vergleich mit früheren Jahrzehnten hat sich das Verhältnis aber merklich zugunsten der Rheinhessenweine verschoben, nachdem die einheimischen Weingüter ihre Erzeugnisse stärker als früher in die Mainzer Weinstuben einbrachten.

Straußwirtschaften und Gutsschänken

Straußwirtschaften entstanden meistens in Zeiten schlechten Weinabsatzes, als zusätzliche Verkaufsmöglichkeit. Anders als bei den – erst in neuerer Zeit aufgekommenen – Weinprobierstuben war die Absicht, für den eigenen Wein nur zu werben, stets zweitrangig, er sollte an Ort und Stelle getrunken werden. Straußwirtschaften sind im Weinbau verwurzelt, eine »herkömmliche Einrichtung«, eng mit dem Winzerbetrieb verbunden. Ihre wirtschaftliche Bedeutung wuchs immer dann, wenn eine Absatzkrise herrschte.

In Rheinhessen sind Straußwirtschaften seit jeher nicht sehr landesüblich, die vorhandenen werden zunehmend durch Gutsschänken ersetzt. Blickt man in andere Weinbaugebiete, dann läßt sich leicht erkennen, daß der Ausschank selbsterzeugter Weine im eigenen Haus, wie er für eine Straußwirtschaft typisch ist, dort mehr verbreitet ist: »Buschenwirtschaft« nennt man sie in Österreich, »Besenwirtschaft« in Franken, »Radwirtschaft« an Bodensee und Oberrhein, anderswo auch »Faßwirtschaft« oder »Heckenwirtschaft« (der »Heckewert« war auch im Mainzer Raum einst geläufig). Das dem jeweiligen Namen entsprechende Symbol ragt über dem Hoftor in die Straße hinein, als Zeichen und Einladung für den Weinfreund.

Die älteste Erwähnung von Straußwirtschaften finde sich bei Publius Syrus um 45 v. Chr. Hierzulande sieht man Karl den Großen als Begründer an und stützt sich dabei auf seine »Capitulare de villis«, worin auch bestimmt ist, es sollten die Weingüter mindestens drei Rebkränze halten (siehe dazu S. 41). Während der Schildwirt ganzjährig ausschenken durfte, galt dies für den Straußwirt nie. Wie schon aus Weinzapfordnungen des 17. Jahrhunderts hervorgeht, war nur eine begrenzte Zahl Straußwirte während zudem begrenzter Zeit berechtigt, eigenes Gewächs zu verzapfen (in der Stadt Bingen durften nach der Ordnung von 1643 beispielsweise höchstens 7 »Wische« zu gleicher Zeit ausgesteckt werden). Sie brauchten zwar keine Konzession, durften aber auch außer Brot und Käse keine Speisen verabreichen und ihre Gäste auch nicht beherbergen. Daran hat sich bis heute wenig geändert.

»Der Zapf« mußte angemeldet werden. Das Faß mit dem auszuschänkenden Wein wurde wie bei den übrigen Wirten »visiert« (gemessen). Die Weinsticher erhoben das »Ohmgeld«, es betrug in der Regel 10 %, weltliche und geistliche Obrigkeit teilten sich darein. Als Zeichen der Schankbewilligung wurde aus dem Faß ein Span geschnitten, der mit einem Vermerk versehen aufbewahrt wurde. Waren alle Formalitäten erledigt, wurde der Wein – da es noch keine Zeitungen oder sonstigen Mitteilungsmöglichkeiten gab – ausgerufen, und zwar nach Sorte, Jahrgang, Preis und Dauer des Ausschanks. An diese Übung erinnert in Alzey noch die Weinrufstraße.

In späterer Zeit finden sich in deutschen Landesrechten für die Straußwirtschaften Beschränkungen verschiedener Art, und zwar zum Schutz des konzessionierten Schankwirtes, der mit mancherlei Abgaben belastet war. So bestimmte eine Verordnung aus Speyer vom 18. Mai 1711, der Straußwirt dürfe keine Speisen verkaufen, außer, »was etwan zum Trunck auf dem rost gebraten werden mag«. Nachdem die Französische Revolution für Rheinhessen die allgemeine Gewerbefreiheit gebracht hatte, galten nur noch die allgemeinen Polizeiverordnungen. Lediglich die Rechtsprechung setzte noch einschränkende Maßstäbe. Erst das Gaststättengesetz (1930) regelte die Materie neu. Wurden nun auch die Grenzen enger gezogen, blieb der Straußwirt doch nach wie vor freier gestellt als die übrigen Wirte. Diese sahen sich mit zunehmender Ausdehnung der Straußwirtschaften jedoch benachteiligt, weshalb ein Erlaß des Reichswirtschaftsministers von 1934 bestimmte: nur 3 Monate lang im Jahr durften Straußwirtschaften offen sein – keine Musikdarbietungen, keine warmen Speisen.

Nach einer Landesverordnung aus dem Jahre 1952 befaßt sich nun die Gaststättenverordnung vom 2. Dezember 1971 mit den Straußwirtschaften. Danach verhält es sich wie folgt:

Der Ausschank von selbsterzeugtem Wein ist unter bestimmten Voraussetzungen erlaubnisfrei. Jedoch muß der Betrieb mindestens 2 Wochen vor Beginn der Stadt- oder Verbandsgemeindeverwaltung angezeigt und dabei eine Aufstellung der zum Ausschank vorgesehenen Weine nach Menge und Bezeichnung beigefügt werden. Zur Abgrenzung von den Weinstuben darf aber nur an 4 zusammenhängenden Zeitabschnitten von insgesamt 4 Monaten im Jahr ausgeschänkt werden (die Öffnung »nur an Wochenenden« ist also, auch wenn insgesamt 4 Monate nicht überschritten würden, zum Beispiel nicht zulässig).

Nur solcher Wein, der aus den Trauben des eigenen (auch gepachteten) Weinbergs des Winzers gewonnen wurde, darf angeboten werden, zugekaufter Wein und Verschnitte mit zugekauftem Wein sind ausgeschlossen. Der noch ungegorene oder gärende Wein (Bremser, Bitzler oder Federweißer) ist natürlich eingeschlossen.

Eine Straußwirtschaft darf nur von hauptberuflich im eigenen Weinbaubetrieb tätigen Personen geführt werden. Nur Winzer dürfen daher Straußwirt sein, nicht aber Weinhändler und Weinkommissionäre, auch wenn sie daneben Weinbau betreiben, ebenso nicht Winzergenossenschaften.

Der Ausschank ist nur in Räumen zulässig, die am Ort des Weinbaubetriebes gelegen sind. Die Straußwirtschaft darf nicht mit einer Schank- oder Speisewirtschaft oder mit einem Beherbergungsbetrieb verbunden sein. Höchstens 40 Sitzplätze sind erlaubt. In einer Straußwirtschaft dürfen nur kalte und einfach zubereitete Speisen verabreicht werden (wie Winzervesper, Hausmacher Wurst, Rippchen und ähnliches).

Wie es einst in solch einer Straußwirtschaft zuging, schildert Como aus dem Binger Land (nichts hat sich daran geändert): »Da sitzen nun bei gutem Wetter im Hof, bei schlechtem in der Stube an langen Tischen die biederen Bürger bei ihrem billigen, aber großen Schoppen, der Handwerksmann neben dem Beamten, das Stadtoberhaupt neben dem Ratsdiener; eine Rangordnung gibt es nicht, wer kommt, schiebt sich an einem eben frei gewordenen Platze ein. Nirgends findet man den Schoppen besser gemessen als in diesen Wirtschaften. Ein Frühstück oder Vesperbrot holt sich jeder beim nächsten Bäcker und Metzger, die freundliche Straußwirtin stellt aber gern Teller und Besteck zur Verfügung, wenn man es nicht vorzieht, aus der Faust zu vespern. Da werden nun Stadtneuigkeiten, Gemeindeangelegenheiten und hohe Politik erörtert ...«.

Während Straußwirtschaften mehr »Anhängsel« eines Weinbaubetriebes sind, stehen Gutsschänken den eigentlichen Weinstuben (und Gaststätten) näher. Sie brauchen eine Konzession (die nur erteilt wird, wenn bestimmten hygienischen und räumlichen Anforderungen genügt ist), sind meistens das ganze Jahr über geöffnet (wenn auch täglich – manchmal nur an Wochenenden – und oft erst ab spätem Nachmittag: Anmeldung ist ohnehin ratsam, wenn es sich um größere Gruppen handelt, auch wenn Öffnungszeiten angegeben sind) und bieten auch eine größere Speisenauswahl (besonders »gehobene« warme Mahlzeiten) an. Andererseits

Im Zeitalter der Beton-Tanks erfreuen Holzfässer das Auge des ▶
Weinliebhabers. Hier und da gibt es sie noch – wie im
historischen Zehntkeller des Alzeyer Schlosses.

werden hier, wie in den Straußwirtschaften und anders als in den meisten Weinstuben, eigene (selbsterzeugte) Weine ausgeschenkt, und zwar in den Räumen des Weingutes.

Weinprobierstuben und -keller

Dienen Straußwirtschaften und Gutsschänken vor allem dem unmittelbaren Weinverkauf und nur daneben der Werbung steht die Absicht, Dauerkunden zu gewinnen, bei den Weinprobierstuben betont im Vordergrund. Darum wird der Wein dort auch nicht im 0,2 l Glas, sondern im Probiergläschen, zur Verkostung ausgeschenkt.

Früher geschah dies »in de gut Stubb«, der sonst nur zu hohen Festtagen vom Winzer und seiner Familie betretenen »besseren Stube«. Nach und nach – und in den letzten Jahren zunehmend – entstanden aber geschmackvoll und oft auch aufwendig ausgestattete spezielle Räume für Weinproben in den rheinhessischen Weinbaubetrieben. Nahezu jedes größere Weingut hat eine solche Einrichtung, meistens in Anbauten, in eigens hergerichteten Räumen, oft auch in »stillgelegten« alten Ställen mit schönen Bogengewölben oder in mit Balken versehenen Nebengebäuden.

Die Weinprobe im eigenen Betrieb ist speziell für den sogenannten »Selbstvermarkter« (d. h. den Winzer, der seinen Wein unmittelbar an den »Endverbraucher« – ein schreckliches Wort – verkauft) ein wichtiges Mittel der Verkaufsförderung. Selbstvermarktende Winzerbetriebe sind immer auch Familienbetriebe, und der persönliche Kontakt, das nahezu private Kennenlernen ist ein ebenso angenehmes wie erfolgverheißendes Mittel, neue Weinkunden zu gewinnen (und alte sich zu erhalten). Der Anteil solcher Weinliebhaber, die direkt beim Winzer einkaufen wollen, scheint sich in den letzten Jahren immer mehr zu erhöhen, neben dem Einkauf beim Handel, bei Genossenschaften oder »über die Theke« gewinnt er zunehmend an Bedeutung, wobei auch ein wenig Nostalgie mitspielen mag.

Da sitzt der Winzer dabei, plaudert und erläutert als der echte Kenner seine Erzeugnisse. Da werden persönliche Kontakte geknüpft, die als Vertrauensbasis so wichtig sind, da lernt man den Wein »an der Quelle« kennen. Ihn dann zuhause »nachzutrinken« macht viel mehr Freude, wenn man Betrieb und Winzer kennt. Dem Weinfreund wird hier Information vermittelt, er kann sein Wissen um den Wein bereichern (»Weintrinken wird durch Wissen schöner«), Fragen stellen und zuhause die Eindrücke von Winzer, Betrieb und Wein in der Erinnerung wiederbeleben.

Die Weinprobierstuben kommen den schon erwähnten nostalgischen Vorstellungen entgegen: Alte Möbel aus Familienbesitz, Keller- und Weinbergsgeräte aus alten Zeiten vermitteln Winzertradition. Fachwerkwände und Balkendecken. Naturstein und Rauhputz machen die Atmosphäre solcher Räume zünftig und rustikal, und bei entsprechender Beheizungsmöglichkeit sind Keramikfliesen ebenso passend wie – wird einmal Wein verschüttet – praktisch. Urkunden und Hinweise

Jugend beim Wein. Brötchen, Probierglas und Kerzenlicht gehören dazu. Weinwissen will erlernt und praktiziert sein.

auf Medailien und Prämiierungen (durch Landwirtschaftskammer und Deutsche Landwirtschaftsgesellschaft – DLG – sowie andere Institutionen) zieren meistens die Wände und weisen die Leistungsfähigkeit und den Standard eines Qualitätsweingutes aus.

In solchen Räumen wird der Selbstabholer (das ist der Privatkunde, der seinen Wein im Weingut nach Bedarf holt und damit nicht nur alte Freundschaften auffrischt, sondern auch sich Kosten und dem Winzer lange Anfahrten erspart) ebenso betreut wie eine festliche oder auch rein instruktive Fachweinprobe abgehalten. Der einzelne Kunde (mit Anhang) wird hier nicht weniger gern erwartet als Reisegesellschaften oder Vereine.

Auch Kellerproben können reizvoll sein, sie waren früher bei Betriebsbesichtigungen die Regel, als es noch keine extra hergerichteten Weinprobierräume gab. Vor allem am Ende eines Kellerrundganges können sie sich, mehr improvisiert als geplant, ergeben und werden als romantisch empfunden, zumal wenn das Weingut noch Holzfässer hat und Kerzenlicht leuchtet. Aber es sind doch zwangsläufig Stehproben kleineren Umfanges. Den Erlebnisreichtum einer fachkundig erläuterten Probe in einem Probierraum können sie nicht ersetzen, allenfalls ergänzen. Auch für größere Gruppen, die in der Weinprobierstube keinen Platz finden, sind sie denkbar.

Aber für diesen Zweck haben sich Weingüter eine annehmlichere Lösung einfallen lassen, nämlich den eigentlichen Weinprobierkeller, wie er auch von Winzerzusammenschlüssen betrieben wird und fast immer ein größeres Fassungsvermögen bietet als die ebenerdigen Räumlichkeiten. Diese Weinprobierkeller sind ganz ähnlich eingerichtet wie die Weinprobierstuben, nur ist zu beobachten, daß die Akustik durch die Gewölbe bedingt, meistens nicht ideal ist. Den Probenbesprecher versteht man nur, wenn jeder zuhört, andernfalls macht babylonisches Sprachengewirr, von den Kellerwänden reflektiert, selbst die Verständigung mit dem Nachbarn zu einem schwierigen Unterfangen.

Das Fassungsvermögen solcher Weinprobierstuben und -keller schwankt zwischen 20–100 (selten mehr) Personen. Für eine Weinprobe wird in der Regel, des Zeit- und Weinaufwandes wegen, eine gewisse Mindestteilnehmerzahl (im Durchschnitt 10 Personen) gefordert. Ausnahmen nach Vereinbarung (eine Verkostung zu Einkaufszwecken ist natürlich auch bei kleinerer Zahl möglich). Die Proben umfassen meistens mindestens 6, höchstens um 20 Weine; Brötchen und Probierglas sind gelegentlich im Preis inbegriffen. Die Probezeiten sind unterschiedlich, Anmeldung ist fast stets notwendig oder doch zweckmäßig. Auch kleinere Proben sollte man (nicht stets verlangt) jedenfalls dann bezahlen, wenn man sich nicht zum Weineinkauf entschließt. Beim Weinverkauf sind sie, zumindest ab bestimmter Flaschenzahl, regelmäßig kostenlos.

Einzelne Weingüter bieten auch eine Winzervesper an, etwa im Rahmen dessen, was in einer Straußwirtschaft verabreicht werden darf. Umfangreichere Verköstigung ist meistens in nahegelegenen Gaststätten möglich. Dehnt die Probe sich länger aus, sollte man an eine Übernachtung denken.

Alle Details über Weinprobierstuben, Weinprobierkeller, Gutsschänken und Straußwirtschaften in Rheinhessen sind in meinem »Rheinhessischen Weinquellenführer« nachzulesen.

Es soll nicht übergangen werden, daß natürlich auch in denjenigen Weingütern, die (noch) keine Weinprobierstube (-keller) eingerichtet haben, Wein verkostet und an Ort und Stelle gekauft werden kann. Anschriften – wie auch sonstige Weinprobemöglichkeiten – vermittelt die Werbegemeinschaft Rheinhessenwein e. V., 117er Ehrenhof 5, Postfach 1340, 6500 Mainz 1, Tel. 0 61 31/67 61 62. Ergänzende Hinweise erhält man im übrigen auch von den städtischen Verkehrsämtern, den Gemeindeverwaltungen sowie den örtlichen Bauern- und Winzerverbänden.

Spezialitäten zum Rheinhessenwein

Zum Wein gehört ein herzhaftes Essen, zumindest wenn eine größere Probe oder ein »langer Abend« in einer Weinstube bevorsteht. Es muß nicht immer eine große Mahlzeit sein (siehe dazu im Kapitel »Gut essen und trinken«, Seite 167), es genügen durchaus »weingerechte kleine Speisen«, wie sie in den Lokalen angeboten werden. Man kann sie vorher oder auch zwischendrin zu sich nehmen – es macht aufnahmefähiger, läßt den Alkohol nicht zu sehr seine Wirkung entfalten und verleiht Ausdauer.

Nun sind bei den Angaben über kleine Gerichte hie und da Bezeichnungen zu finden, die jedenfalls dem Landesfremden (»Meßfremden« sagt man in Mainz) nicht ohne weiteres geläufig sind und von denen er entweder überhaupt nicht weiß, was sie bedeuten, oder jedenfalls nicht, wie sie hergestellt werden. Teilweise handelt es sich um rheinhessische Spezialitäten, teilweise sind sie aus anderen Regionen übernommen. Einige davon seien hier vorgestellt:

(Määnzer) Handkäs mit Mussik

Das doppelte »s« ist kein Schreibfehler, sondern die phonetische Schreibweise (denn »Musik« ist dem Rheinhessen die gehoben-feierliche, klassische Darbietung, »Mussik« aber die fröhliche Tonfolge). »Handkäs mit Mussik« ist eine typische (wenngleich andernorts nachgeahmte) Mainzer Spezialität. Der Handkäs wird mit Essig, Öl, Zwiebeln, Kümmel, Pfeffer und einer Prise Knoblauch »angemacht« und dann – so jedenfalls früher allgemein, heute noch oft – in einem Steinguttöpfchen aufbewahrt, das mit einem Essigläppchen abgedeckt ist. »Richtig« (zünftig also) ist der »Handkäs mit Mussik«, wenn er »durch« (also nicht mehr hart und weiß) und ein echter »Stinker« ist. Die »Mussik« verursachen die Zwiebeln (hernach), was die Mainzer auf diese, ihnen eigene drastisch-herzliche Art zu wissen und zu bedenken geben.

»Zum Wohl« – bevor eine rustikale Vesper Leib und Seele stärkt! Ein Weinzirkel der Weinbruderschaft Rheinhessen in einer der zahlreichen Gutsschänken.

Spundekäs

Das ist ein fester Weichkäse (ein nur scheinbarer Widerspruch in sich), zubereitet in verschiedenen Variationen, mit Gewürz (besonders rotem Paprika) und Zwiebeln. Die Gewürze werden gelegentlich auch auf dem Teller beigefügt (zum »Selbstanmachen«). Früher wurde der »Spundekäs« in Form eines spitz zulaufenden (gedrehten) Faßstopfens (hierzulande »Spunde« genannt) serviert, daher der Name. Heute ist diese Form seltener anzutreffen. Als spezielle »Spundekäswirtschaft« war im alten Mainz das »Brauhaus zum Birnbaum« bekannt, wo in den 70er Jahren des 19. Jahrhunderts der »Birnbaumclub« – später MCC – entstand, und von Adolf Gottron, dem Mainzer Fassenachter, gibt es ein Gedicht über das Weintrinken, darin es heißt:

> *Ein jeder wääß, zum achte Gläsje*
> *Gehört dem Mensch e Spundekäsje.*
> *Des reizt de Gaume, stärkt de Mage –*
> *Korz, mer kann widder ään vertrage!*

Damit ist der »tiefere Sinn« des Spundekäs-Essens zum Wein bündig beschrieben.

»Määnzer Handkäs mit Mussik« und »Spundekäs« sind die einzigen »echten« Spezialitäten dieser Art zum Wein, die in Rheinhessen beheimatet sind. Andere »hausgemachte« kleine Speisen haben sich eingebürgert, sind aber nicht »hiesig«; darunter die folgenden:

Zwiebelkuchen

Er kam aus dem alemannischen Raum, vornehmlich dem Elsaß und der Pfalz, nach Rheinhessen. Zwiebelkuchen wird aus salzigem Hefeteig gemacht, mit einem Belag aus geschnittenen Zwiebeln, klein gewürfeltem Speck und saurer Sahne goldgelb gebacken. Er soll ofenwarm serviert werden (kalter Zwiebelkuchen schmeckt nicht!), ist besonders beliebt und anzutreffen in der Zeit des jungen Weines; zum »Bremser« und »Federweißer« vorzüglich geeignet.

Maultaschen

Auch sie sind, wie der Zwiebelkuchen, aus dem alemannischen Raum »zugezogen«. Es handelt sich um gebackenen Nudelteig, gefüllt mit gewürztem Hackfleisch, in Fleischbrühe gekocht.

Spießbraten

Stammt aus dem Naheland, aus der Gegend um Idar-Oberstein. Spießbraten wird auf dem Grill gebraten, er ist ein marinierter Schweinebraten, mit Zwiebeln und Gewürzen gefüllt.

(Die) Nackische

Das ist nichts Unanständiges, zudem erst neuerdings in Rheinhessen vereinzelt in Weinstuben anzutreffen und auch den Einheimischen noch unbekannt. »Die Nakkische« – angeblich ebenfalls schwäbischer »Import« – sind rohe Bratwürste ohne Haut.

214   *Manches Kleinod der Baukunst ist in rheinhessischen Orten verborgen.* ▶
         Barockes Hausportal in Ensheim.

Heimelige Tordurchfahrt in der Alzeyer Schloßgasse – Erinnerung an geruhsame Zeiten.

Entdeckungsfahrten
in Rheinhessen

Ortslexikon

Wissenswertes über Geschichte und Gegenwart, Wein und Kultur der Städte und Dörfer

»Das bestimmte Weinanbaugebiet Rheinhessen« (wie es in hölzernem EWG-Deutsch heißt) wird durch Anlage 4 Abschnitt I Nr. 7 zu § 3 der Weinverordnung wie folgt abgegrenzt: »Von der Einmündung der Nahe in den Rhein rheinaufwärts bis zur südlichen Gemarkungsgrenze der Stadt Worms, entlang der südlichen Grenze des Landkreises Worms-Alzey bis zur Grenze des Landkreises Bad Kreuznach bei Tiefenthal, von dort nach Norden entlang der Weinbaugebietsgrenze Nahe bis zum Rhein«. Diese Region ist Gegenstand der allgemeinen wie der Orts-Texte des Buches, ohne Rücksicht auf die Verwaltungsgliederung. Denn Weinanbaugebiet Rheinhessen und früherer Regierungsbezirk Rheinhessen, Weinland und staatliche Region, waren bis zur Verwaltungsreform (1968–1970) identisch. Dies hat durch mehrere »Landesgesetze über die Verwaltungsvereinfachung im Lande Rheinland-Pfalz« besonders folgende Änderungen gebracht:

– Der Regierungsbezirk wurde durch Zusammenschluß erweitert und heißt nun »Rheinhessen-Pfalz« (Sitz der Bezirksregierung in Neustadt an der Weinstraße).

– Aus dem westlichen Rheinhessen (»Wöllsteiner Hügelland«, »Rheinhessisches Nahegebiet«) wurden 9 Ortsgemeinden der alten Landkreise Alzey und Bingen dem Regierungsbezirk Koblenz als »Verbandsgemeinde Bad Kreuznach« zugeordnet, 3 weitere Ortsgemeinden (ohne Weinbau) wurden Stadtteile von Bad Kreuznach. Es sind dies: Verbandsgemeinde Bad Kreuznach: Biebelsheim, Frei-Laubersheim, Fürfeld, Hakkenheim, Neu-Bamberg, Pfaffen-Schwabenheim, Pleitersheim, Tiefenthal, Volxheim. Stadtteile von Bad Kreuznach: Bosenheim, Planig, Ippesheim. Die Orte der Verbandsgemeinde Bad Kreuznach (nur diese) gehören aber nach wie vor zum Weinanbaugebiet Rheinhessen. Die Abgrenzung der Weinanbaugebiete wurde durch die Verwaltungsreform im wesentlichen nicht berührt, es verblieb bei der natürlichen Zugehörigkeit.

– Zwar zum Regierungsbezirk »Rheinhessen-Pfalz«, nicht aber zum Weinanbaugebiet Rheinhessen gehören hingegen die 10 Orte der neugebildeten »Verbandsgemeinde Bingen-Land«. Es sind dies: Bacharach, Breitscheid, Manubach, Münster-Sarmsheim, Niederheimbach, Oberdiebach, Oberheimbach, Trechtingshausen, Waldalgesheim, Weiler bei Bingen. Sie befinden sich sämtlich links der Nahe und in den Weinanbaugebieten Mittelrhein und Nahe.

– Die Ortsgemeinde Mauchenheim (bis dahin Landkreis Kirchheimbolanden und Weinanbaugebiet Rheinpfalz) wurde dem Landkreis Alzey-Worms (und nachfolgend dem Weinanbaugebiet Rheinhessen) zugeteilt.

– Durch Zusammenlegung früher selbständiger Orte oder durch Eingemeindung entstanden folgende neue Ortsgemeinden: Armsheim mit Ortsteil Schimsheim, Dittelsheim-Heßloch, Flörsheim-Dalsheim, Flonheim mit Ortsteil Uffhofen, Gau-Odernheim mit Ortsteil Köngernheim, Monsheim mit Ortsteil Kriegsheim, Saulheim mit Ortsteilen Ober- und Nieder-Saulheim, Stadecken-Elsheim. In diesem Buch werden Stadt- und Ortsteile unter Verweisung auf den Hauptort aufgeführt (z. B. Dalsheim → Flörsheim-Dalsheim; Schimsheim, Ortsteil von → Armsheim) und bei diesem unter den Stichwor-

◀ Ockenheim, die große Weinbaugemeinde am Fuße des Jakobsberges.   219

ten »*Sehenswert*« und »*Weinlagen*« gesondert dargestellt, unter »*Weinlagen*« jedoch nur, soweit solche für den Stadt- oder Ortsteil im Weinlagenverzeichnis des Landes (Weinbergsrolle) noch ausgewiesen sind.

Um einheitliche vergleichbare Grundlagen für Erhebungsweise und Stichtag zu haben, wurden die Rebflächenangaben (= Gesamtrebfläche, einschließlich nicht bestockte) der Strukturerhebung der Kommissare für Reblausbekämpfung und Wiederaufbau nach dem Stand vom 31. Dezember 1981 entnommen. (Die Einwohnerzahlen sind in der Verbandsgemeinden-Übersicht auf den Seiten 404/405 vermerkt.)

Unter den Gemeinden des Weinanbaugebietes Rheinhessen sind folgende Städte: Mainz, Worms, Bingen, Alzey, Ingelheim, Oppenheim, Osthofen, Gau-Algesheim. Kreisfreie Städte sind Mainz und Worms, die übrigen befinden sich in den Landkreisen Mainz-Bingen und Alzey-Worms.

Die Orte des Weinlandes Rheinhessen werden von A–Z und nicht nach bestimmten, in sich abgegrenzten Räumen aufgeführt. Denn eine der Besonderheiten, die diese Region gegenüber anderen Weinanbaugebieten aufzuweisen hat, besteht darin, daß es keine schlüssige, landschaftlich oder weinbaulich bedingte Unterteilung gibt, keine natürlichen, in sich abgeschlossenen »*Bereiche*« (mögen solche auch bezeichnungsrechtlich geschaffen worden sein). Zwar war früher, etwa 50 Jahre lang, die Einteilung in 8 »*Weinbauzonen*« (sog. »*natürliche Weinbaugebiete*«) üblich, nämlich: Worms und Umgegend, Oppenheim und Umgegend, Mainz und Umgegend, Ingelheim und Umgegend, Wiesbachgebiet, Bingen und Umgegend, Rheinhessisches Nahegebiet, Rheinhessisches Hügelland (= Alzey und Umgegend). Diese Aufteilung – hauptsächlich an den Städten orientiert – diente aber vor allem statistischen Zwecken. Sie wurde nicht Allgemeingut im Bewußtsein der Bevölkerung. Auch andere Unterteilungen (wie »*Rheinfront*«, »*Alzeyer Hügelland*«, »*Wonnegau*«) ergaben gleichfalls keine eindeutige Zuordnung aller rheinhessischen Orte (vgl. entsprechend zur Weintouren-Erläuterung S. 393).

Aus Raumgründen wie der Übersichtlichkeit und »*gezielten Information*« wegen ist der Inhalt der Ortstexte unter Verzicht auf verbindende Worte gestrafft. Wesentlich erschien, dem vornehmlich weinkundlich interessierten Leser (besonders dem Reisenden) ein Optimum an Wissenswertem, wie er es sonst nicht findet, zu vermitteln. Wein- und allgemeingeschichtliche Entwicklungen sowie Daten, die für alle Orte zutreffen (z. B. Zerstörungen im 30jährigen Krieg, durch den pfälzischen Erbfolgekrieg, oder die politischen Geschehnisse nach der Französischen Revolution) sind nicht besonders erwähnt, desgleichen sind weinhistorisch wichtige Daten (wie z. B. erste urkundliche Erwähnungen usw.) schon im Abschnitt »*Weinkultur seit Römerzeiten*« enthalten. Eine erschöpfende Darstellung der Geschichte eines jeden Ortes ist nicht Ziel dieses Buches, charakteristische Besonderheiten sind aber hervorgehoben. Hinweise auf touristisch neutrale örtliche Einrichtungen, Behörden usw. sind nicht aufgenommen, um jeden »*Adreßbuch-Charakter*« zu vermeiden. Ganz allgemein wurde auch auf veränderliche Daten möglichst verzichtet, ausgenommen Rebflächenangaben (s. oben), um durch diese eine ungefähre Vorstellung von der Bedeutung eines Ortes als Weinbaugemeinde zu vermitteln. Hinweise auf Funde in auswärtigen Museen sind nicht erschöpfend, sondern nur erfolgt, soweit es sich um historisch besonders wichtige oder weinkulturell erwähnenswerte Objekte handelt.

Der unterschiedliche Umfang der Ortstexte ist hauptsächlich durch die verschiedene (allgemeine und/oder weinbauliche) Bedeutung der Orte bedingt, er folgt aber nicht Proporzmaßstäben. Berücksichtigt ist vielmehr, daß etwa die großen Städte (Mainz, Worms) vielen bekannt oder doch Literatur und Führer (usw.) dort leicht erhältlich sind, während das übrige Weinland selbst Einheimischen oft noch »terra incognita« ist, weinkulturell wie in Ansehung allgemeiner Sehenswürdigkeiten.

Wie man das »Weinparadies Rheinhessen« mit dem Auto am besten bereist, um landschaftliche Schönheit und Sehenswürdigkeiten kennenzulernen, ist den Routenbeschreibungen auf Seite 395 ff. zu entnehmen.

Abkürzungen in den Ortstexten

A	= Autobahn	L	= Landstraße
Abb.	= Abbildung	m	= Meter
B	= Bundesstraße	rhh.	= rheinhessisch
ca.	= circa	röm.	= römisch
dsgl.	= desgleichen	roman.	= romanisch
ehemal.	= ehemalige	s.	= siehe
ev.	= evangelisch	s. oben	= siehe weiter oben im selben Ortstext
gest.	= gestorben	s. unten	= siehe weiter unten im selben Ortstext
got.	= gotisch	S.	= Seite
ha	= Hektar	s. a.	= siehe auch
hl.	= Heilige	u. a.	= unter anderem
Jh.	= Jahrhundert	urspr.	= ursprünglich
karol.	= karolingisch	v. Chr.	= vor Christus
kath.	= katholisch	WE	= Wochenende
km	= Kilometer		

seit
767
WEINBAU

ALBIG/RHH.

Kunstvoll geschnitzte Faßböden grüßen an den Ortseingängen vieler rheinhessischer Weinorte.

ABENHEIM, Stadtteil von ▶ Worms

ALBIG

Der Kreisstadt Alzey benachbartes typisches Weindorf. An der Kreuzung der Autobahnen A 61 und A 63, die erhebliche Grundstücksabtretungen bedingten.

Geschichte: Funde bezeugen frühe Besiedlung, so spiralkeramische Scherben (Museum Alzey; Zuwanderung der Spiralkeramiker um 300 v. Chr. aus dem Raum des Schwarzen Meeres) und ein Spät-Latène-Grab (Fibel-, Ring- und Gefäßfunde). Ungewiß ist, ob das keltische, später römische Albiacum (= Albig), statt Tolbiacum (= Zülpich), Ort des Sieges des Frankenkönigs Chlodwig über die Alemannen (496) war (dafür sprechen Gräberfeldfunde bei Bornheim, s. S. 251, und die Nähe der fränkisch-alemannischen Grenze), oder ob der Ortsname auf einen Bach Alba (heute Engbach) zurückgeht (worauf ältere Namensformen hinweisen könnten). Das heutige Dorf ist aber eine fränkische Neugründung (Albucha; Fronhof), erstmals 767 anläßlich einer Weinbergsschenkung (Kloster Lorsch) erwähnt. Albig war früh der Burg Alzey pflichtig, später den Truchsessen von Alzey zu Lehen, 1354 an die Kurpfalz zurückgelangt. Im Mittelalter war der Ort von Wall und Graben umgeben.

Sehenswert: *Romanische Kirche(n)* mit Wehrturm und Wappengrabmal des Werner von Albig († 1440), darin eine der ältesten Glocken Deutschlands · *Barockes Rathaus* (1766) im rheinhessischen Typ mit einläufiger geknickter Treppe an Rückseite, im Erdgeschoß kath. Kapelle mit Relief einer Marienkrönung, um 1740 · *Fachwerkhäuser* im alten Ortskern · *Weinlehrpfad* · *Im Museum Alzey*: Spindelkelter aus Albig, um 1813 (s. S. 76).

Weinlagen: Homberg, Hundskopf, Schloß Hammerstein in der Großlage Petersberg, 415 ha.

Umgebung: Durch Weinlage »Schloß Hammerstein« über Galgenberg (251 m, schöne Fernsicht) und Rebzuchtanstalt nach Alzey (3 km).

Bilder: S. 14, 222, 223, 224.

Am Schnittpunkt von Autobahnen der weiten Welt nähergerückt: das Weindorf Albig.

Stattliche Bauernhäuser zeugen in Albig von Wohlstand und alter Bauweise.

ALSHEIM mit Ortsteil Hangen-Wahlheim

Große Weinbaugemeinde am Altrhein mit bedeutendem Riesling-Anbau. Bekannt war der »Alsheimer Rebschnitt«. Pfarrer Elard Briegleb (1822–1904) schöpfte in seinen Mundartgedichten aus dem Leben der Alsheimer Winzer.

Geschichte: Erstmals 761 als Alaisheim urkundlich erwähnt, früh im Besitz der Grafen von Leiningen, später der Kurpfalz.

Sehenswert: *Ev. Kirche* mit um 1200 entstandenem romanischem Westturm, dessen Bekrönung (Haube) eine in Rheinhessen mehrfach anzutreffende Nachahmung orientalischer (armenischer?) Zentralbauten ist (s. S. 257); an Südseite Bruchstücke mehrerer Schichten gotischer Wandgemälde · Kath. Kirche mit *Plastiken* des 16. und 18. Jh. · *Fachwerk-Rathaus* · *Weinlehrpfad* · Durch die Bodenabspülung entstandene *Hohlwege*, teils 6–10 m tief in die Lößhänge eingegraben · Interessante, fast südländische *Flora* · Im Ortsteil **Hangen-Wahlheim:** Ruine der *Wahlheimer Kapelle* (Umfassungsmauern, Türen, niederer Chor, Giebelreiter, romanischer Widderkopf über Südpforte), vermutlich spätgotischer Umbau einer Anlage von Anfang 13. Jh., der im 18. Jh. zerfiel.

Weinfest: Rheinblickfest am zweiten Wochenende im Juni.

Weinlagen: Goldberg in der Großlage Krötenbrunnen; Fischerpfad, Frühmesse, Römerberg, Sonnenberg in der Großlage Rheinblick. 620 ha.

Umgebung: Ab westlichem Ortsausgang (L 438) über Oberen Hahlweg zum Monsbrunnen, zurück über Unteren Hahlweg (1,5 km) – ab westlichem Ortsausgang über Wahlheimer Weg zum Ortsteil Hangen-Wahlheim, über Wahlheimer Straße und L 439 zurück (4,5 km).

Bild: S. 225.

*Behäbig präsentiert sich das schmucke Rathaus ▶
der Altrhein-Gemeinde Alsheim.*

ALZEY mit den Stadtteilen Dautenheim, Heimersheim, Schafhausen, Weinheim

Die »Volkerstadt« Alzey an der alten »Pariser Straße«, eine der ältesten Städte Deutschlands (1750 Jahre), ist wirtschaftlicher Mittelpunkt der nach ihr benannten Umgebung (»Alzeyer Land«), deren bäuerliche Strukturen auch sie geformt haben, von und mit der sie lebt (Sitz der Verbandsgemeinde). Alzey ist eine typisch rheinhessische Kleinstadt mit eigenartiger Mischung aus weltoffener Toleranz und selbstgerechter Provinzialität, weingeistiger Aufgeschlossenheit und krittelnder Beredsamkeit. »Ungeschminktes«, arbeitsames und dennoch behagliches Rheinhessen präsentiert sich hier in seltener »Reinheit« und anderswo längst vergessener Familiarität. »Klaa goldich Alse« nennen die »Roßmarktsteher« liebevoll das Städtchen, wo der Reichtum des Hinterlandes mit erprobten bürgerlichen Riten harmoniert. Weitab ist es nur durch den Beinamen bekannt, den der Fiedler und kühne Recke des Nibelungenliedes trägt: »Volker von Alzey«, um den die Gelehrten sich streiten, ob er eine historische oder nur eine Gestalt der Dichtung oder aber gar Mitautor des Nibelungenliedes gewesen sei. Jedenfalls enthält das Stadtwappen seine Fiedel, Bürger, Brunnen und Straßen tragen seinen Namen. Daß Napoleon einst, vom Wartberg herabschauend, Alzey genannt habe »le pot de chambre du Palatinat«, auf die Lage der Stadt in der Mulde des Selztales bezogen, stört seine Bewohner nicht. Ein wohlerhaltenes, wenngleich der Sanierung harrendes Stadtbild vermittelt »Atmosphäre«.

Obgleich der Gerstenanbau die Existenz einer Malzfabrik (früher mehrere) verständlich macht und das Museum die älteste Biermaische Deutschlands aufbewahrt (s. unten), wird Wohlstand von guten Weinjahrgängen bestimmt. Weinbezogenheit war in Alzey immer zu Hause: Die trinkgewaltigen Rodensteiner stellten im 15. Jh. wiederholt die Burggrafen (unter ihnen der Scheffel'sche, der drei Odenwälder Dörfer »vertrunken« habe), der zechfreudige Boos von Waldeck, der auf dem Rheingrafenstein einen Stiefel ausgetrunken und sich so Dorf Hüffelsheim gewonnen habe, residierte hier, ebenso weilte in Alzey wohl auch Kurfürst Friedrich IV., bekannt durch sein »Tagebuch« (Kommersbuchtext: »Wütend wälzt' sich einst im Bette...«). Der Heidelberger Hof wurde vom Alzeyer Oberamt mit Wein versorgt, im Schloßkeller wurde er gelagert (s. unten). Heute ist Alzey Kreisstadt im größten weinbautreibenden Kreis der Bundesrepublik. Weinverbunden sind die Alzeyer Volksfeste, bei denen im »Alzeyer Lied« Weinfreude gepriesen wird (mögen auch die besungenen Lagen »Grün« und »Rotental« jetzt umbenannt sein). Außer in vielen Weingütern und -kellereien hat der Wein im renommierten Weingut der Stadt Alzey (ihr 1916 von Gutsbesitzer Adolf Seubert testamentarisch zugewendet) eine Pflegestätte, ebenso und besonderer Art in der »Landesanstalt für Rebenzüchtung« am Römerberg (einst »Galgenberg«), nahe der Selztalbrücke der A 61. Dieses in der Kreuzungs- und Erhaltungszüchtung »erfolgreichste Institut seiner Art in Deutschland« (Weinbauminister Meyer) wurde 1909 von Philipp Wolf (Albig) als »Rebschule« (so noch heute die volkstümliche Bezeichnung alter Alzeyer) gegründet. Georg Scheu (1879–1949), zunächst Weinbauberater bei der Landwirtschaftskammer Alzey, war 1909–1947 ihr Leiter (Scheurebe s. S. 94). Er bekämpfte die Gelbsucht der Rebstöcke (Chlorose) und entdeckte die Rollkrankheit. Ihm folgten Dr. Zimmermann (bis 1972) und Dr. Bauer. Eine Gedenktafel am Eingang des Neubaues der Rebzuchtanstalt (1973/74) erinnert an Scheu. Der Anteil der »Alzeyer Neuzüchtungen« in Rheinland-Pfalz betrug schon Ende 1972 = 37,5 %, sie machen den Hauptteil der mit Neuzüchtungen bestockten Rebfläche in der Bundesrepublik Deutschland aus (s. S. 95). Alzey ist auch Sitz der Weinprüfstelle der Landwirtschaftskammer Rheinland-Pfalz.

Der Name der Stadt wurde schließlich außer durch den Spielmann Volker und die Rebneuzuchten auch durch die für Rheinhessen, das Nahegebiet und den Hunsrück zuständige Landesnervenklinik bekannt. Von Alzey stammt die Dichterin Elisabeth Langgässer, Tochter eines Kreisbauinspektors (23. Februar 1899 bis 25. Juli 1950); Gedenktafel am Geburtshaus in der Friedrichstraße. Von der »kleinen Stadt in Rheinhessen« spricht sie im »Unauslöschlichen Siegel«, ihrem bekanntesten Roman, auch von den Weinbergen im »Grün« und den irdischen Seligkeiten der Rheinhessen, so sehr sie sonst der mythischen Darstellung verhaftet ist. Als Repräsentant klassischer

Der mächtige Bau des Pfalzgrafen-Schlosses, Wahrzeichen der Volkerstadt Alzey.

Mundartdichtung des Hügellandes ist Franz Kampe zu erwähnen (1879–1957), an den ein Denkmal mit »Alzeyer Typen« erinnert.

Die Stadtteile Schafhausen und Dautenheim sind kleine bäuerliche Orte östlich der Stadt. Der Stadtteil Heimersheim, wo der Pfendebach entspringt, jenseits des »Heimersheimer Berges« gelegen, hat stattliche Bauernhöfe aufzuweisen und ein schmuckes Dorfbild (1979 Goldmedaille auf Bundesebene im Wettbewerb »Unser Dorf soll schöner werden«). Besonders malerisch, in Rebgelände eingebettet, ist der Stadtteil Weinheim (von dem durch Zusätze unterschieden sind Gau-Weinheim und Frei-Weinheim, jetzt Stadtteil von Ingelheim) in der nach ihm benannten früheren Meeresbucht, deren erdgeschichtliche Fundstellen den Namen des Ortes in der geologischen Fachwelt berühmt gemacht haben. Weinheim hat im Wappen den pfälzischen Löwen und eine Weintraube. Nach der Sage und einer Niederschrift des Mönches Siegehard aus dem Kloster St. Alban in Mainz seien beim Hunneneinfall Christen aus der Umgegend von Alzey und Worms in ein verschanztes Lager bei Weinheim geflüchtet und hier ermordet worden (um 406). Bonifatius habe dort (in der »Mordkammer«) im Jahre 746 zum Angedenken eine Kapelle »Zum heiligen Blut« gegründet (s. unten) und die ersten Reben auf dem Hahnberg pflanzen lassen. In Weinheim gibt es seit 1978 Straßennamen wie »Sylvanerweg«, »Rieslingweg«, »Muskatellerweg« und »Bacchus-Weg«.

Geschichte: Nahe dem Übergang der alten, bronzezeitlichen Straße Worms–Bingen über die Selz (Furt) gründeten 400 v. Chr. Kelten ein befestigtes Dorf. Sein Name (»Altiaia« = hohe Burg) behielten die nachfolgenden Vangionen und Römer bei, diese verehrten auch die keltischen Götter Apollo-Grannus und Sirona an heilsamer Schwefelquelle (s. Nierstein S. 332). 40 n. Chr. erstand der »vicus Altiaiensium« (der Name ist nachweislich auf dem sog. Nymphenaltar vom 22. 11. 223 – s. unten). Unter Kaiser Valentinian I. erbauten die Römer nach dem zweiten Germaneneinfall ein bedeutendes zweitoriges Kastell mit 14 Rundtürmen (357–370). Nach Abzug der Römer (406) ge-

227

hörte Alzey zum bis 437 (Hunnen) währenden Burgunderreich (»Volker von Alzey«, s. oben). Vorübergehend von Alemannen besetzt, entstand im 5. Jh. ein fränkisches Haufendorf um den Roßmarkt. Vom Obermarkt aus wurde das Königsgut bewirtschaftet (Salhof). Alzey hatte eigenen Blutbann. Die am Pfalzstein (nahe Obermarkt) verkündeten Todesurteile wurden am Rabenstein (durch Schwert) und Galgenberg (Strang) vollstreckt (heute noch Flurnamen). Alljährlich auf Johanni war der Zunfttag der Keßler (Kupfer-, ursprünglich Waffenschmiede mit eigenen Privilegien, »Keßlertag«). Der Staufer Friedrich II. begann nach 1116/18 mit dem Bau einer im 15./16. Jh. von den Wittelsbachern schloßartig ausgebauten Burg. Sein Sohn Konrad, Stiefbruder Kaiser Barbarossas, erhielt 1156 die Würde als Pfalzgraf, wodurch Alzey ein bedeutender Ort und Geburtsstätte der späteren Kurpfalz wurde. Nach den Welfen traten 1214 die Wittelsbacher die Nachfolge in der rheinischen Pfalzgrafschaft an. Sie brachen die Macht der Truchsessen von Alzey, welche neben anderen Geschlechtern seit 1260 die Fiedel im Wappen trugen. Diesem Zwecke diente auch die Erhebung von Alzey zur pfalzgräflichen Stadt durch König Rudolf von Habsburg im Jahre 1277.

Das Oberamt Alzey, zuletzt fast 100 Dörfer und Höfe umfassend, war das größte und fruchtbarste der Kurpfalz. Während der bis in das 16. Jh. dauernden Blütezeit erreichte der Weinbau um 1500 seine größte Ausdehnung. Es bestanden ein Weingartsrecht und eine Polizeiordnung, die »Urbinistrafen« (abgeleitet von St. Urban) für schlecht bewirtschaftete Weinberge vorsah. Im Zehntkeller wurde der Most eingelagert. Zu den größten Zünften der Stadt gehörten die Weinherrenzunft (Weinhändlervereinigung mit Zunftordnung aus dem 15. Jh.). Nach den »Weinrufern«, die Ort und Zeit des Weinausschankes öffentlich bekanntmachten, ist die »Weinrufstraße« noch heute benannt.

Das später bescheidenere Landstädtchen wurde 1835 Mittelpunkt des nach ihm benannten Kreises (Sitz eines Bezirksgerichts) und in neuerer Zeit des Landkreises Alzey-Worms.

In Dautenheim wurde im 12. Jh. das Zisterzienserinnenkloster Weidas (auch: Marienborn) gegründet, dem fast die gesamte Gemarkung gehörte, die Hoheitsrechte über den Ort, Zehnten in Hangen-Weisheim und Eimsheim und später (Anfang 16. Jh.) Gefälle aus zahlreichen anderen Orten zustanden. Nach der Aufhebung (1551) wurde das Klostergebäude abgerissen, mit seinen Steinen wurden 1570–1580 die Rathäuser zu Alzey und Kettenheim erbaut. Heimersheim (ursprünglich Heimradesheim) war der Burg Alzey dienstbar und schon früh der Pfalz (Oberamt Alzey) zugehörig. In Weinheim lag unter Karl dem Großen königlicher Grundbesitz, gehörte um 1000 zur Herrschaft Alzey und war im frühen Mittelalter Besitz der Pfalzgrafen und der Grafen von Leiningen. Seit etwa 1250 hatten die Ritter von Winnenberg Ortshoheit (unter der Herrschaft Bolanden und später Sponheim), ihr Sitz war die Winnenburg (s. S. 336). 1273 vermachte Ritter Werner von Weinheim Niedergericht und Güter dem Deutschordenshaus zu Sachsenhausen, das in Weinheim Haus und Zehntscheuer hatte (s. unten).

Sehenswert: *Schloß* (Wahrzeichen Alzeys, Sitz des Amtsgerichts), ursprünglich romanische Wasserburg (erste Anlage nach 1126 – s. oben), von den Pfalzgrafen in die Stadtbefestigung einbezogen, nach Zerstörung (1260) Wiederaufbau (1309) mit der Hälfte des von 2 auf 3 Pfennig erhöhten Weinungeldes. Mächtiger viereckiger Turm (1180, zum Bergfried 1538 ausgebaut, mit Pechnase) als Relikt des Urbaus erhalten, Hauptteile des Schlosses 15./16. Jh., 1689 zerstört, 1902–1904 Wiederaufbau (etwas verändert). Bollwerk-Rundturm (um 1476), im Volksmund »der dicke Schorsch« genannt, Herrenhaus mit Erker, Wendeltreppe zwischen Torturm und Pallas (mit alten Steinmetzzeichen), Rittersaal (jetzt Sitzungssaal), Reste der Schloßkapelle, Wehrgang, unter dem Südbau in Renaissance-Gewölbekeller großer Weinprobierkeller · *Ehemaliger Schloßkeller* (1466–1468) mit starken Tonnengewölben (jetzt Weingroßkellerei), erbaut von Kurfürst Friedrich I. (genannt »der Siegreiche«, auch »der böse Fritz«, als dieser das Schloß zu einer Quaderburg ausbaute), vor der Westfront des Schlosses, Stapelplatz der Zehntweine des Oberamtes Alzey, 100 000 Liter fassend, die an den kurfürstlichen Hof in Heidelberg geliefert wurden (darüber im südlichen Teil frühere Zehntscheuer) · Reste der mittelalterlichen *Stadtbefestigung*, u. a. Torbogen am Ende der Hellgasse (gegenüber Schloß), Tor mit doppeltem Bogenfries und Zinnenkranz, sowie

oben: Die Kreisstadt Alzey, umgeben von Weinbergen, ist wirtschaftlicher Mittelpunkt des ländlichen Rheinhessen und Sitz der Rebenzuchtanstalt. ▶
unten: In der Alzeyer Altstadt. ▶
Renaissance-Rathaus und Deutsches Haus mit Volkerbrunnen.

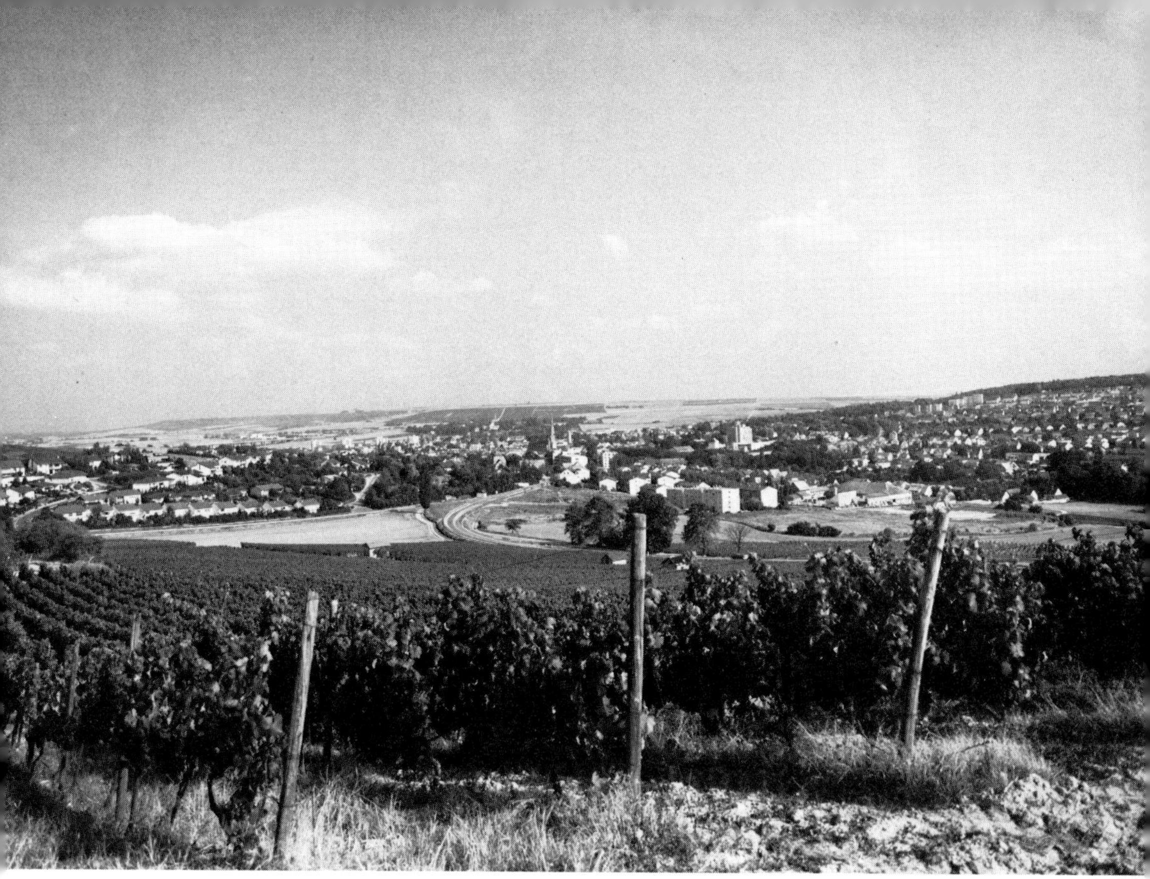

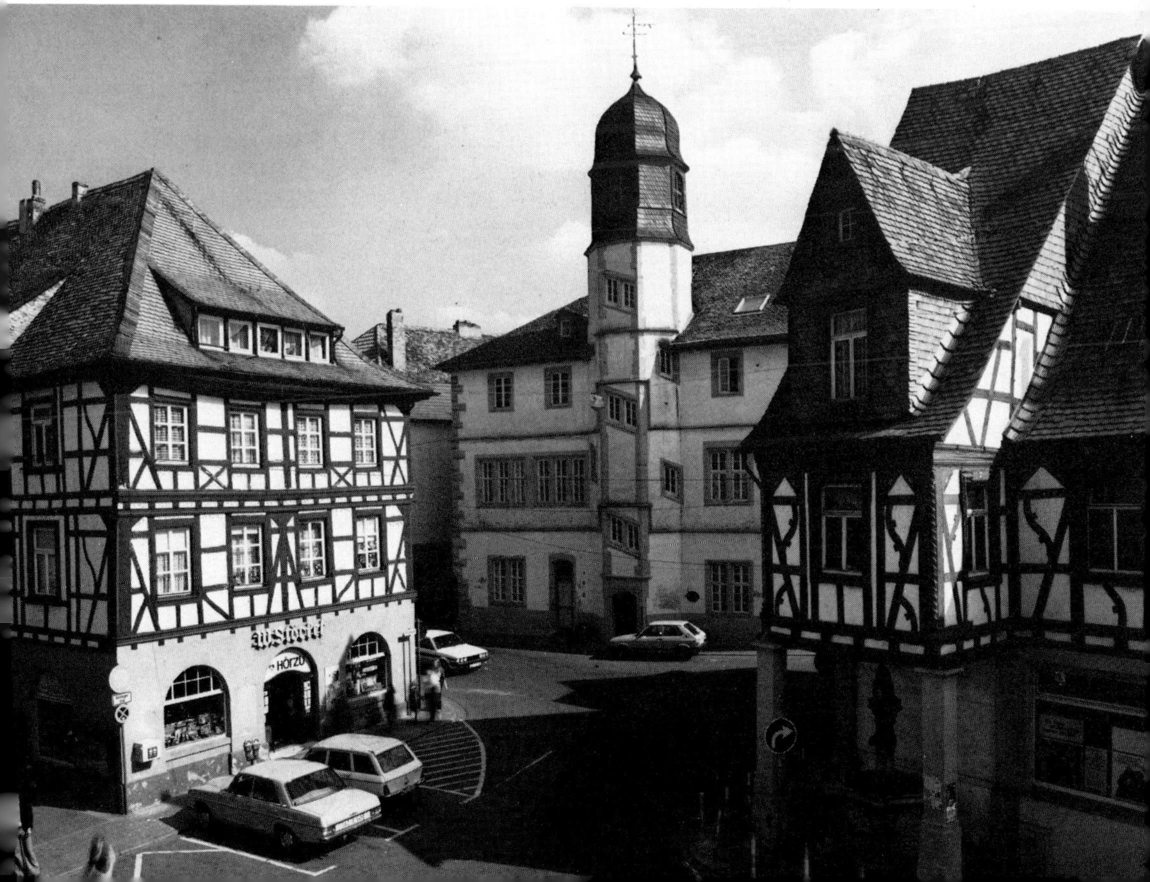
HÖRZU

Weinheim, Stadtteil von Alzey: Idyllisch in Reben eingebettet, überragt vom Turm des Heilig-Blut-Berges.

in Schloßgasse, verschiedene Turmruinen, u. a. Hexenturm an der Hexenbleiche (= »Metzgerturm«) · Dort auch Brunnen (in Torbogen der alten Stadtmauer) mit *Bacchantenfigur* · Restaurierter Teil der westlichen Kasernenbauten des *Römerkastells* an der »Langen Mauer« (Nähe Gymnasien) · Ehemaliges *Kapuzinerkloster* (jetzt kath. Vereinshaus), davor überlebensgroße Statue des hl. Franziskus (18. Jh.) · *Rathaus*, Renaissancebau (1586, Inschrift) mit vorspringendem Treppenturm und schrägen Fenstern, errichtet aus Steinen der Klosterkirche Weidas in Dautenheim (s. oben), mit Marktelle · Ehemal. *Spital* der Antoniter (1387 begründet, mehrmals erneuert, Rundturm von 1611), jetzt Museum (s. unten) · *Fachwerkhäuser und andere Wohnbauten* (überwiegend 18. Jh.) am Roßmarkt (besonders »Zum Raben« (17./18. Jh., nach Kriegszerstörung 1948 wieder aufgebaut, und »Engel-Apotheke«), Fischmarkt (besonders »Deutsches Haus« von 1699 mit Volkerbrunnen), Obermarkt, Schloßgasse (u. a. Wirtshaus von 1579 – renoviert 1975 – Ecke Amtsgasse mit Traubenmotiv an Erkerstütze, klassizistisches Stadtweingut und Burggrafiat, ehemal. kurpfälzisches Amtshaus), St. Georgenstraße, Atzel, Klosterstraße · *Malerische Plätze und Gassen*, u. a. Roßmarkt (Stadtmittelpunkt), und Fischmarkt-Komplex (sehr geschlossener Stadtkern), Kästrich mit an das Schloß angeschoppten kleinen Häusern · *Nikolaikirche* (ev.) am Obermarkt, typische große Predigt-Kirche, anstelle der Nikolaikapelle des fränk. Salhofes, Langhaus (15. Jh.) evtl. von Nikolaus Eseler, Dombaumeister zu Mainz (Alzeyer Steinmetzengeschlecht), steinerne Grablegungsgruppe (um 1430) und Grabdenkmäler (14.–17. Jh.) im Chor · Barockportal (1730) der ev. Kirche in der Amtsgasse (*»kleine Kirche«*) · Ruine des *Wartbergturms* (ehem. – 13. Jh. – Signal-, danach Aussichtsturm, nach Zerstörung im 2. Weltkrieg – »Retter der Stadt« – wiederaufgebaut, 1970 bei Sturm eingestürzt) · *Weinbergshäuschen* (Jugendstil) in den Weinbergen längs der Straße nach Erbes-Büdesheim (einstige Weinlage »Grün«) · *Städtisches Museum*, mit geschlossenster Latène-Sammlung nördlich der Alpen, Vor- und Frühgeschichte, römische und fränkische Abteilungen, Paläontologie und Mineralogie, umfangreiche volkskundliche Abteilung (mit weinkundlicher Sammlung: s. S. 76), alter Apotheke, Schußwaffen, Reste von Biermaische aus der Zeit Konstantin I. (ältestes »Bier« zumindest Deutschlands, Gegenstück zum ältesten erhaltenen »Wein« im Weinmuseum Speyer), in der Steinhalle Nymphenaltar vom 22. 11. 223 (s. oben), Viergötterstein, Reste einer Jupitersäule, Minervarelief · *Wildrebenwäldchen* auf dem Gelände der alten Rebzuchtanstalt (Dautenheimer Landstraße), Sämlinge von Urreben aus dem Oberrheintal bei Ketsch, wo heute noch vorkommend, nach Frostwinter 1956 dezimiert (Scheu – s. S. 226 – wollte die Wildreben zu Kreuzungszwecken verwenden, ergab aber schlechte Qualität) · Im Stadtteil **Weinheim**: Ehem. *Deutschherrenhof*, Reste einer Klosteranlage von 1613, umgebaut 1765, Stuckdecken an Giebelseite Zeichen des Deutschen Ordens (schwarzes Kreuz), daneben Zehntscheuer · Zinnengekrönter Turm (1887) und Kapelle (1830) auf dem »Heilig-Blut-Berg« (s. oben); gleichnamige Villa nach der Straße hin · *Poppenschenke*, nach Alzey-Stadt zu (Abzweigung Mauchenheim), ursprünglich »Poppenmühle« (1585), kurpfälzisch, 1706 umgebaut, den Rittern von Handschuhsheim einst zu Lehen; im Hof Barockbrunnen (früher Pavillon) mit gedrehten Säulen und Muttergottesstatue (aus Tecklenburg in Westfalen), heutiger Name entstanden aus »Poppenmühlschenke« (»Poppo« altdeutscher Männername, evtl. des ersten Besitzers); in der Weinstube alte Fayencen und Gemälde · *Weinheimer Sandgruben* am Randgebiet des tertiären Mainzer Beckens mit interessanten Meeresablagerungen und Fossilienfunden (Haifischzähne, Reste einer Seekuh usw.), besonders bei »Zeilstück«, Würzmühle und »Trift« (Naturdenkmal), in der Fachwelt berühmt.

Weinfeste: Winzerfest am dritten Wochenende im September (mit Weinkosthalle und repräsentativer Weinprobe); Johannisnachtfest in der Schloßgasse im Juni (beide in Alzey-Stadt).

Weinlagen: *Alzey-Stadt:* Rotenfels, Römerberg, Wartberg, Kapellenberg in der Großlage Sybillenstein. 260 ha. *Alzey-Dautenheim:* Himmelacker in der Großlage Sybillenstein. 59 ha. *Alzey-Heimersheim:* Sonnenberg in der Großlage Sybillenstein. 128 ha. *Alzey-Schafhausen:* Pfaffenhalde in der Großlage Sybillenstein. 75 ha. *Alzey-Weinheim:* Heiliger Blutberg, Hölle, Kapellenberg, Kirchenstück, Mandelberg in der Großlage Sybillenstein. 220 ha.

Umgebung: Zum Trimm-Pfad am Wartberg (Niedergehölzweg mit schöner Aussicht, 1 km) und zur Ruine des Wartbergturmes (oberhalb) – selzaufwärts nach Alzey-Weinheim zur »Trift« und den Sandgruben (s. oben, 8 km) – weiter zum Vorholz (Alzeyer Stadtwald, s. S. 336, 12 km).

Bilder: S. 14, 78, 209, 216, 227, 229, 230.

APPENHEIM

Beschauliches Dorf im idyllischen Welzbachtal.

Geschichte: Unter heutigem Namen erstmals 882 erwähnt, 1311 Zubehör der Burg Stromberg, die vor 1287 bereits den Pfalzgrafen gehörte. Im 16. Jh. bestanden Patronatsrechte der Freiherren Greiffenclau zu Vollrads, die bis zur Säkularisierung in der Gemarkung einen Zehnthof mit Weinbergen besaßen.

Sehenswert: *Hochaltar* der kath. Kirche, bestehend aus Teilen eines um 1650 entstandenen Altars aus dem 1813 aufgehobenen Kloster Nothgottes im Rheingau mit Ergänzungen aus der Erbauungszeit (1773/75) · *Rathaus* aus der 2. Hälfte des 16. Jh., dessen rundbogige Lauben vermauert sind · *Rechenborn*, aus drei Röhren sprudelnde Quelle.

Weinfest: Letztes Wochenende im Oktober.

Weinlagen: Daubhaus, Drosselborn, Eselspfad, Hundertgulden in der Großlage Abtei. 122 ha.

Umgebung: Von Appenheim über Westerhaus und Waldeck nach Ingelheim oder Gau-Algesheim oder über Laurenziberg und Jakobsberg nach Ockenheim (6 km).

Bild: S. 232.

Hier ist die Welt noch in Ordnung – Appenheim im Welzbachtal.

ARMSHEIM mit Ortsteil Schimsheim

Das geschlossene Dorfbild der im Wiesbachtal gelegenen Gemeinde wird vom weithin sichtbaren, massiven Kirchturm überragt. Wappen: Arm eines Winzers, der Rebzweig mit Traube und Rebblatt hält (Anlehnung an Ortsnamen).

Geschichte: Seit der Eisenzeit ständig bewohnter Ortskern. Aus einem von wuchtigen Steinblökken umgebenen keltischen Fürstengrab (entdeckt 1870 beim Bau der Eisenbahnlinie Mainz–Alzey) wurden importierte etruskische Bronze-Weihgefäße geborgen. Der Fürst war mit zweirädrigem Streitwagen beigesetzt. Der fränkische Ort (»Heim des Aribo« = Armsheim) wird erstmals 775 urkundlich erwähnt. Nach Verleihung der Stadtrechte (1387) vom Grafen von Veldenz mit Wall und Graben befestigt und zum ersten Platz des Gaues erhoben, sank Armsheim nach der kurpfälzischen Eroberung (1470, durch Herzog Ludwig von Zweibrücken) im 16. Jh. wieder zum Dorf ab.

Sehenswert: Die stattliche *gotische Dorfkirche*, eine der schönsten Rheinhessens, 1431–1434 anstelle einer Remigiuskirche auf befestigtem Friedhof aus Wallfahrerspenden erbaut (Wallfahrtskirche Zum Heiligen Blut); wuchtiger, achteckiger Turm mit Maßwerkgalerie (gegen 1500 vollendet). Hallenkirche mit Hochchor, Sakristei mit Kreuzrippengewölbe, Fresken, Kanzel aus Schule Riemenschneiders (Kanzelfuß mit Evangelistensymbolen), Bildnisgrabsteine, Orgel der Brüder Stumm (1739) · Reste eines *Renaissanceschlosses*, ursprünglich Wasserburg der Grafen von Veldenz (1440 erbaut, 1589 Umbau) · In der Bahnhofstraße mehrere *Wohnhäuser* mit reichem Fachwerk, Erker, Mansardendach, schönen Portalen und figürlichen Steinkonsolen (darunter Rat-

Weithin sichtbar ist der Turm der Kirche »Zum heiligen Blut« in Armsheim.

haus), desgl. in Kirchgasse und Mühlstraße (18. Jh.) · *Renaissance-Ziehbrunnen* bei der Kirche (sog. »Kellerbrunnen«) · *Monolith* (Hinkelstein) in der Feldgewann · Im Ortsteil **Schimsheim:** An Weggabelung 1000*jährige Effe* (Ulme, Rüster), mit 16 m Umfang in Manneshöhe stärkster Baum Deutschlands, ältester in Rheinhessen, 1368 als Gerichtsbaum erwähnt (im Gemeindewappen); Naturdenkmal, dessen 1979 beschlossene Erhaltung als Wahrzeichen Schimsheims schwierig ist

233

Ausblick ins »Binger Land« von der Straßenserpentine oberhalb Aspisheim.

(s. a. Lutherbaum in Worms-Pfiffligheim, S. 387) · *Feldkreuz* (1796) am südwestl. Ortsausgang · *Im Mittelrheinischen Landesmuseum, Mainz*: Etruskische Gefäße aus dem keltischen Fürstengrab (s. oben).
Weinlagen: Geiersberg, Goldstückchen, Leckerberg in der Großlage Adelberg. 319 ha (davon Ortsteil Schimsheim 57 ha).
Bild: S. 233.

ASPISHEIM

Das Weindorf liegt am Hang, unterhalb einer schöne Ausblicke zu Taunus und Hunsrück gewährenden Straßen-Serpentine (einem Teil der alten »herstraze«, auch »des Riches strazen«: des Königs oder des Reiches Straße). Sein Wahrzeichen ist eine große Effe, die letzte aus dem doppelten Wehrgraben, der einst das Dorf umgab. Ursprünglich Ascmundesheim genannt, war es Lehensbesitz des Werner II. von Bolanden (erstmals 1190 in dessen Lehensverzeichnis genannt). Später folgten die Ritter von Montfort, die im Jahre 1430 ihr Lehen an Ludwig III. von der Kurpfalz verkauften.
Sehenswert: *Spätgotische Wandmalereien* im Erdgeschoß der Kirche · *Relief* an ältester ehemaliger Gemeindeschule.
Weinfest: Rathausfest am vierten Wochenende im August.
Weinlagen: Johannisberg und Sonnenberg in der Großlage Rochuskapelle. 185 ha.
Bild: S. 234.

BADENHEIM

Badenheim ist eine ländliche Wohngemeinde, nicht weit von Bad-Kreuznach in einem schönen Wiesental (Appelbach) gelegen. In dem Weindorf wurde früher intensiv Rinderzucht betrieben, vornehmlich Simmentaler, später auch schwarzbunte Rasse. Berühmter Sohn des Ortes ist Isaak Maus (geb. 1748 in Badenheim, gest. 1833 ebenda; Gedenktafel am Geburtshaus). Er war Bürgermeister, Landwirt und »Bauerndichter«, der politische Betrachtungen anstellte (Flugschriften), aber auch trefflich-ironisch die Mentalität seiner Landsleute in Versen charakterisierte (s. die Gedichtsauszüge S. 161, 162). Maus schrieb auch anakreontische Lyrik (3 Gedichtbändchen), in denen er das Landleben pries, und vereinzelt weinbezogene Gedichte. Schüler des »Philosophen im Bauernkittel« war der Bauerndichter Jakob Hirschmann aus Sprendlingen (siehe zu beiden im Heimatmuseum Sprendlingen S. 79).

Geschichte: Um 1100 n. Chr. bestand dort eine Siedlung. Später gehörte der Ort bis 1730 dem Freiherrn Faust von Stromberg und hernach dem Grafen von Schönborn-Hausenstamm (s. Wappen an der kath. Kirche).

Sehenswert: *Hochaltar* mit Vesperbild in der kath. Kirche, vermutlich aus der Hauskapelle der Grafen Eltz, Mainz · Ehemalige *Schönbornsche Kellerei* (jetzt kath. Pfarrhaus) von 1784 mit schöner Haustür und Treppe.

Weinlagen: Galgenberg und Römerberg in der Großlage Sankt Rochuskapelle. 94 ha.

Umgebung: In Richtung Bad Kreuznach oder Bad Münster am Stein (8–12 km).

Bild: S. 235.

Badenheim, Geburtsort des »Philosophen im Bauernkittel« Isaak Maus.

In Bechenheim, höchstgelegenem Weinort Rheinhessens, sind Reben und Wald benachbart.

BECHENHEIM

Mit 301 m Höhe ist Bechenheim der höchstgelegene Weinort in Rheinhessen. Idyllisch nördlich des Staatsforstes Vorholz gelegen, besitzt die Gemeinde 35 ha Wald. Ruhige, erholsame Lage.
Geschichte: Als Siedlung an einer Quelle (Selz) ist die Gegend von Bechenheim seit der jüngeren Steinzeit ununterbrochen bewohnt. Ein Fronhof mit Gericht im Reichsbesitz ist 855 urkundlich nachweisbar. Von den Raugrafen kam der Ort 1325 an die Herren von Sponheim-Bolanden, 1597 wurde er an die Pfalz abgetreten. Von dem ehemaligen Zisterzienserkloster Sion sind keine Überreste mehr vorhanden. Im Mittelalter war der Ort mit einer schützenden Hecke umgeben.
Sehenswert: Nur die Landschaft selbst.
Weinlagen: Fröhlich in der Großlage Sybillenstein. 33 ha.
Umgebung: Bechenheim gehört zum Naherholungsgebiet »Rheinhessische Schweiz«. Von Bechenheim zur »Teufelsrutsch« bei Wendelsheim (s. S. 368) (5 km) – von Bechenheim über Nieder-Wiesen zum Forsthaus Hollahaus (4 km) – von Bechenheim zum Forsthaus Vorholz (Napoleonstein, von den Veteranen errichtet) (2 km) – größere Wanderung von Bechenheim über Forsthaus Hollahaus durch den Meisenheimer Grund nach Oberwiesen und über Forsthaus Vorholz zurück (12 km), evtl. auch Abstecher von dieser Route zum Rothenkircher Hof/Pfalz (gut erhaltenes romanisches Refektorium) – Waldwege um Bechenheim (2–10 km).
Bild: S. 236.

BECHTHEIM

Der Weinbauort liegt in einer rings von Hügeln umgebenen Mulde des dem Rhein zugewandten Wonnegaus. Die Häuser gruppieren sich fast kreisrund um einen Ortskern, in dem einst eine Burg stand.

236

Ziel der Wallfahrt frommer Pilger war einst die romanische Basilika in Bechtheim.

Geschichte: Ursprünglich Beraheim (Hof des Franken Bero; daher heute noch der Bär im Wappen), gehörte Bechtheim zum Wormsgau. Im 9. Jh. gelangte es durch königliche Schenkungen zu großem Teil in den Besitz des Hochstiftes Lüttich (s. Kirche). Den Grafen von Leiningen gehörte es nahezu 700 Jahre lang, bis zur Säkularisation. Sie erließen auch im Jahre 1780 eine Art Rebanbaubegrenzung, das »Anrotten« (= Anlegen) junger Weinberge in Bechtheim betreffend, die sehr aktuelle Tendenzen widerspiegelt (s. S. 49). Wall, Graben und Mauer, in der sich vier befestigte Tore befanden, schirmten das Dorf ab, auf der Höhe stand ein Wartturm.

Sehenswert: Die kath. Kirche (*dreischiffige romanische Pfeilerbasilika*; Gründungsbau aus der 1. Hälfte des 11. Jh., damals Wallfahrtskirche), früher auf einem befestigten Friedhof, mit dem sie eine Kirchenburg bildete (wehrturmähnlicher Kirchturm, Festungsmauern am alten Friedhof), Vorbild war die Andreaskirche in Worms, deren Werkmeister und Bauleute sie anlegten: »Wormser Schule« (seltene Stollenkrypta, evtl. Prozessionsgang, mit Fragmenten spätgotischer Wandmalereien-Zyklus, um 1400); die Kirche ist dem hl. Lambertus geweiht und stand unter dem Patronat der Augustiner-Chorherren vom Aegidienberg in Lüttich · *Alte Adelshöfe* sowie Wohnhäuser des 16. und 18. Jh. (»Dorf der Herrschaftshäuser«) · Malerische *alte Brunnen* · *Weinlehrpfad*.

Weinfest: Weinfest am Pilgerpfad am zweiten Wochenende im September.

Weinlagen: Geyersberg, Rosengarten, Stein in der Großlage Gotteshilfe; Hasensprung, Heiligkreuz in der Großlage Pilgerpfad. 532 ha.

Umgebung: Wanderung zum Kloppberg bei Dittelsheim-Heßloch (6 km).

Bild: S. 237.

BECHTOLSHEIM

Weinbaugemeinde am Fuße des Petersberg. Auffällig ist die regelmäßige Dorfanlage, abweichend von den meisten, haufendorfartigen Grundrissen rheinhessischer Orte. Pfarrer Wilhelm Hoffmann schrieb hier 1932 seine »Rheinhessische Volkskunde«.

Geschichte: Ursprünglich Bertolfesheim (764), wurde der Ort (fränkisch-königl. Wirtschaftshof) von den Bolandern an ihre Seitenlinie (von Hohenfels) abgetreten. Philipp von Hohenfels d. Ä. richtete durch den Freiheitsbrief von 1270 hier erstmals eine Ganerbschaft ein. Die Herren von Bechtolsheim erbauten 1303 eine Wasserburg als Teil der Wehranlage (Turm als Gefängnis) in einem von der Selz gespeisten See. Nach Zerstörung von den Freiherren von Dalberg im 16. Jh. wieder instand gesetzt, nur noch Reste sichtbar (Erinnerungstafel).

Sehenswert: Reste von *Wall* und Doppelgraben (Gebück; Ulmengraben) der hochmittelalterlichen Dorfbefestigung (s. auch Wörrstadt und Eppelsheim) · *Gemeindeturm* (Glockenturm; den »Bechtolsheimer Glockenstreit« um das Läuterecht der bürgerlichen Gemeinde entschied 1964 das Bundesverwaltungsgericht zu deren Gunsten) · *Rathaus* mit Fachwerkobergeschoß (1592), massives Erdgeschoß als große offene Halle mit vier Arkaden (früher Verkaufsraum); in Rheinhessen häufiger Rathaustyp (s. Flonheim, Frei-Laubersheim u. a.) · In der dreischiffigen Simultankirche prächtiges *Laiengestühl* von Meister Erhart Falkener aus Abensberg (1496; der Meister hatte in B. gewohnt; ähnliches Gestühl in den Pfarrkirchen Kiedrich/Rheingau und Armsheim, Bechtheim) mit der ersten Farbfassung – sehr selten – ebenda Chorgestühl mit Weinrankenmuster, barocke Stumm-Orgel, Renaissance-Taufstein, auch Wappen rheinhessischer Geschlechter im Gewölbe · Reste einer *Kapelle* mit Krypta auf dem Petersberg (um 830) · (Spärliche) Reste der *Wasserburg* (s. oben).

Weinlagen: Homberg, Klosterberg, Sonnenberg, Wingertstor in der Großlage Petersberg. 291 ha.

Umgebung: Zum Petersberg (1 km), an dessen Osthang das renovierte »Engelborner Brünnelche« – Talweg Richtung Pommermühle (4 km) – Drei-Mühlen-Weg (Hin- und Rückweg 10 km).

Bilder: S. 239, 240 und Einbandfoto.

Typisch rheinhessische Landschaft bei Bechtolsheim. ▶
Im Hintergrund der Petersberg.

Fachwerk-Rathaus in Bechtolsheim – Mittelpunkt der ländlichen Gemeinde.

BERMERSHEIM

Die kleine Weinbaugemeinde im Wonnegau ist von dem gleichnamigen Ort im Alzeyer Land (in neuerer Zeit durch den Zusatz »vor der Höhe« kenntlich gemacht) zu unterscheiden; früher hieß sie amtlich »Bermersheim bei Gundheim«. Im Volksmund hat es auch den Spitznamen »Kalt-Bermersheim«, der auf angeblichen Geiz der Bewohner, tatsächlich aber auf die gegenüber den Nachbarorten etwas höhere Lage zurückzuführen (und auch in alten Urkunden gelegentlich zu lesen) ist. Ursprünglich Bermotesheim geheißen, gehörte das Dorf den Grafen von Leiningen, aus deren Besitz es im 15. Jh. auf die Kurpfalz überging.
Weinlagen: Hasenlauf in der Großlage Bergkloster; Seilgarten in der Großlage Burg Rodenstein. 84 ha.

BERMERSHEIM VOR DER HÖHE

Bermersheim ist ländliche Wohngemeinde. Der erst in 1971 verliehene Zusatz »vor der Höhe« unterscheidet das bei Alzey gelegenen Winzerdorf vom gleichnamigen Weinbauort bei Worms. Im

Im kleinen Weindorf Bermersheim vor der Höhe wurde die hl. Hildegard geboren.

Volksmund wird es zum Unterschied von diesem »Bös Bermersheim« genannt. Hier wurde die hl. Hildegard von Bermersheim (auch: »von Bingen«) 1098 als Tochter eines Ministerialen geboren. Im späteren Kloster auf dem Disibodenberg (Nahe) lernte sie lesen und schreiben und wurde 1136 dessen Äbtissin. 1147 erbaute sie das Benedektinerkloster Ruppertsberg (Bingen-Bingerbrück) über den Gebeinen des hl. Rupertus, 1165 das Kloster Eibingen (bei Rüdesheim). Die hl. Hildegard war Seherin und Heilkundige, sie verfaßte medizinische Schriften (u. a. »Physica«, darin sie auch die Vorzüge guten Weines rühmt: »Der Wein, vom Weinstock gewonnen, macht, wenn er rein ist, dem Trinkenden das Blut gut und gesund«) und solche mystischen Inhalts. Ihr Hauptwerk »Liber scivias« ist auf Wachstafeln geschrieben (erste deutsche Naturgeschichte). Verstorben 1179. (Umfangreiche St. Hildegard-Literatur.)

Geschichte: Geschützt in einer hochliegenden Quellmulde, war der Ortsbereich seit der Hallstattzeit ständig besiedelt (ergiebige Gräberfelder). Seit dem 12. Jh. Besitz des Klosters Ruppertsberg bei Bingen und nach dessen Zerstörung im Besitz des Klosters Eibingen/Rheingau (s. oben).

Sehenswert: Die Anlage der flurbereinigten Weinberge · *Weinlehrpfad.*

Weinlagen: Hildegardisberg, Klostergarten in der Großlage Adelberg. 81 ha.

Umgebung: Klosterbergweg durch die Weinberge, vom Klosterberg gute Fernsicht über die Grenzen Rheinhessens hinaus, Wanderwegenetz: 10 km.

Bild: S. 241.

Rheinfränkisches, überdachtes Hoftor, alte Traubenpresse und modernes Reblaub-Geländer: »Ländliche Komposition« in Biebelnheim.

BIEBELNHEIM

Der einst Bibilinsheim genannte, abseits von Durchgangsstraßen an einem Hang liegende kleine Ort ist von beschaulich-rustikalem Gepräge. Hier soll einst der Räuberhauptmann Schinderhannes einen Unterschlupf gehabt haben.

Geschichte: Die Kurpfalz erwarb 1382/84 die Vogtei und 1391 die Grundherrschaft von Kurmainz, 1410 der Nebenlinie Zweibrücken zugeteilt, kam der Ort 1470 an die Pfalz zurück.

Sehenswert: In der kath. Kirche schöne *Muttergottes* (um 1470, oberrheinischer Einfluß) am Hochaltar · »*Hofhaus*« aus bolandischer Zeit.

Weinlagen: Pilgerstein, Rosenberg in der Großlage Petersberg. 134 ha.

Bild: S. 242.

BIEBELSHEIM

Der kleine, abseits gelegene Ort gehörte seit 1253 zur Grafschaft Falkenstein am Donnersberg und gelangte später in den Lehensbesitz der Herzöge von Lothringen. 1790 ging Biebelsheim an den Fürsten von Bretzenheim, den unehelichen Sohn des Kurfürsten Karl Theodor von der Pfalz, über.

Sehenswert: Rest einer *Sakramentsnische*, um 1500, in der Simultankirche · Ebenda *Wappen* der »Gensfleisch von Sörgenloch« an der spätgotischen Pietà der Außenwand (s. S. 352).

Weinlagen: Honigberg, Kieselberg in der Großlage Sankt Rochuskapelle. 145 ha.

242

BINGEN AM RHEIN mit den Stadtteilen Bingerbrück*, Büdesheim, Dietersheim, Dromersheim, Gaulsheim, Kempten, Sponsheim

Die Stadt Bingen hat viele Beinamen: »Fröhliche Weinstadt«, »Tor zum Mittelrhein«, »Rhein-Nahe-Stadt« sind einige davon. Die Stadt an der Mündung der Nahe in den Rhein, der hier in das Rheinische Schiefergebirge eintritt (Scharlach- und Rochusberg sind dessen Ausläufer), am Treffpunkt von vier Weinanbaugebieten (Rheinhessen, Nahe, Mittelrhein und Rheingau), von Reben und Wald umgeben, ist landschaftlich sehr reizvoll gelegen. Zahlreiche Ausflugsmöglichkeiten und einmalig schöne Ausblicke, vor allem in das enge Tal des »romantischen Mittelrhein«, zum Mäuseturm hin, eröffnen sich hier: Ein sehr anspruchsvoller Globetrotter nannte das Panorama eines der schönsten der Welt. Das »Binger Loch«, eine berüchtigte Quarzitfels-Stromenge, wurde erstmals durch Felssprengungen der Jahre 1830–1887 erweitert, durch die verbleibenden Fährnisse (Klippen und Stromschnellen) führten die Binger Lotsen mit ihren kleinen Motorbooten. Nachdem neuerdings (1976) auch die restlichen Engstellen behoben wurden, sind sie um ihren Beruf gekommen. »Die Schifferleit« und ihre typischen Häuschen prägen aber noch immer das Bild des alten Bingen in Vorstadt und Grube, am Rhein und auf den Fährschiffen sind sie noch anzutreffen.

Ein Hindernis für die Entwicklung der Stadt (im Umfang vor den Eingemeindungen) war stets der Rochusberg. Die allmählich, in den vergangenen Jahren vorangetriebene Vergrößerung der Wohnflächen (Neubaugebiete) in traditionellem Weinbergsgelände und die Aufgabe ungünstiger Terrassenlagen (an der Naheseite) führten zu einem starken Rebflächenverlust, der allerdings schon bald nach 1900 begann und bedingt, daß die »alte« Stadt Bingen die kleinste Rebflächen-Zuwachsrate aller rheinhessischen Gemeinden hat. Durch zahlreiche Eingemeindungen von Orten aus dem sog. »Binger Land«, rund um Rochus- und Scharlachberg, die vorwiegend bäuerlichen Charakter haben, wuchs die Gesamtrebfläche wieder an. In seiner »Topographia Germaniae« (1675) nennt Merian Bingen schon »eine lustige Stadt«; das ist sie noch heute. Die Entwicklung Bingens zu einer beachtlichen Fremdenverkehrsstadt begann, als im 19. Jh. die Rheinromantik »entdeckt« wurde. Victor Hugo rühmte sie in »Le Rhin« (1842) als »eine freundliche und schöne Stadt«, erwähnte freilich auch »cette cascade de pourboire«, die in Bingen den Geldbeutel des Reisenden besonders leere. Bei einer Einwohnerzahl von 6000 gab es im Jahre 1871 in Bingen 120 Weinhandlungen und 130 Gast- und Straußwirtschaften. Die Zechfreudigkeit der Binger ist noch heute berühmt. Sie formt die Menschen und die Stadt selber, wo es schon aus dem Jahre 1496 Beinamen wie »Dorscht«, »Saufaus« u. a. gab. Zahlreiche Anekdoten (so vom »Binger Bleistift«, der ein Korkenzieher ist – zum beliebten Wandermotiv geworden und am Eingang einer Gastwirtschaft in der Hasengasse zu lesen, vom Wett-Trunk mit dem reisenden Engländer, vom Notar Faber, der hier 1767–1847 lebte, ein dichtender Notar und ein typisch rheinhessisches »Original«, 1797 auch Regierungskommissar des neuen französischen Kantons war). Mundartgedichte und Schwänke weisen sämtlich in diese Richtung lebhafter Weingeneigtheit. Von einem Zugereisten, der sich ihrer Trinkfestigkeit angepaßt hat, sagt man hier, er sei »gebingert«. Bekannt ist das »Binger National-gedicht«, nämlich »'s Lob vun Binge«, zu lesen an der Stirnseite des Gasthauses »Zum geschwollenen Herz« in der Vorstadt, gedichtet von Franz v. Kobell (1803 als Enkel des gleichnamigen Malers geboren), ebenso der – oft nachgedruckte – Bericht Goethes vom Besuch des Rochusfestes im Jahre 1814, in dem er über das erwähnte Thema (»Niemand schämt sich hier der Weinlust«) und speziell über die Weinpredigt des Weihbischofs schreibt (wobei es sich aber um eine Nacherzählung handele: Weihbischof Heimes, bereits 1806 verstorben, habe sie gehalten). Richard Wagner soll auf Burg Klopp die Orchestereinleitung zu »Rheingold« gedichtet haben (im gleichnamigen »Rheingoldsaal«). Berühmtester Sohn der Stadt ist Stefan George, am 12. Juli 1868 in Bingen-Büdesheim als Sohn eines wohlhabenden Weinhändlers und Gastwirtes geboren (auch Groß- und Urgroßvater waren schon Weinhändler, -kommissionäre und Küfer gewesen); Erinnerungstafel am Geburtshaus). 1873 zogen seine Eltern in ein Haus am Nahekai, bei der Martinsbasilika, wo der

(gehört nicht zum Weinanbaugebiet Rheinhessen, s. S. 219)

243

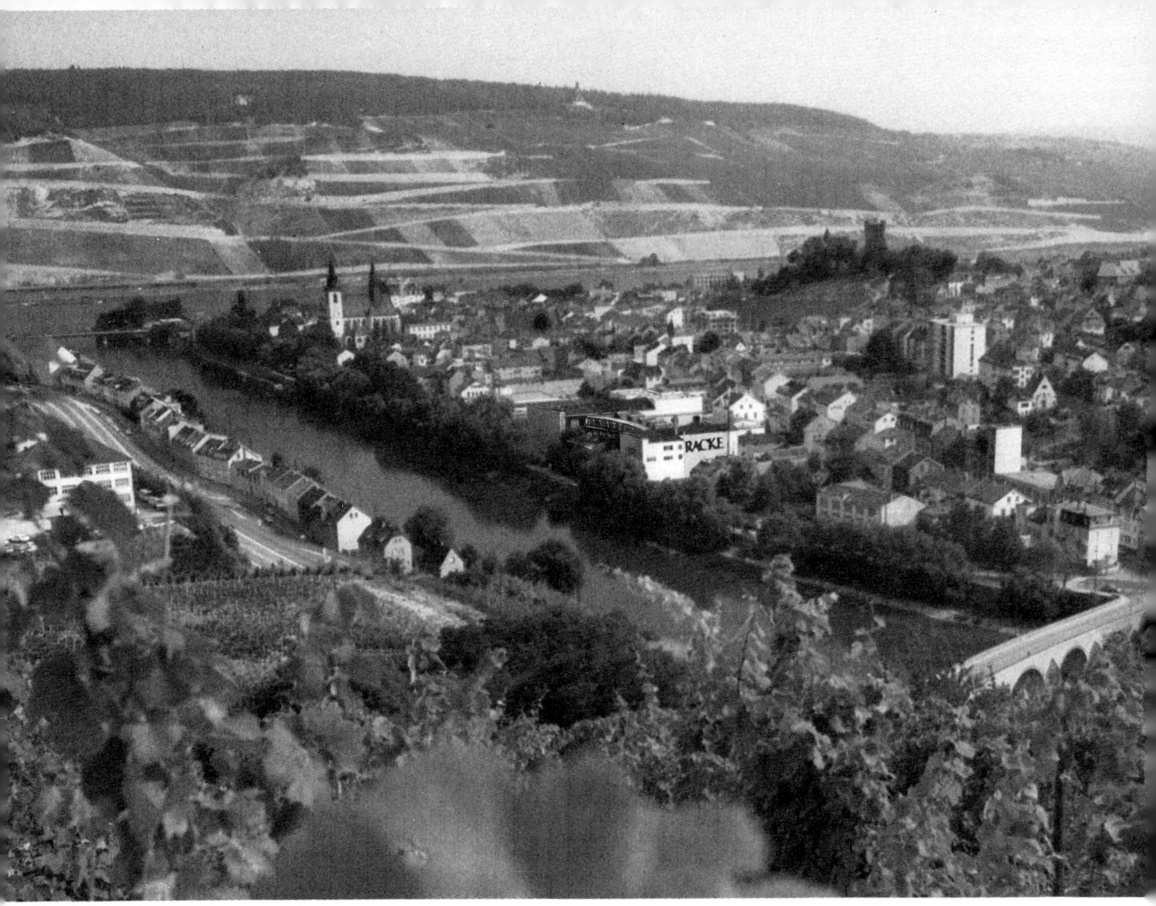
RACKE

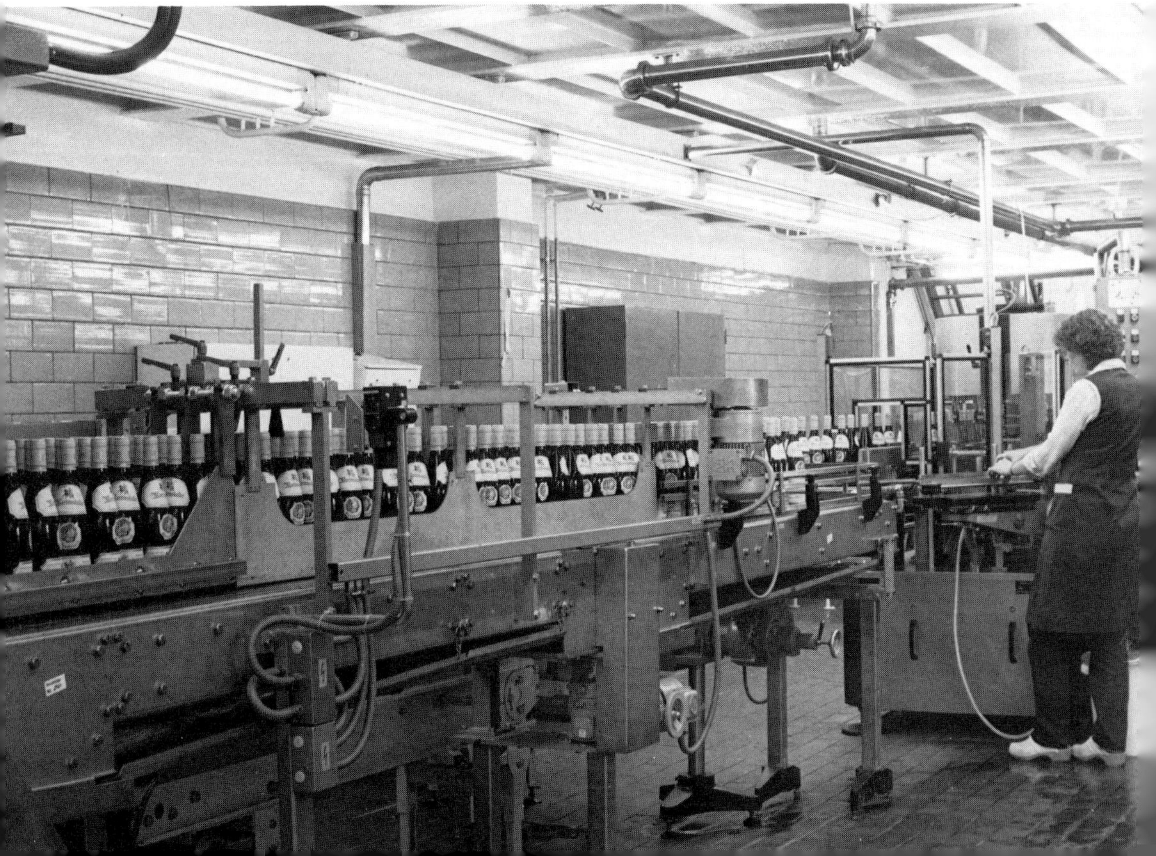

Vater sich als Weinkommissionär niederließ (früher Gedenktafel, Haus 1944 durch Kriegseinwirkung zerstört, Elterngrab auf altem Friedhof). Am 4. Dezember 1933 verstarb er in Locarno (dort begraben), sein Werk ist bekannt, Anklänge an die Weinlandschaft finden sich immer wieder darin, so im »Kindlichen Kalender«, in »Sonntage auf meinem Land« oder im Gedicht »Rhein« (»Blüht am Hange nicht die Rebe . . .«). Als Erinnerung aus seiner Jugend berichtet er, man habe ihm erzählt, daß er »als klääner Bub als die Trauwe im Kiwwel vertrete hätt, awwer die Fieß wäre vorher gewäsche worre« (Traubentreten als Kelterersatz war früher weit verbreitet). Nicht vergessen sei die hl. Hildegard von Bingen, eigentlich die hl. Hildegard von Bermersheim (s. S. 241), die 1147 am linken Naheufer das Benediktinerinnen-Kloster Rupertsberg gründete. Als Fremdenverkehrsstadt hat Bingen nie die »Jubeltouristik« gepflegt, sondern die Weltoffenheit des Stromlandes mit der bäuerlich-gediegenen Art rheinhessischer Herkunft gepaart. Daneben sind Weinbau und Weinhandel (mehrere Großkellereien) und große Spirituosen- und Sekt-Firmen als wichtige Wirtschaftsfaktoren zu nennen (Racke in Fusion mit Pott auch als Spirituosenhersteller – »Racke rauchzart« und »Der gute Pott« –, Scharlachberg mit »Scharlachberg-Meisterbrand« und Sekt; Texier mit gleichnamigem Weinbrand).

Geschichte: Bingen (römisch Vicum, Vincum, Bingium) ist eine der ältesten Niederlassungen am Rhein. Die Römer fanden bereits eine keltische Siedlung vor, von der auch der Ortsname stammt. An der wichtigen Straße nach Mainz und Worms, Koblenz und Trier, ließ vermutlich der Feldherr Drusus um 10 v. Chr. zum Schutz vor den Germanen auf dem Kloppberg ein Kastell anlegen. Sein Name ist auch mit der Brücke verbunden, die vor der jetzigen (mittelalterlichen) über die Nahe führte (s. unten). Seit dem 4. Jh. dürfte auf dem Kloppberg eine burgartige Anlage gestanden haben, ebenso eine, nach dem Germaneneinbruch von 355 errichtete Festungsmauer (von Ausonius in der »Mosella« 370 erwähnt). Nach den Zerstörungen der Völkerwanderung wurde Bingen unter den Franken Königsgut, bis Otto II. das Gebiet 983 dem Erzstift Mainz überließ. Sein Sohn, Otto III., gab den Kammerforst (heute »Binger Wald«) im Hunsrück hinzu. Seit dem 15. Jh. gehörte die Stadt bis zum Jahre 1797 dem Domkapitel in Mainz. Sie wurde mehrfach verwüstet und von schweren Bränden heimgesucht, so daß fast kein mittelalterliches Gebäude erhalten ist. Ein großer Teil der Stadt wurde im 2. Weltkrieg (Luftangriffe Dezember 1944) zerstört, danach wieder aufgebaut.

Aus Bingen sind zahlreiche, den Wein betreffende Regelungen überkommen. Im Jahre 1248 wird der Scharlachberg (einst hochgerühmt, heute teilweise Wüstland, jedoch zur Neuanlage vorgesehen) erstmals urkundlich erwähnt (»scarlachen«), die »Eisel« – heute kein Weinlagename mehr – im Güterverzeichnis des Klosters Eberbach (12. Jh., »eishelda«), die Lage Schwätzerchen 1471 als »swetzgin«. Weinzapfordnungen weisen den Hausknecht des Rathauses an; Bier zu brauen war zeitweise verboten, um den Weinbau zu erhalten; eine Verordnung von 1712 verbot den Weinausschank nach Läuten der Weinglocke (zur Anbauregelung des St. Stephansstiftes vom Ende des 17. Jh. s. S. 49).

Sehenswert: *Burg Klopp*, Wahrzeichen der Stadt (s. oben unter »Geschichte«), Name 1158 »Drususburg«, seit 1239 in der schriftlichen Überlieferung »Klopp« (= Fels), mehrfach zerstört. Ruine 1875–1879 von Privatmann (Soherr) im rheinischen Burgenstil des 15. Jh. wieder aufgebaut, Ende 19. Jh. von Stadt Bingen erworben (heute Stadtverwaltung). Römische Teile sind der Brunnen (52 m tief), untere Teile des Bergfrieds und ein Teil der Mauer an der Südwestseite. Großer Burggraben, Steingärten, sehr schöne Aussicht in das Rheintal, auch vom Turm aus · *Heimatmuseum* im Turm der Burg Klopp: Weinkundliches (s. S. 78), ferner u. a. römische Soldatengrabsteine, Altäre aus Mithrasheiligtum, Glasschweinchen (grün mit blauen Augen), Salbenbehälter einer römischen Dame, chirurgisches Instrument eines römischen Arztes (Anf. 2. Jh.); an Außenseite des Turmes steinernes Schild des Wirtshauses »Zum Schiffchen« von 1698, aus der Oberen Vorstadt 14 · *Stefan-George-Gedenkstätte* im gleichnamigen Gymnasium · *Stiftskirche St. Martin* (jetzt kath. Pfarrkirche) an der Nahe, erbaut anstelle eines röm. Merkur-Heiligtums. Gotische Basilika mit roman. Krypta und nördlich angefügtem sog. Barbara-Bau mit Sterngewölbe, eine der schönsten got. Hallen Deutschlands. Hochaltar mit überlebensgroßen Holzfiguren der 4 Evangelisten,

◀ *oben:* *Bingen am Rhein. Über Drususbrücke, Burg Klopp und* 245
St. Martinsbasilika geht der Blick zum Rüdesheimer Berg.
◀ *unten:* *Rationelle, hygienische Produktion durch modernste Anlagen:*
Blick in die Abfüllhalle des Hauses A. Racke in Bingen.

Der sagenumwobene Mäuseturm am einst klippenreichen »Binger Loch«, eine alte Wahrschaustation.

Kanzel von 1681 mit Traubenmotiv (dsgl. Engelsköpfe). Tonfiguren der hl. Barbara und der hl. Katharina (Bingen vermutlich Zentrum der mittelrhein. Tonbildnerei: »Hallgartner Madonna«) · Figur des *hl. Urban mit der Traube*, um 1480 (s S. 85). Frühchristlicher Grabstein des Priesters Aetherius (5. Jh.) · *Marktbrunnen* in der Fußgängerzone (Speisemarkt) mit Trauben-Fries und heimatgeschichtlichen Motiven (historische Weinfeste), 1981, private Stiftung · *Drususbrücke* über die Nahe gegenüber der »Weilerer Mühle« (Mühlbachtal), 7 Bogen auf mächtigen Pfeilern. Anstelle römischer Steinbrücke d. J. 12–9 v. Chr. (oder dicht oberhalb dieser) entstand um 1000 unter Erzbischof Willigis die heutige, nach Zerstörung im 2. Weltkrieg neu erbaute als älteste nachrömische Steinbrücke Deutschlands, an die von Trier durch das Mühlbachtal führende Hunsrückstraße anschließend. Auf östlicher Seite aus derselben Zeit stammende, frühromanische unterirdische *Brückenkapelle* (evtl. des ehemal. Siechenhauses) mit Kreuzgewölbe, unter der Straße im Schiefergranit des Naheufers · Ehemal. *Kapuzinerkloster* (jetzt Krankenhaus) mit Kirche und Loretokapelle an Straßenseite · *Draisbrunnen* vor dem Amtsgerichtsgebäude (Name rühre nicht von Drusus her, sondern vom Wort für Sumpf) · *Rochuskapelle* auf dem Rochusberg, 1666 während der großen Pest gestiftet, jetziger Bau 1895 geweiht (romanische Neugotik), Wallfahrtskapelle mit Außenkanzel, alljährlich Rochusfest (s. oben und unten), gotische Plastik und Gemälde aus Kloster Eibingen sowie – in Nebenraum – Bild, das Goethe nach Besuch des Rochusfestes von 1814 im Jahre 1816 stiftete (stellt ihn als kleinen hl. Rochus dar) · *Amtshaus* (Sitz des Amtmannes des Domkapitels) in der Kirchgasse, ehemal. Renaissancebau, Zehnthof des Klosters Eberbach, mit stattlichem Tor und Erker mit Wappen · *Rheinkran* beim Zollamt am Hafen, Nähe Bahnhof, Holz, außen verschiefert, Mitte 16. Jh., seltenes Denkmal alter Technik · »*Villa Katharina*«, gro-

Die St. Rochus-Kapelle bei Bingen, dem Pestheiligen geweiht, ▶
hat auch weinfrohe Feste gesehen.

ßer Jugendstilbau von 1903 · *Rheinanlagen* mit verschiedenen Denkmälern · *Mäuseturm* gegenüber Ruine Ehrenfels (diese: Raubritterburg, später auch Sommerresidenz der Mainzer Erzbischöfe), als deren Zollstätte (Mäuseturm = »Mautturm« oder auch von mausen = Ausschau halten) und Wahrschau-Station (Signaldienst für Schiffahrt) im 13. Jh. erbaut, 1856/58 erneuert, mit Sage um Bischof Hatto verknüpft (H. habe sich, weil gegenüber den Armen geizig gewesen, mit Nachen vor ihn verfolgenden Mäusen hierher geflüchtet und sei von diesen gefressen worden) · *Grabmal*, das Notar Faber (s. oben) dem Ehemann eines verstorbenen zänkischen Weibes gestaltete, auf dem Alten Friedhof (Anfangsbuchstaben von oben nach unten zu lesen, bedeutendes Zeugnis rheinhessischen Schalks) · *Naturlehrpfad* auf Rochus- und Scharlachberg (s. unten) · Im Stadtteil **Büdesheim**: *Rathaus* von 1539, bedeutender Profanbau der Spätgotik; ursprünglich verband ein Wehrgang die Ecktürmchen (im Barock durch Walmdach mit Dachreiter ersetzt) · *Weinlehrpfad* mit Weintor und Weinlauben · Im Stadtteil **Dietersheim**: In alter kath. Kirche *spätgotische Holzfiguren* und Sakramentshäuschen, gotisches Weihwasserbecken · Im Stadtteil **Dromersheim**: *Barocke Saalkirche*, kath. (1774) mit schönem Hochaltar · Im Stadtteil **Kempten**: Im romanischem Turm

der gotischen Pfarrkirche (auf evtl. karol. Grundmauern; »Dreikönigskirche«) römischer *Viergötteraltar* und frühchristlicher *Grabstein der Bertichildis* (7. Jh.), auf Friedhof Muttergottesfigur, Ölberg (Reste von Stiftskirche Bingen) und großes Kruzifix · *Im Mittelrheinischen Landesmuseum Mainz*: Fresko Christi in der Kelter aus Pfarrkirche in Bingen-Dietersheim um 1430/1440 (s. S. 66); Diederich-Grabstein vom Gelände des ehem. Königshofes (Saalbau) in Bingen mit ältester Inschrift in altdeutscher Sprache.

Weinfeste: Rochusfest (bei der Rochuskapelle, Wallfahrt) vom dritten bis letzten Wochenende im August; Winzerfest (in der Stadt) vom ersten bis zweiten Wochenende im September.

Weinlagen: *Bingen-Stadt*: Osterberg, Rosengarten, Scharlachberg, Schwarzenberg in der Großlage Sankt Rochuskapelle. 78 ha. *Bingen-Büdesheim*: Bubenstück, Schloßberg-Schwätzerchen in der Großlage Sankt Rochuskapelle. 359 ha. *Bingen-Dietersheim*: Schelmenstück in der Großlage Sankt Rochuskapelle. 16 ha. *Bingen-Dromersheim*: Honigberg, Klosterweg, Mainzerweg in der Großlage Sankt Rochuskapelle. 218 ha. *Bingen-Gaulsheim*: Pfarrgarten in der Großlage Sankt Rochuskapelle. 24 ha. *Bingen-Kempten*: Kapellenberg, Kirchberg, Pfarrgarten in der Großlage Sankt Rochuskapelle. 117 ha. *Bingen-Sponsheim*: Palmenstein in der Großlage Sankt Rochuskapelle. 26 ha.

Umgebung: Von Bingen-Bingerbrück über Heiligkreuzstraße, Prinzenkopf, Schützenpfad zum Forsthaus Heiligkreuz (3 km) – Kreuzbachklamm bis zur B 9, zum Bahnübergang, dort zu den Rheinkribben (bis Höhe Mäuseturm), Stellwerksbrücke, Schlangenpfad, Dammelstein (Gedenkstein Förstermord), Prinzenkopf (12 km) – Rochusberggebiet (Rochuskapelle, Goetheruhe am Kempter Eck mit sehr schönem Blick in den Rheingau, und Scharlachberg (Scharlachbergkopf mit reizvollem Blick ins Nahetal und Kaiser-Friedrich-Aussichtsturm), zahlreiche Spazierwege (»Höhenpark«; 8 km), darunter Naturlehrpfad – viele weitere Wanderungen im Binger Wald nach Wanderkarte (u. a. Morgenbachtal, Schweizerhaus, Jägerhaus, Lauschhütte bis Salzkopf, 627 m, mit Aussichtsturm, Gerhardshof), aber sämtlich außerhalb des Weinbaugebietes, jedoch Binger Stadtwald ab A 61 über Waldalgesheim erreichbar – ferner viele Motorboot-Rundfahrten auf dem Rhein mit Ausflügen in den Rheingau. In der Gemarkung Bingen-Gaulsheim (und Ingelheim) Naturschutzgebiet »Fulder Aue–Ilmen Aue« mit zahlreichen, hier rastenden oder überwinternden Vogelarten – in der Gemarkung Bingen-Dietersheim Naturschutzgebiet »Hinter der Mortkaute« (Feuchtgebiet mit Wattvogelarten).
Bilder: S. 195, 244, 246, 247.

BODENHEIM

Die Weinbaugemeinde Bodenheim liegt am Rande des Rhein-Main-Ballungsgebietes (Sitz der Verbandsgemeinde). Ansässig sind auch eine Magenbitter- und Likörfabrik (Kuemmerling) und Kellerei-Zubehörindustrie (Weinpumpen).
Geschichte: Der Ursprung des Ortsnamens ist umstritten: Bodonis Villa oder auch »Battenheim«, von den Batavern herrührend, die als römische Veteranen den Ort gegründet hätten. Entstanden ist er in jetziger Form aus drei Hofgruppen: Großbodenheim, Kleinbodenheim und Westernheim (noch Flurname »Westrum«). Bodenheim war Vogtei des Benediktiner-Klosters St. Alban in Mainz. Besitz hatten dort ferner 35 geistliche und weltliche Herren. Der Abt (Probst) von St. Alban (im Jahre 1490 wurde die Abtei Ritterstift) war bis 1803 Landesherr. Zahlreiche Gutshöfe gehörten den Mainzer Stiften und Kirchen, desgleichen sonstigen Grundherren (im 18. Jh. waren es noch 26). Bekannt war im 17. Jh. der Bodenheimer Weinmarkt (s. dazu S. 45).
Sehenswert: Das *Rathaus* mit Erker und Schnitzereien (einer der schönsten Fachwerkbauten in Rheinhessen) aus dem Jahre 1608 mit dem Wappen von St. Alban (Esel, der aus einem Brunnen Wasser säuft; zugehörige Reim-Erklärung, an einem Erker zu lesen: »Wer Bodenheimer Wein nicht ehrt / Oder gar will taufen / Muß wie der Esel sorgbeschwert / Am Brunnen Wasser saufen«) · Mehrere große *Gutshäuser und Adelshöfe* aus dem 17. und 18. Jh. (Mainzerpfort-Straße und Schönbornplatz) · *Wallfahrtskapelle* »Maria Oberndorf« in den Weinbergen im 13. Jh. erst-

Reichgeschnitzter Erker am Rathaus zu Bodenheim am Rhein. ▶

An alten Gutshöfen reich ist die Weinbaugemeinde Bodenheim.

mals erwähnt (seit Mitte 18. Jh. Marienwallfahrt) mit Gnadenbild (16. Jh.) · Standbild des *hl. Alban* im Weinberg · *Heimatmuseum · Kreuzigungsgruppe* von 1677 auf dem Friedhof · Einige Ortsstraßen sind nach Rebsorten benannt (s. a. Alzey-Weinheim).
Weinfeste: St. Albansfest am 1. Wochenende im Juni (in Weinbergen, zu Füßen der Statue des Heiligen). Familienwandertag (für Verbandsgemeinde Bodenheim) an Christi Himmelfahrt zum »Lörzweiler Wäldchen«, wobei der Wein im Mittelpunkt steht.
Weinlagen: Burgweg, Ebersberg, Heitersbrünnchen, Hoch Kapelle, Kreuzberg, Mönchspfad, Reichsritterstift, Silberberg, Westrum in der Großlage Sankt Alban. 526 ha.
Umgebung: Durch die Weinberge nach Nackenheim (3 km) und Oppenheim (10 km) – zum Naturschutzgebiet »Laubenheimer–Bodenheimer Ried« im Bereich ehemaliger Tongruben und alter Flußrinnen (Insekten- und Vogelarten sowie Relikte von Stromtalpflanzen, die nach der letzten Eiszeit »eingewandert« waren).
Bilder: S. 81, 153, 249, 250.

BORNHEIM

Bornheim ist der regenärmste Weinbauort des Alzeyer Landes. Seinen Namen verdankt es den vielen Quellen, die am Fuße einer landschaftlich reizvollen Hügelkette entspringen. Als »das Dorf der Rosen und des Weines« erhielt die Gemeinde 1973 die Goldmedaille auf Bundesebene im Wettbe-

Bornheim, das wohlerhaltene »Dorf des Weines und der Rosen«. Blick zum Wißberg.

werb »Unser Dorf soll schöner werden«. Eine reiche Weinbaugemeinde, auch an den Hofreiten erkennbar, mit sehr geschlossener, kaum veränderter Dorfanlage, idyllisch am Fuß der Oswaldhöhe gelegen (»Rheinhessische Schweiz«). Das Ortswappen zeigt die Schrotleiter (Weintransport).

Geschichte: Brandgräber und ein fränkischer Reihengräberfriedhof (um 500 n. Chr.; u. a. mit eingelegtem Silber reich verzierte Gürtelschnalle; jetzt Alzeyer Museum) weisen auf frühe, kontinuierliche Besiedlung des ehemaligen Brunheim hin. Güter besaßen u. a. die Klöster Chumbd bei Simmern, Kloster Ruppertsberg, St. Alban und die Rheingrafen.

Sehenswert: Die *Dorfanlage* mit stattlichen Höfen · Bornheim im Juni, zur Zeit der *Rosenblüte* · *Alter Dorfbrunnen* · *Kirche* auf befestigtem Friedhof (ursprünglich romanischer Stil, Chorturm um 1200, im 14. Jh. im Erdgeschoß spitzbogige Fenster (gotisch), nach teilweiser Zerstörung Kirchenschiff im 18. Jh. wiederaufgebaut. Ausmalungen im Chor im Stil des 13. Jh.) · *Waldgebiet »Alzeyer Berg«* an der Oswaldhöhe (Küchenschelle, Orchideenarten, vogelreich) · *Waldlehrpfad* · *Hinkelstein* an der Gemarkungsgrenze nach Flonheim · *Weinlehrpfad*.

Weinlagen: Hähnchen, Hütte-Terrassen, Kirchenstück, Schönberg in der Großlage Adelberg. 101 ha.

Umgebung: Zum Naturpark Oswaldhöhe (Schutzhütte, Wanderparkplatz) mit Waldlehrpfad (1 km) – von dort zum Flonheimer Schauinsland (2 km).

Bilder: S. 157, 251.

BRETZENHEIM, Stadtteil von ▶ MAINZ

BUBENHEIM

Bubenheim hat den größten Anbau von Früh- und Spätkirschen im Selztal und ist inmitten fruchtbarer Obst- und Weinanlagen gelegen.

Geschichte: Eines der ältesten freien Reichsdörfer im »Ingelheimer Grund (dem ehemaligen unteren Nahegau), kam Bubenheim im Jahre 1407 mit Ingelheim, Winternheim und zugehörigen Dörfern durch Verpfändung zur Kurpfalz. Hier bestand einst das »Geckengericht«, ein fastnachtliches Volksgericht. Von einem »komitee«-ähnlichen Gremium präsidiert, richtete es sehr drastisch über moralische Vergehen der Einwohner, die sie sich im vergangenen Jahr hatten zuschulden kommen lassen.

Sehenswert: Kath. *Kirche* mit seltener Bauinschrift und ganzfigurigem Bildnis des Erbauers am Apsisbogen sowie spätgotischem Taufstein.

Weinfest: Bacchusfest am zweiten Wochenende im August.

Weinlagen: Honigberg, Kallenberg in der Großlage Kaiserpfalz. 201 ha.

Bild: S. 252.

BÜDESHEIM, Stadtteil von ▶ BINGEN

BUDENHEIM

Der 7 km westlich von Mainz gelegene bedeutende Industrieort (rund 2600 Beschäftigte insbesondere in der chemischen, Glas- und Phosphat-Industrie) ist zugleich Ausflugsort (Lennebergwald; Baumblüte im Frühjahr). Ausgedehnte Obstkulturen (Beiname »Blüten- und Obstgarten am Mittelrhein«) sind für die Gemarkung charakteristisch, ihnen hat der Weinbau weichen müssen.

Geschichte: Die früh besiedelte Gemarkung, 814 als Buodenheim urkundlich erwähnt, war im Besitz des Altmünsterklosters in Mainz, seit dem 13. Jh. der Rheingrafen als dessen Vögten.

Weinlagen: Großlage Domherr (einzellagenfrei, 1 ha).

Umgebung: Ausgedehnte Spaziergänge im Lennebergwald am Südrand des Ortes (Schloß Waldthausen, Aussichtsturm, sehr schöne Ausblicke zum Rheingau und in das Rheintal) und am Rhein.

DALHEIM

Die kleine Weinbaugemeinde südwestlich von Oppenheim besitzt in der ev. Kirche bäuerlich bemalte Empore und Gestühl (vor 1740). Der Ort war altbolandisches Lehen vom Wildgrafen, 1253 der Linie zu Falkenstein zugefallen.

Weinlagen: Altdörr, Kranzberg, Steinberg in der Großlage Gutes Domtal. 135 ha.

DALSHEIM ▶ FLÖRSHEIM-DALSHEIM

DAUTENHEIM, Stadtteil von ▶ ALZEY

DEXHEIM

Die westlich von Oppenheim gelegene Weinbaugemeinde Dexheim wurde erstmals 774 erwähnt. Damals schenkte Karl der Große dem Kloster Lorsch, zugleich mit dem Königsdorf Oppenheim, ein zu dessen Kirche gehörendes Landgut in »Thechidesheim«. Im Jahre 1259 wird der Ort als Reichsgut erwähnt, um 1400 kurpfälzisch. Das Schloß brannte 1683 durch kriegerische Einwirkung ab, nur der Turmstumpf blieb stehen.

◀ *Inmitten fruchtbarer Obst- und Weinanlagen liegt Bubenheim, die Selztalgemeinde im »Ingelheimer Grund«.*

Sehenswert: *Altes Backhaus* (Ortsmitte) · Schönes *Barock-Orgelgehäuse* in der ev. Kirche, die nach Zerstörung (1689) unter Verwendung des erhalten gebliebenen romanischen Chorturmes 1757 wiedererbaut wurde · *Bergfried* des früheren Schlosses (s. oben) mit schönen Buckelquadern.
Weinlagen: Doktor in der Großlage Gutes Domtal. 121 ha.
Umgebung: Grünzug Nierstein–Dexheim (4 km).
Bild: S. 254.

DIENHEIM

Dienheim ist ein bekannter und großer Weinbauort an der B 9, Oppenheim benachbart.
Geschichte: Das Kloster Fulda, durch eine Stiftung Karls des Großen Ortsherr geworden (ehemal. Paterhof am Platz der heutigen kath. Kirche), verkaufte im 12. Jh. große Teile seines Dienheimer Besitzes an Kloster Eberbach, blieb aber Lehnsherr auch noch, als die Kurpfalz 1495 in den Besitz der Vogtei gelangt war. Das Verhältnis zur Nachbargemeinde Oppenheim ist von Weinschalk geprägt: spötteln die Oppenheimer, der schönste Blick der Dienheimer sei der auf Oppenheim, erwidern die Dienheimer, die besten Oppenheimer Weine wüchsen in Dienheim (anspielend auf die übergreifenden Lagen).
Sehenswert: *Spätgotische Wandmalereien* (16. Jh.) in der ev. Kirche (romanischer Turm) · *Im Mittelrhein. Landesmuseum*: In Dienheim gefundenen Grabstein des Silius (Darstellung des Verstorbenen auf Ruhebett mit Trinkschale, s. S. 60).
Weinlagen: Falkenberg, Herrenberg, Höhlchen, Kreuz, Siliusbrunnen, Tafelstein in der Großlage Güldenmorgen; Herrengarten, Paterhof in der Großlage Krötenbrunnen. 464 ha.
Umgebung: Zum Krötenbrunnen (sehr schöner Blick) und Siliusbrunnen (Naturdenkmal).
Bild: S. 255.

Von alten Zeiten kündet das Backhaus in der Ortsmitte von Dexheim.

Weit dehnen sich die Weinberge rund um Dienheim, den altbekannten Weinort am Rhein.

DIETERSHEIM, Stadtteil von ▶ BINGEN

DINTESHEIM

Die kleine, nur wenig Weinbau betreibende Gemeinde weist keine Besonderheiten auf. Die pfälzische Landeshoheit entwickelte sich aus der Schirmherrschaft über die im 16. Jh. säkularisierten Grundherren des Ortes, die Nonnenklöster Weidas und Gommersheim.
Weinlagen: Felsen in der Großlage Bergkloster. 40 ha.

DITTELSHEIM-HESSLOCH

Dittelsheim, 1969 mit der Nachbargemeinde Heßloch vereinigt, liegt am Fuße des rebenbestandenen, weithin sichtbaren Kloppbergs.
Geschichte: Wernher von Bolanden hatte um 1190 den Ort Dittelsheim zu Lehen von den Grafen von Katzenelnbogen. Die Kurpfalz erwarb nach und nach die raugräflichen, altbolandischen Anteile und diejenigen der vom Wachenheim und von Dalberg (15.–Anf. 17. Jh.). Während des Mittelalters waren die Herren von Dalberg Vogteiherren. Im Ortsteil Heßloch erinnert daran neben den Lilien im Ortswappen eine Madonnenfigur an der Dorfstraße mit dem Wappen Dalberg-Angerloch (s. unten).
Sehenswert: Im Ortsteil Dittelsheim: Turm der ev. Kirche, um 1200 entstanden, im Volksmund »*Heidenturm*« genannt (Kirche selbst 1729 abgebrochen und durch Barockbau ersetzt, nur Vorhalle und Turm blieben erhalten). Maurische Stileinflüsse sind bei diesem romanischen Turm mit-

Der »Heidenturm« der Dittelsheimer Kirche. Kreuzfahrer sollen ihn erbaut haben.

bestimmend; er wird, oft gezeichnet, als besonders bemerkenswert und der schönste dieser Art in Rheinhessen bezeichnet. Ähnliche Türme, gebaut nach dem Vorbild orientalischer (byzantinischer) Zentralbauten, finden sich, hierzulande an St. Pauls in Worms angelehnt, in Alsheim und Guntersblum (s. dort). Der Turmhelm mit dem 16fach gefächerten Kuppeldach weise auf Beziehungen der hohenstaufischen Rheinlande nach dem Osten hin. Der Name »Heidenturm« (»Sarazenenturm«) nimmt Bezug auf Kreuzfahrer, die ihn angeblich erbaut haben · Spitzbogiges *Torhaus der Wehranlage* des früher befestigten Friedhofes · *Weinkastell* auf dem Kloppberg (293 m), erbaut auf den Fundamenten einer Fliehburg oder einer, im späten Mittelalter zerstörten, Raubritterburg (Zeit ungewiß, ebenso ob einem Raugrafen oder den Sickingern zuzuschreiben) im Jahre 1963/64 vom Winzer Bootz im Auftrag der Gemeinde (Gedenktafel) mit Bruchsteinen aus Neu-Bamberg. Vorläufiges Domizil der Weinbruderschaft Rheinhessen (Faßboden-Symbol in Nebenraum der Weinstube) · *Weinlehrpfad* · Im Ortsteil **Heßloch:** Alte Wallfahrtsstätte mit *Mariensäule* (Muttergottes in Rundbogennische mit Wappen Dalberg-Angerloch vom abgebrochenen Spitalhof, um 1576) auf dem Liebfrauenberg (Marienkapelle nahebei 1817 abgetragen) · Am nördlichen Dorfausgang *Kruzifixus*, 1742 · *Im Städtischen Museum Worms:* Apollostatue und römischer Steinsarkophag (»Grab der Tänzerin«).

Weinfest: Kellerfest am Kloppberg am dritten Wochenende im Juli.

Weinlagen: Edle Weingärten, Geiersberg, Kloppberg, Leckerberg, Liebfrauenberg, Mönchhube, Mondschein, Pfaffenmütze in der Großlage Pilgerpfad. 331 ha (Ortsteil Dittelsheim 209 ha, Ortsteil Heßloch 122 ha).

Umgebung: Rund um den Kloppberg mit sehr schönem Ausblick in das Hügelland und zum Rhein hin (600 m) – nach Monzernheim und Hochborn (4,5 km).

Bilder: S. 119, 256, 257.

Dittelsheim-Heßloch am Fuße des Kloppberg, eine rebenreiche Doppelgemeinde.

Kein Ort in Rheinhessen, der nicht von Wein umgeben: Dolgesheim.

DOLGESHEIM

Die einst zur Grafschaft Leiningen-Guntersblum gehörende Landgemeinde war befestigt und mit einem Effenwall umgeben. Das Ortswappen zeigt den Leininger Adler mit Lilienwappen und Schwurstab sowie einen Pflug.

Sehenswert: *Rathaus* (Fachwerkbau, 1594, Erdgeschoß massiv) · Gemalte *Fensterumrahmungen* in der ev. Kirche (1616) · Das Wahrzeichen des Dorfes, der bereits um 1200 bezeugte *Angelbaum* auf dem Dorfplatz vor der ehemaligen Oberpforte (vermutlich ehemaliger Gerichtsbaum), mußte in neuerer Zeit gefällt werden (s. dazu unter Hahnheim).

Weinlagen: Kreuzberg, Schützenhütte in der Großlage Krötenbrunnen. 114 ha.

Umgebung: Zum Petersberg bei Gau-Odernheim (4 km) – zum Kloppberg bei Dittelsheim-Heß-loch (10 km).

Bild: S. 258.

DORN-DÜRKHEIM

Dorn-Dürkheim ist eine Land- und Pendlergemeinde mit wenig verändertem Dorfbild.

Geschichte: Frühe Besiedlung, durch viele Funde ausgewiesen. Am nördlichen Dorfrand wurden in der Gemarkung »Heyer« seit 1973 die Fossilien von mehr als 70 Säugetierarten ausgegraben (eines der reichsten Vorkommen Europas). Der jetzige Name ist erst seit um 1400 bekannt, ursprünglich hieß das Dorf Durincheim (= Heim des Durinch), mit zahlreichen späteren Abwandlungen. Es existiert auch die Lesart, es handele sich um eine Gründung der Türken (unwahrscheinlich) oder thüringischer Umsiedler (= »Thürincheim«). Zur Unterscheidung von dem am Rhein gelegenen gleichnamigen Ort sei jener Rhein-Dürkheim, dieser hingegen Dorn-Dürkheim genannt worden (= auf dem trockenen, »dürren« Land: tatsächlich aber fruchtbarer Boden). Das Wormser Kloster Maria Münster (im Volksmund »Nonnenmünster« genannt) war hier begütert und von 1245 bis 1798 Zehntherr (Gemarkungsstein an der Gewann »Hinter der Heyer« mit Abbildung des Krummstabes, der Buchstaben MM und drei Sternen). Die Raugrafschaft wurde 1457 an die Kurpfalz verkauft, der im 16. Jh. der Ort anheimfiel.

Sehenswert: *Fachwerkhaus* mit Erbauer-Beschriftung (Eheleute Grasmann, 1818) · *Barocker Türsturz* an Hofreiteneingang · Das südlich des Dorfes gelegene *Heilighäuschen* (»Heljehäusche«, erste urkundliche Erwähnung 1440), erbaut vom Kloster Maria Münster · Rest des *Klosterhofes* im Dorf.

Weinlagen: Hasensprung, Römerberg in der Großlage Rheinblick. 104 ha.

Umgebung: Zum erwähnten Heiligenhäuschen (3 km), dort schöner Fernblick – zum Kloppberg in Dittelsheim-Heßloch (5 km).

Bild: S. 259.

DRAIS, Stadtteil von ▶ MAINZ

DROMERSHEIM, Stadtteil von ▶ BINGEN

EBERSHEIM, Stadtteil von ▶ MAINZ

Der Weinbauort Dorn-Dürkheim hat sein überkommenes Dorfbild bis heute bewahrt.

Weites sommerliches Land an der Beller Kirche bei Eckelsheim.

ECKELSHEIM

Eckelsheim ist ein Weindorf mit urtümlicher Dorfanlage in der sog. »Rheinhessischen Schweiz«.
Geschichte: An der nördlichen Seite der »Beller Kirche« (s. unten) wurde einst kraft verliehenen
Rechtes der berühmte »Beller Markt« gehalten, dessen Ursprung eine Wallfahrt am Tage der Geburt Mariä (8. September) war und der sich noch erhielt, nachdem die Kirche zerfallen war. Noch
1707 war eine »Marktpredigt« zu halten. An diesem Markt waren die Gemeinden Eckelsheim,
Wendelsheim, Wonsheim, Steinbockenheim beteiligt. Er dauerte 3 Tage und war nach den Chroni-
stenberichten ein stark besuchtes, typisch rheinhessisches Volksfest mit Tanzboden (in der Ruine
der Bellerkirche), Krämern (Krüge und Geschirr), Metzgern, Weinwirten (etwa 50 »Weinhütten«)
und Schaubuden. Im Jahre 1858 habe das Wasser des Bellerbrünnchens nicht ausgereicht, um die
Gläser zu schwenken, so viel sei getrunken worden. Auch der Schinderhannes war dort zu Gast.
Laukhardt (s. unter Wendelsheim) besuchte ihn 1775 und beschrieb das Markttreiben in seinen
»Lebenserinnerungen«, Bechtolsheimer (s. unter Wonsheim) schildert den »Bellermarkt« in seinem Roman »Das Hungerjahr« (1907). Letztmalig wurde der Beller Markt 1902 (nur noch von
Eckelsheim) gefeiert. Woher der Name »Beller Kirche« rührt, ist ungewiß: Erklärungsversuche
sind die Ableitung von den in Rheinhessen »Bellen« genannten Pappeln (1318 als »belenkirche«
erwähnt, die Flurbeschreibung von 1503 enthält als Flurnamen »an den Bellen«), ferner vom Wort
»beldin« (= der Hügel: ein Flurname »undir dem beldin« wird 1365 für Eckelsheim erwähnt; am

gleichen Ort war vermutlich eine vorgeschichtliche Kultstätte), sodann von einem im 30jährigen Krieg untergegangenen Dorf Böllen oder (im 12./13. Jh. so erwähnt) Bellenhofen (es gab die »Ritter von Bellenhofen«, den Beinamen habe der Graf von Falkenstein um 1586 geführt), und schließlich von dem angeblichen Namen der Kirche, welcher »Bella Maria« gelautet habe (für das 12. Jh. wird Weinbau der Mönche eines gleichnamigen Klosters behauptet). Die Ruine ist Gegenstand vieler Sagen.

Sehenswert: Die gut erhaltene, malerische Ruine der oben erwähnten »*Bellerkirche*« (spätgotische Wallfahrtskapelle, 1519) südlich von Eckelsheim an der Straße nach Wendelsheim · Nahebei ausgedehnte *Steinbrüche* an den Weinbergen, die auch farblich das Bild der Landschaft um Eckelsheim prägen.

Weinlagen: Eselstreiber, Kirchberg, Sonnenköpfchen in der Großlage Rheingrafenstein. 139 ha. Bild: S. 260.

EICH mit den Ortsteilen Sandhof und Wochenendgebiet Eicher See

Eich, eine alte Fischersiedlung, liegt am nördlichen Bogen des Eich-Gimbsheimer Altrheins und ist heute ein Wohn- und Erholungsort (Sitz der Verbandsgemeinde). Dieses ehemalige Flußbett entstand einst (ungewiß wann, wohl im 13./14. Jh.) durch natürliche Abschnürung. Es bildet ein Nie-

Eicher See mit Wochenendgebiet in einer Nordschleife des Rheines, aus einem Baggersee entstanden.

dermoor, das – wohl eines der größten zusammenhängenden Schilfgebiete der Bundesrepublik – im Südbogen seit 1966 als Naturschutzgebiet ausgewiesen ist (126 ha). Dort finden sich einmalige Pflanzengesellschaften und seltene Vogelarten. Eine Sonderkultur der Gemarkung Eich ist der Spargel. Durch den Abbau von Kies und Sand – ein wichtiger Wirtschaftsfaktor in der Gemeinde Eich – bildeten sich zahlreiche Baggerseen (Angeln, Baden, Segeln), darunter der »Eicher Altrheinsee« und der »Eicher See« (in der Nordschleife des Rheines, zu dem er direkte Verbindung hat), um dessen Fläche ein großes Wochenendhausgebiet entstand.

Geschichte: Ursprünglich »Echinheim« geheißen (erst 1413 heutige Schreibweise), war der Ort in wechselndem Besitz. Ludwig IV., »das Kind«, französischer König, hatte hier große Güter, die er 906 dem St. Peters-Stift in Worms schenkte, das wiederum später eine Hälfte des Ortes dem St. Pauls-Stift in Worms, die andere den Grafen von Sponheim übertrug. 1420 wurde der Ort kurpfälzisch. Der 1803 in Mainz hingerichtete Schinderhannes (Johannes Bückler) und seine Bande pflegten bei Hamm über den Rhein überzusetzen, wobei ihnen eine Hammer Familie behilflich gewesen sei. Hierauf bezieht sich der Spottvers »Zwischen Eich und Hamm / kommen die Spitzbuben zusamm'!«.

Sehenswert: Der zweigeschossige *Wohnturm* auf dem Gelände des ehemaligen Zehnthofes (des Paulusstiftes), 1424, im 16. Jh. umgebaut, an der Straße zum Rhein gegenüber der Kirche · *Fachwerkhaus* in der Hauptstraße (ehemal. Gasthaus »Zum Hecht«) mit teilweise verputzten geschnitzten Brüstungsplatten und Inschriften (1747) · Die große, befestigte Anlage des *Sandhofes* (1592: Jahreszahl am Südtor), der dem Kloster Lorsch gehörte, von einer Wehrmauer umschlossen und mit vier runden Ecktürmen versehen war (einer noch mit Zinnen erhalten).

Weinlagen: Goldberg in der Großlage Krötenbrunnen. 111 ha.

Umgebung: Das Altrheingebiet (s. oben).

Bild: S. 261.

EIMSHEIM

Kleine, malerisch gelegene Weinbaugemeinde (»Bergdorf«) abseits der Durchgangsstraßen.

Geschichte: Als erster Besitzer urkundlich erwähnt ist das Zisterzienser-Kloster Weidas bei Alzey-Dautenheim, das den Ort 1360 erwarb, von diesem 1485 und (infolge der Säkularisation) 1551 restlich die Kurpfalz.

Sehenswert: Schöne *Holzaltäre* (17. u. 18. Jh.) in der kath. Kirche · *Napoleonstein* auf dem Friedhof (dort auch besonders wertvoller Baumbestand).

Weinlagen: Hexelberg, Römerschanze, Sonnenhang in der Großlage Krötenbrunnen. 120 ha.

Bild: S. 263.

ELSHEIM ▶ STADECKEN–ELSHEIM

ENGELSTADT

Die Weinbaugemeinde Engelstadt liegt in einem Tal eingebettet, erstmals wurde es 941 als Engilestat erwähnt; ein Gerichtssiegel von 1700 zeigt einen Engel.

Geschichte: Der Ort, wohl eine fiskalische Gründung der Merowingerzeit, war Zubehör der Burg Stromberg. Die Grundherrschaft, das Frauenkloster St. Ursula in Köln, verkaufte ihre Rechte 1454 an die Pfalz.

Sehenswert: Der *romanische Westturm* der ev. Kirche, der sich in vier leicht gegeneinander abgesetzten Geschossen erhebt, und der altertümliche, mit figürlichen Darstellungen versehene, in dieser Form sehr seltene *Türsturz* über dem Portal der Südseite (Kirche und Friedhof waren Zufluchtsstätte in Kriegszeiten, von mit Türmen bewehrter Mauer umgeben und nur über eine Zugbrücke erreichbar, Reste dieser Befestigungen wurden erst nach 1830 beseitigt).

Weinlagen: Adelpfad, Römerberg in der Großlage Kaiserpfalz. 161 ha.

Abseits der ruhelosen Durchgangsstraßen lädt mancher Ort zur Rast. Eimsheim, das »Bergdorf«.

Umgebung: Zum Plateau des Westerberges bis zum Bismarckturm, wo man sehr schöne Rundsicht ins Rheintal und zum Rheingau hat (10 km) – zum Naturschutzgebiet »Im Mayen« (Feuchtgebiet mit seltenen Vogel- und Pflanzenarten).

ENSHEIM

Das Weindorf Ensheim liegt an der dort kurvenreichen B 40 (»Ensheimer Stich«: alte, jetzt neu bepflanzte »Hohe Allee«, die napoleonische »Pariser Straße« – Naturdenkmal –), für den von Süden Kommenden weithin sichtbar, malerisch ausgebreitet am Berghang.

Geschichte: Als Aeonisheim im Wormsgau erstmals 769 erwähnt. Im 13. Jh. lag der Friedhof in der Gewann »Auf Kronkreuz« (jetzige Straßenkreuzung und BAB-Zufahrt, im Volksmund noch immer so benannt). Dort habe auch ein Kloster und die Pfarrkirche gestanden; desgleichen lag dort ein Hof Crahencruze (einst wildgräflich, seit 1299 dem Domkapitel zu Mainz gehörend, daher »Kronkreuz«).

Sehenswert: *Fachwerkhäuser* im altdeutschen Stil, u. a. »Am Brunnen« (um 1600, mit einem 1748 eingebauten Barockportal).

Weinfest: Brunnenfest am dritten Wochenende im Juli.

Weinlagen: Kachelberg in der Großlage Adelberg. 91 ha.

Bilder: S. 215, 264.

Altes Fachwerkhaus mit Walmdach am Dorfplatz von Ensheim mit Brunnen und Weidenbaum.

EPPELSHEIM

Das Dorf liegt in einer Mulde, von einem alten Wallgraben (mittelalterliche Dorfbefestigung) umgeben. Infolge der Ulmenkrankheit (s. unter Wörrstadt) mußten alle Bäume gefällt werden (Neuaufforstung). Mehreren Quellen der Gemarkung entspringt der nach Westhofen führende Altbach. Eppelsheim ist berühmter Fundort eines Schädels des Dinotherium giganteum (ausgestorbener Dickhäuter).

Geschichte: Im 13. Jh. bolandisch geworden, gehörte der Ort später dem Konrad von Hoheim, der ihn 1378 der Kurpfalz verkaufte. Die Herren von Dalberg waren hier begütert.

Sehenswert: »*Dalberger Turm*«, sechsgeschossiger, quadratischer Wohnturm im Dalberger Hof, ursprünglich romanisch, 1602 im Dach umgebaut, errichtet unter den Kämmerern gen. v. Dalberg für das Domstift Worms, dem der Ort gehörte, einst von Mauern und Gräben umgeben, Wahrzeichen Eppelsheims · *Adelshof* (jetzt Pfarrhaus) von 1711 · *Kirchhofmauer* (Kalkstein, 13 Stützpfeiler nach dem Schulgäßchen hin, 1981 restauriert) · Der mittelalterliche *Dorfgraben*.

Weinlagen: Felsen in der Großlage Bergkloster. 74 ha.

Umgebung: Zum Eppelsheimer Wäldchen (2 km) – zum Hangen-Weisheimer Schulwald mit Aussichtsturm (4 km) – zum Kloppberg bei Dittelsheim-Heßloch (10 km).

Bilder: S. 265, 266.

An vergangene Zeiten erinnert der wuchtige »Dalberger Turm« ▶
in Eppelsheim.

Mächtig erhebt sich die von Pfeilern gestützte alte Mauer am Eppelsheimer Kirchhof.

ERBES-BÜDESHEIM

Die Umgebung der ländlichen Wohngemeinde, einer der höchsten in Rheinhessen, ist geprägt von zahlreichen Grünstreifen, die bei der Flurbereinigung angelegt wurden. Erbes-Büdesheim, dessen landschaftlich reizvolle Gemarkung zum Gebiet der »Rheinhessischen Schweiz« gehört, ist Sitz einer Staatlichen Domäne.

Geschichte: Dem erstmals als Botinsheim erwähnten Ortsnamen (Heim des Buodo) wurde ein Zusatz (»Erbes«-) erst später vorangestellt (erstmals 1334 Erwähnung als Erweißbudinsheim), angeblich zur Unterscheidung von Bingen-Büdesheim oder von Rüben-Büdesheim in der Pfalz (heute Biedesheim). Er wurde auch zurückgeführt auf den Namen eines zweiten Siedlers namens Aribo oder Eribo. Richtiger ist wohl die Ableitung der Vorsilbe von der Erbse, weshalb auch 1609 ein Erbsenstrauch im Gerichtssiegel erschien: die vor Einführung der Hackfrüchte verbreitete Felderbse wurde in der Gemarkung besonders angebaut. Lehnsherren war das Geschlecht deren von Morsheim, die vom Wildgrafen Otto von Kyrburg mit beiden Burgen (s. unten) samt Gütern und einer Mühle belehnt wurden. 1640 war das Geschlecht ausgestorben, Adolf von Carben wurde durch Heirat Burgeigentümer. Danach folgte die Familie La Roche, zur Zeit der Hugenottenkriege aus Frankreich zugewandert (ein Mitglied erhielt den Reichsadel »Edler von Starkenfels«) und blieb bis zur Französischen Revolution im Besitz. Politisch war die Kurpfalz schon im 14. Jh. Ortsherr.

Sehenswert: Reste eines Rund- und Wohnturms der »*Weißen Burg*«, einer ehemaligen Wasserburg mit viereckigen Zinnentürmen, von der Familie deren von Morsheim im 16. Jh. wiederherge-

266

Der Zwiebelturm der Barockkirche und die von Buschrainen umgrenzten Äcker sind charakteristisch für Erbes-Büdesheim.

stellt; zuletzt an deren Stelle, als Barockbau, von Park umgebenes Herrenhaus (»Schloß«), der Staatsdomäne bis 1961 gehörend, seitdem Privatbesitz · Reste der 1373 erwähnten »*Roten Burg*« (Turm aus Feldsteinen und Mauer), 18. Jh. · *Familiengruft* der La Roche in der ev. Kirche · *Zwiebelturm* der kath. Barockkirche (in Rheinhessen seltene Turmform) · »Heilighäuschen« mit Flachrelief (*Kreuzigungsgruppe*), um 1770, am Feldweg nördlich des Dorfes · *Reliefbild* von Dorfschmiede (1654) am Ortsausgang nördl. der Hauptstraße · *Wegkreuz* (gotisch) an der Straße nach Nack.

Weinlagen: Geisterberg, Vogelsang in der Großlage Adelsberg. 48 ha.
Umgebung: Durchs Riedertal nach Wendelsheim – vorbei an den Aulheimer Mühlen (siehe bei Flonheim) durch die Weinberge (8 km).
Bild: S. 267.

ESSELBORN

Die ländliche Wohngemeinde Esselborn gehörte vermutlich seit jeher zur Burg Alzey und war seit dem 16. Jh. kurpfälzisch.
Sehenswert: *Fachwerkhaus* in der Hauptstraße · Kirche mit romanischem Westturm auf früherem *Wehrfriedhof.*
Weinlagen: Goldberg in der Großlage Bergkloster. 20 ha.
Bild: S. 268.

Die Kirche, in der auch Segen für Korn und Traube erbeten wurde, überragt die kleine Gemeinde Esselborn.

ESSENHEIM

Die an einem muldenartigen Südhang gelegene Selztalgemeinde, einst Hesinesheim genannt, gehörte zur Zeit Karls des Großen zum Wartgau, später zum Nahegau. Das Kloster St. Maximin bei Trier hatte auch hier Besitz. 1733 wurde der Ort mit Stadecken an die Kurpfalz abgetreten.
Sehenswert: Gotisches Sakramentshaus in der ev. Kirche.
Weinlagen: Römerberg, Teufelspfad in der Großlage Domherr. 200 ha.

FINTHEN, Stadtteil von ▶ MAINZ

FLÖRSHEIM-DALSHEIM

Ortsteil **Nieder-Flörsheim:** Von dieser Weinbaugemeinde zweigt das Zellertal ab, der Mittelabschnitt des Pfrimmtales, bekannt nach dem Ort Zell, der aus dem gleichnamigen Stift (einst Einsiedelei) hervorging.
Ortsteil **Dalsheim:** Das fast rechteckig angelegte Dorf liegt in einer typisch rheinhessischen Senke am »Dalsheimer Stich«. Wegen der fast vollständig erhaltenen alten Ortsbefestigung (s. unten) und des malerischen Ortsbildes wird Dalsheim mit lokalpatriotischem Stolz »das rheinhessische Rothenburg« geheißen. Auffällig ist die Ortsanlage, die keine durchgehende, sondern eine versetzte

Alte Gasse in Nieder-Flörsheim. Einträchtig stehen verwitterte ▶ Gehöfte und modernisierte Gebäude beieinander.

Ortsstraße aufweist (zurückzuführen auf das Zusammenwachsen zweier früher getrennter Bezirke, des Gutshofes und einer befestigten Anlage), wodurch ein inneres Gassenviereck entstand.
Geschichte: Ortsteil **Nieder-Flörsheim:** Das einst »Flersheim« benannte Dorf gehörte dem Wormser Domstift. Bedeutend war das Geschlecht derer von Flörsheim (13.–16. Jh.), aus dem ein Bischof von Speyer hervorging. Ortsteil **Dalsheim:** Das Dorf (»Dagolfesheim«) spielte in den Machtkämpfen zwischen den Leiningern und dem Pfalzgrafen eine große Rolle.
Sehenswert: Im Ortsteil **Nieder-Flörsheim:** Reich geschnitzte Fachwerkhäuser (rheinfränkisch, mit Erker) aus dem 17. und 18. Jh. · *Wohnturm* aus dem 14. Jh. (1618 umgebaut) · Im Ortsteil **Dalsheim:** Die fast vollständig erhaltene *alte Ortsbefestigung*, nämlich sieben (von früher elf) Türme und kleine Bastion, verbunden durch Kalksteinmauern (mit Arkaden des Wehrganges), teilweise 10 m hoch, rechteckig angelegt; diese sog. »Fleckenmauer« entstammt dem 14.–15. Jh., Wall und Graben wurden 1840 eingeebnet · *Wappen der Herren von Rodenstein* (deren Haus an der Nordseite der Wehranlage stand) mit der Jahreszahl 1592 in der Nordmauer des oberen Schloßgartens · An die Wehrmauer angebaute Häuser, mittelalterliches Gepräge · Die *romanischen Türme der kath. Kirche* (St. Peter und Paul) im Stil der Wormser Schule, mit ungewöhnlicher Gliederung durch Nischen und Bögen und der oberen ev. Kirche · *Fachwerkbauten* des 16. Jh. im Ortsbild.
Weinfest: Weinfest am Römer, letztes Wochenende im Juni, Ortsteil Dalsheim.
Weinlagen: Bürgel, Frauenberg, Goldberg, Hubacker, Sauloch, Steig in der Großlage Burg Rodenstein. 606 ha (Ortsteil Nieder-Flörsheim 264 ha, Ortsteil Dalsheim 342 ha).
Bilder: S. 53, 81, 129, 269.

FLOMBORN

Das am Osthang eines Hochplateaus südlich von Alzey gelegene Dorf wurde früh rund um eine Befestigung (später Burg) in der Nähe der ergiebigen Wäschbachquelle besiedelt (Ortsname: »Quelle des Flamo«). Am östlichen Ortsausgang, am Friedhof, wurde ein ausgedehntes Gräberfeld mit Hockerbestattungen und neolithischer Keramik und Geräten gefunden. Nach den Spiralbändern (Mäanderlinien) auf den beigegebenen Kugeltöpfen wird diese Abart der Bandkeramik als »Flomborner Stufe« bezeichnet (4000 v. Chr., sehr bedeutender Fund).
Geschichte: Ursprünglich Flamburn genannt, gehörte der Ort in frühester Zeit zum Bistum Worms, mehrere geistliche und weltliche Herren waren hier begütert, das Kloster Liebfrauenstift (Worms) hatte hier einen Hof. Eine dieser adligen Familien führte den Ortsnamen (von Flamburn). Es folgten in der Lehenshoheit Erzbischof Baldwin zu Trier als Verweser des Mainzer Erzstiftes, die Rodensteiner und schließlich die Kurpfalz, der das Dorf im 16. Jh. gänzlich gehörte.
Sehenswert: *Rathaus*, 1765, mit rundem Treppenturm · *Fachwerkbauernhaus*, 18. Jh. · Wertvolle *Stumm-Orgel* um 1780 in der ev. Kirche · Fragment eines ehemaligen *Flurkreuzes* mit Kruzifix aus dem 14. Jh. zwischen Kirche und Pfarrhaus, früher am »Kreuzacker« im Nordwesten des Ortes an der Weggabelung Freimersheimer Weg/Esselborner Weg.
Weinlagen: Feuerberg, Goldberg in der Großlage Bergkloster. 54 ha.
Umgebung: Ulmental von Flomborn, entlang des Wäschbaches nach Eppelsheim (2 km).

FLONHEIM mit Ortsteil Uffhofen

Stattlicher Marktflecken im Wiesbachtal, unterhalb eines reizvollen Landschaftsschutzgebietes in der »Rheinhessischen Schweiz«. Der in Bauten dargestellte Reichtum Flonheims war wesentlich bedingt durch die einst blühende Steinbruchindustrie, die nach dem Zweiten Weltkrieg, der Kunststeinherstellung weichend, nicht wieder betrieben wurde. »Flonheimer Sandstein«, im 14. Jh. auch

»Dom des Wiesbachtales« heißt man die doppeltürmige Kirche ▶
am von reichen Bürgerhäusern umstandenen Flonheimer Marktplatz,
den ein Sandsteinbrunnen ziert.

für fürstliche Hof- und Burgbauten verwendet, findet sich in vielen rheinhessischen Altbauten und war auch Material für Schulen, Brücken und Kirchen.

Geschichte: Römische Steinbrüche lieferten aus Flonheim den Quarzsandstein für jetzt im Alzeyer Museum aufbewahrte Skulpturen (u. a. Viergötterstein). Aus fränkischer Zeit stammen reiche Gräberfunde, so vom Marktplatz ein Fürstengrab (7. Jh.) mit umfangreicher, wertvoller Waffengarnitur, u. a. Langschwert mit goldbelegtem Griff. 764 wird der Ort als »Flonenheim«, später u. a. als »Flanheim« (= Wohnsitz des Flano) erwähnt. Seit frühmerowingischer Zeit war Flonheim Adelssitz. Seit 960 übte die Familie der Emichonen (später »Grafen von Flonheim«) die Herrschaft aus (»Amt Flonheim«, Uffhofen, Bornheim, Lonsheim umfassend). Der Wildgraf Emicho II. gründete um 1133 das Augustiner-Chorherrenstift Kloster St. Maria (woran auch die Bezeichnungen »Klostergasse« und »Klostereck« erinnern). Um 1300 wurde der Ort mit einer Wehrmauer umgeben, worauf der Ortsgrundriß mit Ringstraße auch hinweist. Die nachfolgende wild- und rheingräfliche Herrschaft dauerte bis 1792. Seit 1744 war der verschuldete, despotische Magnus Rheingraf zu Rheingrafenstein Herr eines Teils des Ortes. Ortsteil **Uffhofen:** Der Name führte von einer Hofanlage unterhalb des Ortes Flonheim her (im Sinne von »uff« = unterhalb oder »uf Hofen« = nach dem Hof hin gehen).

Sehenswert: Reste der *Wehrmauer* und des Klosters · Zahlreiche besonders schöne *Barockhäuser* mit Sandsteinportalen und interessanten Steinmetzarbeiten (einmalig in Rheinhessen, durch die frühere Sandsteinindustrie bedingt), vornehmlich an früheren Gaststätten (Flonheim war Rückwegstation der Leinereiter, Treidler- und Poststation), besonders in Langgasse (ältestes Haus dort von 1568) und Alzeyer Straße · *Rathaus* (17. Jh.), im Erdgeschoß Halle mit Portalen und Verkaufserkern, Treppenturm (1587) · *Eindrucksvoller Marktplatz* mit für solchen Ort ungewöhnlich mächtiger, doppeltürmiger Kirche, weithin sichtbar (»*Dom des Wiesbachtales*«) mit neuem *Marktbrunnen* · *Muttergottes* in alter Fassung, um 1750 am neugotischen Seitenaltar der kath. Kirche · *Rheingräfliches Wappen* im Renaissancegiebel des Schulhauses, Bahnhofstraße · Zwei *granatenförmige Weinbergshäuschen* aus hellem Flonheimer Sandstein (»Trulli« genannt, eines auch »Weißes Häuschen«), erbaut 1756, 1763 (zu Herkunft und Baustil der »Trulli« vgl. S. 89) · *Steinkelter* (Sandstein) von 1870 vor der Hütte »Schauinsland« (s. unten) · *Natur- und Weinlehrpfad* mit Gedenkstein (1980) für verdiente rheinhessische Rebenzüchter (Philipp Wolf, Georg Scheu, Dr. Edmund Zimmermann – s. S. 226) · Sandsteinbrüche. Im Ortsteil **Uffhofen:** Romantisch gelegene *Geistermühle* an Straße nach Wendelsheim · *Aulheimer Grund* (Name nach im 15. Jh. untergegangenem Weiler bei gleichnamigen Mühlen) mit besonders interessanter Flora; Naturdenkmal (s. unten) · Steinbrüche und Sandgruben · *Im Städtischen Museum* Worms: Funde aus dem erwähnten »Fürstengrab«.

Weinfeste: Wein- und Brunnenfest im Juni (ab Fronleichnam). Im September Weinprobe an den Erzeugerweinbergen während Rundwanderung mit abschließendem Schwenkbratenessen zum Wein.

Weinlagen: Bingerberg, Geisterberg, Klostergarten, La Roche, Pfaffenberg, Rotenpfad in der Großlage Adelsberg. 359 ha (davon Ortsteil Uffhofen 113 ha).

Umgebung: Zum Landschaftsschutzgebiet »Alzeyer Berg« mit Hütten »Schauinsland« (225 m, Nähe Parkplatz, eingelassene Orientierungsplatte auf Steintisch inmitten Niedergehölz und Weinbergen, sehr schöner Rundblick ins Wiesbachtal) und »Donnersbergblick«, im alten Steinbruchgebiet, seit 1962 unter Naturschutz, von Weinbergen umgeben (Natur- und Wein-Lehrpfade) – Ab alte Kelter am Parkplatz Rundwanderweg (Donnersbergblick – Sedansplatz – Parkplatz = 2 km, Donnersbergblick – Oswaldhöhe bei Bornheim – Bahnlinie – Sedansplatz – Parkplatz = 5 km) – zum Aulheimer Grund (oberhalb Geistermühle, links abzweigender Feldweg); extrem trockenwarme Umwelt, felsiger Boden, basaltische Eruptivgesteine, »Mikrosteppenklima«, die »Rabenkanzel«, ein Standort seltener Steppenheidepflanzen, Haargrassteppe; zwischen Bornheim und Heimersheim auslaufendes Trockental (Naturschutz) zum »Trullo« (s. oben in den Weinbergen mit Blick auf Flonheim, weiter in's Aulheimer Tälchen.

Bilder: S. 91, 92, 271.

Gepflegte Weinberge prägen die Landschaft um Framersheim, dessen Häuser sich eng aneinander schmiegen.

FRAMERSHEIM

Ländliche Wohn- und Weinbaugemeinde an der Selz nahe Alzey. Bekannt sind die Framersheimer »Backes-Grummbeere« (im Backofen nach Spezialrezept zubereitete Kartoffeln).

Geschichte: Framersheim gehörte dem Bischof von Metz und wurde später dem Kloster Gorze geschenkt, 1253 gelangte es an die Grafschaft Falkenstein, schließlich an den Herzog von Lothringen und, nach dessen Vermählung mit Maria Theresia, zum Hause Österreich.

Sehenswert: In der Sakristei der kath. Kirche ein interessantes Gehäuse mit dem hl. Stanislaus und der hl. Barbara (um 1740) · An der ev. Kirche Portal von 1749, und – an der Außenwand – Grabstein des 17./18. Jh.; Stumm-Orgel · Rundfunk- und Fernsehmuseum · Im *Rheingau- und Weinmuseum Rüdesheim:* Spindelkelter von 1681 (s. S. 78).

Weinlagen: Hornberg, Kreuzweg, Zechberg in der Großlage Petersberg. 276 ha.

Bild: S. 273.

FREI-LAUBERSHEIM

Das Weindorf Frei-Laubersheim in der »Rheinhessischen Schweiz« ist in weitem Halbkreis von Gemeindewald umgeben, der 330 ha groß und dessen Porphyrrücken von vier Tälern mit Bächen durchschnitten werden. Höchster Berg (auch Rheinhessens) ist der Eichelberg (320 m). Am »Schäferplacken« stießen seit dem Wiener Kongreß (1815) drei Länder zusammen (Preußen, Hessen, bayerische Rheinpfalz), daher auch »Dreiländereck« genannt.

Geschichte: Der Ortsname rührt von Liubherisheim (= Heim des Liubher); Der Zusatz »Frei-«, 1261 hinzugefügt, unterscheidet von Waldlaubersheim (Nahe). Im Volksmund heißt der Ort »Kappes-Laubersheim« – Kappeslawerschem –, auf den Weißkohlanbau bezogen. In nachfränkischer Zeit stand dort ein Fronhof. Im Mittelalter hatte hier vor allem die Abtei Tholey Besitz. Das Dorf wurde 1331 pfälzisches Lehen der Grafschaft Sponheim-Kreuznach. Kam der Amtmann des Gerichtsherren, des Ritters vom Rheingrafenstein, zum Dingtag, so war das Gebot, ihm einen Sessel hinzustellen und ihm ein halb Maß Wein und zwei Hellerwecken zu geben. Ab 1707 gehörte der Ort zur Kurpfalz.

Sehenswert: Das *Rathaus*, 1603 als Steinbau mit stattlicher einläufiger Treppe erbaut, der Altan auf Arkaden, im Erdgeschoß ehemals eine offene Halle mit zwei Portalen und drei Verkaufsläden. Der prächtige Fachwerkerker steht auf hölzernen Streben (die Wappentafel an der Vorderseite spiegelt die damaligen Herrschaftsverhältnisse). An der rechten Seite des Rathauses steht der aus einem Sandsteinblock gehauene *Prangerstuhl* · In der Nähe, auf dem Dorfplatz, *Röhrenbrunnen* von 1884 · *Romanischer Wehrturm* der kath. Kirche · *Weißes Sandsteinkreuz* im Wald »Am Schäferplacken« (wohl 1661), wo nach der Sage ein Schäfer ermordet worden sei · Grundmauern der *Katharinenkapelle* (13./14. Jh.) im Walde.

Weinlagen: Fels, Kirchberg, Reichskeller, Rheingrafenberg in der Großlage Rheingrafenstein. 120 ha.

Umgebung: Zum Nahe- und Alsenztal (Alte Baumburg, Ebernburg, Rheingrafenstein, Hohe Gans) – zum Schäferplacken · zum Steiger Hof und Forsthaus Spreitel.

FREIMERSHEIM

Wohngemeinde an der Quelle des Aufspringbaches (Weidasserbach), mit überwiegend landwirtschaftlicher Bevölkerung. Ende des 18. Jh. war der Ortsname »Freimersheim hinter der Warte«.

Geschichte: Die Herren zu Bolanden hatten den Ort im 12. Jh. zu Lehen, 1375 wurde er pfälzisch.

Sehenswert: Romanische *Wehrkirche* (kath.).

Weinlagen: Frankenstein in der Großlage Sybillenstein. 9 ha.

FREI-WEINHEIM, Stadtteil (Nord) von ▶ INGELHEIM

FRETTENHEIM

Das Dorf liegt in einer Mulde zwischen Kloppberg und Wintersberg.

Geschichte: Ursprünglich Frittenheym genannt, gehört der Ort zu den ältesten Siedlungsplätzen des Wormsgaues. Bis zum Ausgang des 16. Jh. waren die hier ansässigen Freiherrn von Frettenheim Lehensträger der Kurpfalz, die es bis 1797 in Besitz behielt, nachdem das erwähnte Adelsgeschlecht erloschen war. Abgabepflichtig war das Dorf außer an die Burg zu Alzey auch an den Junker Hundt von Saulheim.

Sehenswert: Zwei *Barockkirchen*.

Weinlagen: Heil in der Großlage Pilgerpfad. 40 ha.

Bild: S. 275.

FRIESENHEIM

Der bäuerliche Ort wurde von kriegsgefangenen, hier seßhaft gemachten Friesen (daher der Name) zur Zeit Karls des Großen gegründet, dessen Signum das Wappen von Friesenheim ziert. Der Ort, altbolandisches Lehen vom Wildgrafen, kam 1280 zu Sponheim-Bolanden, seit 1322 war er den Dienheimern verliehen.

Sehenswert: *Rathaus*, Fachwerk auf massivem Untergeschoß, 17./18. Jh.

Weinlagen: Altdörr, Bergpfad, Knopf in der Großlage Gutes Domtal. 71 ha.

Schnurgerade laufen die Wingertzeilen auf den Dorfrand zu. Frettenheim zwischen Kloppberg und Wintersberg.

FÜRFELD

Das auf der Höhe gelegene Dorf ist Ausgangspunkt für Wanderungen in die waldreiche Umgebung (»Rheinhessische Schweiz«).

Geschichte: Der Name des Ortes kommt von furnivelt, was vielleicht Feuerfeld (= durch Rodung entstanden), Fuore felt (= Weide) oder »an dem von Föhren (Kiefern) begrenzten Feld« bedeutet. Im Mittelalter gehörte Fürfeld zum Hof Münsterappel des Klosters St. Maximin (Trier). Die Boos von Waldeck waren zeitweilig Vögte.

Sehenswert: Interessante *Fachwerkbauten* (teils mit geschnitztem Erker) und ein hübsches Barockhaus mit Freitreppe und geschnitzter Haustür in der Rathausstraße · Thalermühle am Waselbach · Biedenthalerhof · Besonders sehenswert der 3 km talabwärts (östlich) schön gelegene *Hof Iben:* Der gleichnamige, um 1400 in einen Hof umgewandelte Weiler (Rodungsdorf) war einst Lehensbesitz der Raugrafen (Kloster St. Maximin), die um 1200 entstandene Wasserburg Lehensbesitz (Kurtrier) der Wildgrafen, diese seit 1240 im Besitz des Templerordens (Wildgraf Friedrich später Präzeptor des Ordens), als dessen Komturei für 1303 urkundlich belegt, nach Aufhebung des Ordens (1312) Lehensbesitz der Raugrafen. 1362 an die Ritter von Waldeck, Ortsherren von Fürfeld. Nach 2. Weltkrieg Hofgut in Privatbesitz. Kapelle Eigentum des Landes Rheinland-Pfalz, 1971/74 restauriert. Reste der Burganlage (1689 zerstört) sind noch erhalten. Von der Kapelle (jetzt inmitten eines landwirtschaftlichen Anwesens, das der achtseitige, steinerne Dachreiter über-

275

ragt, aber zugänglich) ist ein frühgotischer Chor verblieben, der um 1250 an das inzwischen abgebrochene spätrömische Langhaus angefügt worden war (Ende des 19. Jh. restauriert). Diese aus Bimssandstein erbaute ehemalige Burgkapelle des Templerordens ist ein seltenes Kleinod. Kleeblattarkaden, Fensterbögen und vor allem die entfalteten Knospenkapitäle (feines Laubwerk verschiedenster Art, wiederholt auch Reblaub, linker Pfeiler mit Trauben, Reblaub auch im Schlußstein, das Gotteslamm umrankend, s. S. 89) sind ästhetisch sehr ansprechend (»Naumburger Meister«). Die Chorgestaltung ist von der französischen Hochgotik beeinflußt. Der Name des Hofes wird abgeleitet von Ubin, Ueben = »zu den Eiben« (Eibenhof). Hof Iben war auch ein Hauptschlupfwinkel der Schinderhannes-Bande.

Weinlagen: Eichelberg, Kapellenberg, Steige in der Großlage Rheingrafenstein. 90 ha.

Umgebung: In das von Wald, Wiesen und Weinbergen umgebene Tal um Hof Iben (2 km), von dort aus Rundwanderungen mit überraschenden Ausblicken zu den Neu-Bamberger Steinbrüchen und zum Ort hin in's Appelbachtal (zum Herkunftsort des Rheingrafen, Gau-Grehweiler) – zum Eichelberg mit der »Rabenkanzel« (Porphyr-Felspartie am Südhang).

Bild: S. 397.

GABSHEIM

Das kleine Bauerndorf (ursprünglich Geisbodesheim genannt) war Sitz eines königlich-fränkischen Fronhofes und privater Fronhöfe freier Franken. Die Fronhofbefestigung baute Werner II.

Die Kirche auf dem einst befestigten Friedhof überragt Gabsheim, die überwiegend katholische Gemeinde.

Schloß Ardeck, die einst bischöfliche Wasserburg in Gau-Algesheim.

von Bolanden zur Burg aus. Nach den Grafen von Sponheim Dannenfels übten die Kämmerer von Worms, genannt Dalberg, und das einheimische Adelsgeschlecht die Herrschaft aus. Die spätgotische Kirche stand unter dem Patronat des Klosters St. Alban in Mainz, das gleichfalls in der Gemarkung einen Fronhof hatte.

Sehenswert: Zahlreiche *Wappensteine* an den Außenwänden der kath. Kirche (um 1490, auf ehemals befestigtem Friedhof über dem Dorf) zeugen von diesen Geschlechtern.

Weinlagen: Dornpfad, Kirchberg, Rosengarten in der Großlage Domherr. 96 ha.

Bild: S. 276.

GAU-ALGESHEIM

Am Ausgang des Welzbachtales gelegen, ist Gau-Algesheim Sitz der Verbandsgemeinde, großer Weinkellereien, einer Sektkellerei (Schloß Ardeck, chemischer Industrie, Konservenherstellung und anderer Gewerbezweige, desgleichen eine große Weinbaugemeinde, Obst- und Gemüsemarkt in der großen Markthalle. Der Steinmetz Peter Bischof (geb. um 1430), genannt »Peter vom Algesheim«, und der Orgelkomponist Christian von Erbach (geb. um 1570) stammen von hier.

Geschichte: Das von dem Franken Alagast gegründete Dorf Alagastesheim war schon früh besiedelt (Glockenbecherfund, Urnenfelderkultur-Grabanlage, Latène-Gräber weisen darauf hin). Mit dem Binger Reichsgebiet kam der Ort 983 an das Mainzer Erzstift (Wappen an der Kirche). Aus

Jenseits der Dächer von Gau-Algesheim dehnen sich Obstfluren. Blick zu Rochusberg, Niederwald und Rheintal.

dem Jahre 1112 stammt eine Urkunde, darin Erzbischof Adalbert dem Abt des Klosters Jakobsberg den Bezug einer Weinabgabe aus Gau-Algesheim bestätigt. Im Jahre 1332 wurden von Kaiser Ludwig von Bayern die Stadtrechte verliehen, danach wurde Gau-Algesheim befestigt. Der Weinmarkt zu Gau-Algesheim war im Mittelalter berühmt (s. S. 45).

Sehenswert: Geringe Reste des 1422–1444 südlich der Stadt, außerhalb der Befestigung, angelegten erzbischöflichen (Dietrich von Erbach) *Schloß Ardeck* (im 30jährigen Krieg zerstört, 1803 geschleift, nachgebaut, Verwaltungssitz), war evtl. eine Wasserburg (vgl. Bechtolsheim) · Der »*Graulturm*«, Teil der mittelalterlichen Stadtbefestigung, benannt nach Stadtschultheiß Peter Graul, der 1343 vom Mainzer Erzbischof mit den Rechten des Weinmarktes belehnt wurde (s. oben) · *Rathaus*: Untergeschoß Relikt aus der Spätgotik, Obergeschoß 1726 neu aufgebaut · Ehemal. *kurmainzische Kellerei* (1732), Tor mit Vasenaufsätzen, Mansardendach · Querschiff der auffällig großen *kath. Kirche* mit Teilen des spätgotischen Baues (1539), Grabmal des Ritters von Waldeck · *Wallfahrtskirche* auf dem Laurenziberg · *Alte Kelter* an der Ecke Rheinstraße/Mainzer Straße.

Weinfest: Fest des jungen Weines am zweiten Wochenende im Oktober.

Weinlagen: Goldberg, Johannisberg, Rothenberg, St. Laurenzikapelle, Steinert in der Großlage Abtei. 361 ha.

Umgebung: Naherholungsgebiete »Gau-Algesheimer Kopf« (Naturschutzgebiet mit besonderen Pflanzenarten auf trocken-warmen Standorten) und »Jakobsberg« mit Kloster (Ockenheim) – Rundweggebiet Westerberg, zum »Bismarckturm« (7 km, teils ausgebaut).
Bilder: S. 277, 278.

GAU-BICKELHEIM

Am Fuße des Wißberg-Plateaus, das die Landschaft weithin sichtbar beherrscht, liegt das alte Winzerdorf Gau-Bickelheim. Im Wappen zeigt es drei Weinbergsbickel über dem Mainzer Rad. Mit seiner (und der gesamten rheinhessischen) Geschichte und Volkskunde befaßte sich der Schulrat, Heimatforscher und Dichter Franz Joseph Spang (1891–1971), der Rheinhessen »das Land der Traube und der Ähre« nannte, in dörflicher Lyrik verherrlichte (»Rheinhessen – Weinhessen«; »Immer reifen Korn und Trauben«; »Der Teppich des Dorfes«) und – auch durch viele Abhandlungen – in das Bewußtsein seiner Bewohner rückte. Gau-Bickelheim ist Sitz der Zentralkellerei Rheinischer Winzergenossenschaften eGmbH. Sie wurde 1946 als »Hauptkellerei« gegründet, befand sich zunächst bis 1954 in Mainz und wurde dann verlegt. Ihr schlossen sich zahlreiche rheinhessische Winzergenossenschaften in den Jahren 1963–1965 an. 1967 wurden die neuen Betriebsanlagen eingeweiht. Inzwischen haben sich über 30 Genossenschaften in Rheinhessen und im Rheingau mit über 6000 Winzern in der Zentralkellerei zusammengeschlossen, die über modernste Betriebsanlagen verfügt.

Geschichte: Auf dem Wißberg (»monte qui dicitur Wizenberc« – 770: Berg am Wiesbach oder »weißer Berg«, vom Kalkstein herrührend) befanden sich ein steinzeitliches und ein Hallstattdorf: Gau-Bickelheim ist aus einem fränkischen Fronhof nebst vicus hervorgegangen (ursprünglich »Becchilenheim«). Zahlreiche Ortsadelige, die sich »von Bekkelnheim« nannten, standen meist im Dienste des Erzbischofs von Mainz, der dort bis zur Säkularisation Besitz hatte. 1183 wird auch eine Burg erwähnt, deren Reste noch im letzten Jahrhundert zu sehen waren, die Burggasse erinnert noch daran. Der ehemalige Zehnthof ist noch als Liebfrauenstiftshof vorhanden. Im Jahre 1346 wird der Ort erstmals als »Gauwbeckelnheim« erwähnt (zur Unterscheidung von »Waldbökkelheim«). Pfalzgraf Friedrich I. ließ 1462 die Befestigungsanlagen schleifen. Seit dem Mittelalter bestand dort ein bedeutender Weinmarkt (s. S. 45). Aus dem Jahre 1563 ist das Gebot eines Amtsmannes Selbold erhalten, das sich mit dem auch damals schon häufigen Thema des »Übersitzens« in Weinstuben (»über die Weinglock«) befaßte (s. S. 200). Die Weine vom Wißberg erlösten im 18. Jh. bei einem Zehnttausch gegen Trechtingshausen-Niederheimbach, den das Mainzer Domkapitel vornahm, mehr als solche aus Rheinorten.

Sehenswert: Die romanischen Teile des alten *Wehrturms* der kath. Kirche · *Kruzifix* auf dem Markt · Das *Rathaus* (1749) mit Mansardendach und Krüppelwalm sowie Erdgeschoßhalle (1978 renoviert) · *Barocke Wohnhäuser*, teils mit Fachwerk, vor allem »Am Römer« · *Steinkreuz* (1794) auf dem Platz »Am Römer · *Kreuzkapelle* am Wißberg (Wallfahrtskirche, im rheinisch-romanischen Stil in halber Höhe des Berges, 150 m über dem Wiesbachtal, inmitten der Weinberge, erbaut an der Stelle der 1755 errichteten und 1893, durch Bergrutsche baufällig geworden, abgetragenen alten Kapelle, der eine solche aus dem Jahre 1755 vorausgegangen war: siehe Schlußstein über Rundfenster im jetzigen nördlichen Querschiff; Kreuzwegstationen · »Ehrensäule«, hoher Obelisk mit Ortsinschriften an der Straßengabelung nach Wöllstein-Bingen (zum Gedenken an den Straßenbau 1826/28) · Die *Zentralkellerei Rheinischer Winzergenossenschaften* (s. oben).

Weinlagen: Bockshaut, Kapelle, Saukopf in der Großlage Kurfürstenstück. 241 ha.

Umgebung: Wanderung zur Kreuzkapelle am Wißberg (sehr schöne Aussicht) und über die ehemaligen Kalksteinbrüche, am großen Holzkreuz vorbei und über »Deiwels Hernschal« (»des Teufels Hirnschale«) zum Hofgut auf dem Plateau.
Bilder: S. 35, 280, 429.

Eng beieinander stehen die Hofreiten in den rheinhessischen Orten, wie hier in Gau-Bischofsheim.

GAU-BISCHOFSHEIM

Wohngemeinde am Rande von Mainz, zwischen Hügeln an steilem Hang gelegen.

Geschichte: Ursprünglich Biscofesheim genannt, kam der Ort später in Besitz des Domkapitels zu Mainz, das große Weinbergsflächen in Eigentum hatte, 1424 zum Mainzer Erzstift. Der Zusatz »Gau« dient der Unterscheidung von Bischofsheim an der Tauber und Bischofsheim am Main.

Sehenswert: *Muttergottes* mit Kind, 14. Jh., in der kath. Kirche, bemerkenswertes steinernes Bildwerk; dort auch *Geissel-Orgel* (1667, seit 1773 in der Kirche), älteste Orgel der Diözese Mainz, evtl. des Landes, ferner *barocker Taufstein · Alte Höfe* großer Weingüter, Wohngebäude des 17./18. Jh. mit Walmdächern · *Bildstock* (1670, Nachbildung) auf klassizistischer Säule, Ecke Berg- und Pfarrstraße.

Weinlagen: Glockenberg, Herrnberg, Kellersberg, Pfaffenweg in der Großlage St. Alban. 92 ha.

Bild: S. 281.

GAU-HEPPENHEIM

Die kleine, überwiegend bäuerliche Gemeinde, in einer Talmulde des Alzeyer Landes gelegen, hieß einst Hepfanheim, im 18./19. Jh. (bedingt durch die Ortslage) »Heppenheim im Loch« und wurde 1903 in »Gau-Heppenheim« umbenannt. Bis Ende der 1860er Jahre wurde hier noch Eisenerz gewonnen und zur Verarbeitung bis in den Raum Kaiserslautern gefahren.

◀ *Weinbergsgelände an den Hängen des Wißbergplateaus.*   281
Der eigenwillige Kirchturm, Kreuzkapelle und Hofgut
liegen im fahlen Licht des Wintertages.

In einer Talmulde, von Weinbergen und fruchtbaren Fluren umgeben, liegt Gau-Heppenheim.

Geschichte: Der Ort, in dem adlige Geschlechter begütert waren (u. a. im 13. Jh. ein Wolfram von Löwenstein), war seit altersher der Burg von Alzey dienstbar. Werner von Heppenheim baute hier um 1000 eine Burg, die 1766 durch Blitzschlag restlos abbrannte und an die nur noch eine Gewannbezeichnung erinnert. Als Besitzer folgte später die Kurpfalz nach.
Weinlagen: Pfarrgarten, Schloßberg in der Großlage Petersberg. 101 ha.
Bild: S. 282.

GAU-KÖNGERNHEIM, Ortsteil von ▶ GAU-ODERNHEIM

GAULSHEIM, Stadtteil von ▶ BINGEN

GAU-ODERNHEIM mit Ortsteil Gau-Köngernheim

Die ehemals freie Reichsstadt an der Selz wird von Landwirtschaft und Gewerbe geprägt. Die Bezirkswinzergenossenschaft Petersberg hat dort ihren Sitz. Der kegelförmige Petersberg, weinbaulich intensiv genutzt, ist das Wahrzeichen der Umgebung.
Geschichte: Gau-Odernheim hieß zunächst »Otternheim« (= Hof des Other), 1398 wird er als »Gauwe-Odernheim« erwähnt, und zwar zur besitzrechtlichen Unterscheidung von den Grafen von Sponheim, denen auch Wald-Odernheim (am Glan) gehörte. Schon früh habe dort eine Burg

Kleinod der Fachwerkbaukunst: ▶
Das Stadtschreiberhaus in Gau-Odernheim.

bestanden (Wasserschloß, das unterhalb des Petersberges zum Schutz einer Selztalbrücke |Straße Alzey–Oppenheim] entstand und von dem ein aus dem 13. Jh. stammender Turm noch steht). Nachdem der Ortsherr, das Stift St. Stephan zu Metz, im Jahre 850 die Gebeine des hl. Rufus in die dann nach ihm benannte Kirche überführen ließ, wurde Gau-Odernheim Wallfahrtsort. Auf dem Berg, wo einst eine heidnische Kultstätte war, baute das Stift (Werner von Bolanden hatte 1187 die Vogtei erworben) eine Peterskirche (daher der Name des Berges), von der noch Mauerreste zu sehen sind. 1286 verlieh König Rudolf von Habsburg, der den Ort erworben hatte, die Rechte einer Freien Reichsstadt (bis 1579: Verlust der Rechte durch Aufstand der Bürger), war aber mehrfach an die Pfalz verpfändet. Neben dem Hof nahe der Selz entstand die Reichsburg. 1771 wurde auf dem Petersberg auf den Grundmauern der ehemaligen Apsis der zerstörten Kapelle ein Kreuz errichtet, mit den Heiligenfiguren des Petrus und des Wendelinus zu Seiten des Gekreuzigten, gestiftet von Gau-Odernheim und Bechtolsheim wegen einer Viehseuche. Bis 1832 war es das Ziel von Bittprozessionen. 1896 erhielt der Ort seinen jetzigen Namen. Erwähnenswert ist ein aus dem 16. Jh. bezeugter Brauch: Wer den Stadt- oder Burgfrieden gebrochen hatte, wurde auf Beschluß des Rates auf ein Jahr ausgewiesen. Wollte er danach wieder in die Gemeinde aufgenommen werden, mußte er dies melden und am Jahrestag der Ausweisung mit einem Fuder Wein vor dem Tore erscheinen, alsdann, rückwärts auf dem Fasse sitzend, von dort bis auf den Marktplatz reiten, wo das Faß angestochen und der Wein den Bürgern ausgeschenkt wurde.
Sehenswert: Die Simultankirche St. Rufus (s. oben) mit restaurierten *gotischen Wandmalereien* und Renaissancekanzel von 1549 · Mauerreste und Rundturm der erwähnten *Burg* (13. Jh.) · Auf dem Petersberg geringe Reste der *Peterskirche,* einer dreischiffigen Basilika · Der architektonisch sehr geschlossen erhaltene *Obermarkt,* dort mehrere Fachwerkhäuser (17./18. Jh.), besonders neben der Treppe zum Kirchplatz die alte *Stadtschreiberei,* ein auffallend schöner Fachwerkbau, auf zwei Steinkonsolen sitzender Erker, Eckpfosten und Fensterumrahmung reich geschnitzt und farbig gefaßt, am mittleren Pfosten das Ortswappen (einköpfiger Reichsadler), Jahreszahlen 1609 und 1614, und Gasthaus »Zum Deutschen Haus« · *Steinernes Sühnekreuz* an der Straße nach Dorn-Dürkheim.
Weinfest: St. Urbansfest am letzten Wochenende im Mai, mit »Ochs am Spieß«.
Weinlagen: Fuchsloch, Herrgottspfad, Ölberg, Vogelsang in der Großlage Petersberg. 281 ha (davon Ortsteil Gau-Köngernheim 44 ha).
Umgebung: Wanderung zum Petersberg (sehr schöne Fernsicht).
Bild: S. 283.

GAU-WEINHEIM

Das kleine Winzerdorf am Fuße des Wißberges, zu dessen Kreuzkapelle und Hofgut gewandert werden kann, hat eine Weinkanne und 2 Schrotleitern im Wappen (s. auch Bornheim).
Geschichte: Im 14. Jh. war der Ort Zubehör der Burg Stromberg, im 15. Jh. gehörte er zu Alzey. Bis 1868 war der Ortsname Nieder-Weinheim (vgl. auch Weinheim, Stadtteil von Alzey, und Frei-Weinheim, Stadtteil von Ingelheim).
Sehenswert: Mittelalterlicher Turm der ehemaligen Friedhofsbefestigung; 1749 erhöht, mit barockem Helm versehen und als Glockenturm ausgebaut, nach Art eines »Campanile«.
Weinlagen: Geyersberg, Kaisergarten, Wißberg in der Großlage Kurfürstenstück. 148 ha.
Bild: S. 285.

GENSINGEN

Gensingen liegt an der Mündung des Wiesbaches in die Nahe. Neben Landwirtschaft und Weinbau bestimmen gewerbliche Großbetriebe das Ortsgepräge.
Geschichte: Die erste bekannte Schreibweise des Ortsnamens ist Gantsingen (gedeutet als »Dorf an den Wassern«). Das Dorf gehörte zu den ältesten Besitzungen der Grafen von Sponheim. Als

Wolken über dem Hügelland. Gau-Weinheim am Fuße des Wißberges.

deren Familie 1437 ausstarb, kam Gensingen in den Gemeinschaftsbesitz von Kurpfalz, Baden und Pfalz-Simmern. Ab 1707 und bis zur Französischen Revolution war es nur noch der Kurpfalz zugehörig (Oberamt Kreuznach).

Sehenswert: *Fachwerkhäuser* (Anfang 19. Jh.) · *Hochaltar* mit Kreuzigungsgruppe (1751) und barockem Elfenbein-Kruzifix im Tabernakel der Kirche.

Weinlagen: Goldberg in der Großlage Sankt Rochuskapelle. 155 ha.

GIMBSHEIM

Heute überwiegend Sonderkulturen, früher Heimat der Korbmacher (Weiden in den Rheinauen) und, bis ins 19. Jh., der Fischer. Der Rhein berührte früher das Dorf, heute fließt er, durch Landzugewinn bedingt, entlang der östlichen Gemarkungsgrenze.

Geschichte: Als Gimminheim (Wohnsitz des Gimmund) 767 erstmals erwähnt, gehörte der Ort zum Wormsgau und war im Besitz der Grafen von Leiningen, nach ihnen viele andere, zuletzt (seit 1662) den Kurfürsten von der Pfalz. 1499 brannte das Dorf völlig ab.

Sehenswert: Zwickel der Giebelfelder in der *Michaelkirche* (mit einst hier wachsenden Heilkräutern ausgemalt) · 300 Jahre alte *Ulme* (einst als Rheinbefestigung gepflanzt) · *Fachwerkhaus* von

Heimat der Korbmacher war einst das schmucke Dörfchen Gimbsheim am Altrhein.

1721 · Altes *Rathaus* · Ehemal. *Fischerherberge* in der Kirchgasse, im Giebel Schlußstein mit Anker, Staakhaken und Ruder (1770) · *Heimatmuseum.*
Weinfest: Weinbrunnenfest am ersten Wochenende im Juli.
Weinlagen: Liebfrauenthal, Sonnenweg in der Großlage Krötenbrunnen. 104 ha.
Umgebung: Naturschutzgebiet Altrhein, Rheinuferweg (10–20 km).
Bild: S. 286.

GONSENHEIM, Stadtteil von ▶ MAINZ

GROLSHEIM

Grolsheim liegt an Wiesbach und Nahe. Es gehörte einst zum Wormsgau, war Zubehör der Burg Stromberg (14. Jh.) und hernach pfälzischer Nebenlinien und hieß früher Grandfesheim.
Weinlagen: Ölberg in der Großlage Sankt Rochuskapelle. 41 ha.
Bild: S. 287.

GROSS-WINTERNHEIM, Stadtteil von ▶ INGELHEIM

Im Westen grenzt Rheinhessen an die Nahe. Reizvolle Uferpartie bei Grolsheim.

GUMBSHEIM

Gumbsheim ist eine ruhig gelegene, kleine landwirtschaftliche Wohn- und Weinbaugemeinde, etwa die Hälfte der Bevölkerung ist jedoch außerhalb des Ortes berufstätig. Markante Pappelreihen und ein reizvoller Blick zum Galgenberg hin sind erwähnenswert (»Rheinhessische Schweiz«). Am Feldweg nach Armsheim steht ein Monolith der Jungsteinzeit.

Weinlagen: Schloßhölle in der Großlage Kurfürstenstück. 91 ha.

Umgebung: Auf 8 km zusammenhängend betonierten Weinbergswegen können kleine Wanderungen unternommen werden (Schutzhütten).

GUNDERSHEIM

Gundersheim nennt sich »ältester Rotweinort des Wonnegaus«. Das Wappen zeigt einen Karst und 2 Trauben mit Rebblättern. Die seit 1955 stillgelegten Kalksteinbrüche waren früher Arbeitsplatz für viele Einwohner. Sie sind ein geologisch sehr interessantes Naturdenkmal (seltene Trockenrasen- und Felsheide-Vegetation, fossiler Boden, »Roterde«, zugleich Wasserspeicher). Von Gundersheim stammt die Familie des Atomforschers Otto Hahn. Der Maler Daniel Wohlgemuth, der auch die rheinhessische Landschaft vielfältig darstellte, lebte hier.

287

Geschichte: Gundersheim, sein Ortsteil Enzheim sowie der Münch-Bischheimer Hof werden 769 erstmals erwähnt. Der 1886 gefundene fränkische Friedhof ist einer der größten seiner Art. Auf Grund königlicher Schenkungen wurde die Abtei Weißenburg Grundbesitzerin. 1457 wurde der Ort endgültig kurpfälzisch. Auf dem Münch-Bischheimer Hof bestand zeitweise eine eigene Propstei der Abtei Otterberg, auch kurfürstliches Hofgut.

Sehenswert: Reste der alten starken *Wehrmauer* bei der inmitten des einst befestigten Friedhofs (ehemals 4 Rundtürmchen) gelegenen kath. Kirche (die Ortsbefestigung stand mit unterirdischen Gängen in Verbindung, die bis in das Dorf reichten und heute überwiegend als Weinkeller benutzt werden) · Die *Kalksteinbrüche* (s. oben) · *Fachwerkhaus* in der Sionerhofstraße · *Im Wormser Museum:* Die »Gundersheimer Schandgeige«, in der einst klatschsüchtige Weiber durch die Ortsstraßen geführt worden seien.

Weinlagen: Höllenbrand, Königstuhl in der Großlage Bergkloster. 212 ha.

Umgebung: Zum Gemeindewald (Aussichtsturm) Hangen-Weisheim (2 km) – zum Kloppberg bei Dittelsheim-Heßloch (6 km).

GUNDHEIM

Wein- und Ackerbaugemeinde. Bekannt waren einst die »Gundheimer Lange«, eine Sorte der Pastorenbirnen, die den Reben weichen mußten. Um 1500 lebte dort der Glockengießer »Jörg von

Kirche und Rathaus im Ortskern, Begegnung zwischen einst und jetzt. Dorfgasse in Gundheim.

Gontem« (Georg von Guntheim), von dem Glocken in vielen Kirchen des Oberrheinlandes stammen.

Geschichte: Der Ort wird 774 als »Guntheim« erwähnt, er war im 14. Jh. im Besitz einer aus Ritterfamilien gebildeten Ganerbschaft, welche eine 1353 erwähnte Burg erbauten (von ihr sind nur noch wenige Rest vorhanden, so der Burgkeller). Seit 1429 kamen Burg und Dorf in den Besitz des Pfalzgrafen, 1700 erhielt der Freiherr Johann von Greiffenclau zu Vollraths Dorf, Vogtei und Gericht zum Lehen und behielt Gundheim bis zur Französischen Revolution in Besitz.

Sehenswert: Der ehemalige *Greiffenclauer Hof* (1741), später Schulhaus.

Weinlagen: Hungerbiene, Mandelbrunnen, Sonnenberg in der Großlage Bergkloster. 186 ha.

Bild: S. 288.

GUNTERSBLUM

Durch seinen »Kellerweg« bekanntes Weindorf: Wegen der Grundwasserverhältnisse konnte im tiefer gelegenen Ort kein ausreichender Kellerraum geschaffen werden. Im Hang des Plateaus entstanden daher über 100 Keller und darüber Kelterhäuser, die Kulisse des »Kellerwegfestes« sind (s. unten). 1828/29 wurde hier ein Rheindurchstich (Strombegradigung) zur Stromregulierung vollzogen, wodurch die Insel Kühkopf entstand. Sitz der Verbandsgemeinde.

Geschichte: Die alte Siedlung hieß Ort Nordhofen (zur Unterscheidung von den rheinhessischen Gemeinden Osthofen und Westhofen), heute ist dies noch der Name eines Ortsteiles. Den jetzigen

Romantischer Winkel im Weinort Guntersblum, bekannt auch durch seinen »Kellerweg«.

Reich an Schloßbauten, Adelshöfen und Herrenhäusern ist Guntersblum am Rhein.

Namen hatte Guntersblum durch einen Grafen Gunther erhalten, der den Ort seinen Lieblingssitz, seine »Blume« nannte (Blumen sind, neben dem Leininger Adler, auch im Wappen der Gemeinde). Die Sage schreibt Gleiches dem Burgunderkönig Gunther der Nibelungensage zu, wofür aber historische Belege fehlen. 1237 wurden Patronatsrechte des St.-Viktoria-Stiftes in Xanten, das bis dahin Zehntherr gewesen, auf das Domkapitel zu Worms übertragen. Bekannte Adelsfamilien hatten hier ausgedehnte Besitzungen. Die Grafen zu Leiningen-Guntersblum (s. oben) waren einige Jahrhunderte die Ortsherren.

Sehenswert: Das »*neue Schloß*« (zeitlich das ältere) der Grafen von Leiningen (Vögte des Domstiftes Worms in der Hauptstraße, ursprünglicher Bau von 1561 (Jahreszahl am nördlichen Torbogen), 1787–1789 zu einem fast klassizistischen Residenzschloß ausgebaut (u. a. bemalte Seidentapeten aus Pariser Manufaktur). Seit 1875 in Privatbesitz (heute Weingut) · Das sog. »*alte Schloß*«, ein mächtiger Barockbau, 1790 von Carl Wilhelm von Leiningen erbaut, 1834 von der Gemeinde erworben (heute Sitz der Verbandsgemeindeverwaltung nebst Weinprobierkeller). Sehenswert Portal und Balkon · Gegenüber das *Deutschherrenhaus*, ehemalige Niederlassung des Deutschen Ordens (1786) · Alte *Adelshöfe* · Auf dem von Platanen und Kastanien bestandenen Marktplatz die *romanischen Türme der ev. Kirche* (bis 1838 simultan), an sarazenische Vorbilder erinnernd (s. auch bei Dittelsheim-Heßloch und Alsheim und St. Paulskirche in Worms: Wormser Bürger nahmen am Kreuzzug 1195–1198 teil) · Der oben erwähnte malerische *Kellerweg*, in dem sich an über 1 km langer Straße die oft zwei- bis dreistöckig in den Berg getriebenen Weinkeller aneinanderreihen (1597 erste urkundliche Erwähnung solcher Keller), darüber Kelterhäuser · Dort auch der *St. Julianen-Brunnen* mit 3 Wasserröhren (an früherer Weed) · Interessante Flora und Fauna (Vogelparadies) des beim Rheindurchstich entstandenen »*Kühkopf*« (Naturschutzgebiet), der auf drei Seiten vom Altrhein umgeben ist (hier wuchs früher die Wildrebe (vitis silvestris) · *Naturpark Fischsee.*

Weinfest: Kellerwegfest am vorletzten Wochenende im August (mit Nachlese am letzten Wochenende).

Weinlagen: Eiserne Hand, Sonnenhang, Sankt Julianenbrunnen, Steinberg in der Großlage Krötenbrunnen; Authental, Bornpfad, Himmeltal, Kreuzkapelle, Steig-Terrasse in der Großlage Vogelsgärten. 555 ha.

Umgebung: Das »Paddlerparadies« des Altrheinarmes – zur Altrheininsel »Kühkopf« (Fähre) – aufgeforstetes Gebiet im »Fischsee«.

Bilder: S. 289, 290.

HACKENHEIM

Hackenheim, in eine Talmulde eingebettet, ist eine typische Stadtumlandgemeinde mit schnellem Wachstum und abnehmender Zahl der noch 1950 vorherrschenden Landwirte und Winzer.

Geschichte: Urkundlich im Jahre 1023 als »Hakinesheim« erwähnt, waren das Kloster St. Maximin, die Grafschaft Sponheim und ab 1707 die Kurpfalz Grundherren.

Im westlichen Zipfel der Region, Bad Kreuznach zugewandt, liegt der Weinort Hackenheim.

Weinlagen: Galgenberg, Gewürzgarten, Kirchberg, Klostergarten, Sonnenberg in der Großlage Rheingrafenstein. 110 ha.
Umgebung: Zum Kirchberg (220 m) mit schönem Rundblick – Rundwanderweg über den Dämmerberg (2 km). Zum Rheingrafenstein – Naherholungsgebiet »Schäferplacken« mit »Rheingrafenstein« und »Gans«.
Bild: S. 291.

HAHNHEIM

Der kleine Weinbauort gehörte im 8. Jh. einem reich begüterten Geschlecht im Oberrheingau. Nach den »Haganonen«, die auch das Mainzer Alt-Münster stifteten, ist er benannt (Hagonesheim). Das heutige Dorf ging aus Hörigenhöfen des 9. Jh. hervor. 1255 verkaufte die Linie zu Hohenfels ihre Rechte dem in Rheinhessen sehr begüterten Kloster Eberbach (s. unten), es gehörte dann verschiedenen Rittergeschlechtern zu Lehen.
Sehenswert: Das *Schloß* derer von Dienheim (Ortshoheit ca. 1550 bis Ende 18. Jh.), 1590 erbaut, Herrenhaus eines ländlichen Gutshofes, seit 1800 Privatbesitz · Renaissancebau mit interessanter Wendelstiege und wappenbekröntem Portal und in der Mauer eingelassenen Aborten (heute gut restaurierter Wohnsitz mit Orchideenzucht) · Stumpf des fast 1000jährigen *Angelbaumes* (Effe; Gerichtsbaum oder kultisch bedeutsam gewesen); solche (wie auch die ähnlichen »Heier«-)Bäume sind ebenso für Bechtolsheim, Biebelsheim, Wörrstadt bezeugt und waren stets Effen (= Ulme, Rü-

Ein ungewöhnlicher Renaissancebau im ländlichen Rheinhessen ist das sogenannte »Hahnheimer Schlößchen«.

ster). Auch der Hahnheimer Angelbaum (er galt als eine der fünf ältesten Ulmen in Deutschland) wurde 1978 vom Ulmensterben befallen und ist nur noch rudimentär erhalten · Der außerhalb, in Richtung Sörgenloch, gelegene *Wahlheimer Hof*, ummauerter Einzelhof in Gestalt einer typisch fränkischen Landnahmesiedlung, stattliches Gehöft mit Herrenhaus, bedeutende Niederlassung des Zisterzienserklosters Eberbach, Station zwischen seinen Besitzungen in Heidesheim (Sandhof) und Oppenheim-Dienheim; liegt inmitten der Gemarkungen der untergegangenen Dörfer Wahlheim und Bleidesheim an der Selz.

Weinlagen: Knopf, Moosberg in der Großlage Gutes Domtal. 82 ha.

Bild: S. 292.

HAMM

In weiten Ackerflächen und Rheinauen liegt die Wohngemeinde Hamm. Die Namensdeutung weist auf »Hafen« hin. Zum Rhein hin ist das »Ibersheimer Wert«, eine ehemalige Rheininsel, vorgelagert. Die Gemarkung grenzt an den »Eicher See« und ist dadurch am Wochenendhausgebiet beteiligt. Neben dem Spargelanbau sind Korbweidenanpflanzungen typisch. Jedoch wurde das einst weithin bekannte Korbflechtergewerbe fast ganz aufgegeben. Hamm ist einer der zwei Orte in Rheinhessen, die keinen Weinbau haben. Westlich des Ortes liegen Baggerseen.

Geschichte: Hamm war alter Besitz des Domstiftes Worms, die Lehnsherren wechselten auch hier vielfach.

Sehenswert: Rathaus (Fachwerk auf Steingeschoß) aus dem 18. Jh.

HANGEN-WAHLHEIM, Ortsteil von ▶ ALSHEIM

HANGEN-WEISHEIM

Die malerische Hangsiedlung liegt an der Kloppbergplatte zum Seebachtal hin, in der äußeren Anlage ein typisches Straßendorf.

Geschichte: Der Ort war mit Wassergräben und Gebück umwehrt. An der Nordseite lag bis 1854 der Malteser Hof des Johanniterordens. Hangen-Weisheim hatte 1672 eine Postmeisterei der Thurn-und-Taxis-Linie Wien–Brüssel. Ursprünglich hieß es »Witzum«, der Zusatz »Hangen« (= am Abhang) wurde 1483 zur Unterscheidung von gleichlautenden Ortsnamen beigefügt, 1496 lautete der Name Hangendweißheym. Lange wurde im Ort das Fest St. Urbans, des Weinheiligen (s. S. 152), nach altem Brauch begangen.

Sehenswert: Die verschiedenen Bauperioden entstammende *ev. Kirche* (mit Resten aus dem 13. Jh.) · Um den *Weedplatz* winklige Gassen mit Fachwerkhäusern und anderen aus unbehauenem Mauerwerk · »*Grüner Lehrpfad*«, durch einen Teil der Gemarkung bis zum Gemeindewald (Unterrichtung über landwirtschaftliche Kulturen).

Weinfeste: Am Himmelfahrtstag und am Pfingstmontag im Wald.

Weinlagen: Sommerwende in der Großlage Bergkloster. 92 ha.

Umgebung: Durch den 12 Morgen großen Wald (Aussichtsturm mit sehr schönem Blick in den Wonnegau) über Hochborn zum Kloppberg bei Dittelsheim-Heßloch (7 km).

Bild: S. 294.

HARXHEIM

Der an der alten Gaustraße gelegene, einst Harwesheim geheißene Ort war u. a. Werner II. von Bolanden, den Herren von Falkenstein und den Herren von Hofenfels zu Lehen gegeben. 1837 wurde hier eine »Fabrik von Moussirendem Rheinwein« im Kelterhaus eines Winzers und Weinhändlers errichtet. Das Wappen der Gemeinde zeigt über sich kreuzenden Eichelzweigen und einer Ähre eine (blaue) Traube.

Schöne Fachwerkhäuser, wie diese in Hangen-Weisheim, findet man nicht selten im Weinland.

Sehenswert: *Kapellchen* auf dem Osterberg (1864) · Anwesen des *Weingutes der Stadt Mainz* (Schick'sches Haus, 1725) · *von Forstbaumscher Hof* (1724) · *Dreifaltigkeitsrelief* von 1752 an Wohnhaus.
Weinlagen: Börnchen, Lieth, Schloßberg in der Großlage Sankt Alban. 75 ha.

HECHTSHEIM, Stadtteil von ▶ MAINZ

HEIDENFAHRT, Ortsteil von ▶ HEIDESHEIM

HEIDESHEIM AM RHEIN mit Ortsteilen Heidenfahrt und Uhlerborn

Heidesheim ist eine Wohngemeinde mit landwirtschaftlich-gewerblicher Struktur (Obst- und Spargelanbau auf Sandböden, große Markthalle). Sitz der Verbandsgemeinde.
Geschichte: Der bereits in vorgeschichtlicher Zeit besiedelte Ort, ursprünglich Heisinisheim, war später im Besitz des Altmünsterklosters in Mainz. Einer von dessen Lehensträgern, Herdegen von Winternheim, erbaute die Burg Wintereck (s. unten). Seit 1200 waren die Einwohner verpflichtet, die Befestigung von Mainz mit zu unterhalten, wo sie in Kriegszeiten Zuflucht fanden.
Sehenswert: Reste einer *fränkischen Wasserleitung* von den Karlsquellen zur Kaiserpfalz Ingelheim · *Burg Wintereck* (Windeck), im 12. Jahrhundert von Ritter Hardegen von Winternheim erbaut, nach ihm benannt. Kreisrunde Wasserburg in der Niederung, Bergfried (hoher quadratischer

Turm in der Mitte der Anlage) noch erhalten. Halbrunder Wohnbau aus dem 16. Jh. Wiederholte Umgestaltung. Selten vollständig erhaltener Typ des befestigten kleinen Herrensitzes. Der frühere Wassergraben ist zugeschüttet · *Schloßmühle* im oberen Ortsteil mit großem, ummauerten Hof (16. Jh.), zur Burg gehörend · Reste des stattlichen *Sandhofes* (Gutshof des Klosters Eberbach 12. Jh.) · Gasthaus *»Zum Goldenen Lamm«*, Barockbau mit Rokoko-Wirtshausschild, heute Verbandsgemeindeverwaltung · *St. Georgskapelle* nördlich des Ortes, gotischer Bau mit romanischem Triumphbogen, erbaut auf den Fundamenten eines römischen Gebäudes (Weiler oder Heiligtum), nach 30jährigem Krieg und. 1776 renoviert.

Weinlagen: Geißberg, Höllenberg, Steinacker in der Großlage Kaiserpfalz. 30 ha.
Umgebung: Über den Rabenkopf zum Lennebergwald mit zahlreichen Spazierwegen – nach Heidenfahrt und Uhlerborn am Rhein.

HEIMERSHEIM, Stadtteil von ▶ ALZEY

HEPPENHEIM, Stadtteil von ▶ WORMS

HERRNSHEIM, Stadtteil von ▶ WORMS

HESSLOCH ▶ DITTELSHEIM-HESSLOCH

HILLESHEIM mit Ortsteil Bahnhof

Die Landgemeinde war im Besitz des Klosters Rosenthal bei Göllheim in der Pfalz, ihm folgten im 13. Jh. die Grafen von Falkenstein.
Sehenswert: Die in malerischer Lage oberhalb des Dorfes innerhalb der Friedhofsmauer gelegene *Wehrkirche*, im 14. Jh. von Oppenheimer Steinmetzen erbaut · *Grabsteine* aus dem 14. und 17. Jh.
Weinlagen: Altenberg, Sonnheil in der Großlage Krötenbrunnen. 92 ha.

HOCHBORN

Bedingt durch die Höhenlage (280) hat Hochborn keine Weinberge, nur Ackerbau. Dennoch haben alle Betriebe einen Weinbauanteil von 20 %, sie bewirtschaften Weinlagen in den umliegenden Gemarkungen – in dieser Ausgestaltung eine Seltenheit in Rheinhessen. Im Jahre 1971 wurde der frühere Ortsname »Blödesheim«, der oft Anlaß zu Ärgernis und Hänseleien und auch dem Weinverkauf hinderlich war, mit Zustimmung von 96 % der Einwohner in »Hochborn« umbenannt.
Umgebung: Infolge der Höhenlage vom Gemarkungsrand aus schöne Aussicht in das Hügelland – zum Kloppberg (2 km).
Bild: S. 296.

HOCHHEIM, Stadtteil von ▶ WORMS

HOHEN-SÜLZEN

Der eng bebaute Ort ist an einen Südhang angelehnt. Er hat seine Struktur als Weinbaugemeinde und die reizvolle Dorfanlage erhalten.
Geschichte: Hohen-Sülzen (früher Sulza geheißen) war altes bolandisches Familiengut und gehörte bis zur Französischen Revolution der Grafschaft Falkenstein. Die erste Erwähnung bezieht sich auf einen Hof, den das Andreasstift (Worms) hier besaß.

Hochborn ist ein hochgelegener Ort mit schöner Aussicht. Die Weinberge liegen in anderen Gemarkungen.

Sehenswert: Das *Rathaus* aus dem 16. Jh. in für diese Gegend charakteristischer, jedoch voll entwickelter Bauform. Ein Fachwerkgeschoß (mit sog. »wildem Mann«) auf steinernem Unterbau (Halle). Einläufige Außentreppe mit überdachtem Altan, Giebel mit Knüppelwalm · Sog. *Templerbau* in der Wormser Straße (romanische Mauerreste) · *Weinkellertore* aus dem 17./18. Jh. (vor allem unter dem Friedhof) · *Im Mittelrheinischen Landesmuseum, Mainz*: Doppelhenkel-Weinflasche aus einem römischen Sarg, kostbarstes in Rheinhessen geborgenes und schönstes Exemplar aus dem römischen Kulturbereich (s. S. 62).
Weinlagen: Kirchenstück, Sonnenberg in der Großlage Domblick. 104 ha.

HORCHHEIM, Stadtteil von ▶ WORMS

HORRWEILER

Die Weinbaugemeinde wird 1147 im Besitzbuch der hl. Hildegard von Bingen (St. Ruppertsberg) erwähnt. Im Jahre 1514 erlangten die Stiftsherren von St. Peter in Mainz das Patronatsrecht.
Sehenswert: Die spätgotische *Wehrkirche*. Der vom Kirchenbau getrennte Glockenturm war einst der Torturm des befestigten Friedhofs (pfälzisches Wappen über dem Eingang). Ringmauern und Wallgraben teilweise noch erhalten · Zahlreiche *alte Häuser* mit kunstvollem Fachwerk, ge-

schnitzten Fensterecken und geschieferten Türüberdachungen (rheinfränkischer Typ) · *Barock-bau*, erbaut vom ehemaligen Schultheißen Daudistel · Mächtiger, Hausfront in der Backhausgasse bedeckender *Trompetenjasmin* (Kalifornien), 1861 gepflanzt, in Rheinhessen selten.
Weinfest: Kelterfest am vierten Wochenende im September.
Weinlagen: Gewürzgärtchen, Goldberg in der Großlage Sankt Rochuskapelle. 178 ha.

IBERSHEIM, Stadtteil von ▶ WORMS

INGELHEIM AM RHEIN mit Stadtteilen Ober-Ingelheim, Nieder-Ingelheim, Frei-Weinheim, Groß-Winternheim

Die Rotweinstadt Ingelheim liegt an der Mündung der Selz in den Rhein, eingebettet in Weinberge und Obstplantagen zwischen Mainzerberg und Westerberg, der Stadtteil Groß-Winternheim, »das Tor zum Selztal« genannt, erstreckt sich auf einem nach Westen abfallenden Hang (Wiesenlandschaft mit kleinen Brücken und Mühlen). In ihrem heutigen Umfang entstand die Stadt im Jahre 1939 aus den früher selbständigen Orten Ober-Ingelheim (= Stadtteil Süd, auf der Höhe und mit geschlossenem, städtischem Charakter), Nieder-Ingelheim (= Mitte, West und Sporkenheim, an der A 60 gelegen, mehr haufendorfartig) und Frei-Weinheim (= Stadtteil Nord, am Rhein, mit regelmäßiger Ortsanlage) – eigenständiger Charakter der Stadtteile trotz Zusammenwachsens noch erkennbar – und durch Eingemeindung des jetzigen Stadtteils Groß-Winternheim im Jahre 1972. Neben den Zeugen großer geschichtlicher Vergangenheit (karolingische Kaiserpfalz, s. unten) und Sonderkulturen (Rotwein, Spargel, Obst: Vereinigte Großmärkte für Obst und Gemüse mit dem größten Sauerkirschenmarkt Europas) prägen ein weltbekanntes Chemisch-Pharmazeutisches Unternehmen (umfassend auch Pflanzenschutz und Schädlingsbekämpfung im Weinbau) sowie andere Industrie- und Gewerbebetriebe das Bild der Stadt. Alljährlich werden Kultur und Wirtschaft jeweils eines anderen Landes während der »Ingelheimer Tage« (April/Mai/Juni) in Ausstellungen (wertvollste Leihgaben), Vorträgen und anderen Darbietungen in einmaliger Weise nahegebracht (soweit Weinländer, mit Weinproben). Die Spätburgunderrebe, mit einem Anteil von rund 60 % der Rotweinsorten, typisch für Ingelheim (der Frühburgunderanteil betrug 1900 noch 90 %, heute ist er gering), ließ Karl der Große anpflanzen. Erwähnt wird sie erstmals 1040, als die Herzöge von Burgund Kaiser Heinrich III. zum Osterfest Burgunderreben als Gastgeschenk überbrachten. Karl der Große förderte den Qualitätsweinbau in vieler Beziehung (s. S. 41). Der Sage nach, in der Dichtung der Rheinromantik oft dargestellt, habe er von der Kaiserpfalz aus gesehen, daß am Rüdesheimer Berg, jenseits des Rheines, zuerst der Schnee schmolz und darum dort Reben pflanzen lassen (was aber nachweislich erst im 11. Jh. geschah und darum historisch nicht haltbar ist). Berühmt ist ein Weinfälschung betreffendes Urteil des Ingelheimer Oberhofes (wiedergegeben in meinem Buch »Bacchus vor Gericht«). In Nieder-Ingelheim ist der Geograph und Humanist Sebastian Münster geboren (1488–1552), der auch über die weinbaulichen Verhältnisse seiner Zeit – auch einiger »Ämter« des späteren Rheinhessen – Wissenswertes berichtete (»Cosmographie«; Gedenktafel an der Remigiuskirche). Aus Groß-Winternheim stammt das Geschlecht der Obentrauts. Johann Elias Michael von Obentraut, der Bruder des letzten adligen Ortsschultheißen, war Reitergeneral im 30jährigen Krieg (gefallen 1625 bei Hannover im Kampf gegen Tillys Truppen, dort in der Pfarrkirche beigesetzt). Schon 1622, noch in kurpfälzischen Diensten, nannten ihn die Spanier seiner schneidigen Attacken wegen »Miguel Alemân« (»Deutscher Michel«). Er wurde zum Urbild des »wackeren, uneigennützigen, treuen Deutschen«, später oft als zipfelmütziger Spießer karikiert.
Geschichte: Als Ingilinhaim wird der Ort erstmals urkundlich genannt (807). Wo einst eine römische Villa gestanden hatte, baute Pippin in Nieder-Ingelheim einen Königshof (das ältere Zentrum der Stadt) und Karl der Große (er weilte erstmals 774 hier) das Hofgut zu einem Palast aus (788), den Ludwig der Fromme, sein Sohn und Nachfolger, vollendete. Die Ingelheimer Kaiserpfalz (mit

Das »Uffhuber Tor«, Teil der alten Ortsbefestigung von Ingelheim.

denen zu Frankfurt, Aachen und Nymwegen gehörte sie zu den bedeutendsten) war Lieblingsaufenthalt Karls des Großen, bis er, Altersleiden wegen, Aachen mit seinen Heilquellen bevorzugte. Sie war Schauplatz berühmter Reichsversammlungen und Synoden (zur Kirchensynode von 948 unter Otto dem Großen kam u. a. Ludwig von Frankreich). 1105 wurde Kaiser Heinrich IV. in Ingelheim von seinem Sohn gezwungen, auf die Krone zu verzichten. Die Pfalz war damit nicht mehr kaiserliche Wohnung. Kaiser Friedrich Barbarossa erneuerte sie jedoch 1156 und machte einen wehrhaften Stützpunkt (eine Burg) daraus (heute noch Bezeichnung »der Saal« für den befestigten Raum der Pfalzanlagen); 1254 wurde er vom Rheinischen Städtebund zerstört. Blieb auch der sieben Ortschaften umfassende »Ingelheimer Grund« (»das Reich« genannt) bis zur Verpfändung an die Kurpfalz durch Karl IV. (1375) reichsunmittelbares Territorium, so ging die Bedeutung von Nieder-Ingelheim doch allmählich zugunsten von Oppenheim, dessen Oberamt es hernach zugehörte, zurück. Jedoch wurde noch 1356 im Bau der Kaiserwohnung das Augustiner-Chorherrenstift Karlsmünster (von Prag) gegründet, wobei die Aula Regis (der Reichssaal) Kirchenraum wurde. Der kaiserliche Oberhof war im 14./15. Jh. Berufungsgericht für über 60 Gerichte benachbarter Gebiete (darunter Kreuznach und Friedberg in Hessen). Ein Drittel der Schöffen entstammte zunächst meist adligen Ober-Ingelheimer Familien. Die Urteile des Oberhofes (s. oben) gehören zu den wichtigsten Rechtsquellen des Mittelalters. Seit 1563 ein Rittergericht, wurde der Oberhof, der an Bedeutung eingebüßt hatte, 1680 aufgehoben. Im Jahre 1402 hatte König Ruprecht die Pfalzanlage bereits zur Besiedlung freigegeben. Nieder-Ingelheim sank endgültig zum Dorf herab. Hingegen entwickelte sich nunmehr das Reichsdorf Ober-Ingelheim mit seiner durch Adelsbesitz bedingten geschlossenen Ortsanlage, das bisher im Schatten der Kaiserpfalz gestanden hatte, zu einem ansehnlichen Gemeinwesen. Ingelheim war lange Streitobjekt zwischen Kurpfalz und Mainz.

Die historische Burgkirche ist eine Sehenswürdigkeit der Rotweinstadt Ingelheim.

Sehenswert: Im Stadtteil **Nieder-Ingelheim** (= **Mitte**): Barocke *Remigiuskirche* (kath.), 1739, einst Zentrum des Ortes, mit reichgegliedertem romanischem Turm (bemerkenswertes Relief mit Kreuzlamm am Türsturz des Portals); bei der Remigiuskirche wurde unter einer Linde Gericht gehalten · *Saalkirche* (ev.), nach neueren Forschungen 10. Jh., auf den Grundmauern der Pfalzkapelle erbaut, Südwestturm 1861; spätgotisches Denkmal Karls des Großen aus dem ehemal. Reichssaal (um 1400); an nördl. und südl. Vierungsbogen zwei Säulenkämpfer mit stilisiertem Weinlaub und Trauben · Weitere Reste der Kaiserpfalz, u. a. der *Aula Regis*, Wehrmauern mit Südwestturm (sog. »Bolander«, an die Zollfeste des Werner v. Bolanden – Vogtei – erinnernd) · Am Saalplatz Reste eines *karolingischen Bades* und römischer Wasserleitung · Historisches *Museum* Nähe Rathaus (u. a. mit Funden ab jüngerer Steinzeit aus der Gemarkung und bäuerlichen Arbeitsgeräten des 19./20. Jh.) · *Marktbrunnen* (1811), Säule mit Blattfries und Schlangenröhren · *Alte Kelter* vor dem Städtischen Weinprobierkeller am Rathausplatz · Im Stadtteil **Ober-Ingelheim** (= **Süd**): *Burgkirche* (ev.), das Wahrzeichen von Ober-Ingelheim, 14./15. Jh., ältester Teil der romanische Turm; malerisch auf befestigtem Friedhof gelegene kirchliche Fliehburg, umgeben von hohen Mauern mit Zinnenkranz und Wehrgang, interessante Innengestaltung aus drei Bauperioden und Grabmälern adliger Geschlechter · Beträchtliche Reste des ehemaligen *Mauerringes* des Ortes (14./15. Jh.), dessen Teil auch die Friedhofsmauer war, mit gut erhaltenen Toren und Rundtürmen · *Rathaus* (1827) · *Bürgerhäuser* und Höfe des 16.–18. Jh. (besonders in Stiegelgasse und »An der Burgkirche«) · *Bismarckturm* auf dem Westerberg, aus mächtigen Kalksteinquadern erbaut (1912 eingeweiht) · Im Stadtteil **Groß-Winternheim**: *Haus Obentraut*, in Ortsmitte (mit Staffelgiebel, Treppenturm und Renaissance-Portal, 1609) · Barockes *Schlößchen* »*Wallbrunn*«, Adelshof des 18. Jh. · *Johan von Waltmann-Haus*, 1574, mit spätgotischem Treppenturm · *Ev. Kirche* im rheinischen romanischen Stil (Ende 18. Jh.), »Dom des Selztales« genannt · Reste der *Ringmauer* (um 1300) mit Effengraben · *Im Mittelrheinischen Landesmuseum Mainz:* Pegasus mit Weinlaubleiste (8. Jh.) aus der Kirche zu Ober-Ingelheim (s. S. 66).

Weinfest: Rotweinfest vom letzten Wochenende im September bis zum ersten Wochenende im Oktober.

Weinlagen: *Ober- und Nieder-Ingelheim*: Burgberg, Höllenweg, Horn, Kirchenstück, Lottenstück, Pares, Rabenkopf, Rheinhöhe, Rotes Kreuz, Sonnenberg, Sonnenhang, Schloß Westerhaus, Steinacker, Täuscherspfad in der Großlage Kaiserpfalz. 415 ha. *Groß-Winternheim*: Bockstein, Heiligenhäuschen, Klosterbruder, Schloßberg in der Großlage Kaiserpfalz. 140 ha.

Umgebung: Zur Waldeck mit Bismarckturm (s. oben, sehr schöne Aussicht) – weiter über Richardshöhe hinab nach Gau-Algesheim – über die »Ruhe« und Wilhelmshöhe auf den Rabenkopf (Naturdenkmal) – am Rhein entlang in den Auen bis Heidenfahrt – über Damm und Altrhein zur Lebertsau – über Layenmühle, Eulenmühle und alten Judenfriedhof nach Groß-Winternheim – von dort über die bewaldete Steig zum Segelflugplatz zwischen Wackernheim und Finthen – zum Gestüt von Opel, Hofgut Westerhaus (alles 3–12 km) – zu den Naturschutzgebieten »Fulder Aue–Ilmen Aue« (Teil des Europa Reservates Rheinauen) mit vielen Arten rastender Wasservögel und »Sandlache«.

Bilder: S. 17, 298, 299.

JUGENHEIM

Idyllisch gelegene Weinbaugemeinde mit schönen Ausblicken ins Selztal.

Geschichte: Zuerst Gaginheim genannt, kam Jugenheim 1393 durch Heirat zur Dynastie Nassau-Saarbrücken und verblieb dort bis zur Französischen Revolution. Das Kloster Eberbach war hier begütert. Im Mittelalter war der Ort durch eine dreifache Umwallung mit Gräben stark befestigt.

Sehenswert: *Wandgemälde* der 1. Hälfte des 15. Jh. in der ev. Kirche · *Mehrere Fachwerkhäuser* im Ortskern · Das *Fürstlich Nassauische Amtshaus* mit fein geschnitztem Treppengeländer (1772) · *Saalkirche* mit barocker Ausstattung und Resten spätmittelalterlicher Fresken im ehemals voll-

oben: Alte Handwerkskunst läßt das Wirtshausschild ▶
am früheren »Weißen Roß« in Jugenheim erkennen.
unten: Schöne alte Bauernhäuser findet man in der ▶
Selztalgemeinde Jugenheim.

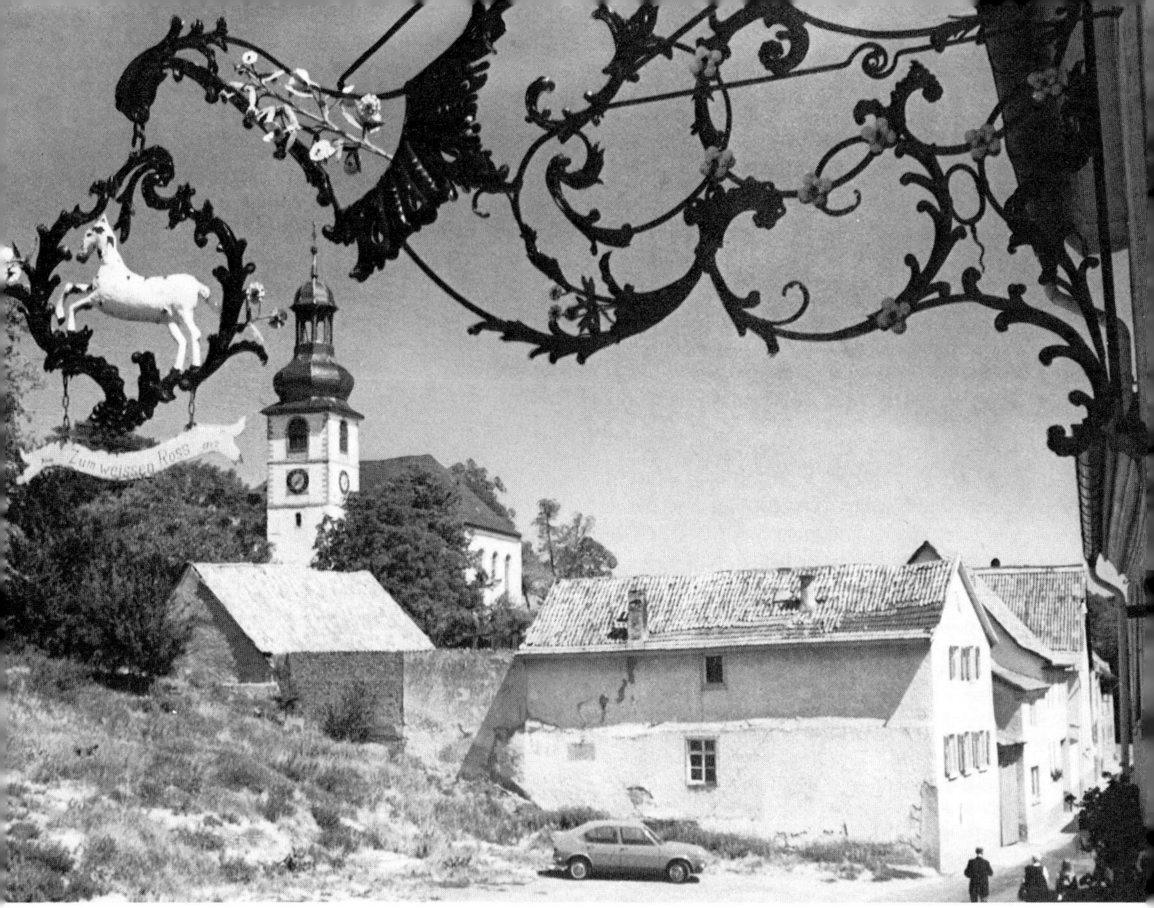
Zum weissen Ross

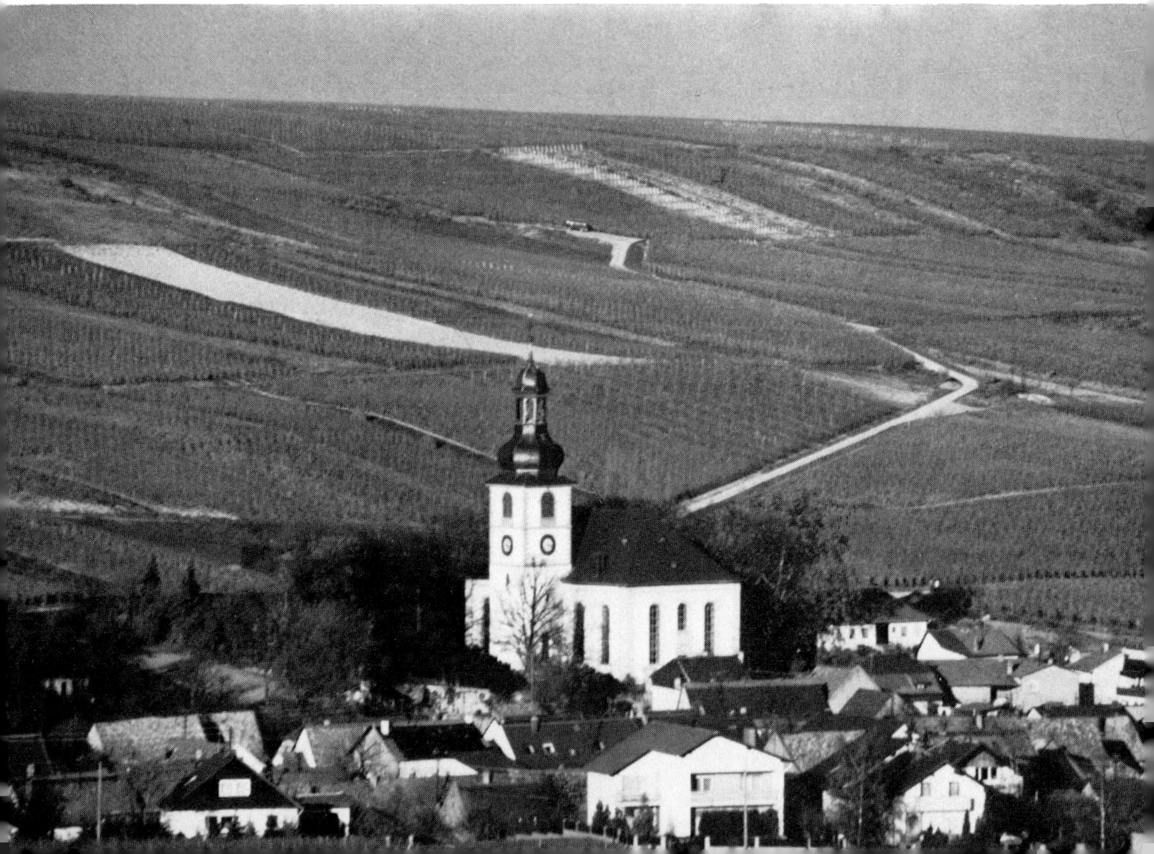

ständig ausgemalten Turm · *Kunstvoll geschmiedetes Wirtshausschild* am ehemaligen »Weißen Roß« (s. S. 301) · *Fachwerkhaus* in der Hauptstraße mit Holztür aus dem Jahre 1707.
Weinlagen: Goldberg, Hasensprung, Heiligenhäuschen, St. Georgenberg in der Großlage Kaiserpfalz. 108 ha.
Bilder: S. 301.

KEMPTEN, Stadtteil von ▶ BINGEN

KETTENHEIM

Die Acker- und Weinbaugemeinde liegt im »Kettenheimer Grund«, am Weidasser Bach und Südfuße des Wartberges in anmutiger Lage.
Geschichte: Früher Kiedenheim genannt, lag der Ort im unteren Nahegau und war von altersher der Burg zu Alzey dienstpflichtig. Das Geschlecht des Dieter von Kiedenheim hatte große Güter von Ruprecht III. zu Erblehen. Nordöstlich von Kettenheim lag das wahrscheinlich kurz nach dem 30jährigen Krieg untergegangene Dorf Egersheim oder Ergisheim.
Sehenswert: Rathaus (1686) mit reich geschnitztem Fachwerk und Fenstererkern auf einer Halle.
Weinlagen: Wartberg in der Großlage Sybillenstein. 25 ha.
Bild: S. 302.

Südlich des Wartberges und abseits des Verkehrs: die Weinbaugemeinde Kettenheim im nach ihr benannten »Kettenheimer Grund«.

Die Obst- und Weinbaugemeinde Klein-Winternheim. Im Hintergrund Nieder-Olm.

KLEIN-WINTERNHEIM

Der Ort (Zusatz zur Unterscheidung von Groß-Winternheim) liegt in einem Seitental des Selztales. Bisher rein bäuerlich (Acker-, Wein- und Obstbau), entwickelt er sich, durch Stadtnähe und Hanglagen bedingt, mehr zu einer Wohngemeinde, deren Straßen mit Rosen bestanden sind.
Geschichte: Römische Villen, Wohnsitz (ländliche Villa) des römischen Konsuls Vejento, er errichtete der Göttin Nemetona einen Tempel. Eine 1886 gefundene bronzene Votivtafel, Sandsteinsärge römischer Offiziere und Grabbeigaben sind im Mainzer Museum. Der Ortsname soll von einem adligen Besitzer namens Winter herstammen. Der Ort war alter Besitz des Erzstiftes zu Mainz.
Weinlagen: Geiershöll, Herrgottshaus, Villenkeller in der Großlage Domherr. 106 ha.
Umgebung: Durch die Weinberge und zum Lohwäldchen (5–8 km).
Bild: S. 303.

KÖNGERNHEIM

Die Selztalgemeinde weist Acker- und Weinbau aus, viele Einwohner sind im Rhein-Main-Industriegebiet beschäftigt.
Geschichte: Zunächst unter dem Namen Cunigesheim erwähnt (782), kam der Ort früh in den Besitz der Wildgrafen, von denen Werner II. von Bolanden 1190 die Gerichtsbarkeit erhielt. Später folgten in der Herrschaft die oberrheinische Ritterschaft, auch die Grafen von Sickingen (Bau der ev. Kirche: s. unten), deren Wappen Köngernheim führt.

Franz von Sickingen wird diese kleine Kirche in Köngernheim zugeschrieben.

Sehenswert: Die 1299 zuerst genannte, 1526 und 1616 umgebaute (Daten auf den Fensterstürzen) *ev. Kirche* mit flachbogigem Maßwerkfenster (angeblich erbaut von Franz von Sickingen) · *Barokkes Fachwerkhaus* in typisch rheinfränkischer Bauweise (Wallstraße) · Ehemalige *Wasserburg* (später Schulhaus) des 16. Jh. (Sickinger).
Weinlagen: Goldgrube in der Großlage Gutes Domtal. 41 ha.
Bild: S. 304.

KRIEGSHEIM, Ortsteil von ▶ MONSHEIM

LAUBENHEIM, Stadtteil von ▶ MAINZ

LEISELHEIM, Stadtteil von ▶ WORMS

LERCHENBERG, Stadtteil von ▶ MAINZ

LÖRZWEILER

Der abseits der Gaustraße gelegene Weinbauort hieß einst Lorenzenuillare (Lorenzweiler), war von altersher dem Erzbistum Mainz unterstellt und den »Hunten von Saulheim« zu Lehen gegeben, deren Wappen (drei Halbmonde um einen Stern) noch an einigen Stellen des Dorfes zu sehen ist. Nachdem dieses Geschlecht – ein jüngerer Zweig war nach Lörzweiler übersiedelt und hatte das frühere Schloß in Besitz genommen – in der 2. Hälfte des 17. Jh. ausgestorben war, wurden die Freiherren von Hettersdorf Ortsherren (ihr Wappen, ein Lindenbaum, ist heute Ortswappen). Wichtigstes historisches Ereignis war die Krönung Konrad II. am 8. September 1024 zum deutschen König und Nachfolger Kaiser Heinrich II. auf der danach »Königstuhl« genannten Anhöhe in der südlichen Gemarkung von Lörzweiler (vgl. Ludwig Uhland, »Ernst von Schwaben«). Der nach fünftägiger Versammlung der geistlichen und weltlichen Würdenträger des Reiches Gewählte wurde darauf im Mainzer Dom von Erzbischof Aribo gesalbt und gekrönt. Bis Ende des 13. Jh. stand am »Königstuhl« ein festes Gemäuer. Im 15. Jh. wurde die auf der Anhöhe verbliebene Ruine abgebrochen, die Steine seien zur Erbauung der Niersteiner Warte verwendet worden (ältester deutscher Königsstuhl).

Sehenswert: In der Barockkirche (1790) *Hochaltar* mit Darstellung Mariae Himmelfahrt (stammt aus Mainzer Dom).

Weinlagen: Königstuhl in der Großlage Gutes Domtal, Hohberg und Ölgild in der Großlage Sankt Alban. 141 ha.

Umgebung: Zum Hohberg (Naherholungsgebiet; Dankkreuz, errichtet, weil das Dorf von in der Gemarkung gefallenen Bomben verschont blieb).

LONSHEIM

Die kleine ländliche Wohngemeinde mit Landwirtschaft und Weinbau liegt in einem Talkessel am Fuße der bewaldeten »Hemm« und ist von drei Seiten von Weinbergen umgeben (»Rheinhessische Schweiz«).

Ein kleiner Wald auf der Höhe und Weinberge im Tal prägen das Ortsbild von Lonsheim.

Geschichte: Der Ort war wildgräflich-kyrburgisch, bis 1398 den Bock von Lonsheim und danach anderen Geschlechtern (zu Albig und Heppenheim) zu Lehen gegeben und kam 1679 zur Kurpfalz.

Weinlagen: Mandelberg, Schönberg in der Großlage Adelberg. 139 ha.

Umgebung: Durch die Weinberge zum Lonsheimer Aussichtsturm (Wanderparkplatz an der »Hemm«), über Waldwege zur Bornheimer Oswaldhöhe und zurück durch Weinberge nach Lonsheim (5 km) – Weinlehrpfad in flurbereinigten Weinbergen.

Bild: S. 305.

LUDWIGSHÖHE

Ludwigshöhe ist das jüngste rheinhessische Dorf (1823 wurde der Grundstein zum Rathaus gelegt). Es entstand anstelle des aufgegebenen Ortes Rudelsheim, der tiefer, dem Rhein nahe, lag und mehrfach – zuletzt in hohem Maße 1819 – durch starke Überschwemmungen besonders bedrängt wurde (Hauseinstürze, Felder verwüstet), verarmte und von völliger Überflutung bedroht war. Da fast alle Bürgermeister der benachbarten Rheinuferorte den Plan einer Stromverkürzung ablehnten, richteten die Bewohner des Ortes durch den Bürgermeister von Dienheim (dessen Herren lange Zeit die Ortsherrschaft ausübten) an die Hessische Regierung die Bitte, den Ort in die höhergelegenen Teile der Gemarkung verlegen zu dürfen. Dies wurde genehmigt und der neue Ort nach dem Vornamen des damaligen hessischen Großherzogs benannt. An das frühere Dorf Rudelsheim erinnern noch ein Gedenkstein (Feldkreuz), der auf dem ehemaligen Dorfplatz am Hochwasserdamm steht, und die Fundamente einer Kirche.

Dem Hochwasser des Rheines weichen mußten die Bewohner und bauten darum Ludwigshöhe, das »jüngste« rheinhessische Dorf.

Weinlagen: Honigberg in der Großlage Krötenbrunnen; Teufelskopf in der Großlage Vogelsgärten. 95 ha.

Umgebung: Zum Gedenkstein (Kreuz) des alten Ortes Rudelsheim (1,5 km).

Bild: S. 306.

MAINZ mit den Stadtteilen Bretzenheim, Drais, Ebersheim, Finthen, Gonsenheim, Hechtsheim, Laubenheim, Lerchenberg, Marienborn, Mombach, Weisenau

Das zweitausend Jahre alte »goldene Mainz« hat seinen Beinamen aus der Blütezeit des Mittelalters: Der Reichtum der Stadt, eine berühmte Goldschmiedekunst und – noch heute zu erleben – der »goldene Humor« seiner Bewohner sind damit gemeint. Die Stadt Gutenbergs und der Fassenacht, Weinmetropole und Universitätsort, alter Kurfürsten- und Erzbischofssitz, Verkehrs- und Industriezentrum am Mittelrhein, an der Kreuzung bedeutender Völkerstraßen vergangener Zeiten, ist »rheinhessisch« und doch von sehr eigener Prägung, was Kultur, Geschichte und Mentalität angeht. Vom »Hinterland« mitgeformt, auf dieses ausstrahlend, mit traditionell-historischen Bindungen an den Rheingau jedoch, während das rheinhessische Hügelland Machtbereich der Pfälzer Kurfürsten war. Die auch durch ihre Bauten schöne Stadt liegt in das Knie des Rheines gebettet, in den hier der Main, sein größter Nebenfluß, mündet, und steigt zum umgebenden Plateau auf. Den Stadtkern mit Dom und verwinkelter Altstadt umzieht im Westen und Süden ein Grüngürtel, dort waren einst Befestigungsanlagen. Im Nordwesten schließt sich die Neustadt mit Industriegebiet und -hafen an, nach Süden und Westen hin Vororte, die in den alten Ortskernen ihr ländliches Gepräge vereinzelt noch bewahrt haben und durch den südlichen Teil des Mainzer Autobahnringes miteinander verbunden sind. Die Großstadt Mainz (Gesamtfläche rund 100 km², 185 000 Einwohner) ist westlicher Schwerpunkt des Rhein-Main-Wirtschaftsraumes, zugleich liegt sie in der fruchtbaren tertiären Senke des »Mainzer Beckens« (s. S. 23), die vielfältigen Gemüse- und Obstanbau in den Vororten bedingt (Großmarkthalle) und am 50. Breitengrad (am Gutenbergplatz, nahe dem »Haus des Deutschen Weines«, im Gehweg markiert).

Mainz ist Sitz der Landesregierung und des Landtages von Rheinland-Pfalz, zahlreiche Landesbehörden und -institutionen, des Bischofs, der Johannes-Gutenberg-Universität, vieler wissenschaftlicher Institute, bedeutender überregionaler Museen (s. unten) und Bibliotheken, der Akademie der Wissenschaften, des ZDF, von Landesstudios des SWF, von Musik- und Buchverlagen.

»Mainz und der Wein« gehören seit eh und je zusammen. Eine der frühesten Urkunden (752) besagt, daß Adalbert dem Erzbischof Bonifatius für das Kloster Fulda einen Weinberg am Abhang des Kästrich zuwendete. Im hohen Mittelalter waren die Klöster auch hier bedeutende Weinbergsbesitzer: die Kartäuser am Michelsberg, die Benediktiner von St. Alban, das Kloster Jakobsberg, die Hochheimer Domdechaney u. a. Im 13. Jh. wurden die Kellergewölbe des Domstiftes erbaut (sie gehören zu den ältesten am Mittelrhein). Mainzer Stifte hatten (schon seit dem 12. Jh.) Zehntrechte im Rheingau. Der »Dämmerschoppen« soll auf eine Verordnung des Leibarztes eines Mainzer Kurfürsten zurückgehen: Zum Schutze gegen »Verzauberung durch die Planeten« ließ er sich eine Flasche vor und nach Sonnenuntergang verschreiben (welches Rezept sich großer Beliebtheit erfreute). Für das Jahr 1443 ist eine Mainzer Zechbrüderschaft bekundet (deren Nachfolge die »Ehrbare Mainzer Weinzunft« angetreten hat, s. über diese S. 184). Am 17. Januar 1465 nahm der Mainzer Kurfürst Adolf II. den Johann Gutenberg auf Lebenszeit zu seinem Hofmann an und versprach ihm jährlich 2 Fuder Wein zum Gebrauch seines Haushaltes steuer- und frachtfrei zu liefern (»zweij fuder wins zu gebruchen sines huß«). Bekannt war der im Vorort Vilzbach abgehaltene Weinmarkt. Im 16.–18. Jh. war Wein, durch das schon im 13. Jh. begründete Stapelrecht begünstigt, Hauptausfuhrartikel des Mainzer Handels und wurde noch im Jahre 1885 ausdrücklich als solcher bezeichnet. Die Stadt gehörte damals zu den wichtigsten Weinhandelsplätzen in Deutschland. Das »Mainzer Maß« war im Weinfach bestimmend. Um 1900 wurden die Rebhügel am Binger Schlag (Nähe Hauptbahnhof) aufgelassen. Durch Eingemeindungen wurde

Mainz dann wieder Weinbaugemeinde, nachdem in den 1920er Jahren der Michelsberg (Weingut) von der Stadt erworben und für den Deutschen Weinbaukongreß von 1963 neu angelegt worden war.

Die alte Verbundenheit mit dem Wein zeigt sich darin, daß in Mainz das »Haus des Deutschen Weines« ansässig ist. Mit 320 Weinen hat es die zweitgrößte Weinkarte Deutschlands (nach dem Bremer Ratskeller), darunter sind 45 offene Weine (Schoppenweine; kein Weinrestaurant in Deutschland übertrifft es darin). Die Zahl origineller Weinstuben ist Legion. An der Universität wird Weinkunde gelehrt und gibt es ein »Institut für Mikrobiologie und Weinforschung im Fachbereich Biologie«. Mainz gehört zu den größten weinbautreibenden Großstädten, ist Sitz des einzigen deutschen »Weinbauministeriums« Deutschlands, des Deutschen Weininstitutes, des Stabilisierungsfonds für Wein, der Wiederaufbaukasse (Wiederaufbau reblausverseuchter Gebiete), des Weinbauverbandes Rheinhessen, des Verbandes Rheinhessischer Weinkellereien, der Vereinigung Rheinischer Weinkommissionäre, des Bundesverbandes der Deutschen Weinkommisionäre, der Werbegemeinschaft Rheinhessenwein, des Deutschen Weinwirtschaftsverlages, des größten deutschen Spezial-Weintransportunternehmens, von über 100 Weinhandlungen und 10 Sektkellereien (darunter die Firma Kupferberg: s. S. 70 f.). Weintradition wird in Mainz ebenso gepflegt wie die weltberühmte Fassenacht (über die zu berichten ein dickes Buch füllen würde). Hier ist die schon erwähnte, 1954 gegründete »Mainzer Weinzunft« zu Hause. In jedem zweiten Jahr verleiht die Stadt einem prominenten Weinkenner den »Schoppenstecher-Preis« (s. zum gleichnamigen Standbild S. 82). Der einfache Schoppenwein wird in der zylindrischen »Mainzer Stange« gereicht, dem hier typischen Glas, das heute $^4/_{10}$ l (früher $^5/_{10}$) faßt, aber nur halb gefüllt wird ($^2/_{10}$). Alles in allem: nicht zu Unrecht hat man Mainz genannt »die heimliche Hauptstadt der deutschen Weinlande«. (Wegen der zahlreichen »Wein-Sehenswürdigkeiten« der Stadt Mainz s. unten und S. 82 ff.).

Die drei weinbautreibenden Stadtteile sind Mainz-Hechtsheim (ursprünglich Hechidesheim, 1350–1650 »Hexem«, davon noch heute die gleichlautende mundartliche Benennung; Weinberge an Steillagen im Nordosten; berühmt war im Mittelalter der Hechtsheimer Weinmarkt [s. S. 45]; daneben intensiver Kartoffelanbau), Mainz-Laubenheim 6 km stromaufwärts der alten Stadtgrenze; Reben am 60–80 m hohen Steilanstieg der Bruchstufe des östlichen rheinhess. Plateaus; einst Nubenheim) und Mainz-Ebersheim (mit dem höchsten Punkt der Stadt Mainz auf der 245 m hohen Anhöhe »Auf der Mühl«).

Obwohl die Industrie sich sehr bald zu einem bedeutenden Wirtschaftsfaktor entwickelte, konnte der Wiederaufbau des gegen Ende des 2. Weltkrieges schwer zerstörten Mainz seine historischen Sehenswürdigkeiten und Reiz und Charme einer altehrwürdigen, aber sehr vitalen Stadt bewahren. Es gilt noch immer, was Victor Hugo auf seiner »Rheinreise« notierte: »Ein starkes Lebensgefühl, das dem Rhein selbst entströmt, belebt diese Stadt.« Die schönsten Ausblicke auf Mainz hat man vom rechten Rheinufer, von Hochheim her, sodann von der Mainspitze oder von der südlichen Eisenbahnbrücke (für Fußgänger begehbar), von Stadtpark und Favorite aus, von der Höhe des Kästrich (Kupferbergterrasse) und dem Windmühlenberg bei der Zitadelle. Mainz hat die schönste »skyline« aller rheinischen Städte.

Bedeutende Persönlichkeiten wurden in Mainz geboren: Rhabanus Maurus (780–856), Theologe und Verfasser mittellateinischer Schriften, seit 847 Erzbischof von Mainz gewesen; Gutenberg (1398–1468), Erfinder des Buchdrucks mit beweglichen Lettern; Diether von Isenburg (1412–1481), Erzbischof von Mainz, Gründer der Mainzer Universität; Lothar Franz von Schönborn (1655–1729), Reichskanzler, Erzbischof und Kurfürst von Mainz, dem die Stadt ihre schönsten Barockbauten verdankt; Ludwig Bamberger (1823–1899), Politiker und Publizist, Reichstagsabgeordneter; Peter Cornelius (1824–1874), Dichter und Komponist; Curt Goetz (1888–1960), Dramatiker und Schauspieler; Alfred Mumbächer (1888–1953), Landschaftsmaler (berühmte Ansichten europäischer Großstädte); Ludwig Berger (1892–1969), Regisseur; Anna Seghers (1900), Schriftstellerin, jetzt in Ostberlin lebend; Walter Hallstein (1901), Begründer der nach ihm genannten Doktrin, Präsident des Rates der Europäischen Bewegung.

Der Dom zu Mainz, ▶
eine der monumentalsten Bauschöpfungen des Mittelalters,
vom Stadttheater her gesehen.

Geschichte: Auf dem Linsenberg befand sich um 20 000 v. Chr. bereits ein Rastplatz altsteinzeitlicher Jäger. Um 500 v. Chr. besiedelten Kelten den Höhenkranz um das spätere Stadtgebiet. Aus dieser »Stätte des Magon« (keltischer Lichtgott) ging das römische Mogontiacum (auch: Maguntiacum) hervor. Mainz gehört damit zu den ältesten Siedlungen am Rhein. Im Jahre 38 v. Chr. legten die Römer unter Agrippa gegenüber der Mainmündung, auf der Hochfläche im Südwesten, ein befestigtes Feldlager an (= Datum der »Stadtgründung«). Drusus begann von hier aus um 9 v. Chr. seinen Feldzug gegen die Germanen (»Schlacht im Teutoburger Wald«), auf dem er starb (der Eichelstein auf der Zitadelle als zu seinen Ehren errichtetes Denkmal). Zwei (später eine) auf dem Kästrich (»castra«) stationierte römische Legionen versorgten sich über einen von der Quelle bei Finthen (lat. ad fontes) herangeführten, etwa 7 km langen Aquädukt mit Wasser (Römersteine im Zahlbachtal dessen Reste). Um 45 n. Chr. begann der Ausbau des festen Stützpunktes in Stein. Im 2./3. Jh. war die Blütezeit des römischen Mainz (Hauptstadt von Germania superior; Garnisons- und Festungsstadt; civitas mit festen Mauern zum Schutz vor den anstürmenden Germanen; Theater; Ende 1. Jh. erbaute feste Brücke zum rechten Rheinufer, nach dem heutigen Kastel). Nach den Zerstörungen während der Völkerwanderungszeit (406 Abzug der Römer vom Rhein) und folgendem Wiederaufbau wird Mainz Residenz eines merowingischen Gaugrafen und 746 Erzbistum (Bonifatius, erster Erzbischof des Deutschen Reiches, nimmt seinen Sitz in Mainz). Mit dem Domgründer Willigis (975–1011) wurden die Mainzer Erzbischöfe auch weltliche Oberherren der Stadt, sie waren auch Erzkanzler des »Heiligen Römischen Reiches Deutscher Nation« und erster Reichsfürst (Mainz bedeutendster Bischofssitz des Mittelalters – »der Römischen Kirche geliebteste Tochter« –, zugleich politischer Mittelpunkt). Nach langem Kampf mit ihnen errangen die Bürger 1115 Selbstverwaltung und Stadtfreiheit (Inschrift am Marktportal des Domes), erneut 1244, nachdem Kaiser Barbarossa die Stadt 1160 mit der Reichsacht belegt und die Stadtmauern hatte zerstören lassen (um 1200 wieder instand gesetzt). 1184 wurde in Mainz das glanzvollste Fest des Mittelalters abgehalten, das Pfingstfest Friedrich Barbarossas, 1254 erlangte die Stadt führende Stellung im in diesem Jahr gegründeten Rheinischen Städtebund (Arnold Walpod). Das »goldene Mainz« (Aurea Moguntia) gelangt zu höchster Blüte (mehrere Reichstage; Krönungen im Dom; Bau von Rat- und Kaufhaus; Münze). 1444 übernahmen die Zünfte nach schweren Kämpfen mit den Adelsgeschlechtern im Rat die Macht. 1450 gründete Gutenberg in Mainz seine Druckerei. Im Streit zwischen den Erzbischöfen Diether von Isenburg und Adolf II. von Nassau (sog. Stiftsfehde) wurde die Stadt 1462 von diesem erobert und verlor alle Freiheitsprivilegien (Ausweisung der Patrizier, darunter Gutenberg). Mainz wurde kurfürstliche Residenz ohne bürgerliche Selbstverwaltung. Aus der weiteren Entwicklung sind als besonders markante Ereignisse hervorzuheben: 1477 Eröffnung der Universität, reiches künstlerisches Leben unter Albrecht von Brandenburg (1514–45); Marktbrunnen. Nach dem Dreißigjährigen Krieg (Eroberung der Stadt durch Gustav Adolf) leiteten die Schönborns eine nur vom Pfälzischen Erbfolgekrieg unterbrochene Epoche des Aufstiegs des kurfürstlichen Mainz ein (Bau vieler Kirchen, stattlicher Adelshöfe und des Kurfürstlichen Schlosses, 1627), das Stapelrecht belebt die Wirtschaft. 1792 Besetzung der Stadt durch französisches Revolutionsheer unter Custine (in Mainz entsteht die erste deutsche Republik), 1793 Rückeroberung durch deutsche Truppen (Augenzeugenbericht Goethes von der Belagerung), 1797 mit gesamtem linken Rheinufer wieder zu Frankreich, 1801 dem französischen Staat eingegliedert (Hauptstadt des Département Mont Tonnerre), Ausbau der Befestigungen, 1803 Hinrichtung des Schinderhannes. 1816 kam Mainz zum Großherzogtum Hessen und wurde Hauptstadt der neuen Provinz Rheinhessen (s. S. 16), war bis 1866 Bundesfestung (besetzt von Preußen, Österreichern und Hessen; 1839 komponierte der österr. Militär-Kapellmeister Zulehner den Narhallamarsch), später preußische und zuletzt Reichs-Festung. Die Festungsmauern bestimmten den noch heutigen Straßenverlauf. 1872 Auflassung der Festungswerke, damit Ausdehnung der Stadt und Industrieansiedlung (zunächst rechtsrheinisch, nach Jahrhundertwende auch rheinabwärts) und Entwicklung zur Großstadt (1919 wurden alle Festungsanlagen geschleift). Ab 1942 und vor allem am 27. Februar 1945 wurden 80 % der alten Stadt durch Luftangriff vernichtet. Nach 1945 infolge Aufteilung in Besatzungszonen (Rhein als Grenze) Zuordnung der indu-

Der bronzene Glockenbaum vor dem Kultusministerium ▶
in Mainz (im Volksmund »Beamtenwecker« genannt)
ist eine phantasievolle moderne Schöpfung.

Die heutige »Skyline« von Mainz, der alten Bischofsstadt und Weinmetropole, moderne und alte Bauten vereinend.

striereichen rechtsrheinischen Vorstädte zu Hessen. Wiederaufbau, 1946 Neugründung der Universität. 1950 wird Mainz Hauptstadt von Rheinland-Pfalz. Eingemeindungen (1969: Hechtsheim, Laubenheim, Finthen, Drais, Marienborn, Ebersheim) und Neubauten (Rheingoldhalle, Rathaus und Domplätze).

Sehenswert: *Mainz ist derart reich an alten und neuen Bauten und anderen Sehenswürdigkeiten, daß es den Rahmen dieses Buches bei weitem sprengen müßte, würde ausführlich darüber berichtet. Die folgende Aufzählung beschränkt sich daher auf Hinweise, die freilich alles Nennenswerte berücksichtigen. Literatur jeder Art über Mainz, seine Geschichte und Kultur gibt es – auch in Gestalt von Führern – in den dortigen Buchhandlungen sowie, speziell für den Touristen gedacht, beim Verkehrsverein Mainz (am Bahnhofsplatz), der auch weinbezogene Souvenirs bereithält (vgl. auch Vorbemerkungen S. 220).*

Dom, St. Martin geweiht. 975 n. Chr. östlich des alten Domes (s. unten) begonnen (von Willigis, war im selben Jahr zum Erzbischof von Mainz ernannt worden), 1009, 1081 und 1137 Brände, 1239 nach Wiederaufbau erneut geweiht (Hauptteile aus jener Zeit); Anbau got. Seitenkapellen (1279 bis 1319), weitere Brände 1767 (Blitz) und 1793 (Rückeroberung der französisch besetzten Stadt: s. oben). Seit 1910 mehrfach Sicherungsarbeiten, 1960 abgeschlossen. Der Dom gehört zu den interessantesten und ältesten romanischen Kirchen am Rhein, ist eine der monumentalsten und bedeutendsten Bauschöpfungen des Mittelalters (Neugestaltung der alten konstantinischen Peterskirche zu Rom), einer der drei berühmten Kaiserdome, mit den meisten kunstgeschichtlich wichtigen Altären und Grabmälern nördlich der Alpen. Er vereint mehrere Stilepochen, an seiner

312

Vollendung arbeiteten der Naumburger Meister, Matthias Grünewald, Hans Backoffen, Balthasar Neumann. 56 hohe Pfeiler, 6 Türme, mächtige Vierungskuppel. Bronzener Türflügel des 11. Jh. an Marktseite. Dommuseum. (Führer: s. Literaturverzeichnis; Abb. S. 309) · *Johanniskirche* (alter Dom), wahrscheinlich aus der im 4. Jh. erwähnten Bischofskirche hervorgegangen, um 900 Neubau. Wiedererrichtung nach Kriegszerstörung. Bauelemente der karolingischen und ottonischen Zeit · *Weitere Kirchen:* Stiftskirche *St. Stephan* mit spätgotischem, stimmungsvollem Kreuzgang. 990 gegründet von Willigis, der dort begraben ist, 1250–1338 Bau der gotischen Kirche. Neben Dom bedeutendste mittelalterliche Kirche in Mainz, älteste gotische Hallenkirche am Mittelrhein. Im Ostchor von Marc Chagall geschaffene Fenster. Turm einst höchster Punkt von Mainz · *Karmeliterkirche* (um 1400), renovierte Deckenfresken · *St. Christoph* (1292–1325), Taufkirche von Gutenberg, heute Ehrenmal für die Opfer der Luftangriffe des 2. Weltkrieges · *St. Emmeran* (um 1300; zerstört) · *Peterskirche* (1652–1756), nach Kriegsschäden wiedererrichtet, schönste Barockkirche von Mainz (Spätbarock mit Rokoko-Dekor), mit spätgotischem Backoffen-Kruzifix · *Augustinerkirche* (1768/76, anstelle älteren Baus aus dem 13. Jh., Priesterseminar) mit berühmter gotischer Madonna, Gnadenbild aus der ehemal. Liebfrauenkirche (einzige im 2. Weltkrieg unbeschädigt gebliebene Kirche) · *Christuskirche* (1905), byzantinisierende Kuppelkirche · *St. Quintin* (13./14. Jh., älteste kath. Pfarrkirche der Stadt, 815 erwähnt) · *St. Ignaz*-Kirche (1764–74) gegenüber Kreuzigungsgruppe von Hans Backoffen.

Weltliche Bauten: Kurfürstliches Schloß (17./18. Jh.), darin Römisch-Germanisches Zentralmuseum (s. unten), größtes profanes Bauwerk des Erzbistums (Abb. S. 314) · *Deutschordenshaus* (1730–1738), Palais des Deutschen Ritterordens, dann großherzogliches Schloß, heute Landtag von Rheinland-Pfalz · *Neues Zeughaus* (1738–40), heute Staatskanzlei, Europahaus und Stresemann-Gedächtnisstätte · Altes Zeughaus (1602), sog. »*Sautanz*«, heute Landesstudio des Südwestfunks · *Adelshöfe* des 17.–18. Jh.: Erthaler Hof, Knebelscher Hof, Schönborner Hof, Bassenheimer Hof, Osteiner Hof, Alter und Neuer Dalberger Hof, Baugruppe der Eltzer Höfe · *Alte Universität* (1615–1618), heute Institut für Europäische Geschichte · *Gutenberg-Denkmal* (von Thorwaldsen, 1837) – Ältester deutscher *Renaissance-Marktbrunnen* von 1526 (s. S. 85) · *Stadttheater* (1826–1833, 1910; 1951 wiederaufgebaut) · Haus »*Zum Römischen Kaiser*« (1653–1664), heute Teil des Gutenbergmuseums · Der »*Neue Brunnen*« auf der Großen Bleiche (1726) · »*Golden Roß-Kaserne*« (Kurfürstlicher Marstall, barock), heute Mittelrheinisches Landesmuseum · Gebäude des ehemal. Spitals »*Heilig Geist*« (13. Jh.), heute Rats- und Zunftstuben · Der *Fastnachtsbrunnen* in der Schillerstraße von Prof. Spreng (s. dazu S. 84) · Glockenbaum vor dem Hochhaus des Kultusministeriums in der Mittleren Bleiche, Bronze-Brunnen von Gernot Rumpf (1975/76), dessen Glocken im Wind läuten (Volksmund: »Beamtenwecker«), Abb. S. 311 · *Zeugnisse aus der Römerzeit*: Römersteine bei Mainz-Zahlbach, Reste einer Wasserleitung zur Versorgung des Legionslagers, Quellen bei Drais und Finthen, Pfeiler zur Überquerung des Zaybachtales; der Eichelstein, römisches Grabdenkmal an der Zitadelle, 2. Jh. n. Chr. (s. oben: Drusus), Name nach Gestalt oder von aquila = Adler oder aguila = Obelisk; Jupitersäule, 1904 in 2000 Stücke zerbrochen aufgefunden, Original im Mittelrheinischen Landesmuseum, Nachbildung auf Deutschhausplatz, um 60 n. Chr. (errichtet zum Dank der Rettung des Kaiser Nero vor Verschwörungen; s. S. 84); Dativiusbogen (s. S. 82); unterer Teil des Alexanderturms an Kupferbergterrasse; Rest römischer Stadtmauer in Hinterer Bleiche (nahe Weinhaus Weinel) · *Altstadt* mit malerischen Gassen, Treppen, Bauten und Brunnen (besonders im Kirschgartengebiet, nahebei eindrucksvoller Fachwerkgiebelbau »Zum Spiegelberg«), Sanierungsgebiet · *Neues Mainzer Rathaus* · *Wasserspiele* in den »schwebenden Becken« des Jubiläumsbrunnens, der 1962 zur 2000-Jahr-Feier gegenüber der Peterskirche.erbaut wurde (Abgüsse von römischen Reliefs und Daten der römischen Stadtgeschichte) · *Befestigungsbauten*: Reste der römischen Stadtmauer (s. oben) · *Türme* der mittelalterlichen Stadtbefestigung an Rheinstraße, *Eiserner Turm* (1. Hälfte 13. Jh.) und *Holzturm* (14. Jh., Gefängnis des Räuberhauptmannes Schinderhannes vor Hinrichtung am 21. November 1803; Zuckmayer-Schauspiel) · *Zitadelle* · Reste der *Forts und Kasematten* im Bereich des Hartenbergs.

*Das Kurfürstliche Schloß, wo auch das Römisch-Germanische Zentralmuseum unterge-
bracht ist, gilt noch immer als die »gut Stubb« der Landeshauptstadt.*

Museen und Sammlungen: Römisch-Germanisches Zentralmuseum. Sammlungen mit Original-
funden und Nachbildungen. Lückenloser Überblick über die wichtigsten Funde der Vor- und Früh-
geschichte, der römischen Kultur in Deutschland und der germanischen Epoche z. Z. Karls des
Großen 1852 zugleich mit Germanischem Nationalmuseum Nürnberg gegründet. Forschung und
Veröffentlichung deren Ergebnisse in Jahrbüchern, Monographien, Katalogen, Sonderausstellun-
gen · *Mittelrheinisches Landesmuseum* (vormals Altertumsmuseum und Gemäldegalerie der
Stadt Mainz). Kunst- und Kulturgeschichte des mittelrheinischen Raumes von der Steinzeit bis zur
Gegenwart. Besonders wertvolle Objekte: »Gisela-Fibel«, mit Kaiserin Gisela, Gemahlin Konrad
II., in Verbindung gebrachte Adlerfibel als Bestandteil eines Kaiserinnen-Krönungsornates, 1025,
schönstes erhaltenes mittelalterliches Schmuckstück in Deutschland; Marmorportrait des jungen
Augustus oder Augustus-Neffen Gaius Caesar; lebensgroßer Bronzekopf der keltischen Göttin
Rosmerta; Sammlung Höchster Porzellan; Gemälde, besonders Niederländer; wertvolle weinkulturelle Objekte (s. S. 58 ff.) · *Gutenbergmuseum*, Weltmuseum der Druckkunst, 42zeilige Guten-
berg-Bibel (1455 in Mainz gedruckt), Gutenberg-Werkstatt, Schriftgeschichte, Buchkunst 15.–20.
Jh., umfangreiche Fachbibliothek, Forschungsstelle Papiergeschichte · *Dom- und Diözesan-Museum.* Kunstwerke vom frühen Mittelalter bis zu Barockzeit aus dem Mainzer Dom und der Diözese (u. a. Skulpturen vom Domlettner des Naumburger Meisters, »Fuststraßen« – Madonna, Grabmal von Frauenlob im Kreuzgang (s. S. 68 f.) · *Naturhistorisches Museum*, einziges des Landes.
Naturgeschichte des Mainzer Raumes (Erdgeschichte, Mineralogie, Zoologie). Besonders umfangreiche Sammlung eiszeitlicher Fossilien (Steppenelefant, Unterkiefer eines Mastodon aus

Rheinhessen) · *Stadtbibliothek* mit Stadtarchiv und Münzkabinett · *Haus-Sammlung Kupferberg* mit Wein- und Sektmuseum. Zahlreiche *weinkulturelle Objekte* befinden sich in Museen und Sammlungen (Mittelrheinisches Landesmuseum; Sammlung Kupferberg; Dom- und Diözesan-Museum; Gutenbergmuseum) und im Stadtbild (u. a. Dativius-Victor-Bogen; Jupitersäule; Marktbrunnen; Fastnachtsbrunnen; Schoppenstecher-Standbild). Vgl. hierzu ausführlich im Kapitel »Dokumente rheinhessischer Weinkultur« auf S. 55 ff. und 82 ff.

Im Stadtteil **Bretzenheim**: Sandsteinrelief am Rathaus mit Hinweis auf die früheste urkundliche Erwähnung eines Weinbergs (s. S. 85) · Im Stadtteil **Ebersheim**: *Töngeshof*, evtl. früheres Königsgut, Dinghof, Abtshof (St. Alban in Mainz), 1383 von den Alzeyern Antonitern übernommen, seitdem nach ihnen benannt · Im Stadtteil **Finthen**: *Rathaus* (um 1600) und, gegenüber, Schulhaus mit schönem Portal (1719, ehemal. Klosterhof) · Im Südwesten der Gemarkung der *Layenhof*, 1783 vom Domprobst Graf v. Leyen errichtet · Im Stadtteil **Hechtsheim**: *Pieta* (1820) am Hause Fabricius von Veteranen Napoleons Spanienfeldzug (1808) gestiftet · *Veteranenstein* auf dem Alten Friedhof, errichtet 1844, von Überlebenden der Feldzüge Napoleons (1803–1815) · *Kartäuserhof* · Im Stadtteil **Laubenheim**: *Barockkirche* – alte Wohnbauten und *Hofanlagen* des 18./19. Jh., u. a. Schott'ches Haus, Marienhof, Zehnthof des Dalheimer Klosters (mit Madonna von 1762), Erthaler Hof, »Deutschhaus« mit barocker Michaelsfigur · Röhrbrunnen am Marktplatz · *Feldkreuz* (sog. »Bildchen«) von 1597 in den Weinbergen · Glocke der Pfarrkirche mit Inschrift, die den Segen des Weinheiligen St. Urban erbittet (*Urbansglocke*, s. S. 152) · Stadtteil **Marienborn**: *Barocke Wallfahrtskirche St. Stephanus* mit sehr reicher Ausstattung (Erzbischof Willigis hatte in M. über einer Quelle [»Born der Maria«, daher der Ortsname] eine Kapelle errichten lassen, die er dem von ihm gegründeten Stephansstift schenkte). In nördlicher Seitenkapelle geschnitzte Stuhlwangen (Ohrmuscheln und Ranken – s. a. Vendersheim) · *Chausseehaus* an der Pariser Straße (jetzt A 63), Anfang 18. Jh., stattliches barockes Wohnhaus mit Nebengebäuden, weiter Ausblick; von hier beobachtete Goethe im Jahre 1793 die Belagerung des französisch besetzten Mainz durch die vereinigten deutschen Truppen (s. S. 310).

Weinfeste: Mainzer Johannisnacht (am vorletzten Wochenende im Juni), rund um den Dom, Gutenberg gewidmet; Mainzer Weinmarkt (letztes Wochenende im August und erstes Wochenende im September), größtes Weinfest am Rhein.

Weinlagen: *Mainz-Bretzenheim*: Einzellagenfrei. 6 ha. *Mainz-Ebersheim*: Hüttberg, Sand, Weinkeller in der Großlage Sankt Alban. 100 ha. *Mainz-Finthen*: Einzellagenfrei 1 ha. *Mainz-Hechtsheim*: Kirchenstück in der Großlage Sankt Alban. 30 ha. *Mainz-Laubenheim*: Edelmann, Johannisberg, Klosterberg in der Großlage Sankt Alban. 140 ha.

Umgebung: Zur Höhenwanderung nach Mainz-Laubenheim durch die Weinberge mit Blick in das Rheintal und den Zusammenfluß von Rhein und Main (3 km) – von Mainz-Gonsenheim (Nothelferkapelle) nordöstlich zum Naturschutzgebiet »Mainzer Sand« (Steppenflora in völlig isoliertem geographischem Raum) und über Wendelinuskapelle auf Waldweg zum Lennebergwald (Stadtwald) – zahllose Ausflugsmöglichkeiten in das innere Rheinhessen oder entlang der Rheinfront (s. Tourenvorschläge S. 395) oder mit Auto oder Schiff in die angrenzenden Weinanbaugebiete (s. S. 393).

Bilder: S. 54, 59, 61, 63, 65, 67, 69, 73, 148, 151, 154, 177, 197, 205, 309, 311, 312, 314.

MARIENBORN, Stadtteil von ▶ MAINZ

MAUCHENHEIM

Das Dorf an der »Grenze« zur Rheinpfalz ist erst in neuerer Zeit (1969) dem Landkreis Alzey-Worms (bis dahin Landkreis Kirchheimbolanden) und hernach entsprechend dem Weinanbaugebiet Rheinhessen zugeschlagen worden.

Geschichte: Der Ort wurde von einem Franken namens Maucho gegründet. Den Raugrafen, welche das Burggrafenamt in Alzey innehatten, war er als pfalzgräflichen Lehen gegeben. Hohes An-

Der Rebstock am Backsteinhaus und kleine Häuser an der Gasse zur Dorfkirche. Ein typisches Ortsbild aus Mauchenheim.

sehen genossen im Dienste der Pfalzgrafen von Zweibrücken die »Mauchenheimer von Zweibrük-ken«. Ein Holzrecht aus dem Jahre 1577 wird noch heute ausgeübt. Zwei Zisterzienser-Klöster, beide um 1200 erstmals erwähnt, befanden sich in Ortsnähe: Das Kloster Paradies und das Frauenkloster Sion (Seyl).

Sehenswert: Reste der Katharinen- oder *Paradeismühle* an der Selz, benannt nach dem erwähnten gleichnamigen Kloster, einst zum Kloster Sion gehörend · Mauer des *Klosters Sion.*

Weinlagen: Sioner Klosterberg in der Großlage Sybillenstein. 80 ha.

Umgebung: Zum Forsthaus Vorholz (4 km) – zum Donnersberggebiet.

Bild: S. 316.

METTENHEIM

Die große Weinbaugemeinde stand früh unter Lehnshoheit der Grafen von Leiningen, die dort auch eine Burg und einen Gutshof im Dorf besessen haben. Über einen Frankfurter Bankier, der das Dorf erworben hatte, gelangte Mettenheim an den Grafen Johann Casimir von Wartenberg,

316

der es zu seiner Residenz machte, am Nordrand des Dorfes, nach 1726, ein Schloß erbaute und einen »Herrngarten« (Lustgarten mit Fontänen) anlegte. Sohn und Enkel des Grafen lebten verschwenderisch, die empörten Bauern rissen das Schloß nach der Flucht des letzten Besitzers (Französische Revolution) nieder.

Sehenswert: Herrenstuhl der Grafen von Leiningen im Westteil der *ev. Barockkirche*, ebenda Loge und Familiengruft des Grafen von Wartenberg und Stumm-Orgel · *Rathaus* mit rundem Treppenturm (um 1600) · *Alte bäuerliche und gräfliche Höfe* (u. a. der frühere Uexküllsche Gutshof mit dem Wappen dieses aus Livland stammenden Geschlechts).

Weinlagen: Michelsberg, Schloßberg in der Großlage Rheinblick; Goldberg in der Großlage Krötenbrunnen. 322 ha.

Bild: S. 317.

MÖLSHEIM

Der Ort liegt an der äußersten Südspitze des rheinhessischen Weinlandes, angrenzend an das hier beginnende Zellertal inmitten ausgedehnter Weinberge, der nördliche Teil der Gemeinde auf der Hochebene. Der entlang der Hauptstraße entstandene alte Ortsteil ist reizvoll an den Hang geschmiegt. An dieser Stelle des oberen rheinhessischen Quellenhorizontes verursachten Bergrutsche schon oft großen Schaden an Weinbergen und Gebäuden.

Geschichte: Fundort einer berühmten spätmerowingischen Goldscheibenfibel. Das Dorf war sehr früher Besitz des Klosters Hornbach, später gelangte es an die Kurpfalz.

Weinlagen: Silberberg, Zeller Weg am Schwarzen Herrgott in der Großlage Domblick. 150 ha.

Umgebung: Weinwanderweg.

Herrschaftlich und einladend zugleich wirkt das schöne Rathaus in Mettenheim nahe der barocken Kirche.

Gepflegte Anlagen umgeben den Weiher am Dorfrand von Mörstadt.

MÖRSTADT

Mörstadt (»Meristat« = Wohnstätte am Sumpf oder »Marienstatt«) war eine größere fränkische Siedlung, ausgewiesen durch ein umfangreiches Gräberfeld aus jener Zeit. Auf einer von einem Flutgraben gebildeten Insel stand ein fester (Stein-)Bau, vielleicht ein Schloß (Name »Im Schloß«), eher wohl ein Meierhof. Nach langen Streitigkeiten ging der Besitz später, 1481, endgültig an die Kurpfalz über (Oberamt Alzey).

Sehenswert: Der Weiher am Dorfrand mit gepflegten Anlagen (Mörstadt ist mehrfacher Sieger im Wettbewerb »Unser Dorf soll schöner werden«) · *Weinlehrpfad* (2,5 km) · *Im Museum Worms:* Sog. »Mörstädter Reiter«, ein Schmuckanhänger aus einem Totenfeld von Mörstadt (Grabbeigabe), eine der frühesten Schmuckformen aus fränkischer Zeit.

Weinfest: Am ersten Wochenende im Juli.

Weinlagen: Katzebuckel, Nonnengarten in der Großlage Burg Rodenstein. 81 ha.

Umgebung: Wanderwege durch Rebland und Vogelschutzgehölz (3–6 km). Zum Naherholungsgebiet am Woog.

Bild: S. 318.

MOMBACH, Stadtteil von ▶ MAINZ

MOMMENHEIM

Die Herkunft des Namens der Weinbaugemeinde ist zweifelhaft. Teils wird angenommen, ein römischer Feldherr Mummius habe dort eine Villa gehabt, teils, es sei dies das »Heim des Muomo«

aus der Zeit der fränkischen Landnahme. Bis 1823 lautete er noch Mommernheim. Seit 1276 Ganerbschaft der oberrheinischen Ritterschaft.

Sehenswert: In der ev. Kirche der *Grabstein des Ritters von Mauchenheim*, 1363 (s. S. 315) · In der nahebei auf Anhöhe gelegenen kath. Saalkirche der *Hochaltar* aus der Mainzer Kapuzinerkirche, um 1767.

Weinlagen: Kloppenberg, Osterberg, Silbergrube in der Großlage Gutes Domtal. 120 ha.

Umgebung: Rundwanderung durch das Weinberggebiet Osterberg und Silbergrube (befestigt).

Bild: S. 319.

MONSHEIM mit Ortsteil Kriegsheim

Die Weinbaugemeinde ist Schnittpunkt zweier Bundesstraßen (B 47 und B 271), westlich eröffnet sich das Zeller Tal, nach Süden die »Deutsche Weinstraße« (Pfalz), nach Osten führt die Straße nach Worms. Monsheim ist Sitz der Verbandsgemeinde und der Bezirkswinzergenossenschaft Wonnegau.

Geschichte: Besonders zahlreiche vor- und frühgeschichtliche Funde, vor allem der jüngeren Steinzeit, bezeugen frühe und ununterbrochene Besiedlung. Besonders erwähnenswert ist das neolithische Grabfeld »Am Hinkelstein«, nach dem eine Stufe der Bandkeramik benannt wurde (»Hinkelsteintyp«; s. unten). Ursprünglich hieß der Ort Munnesheim oder Munolfesheim, im späten Mittelalter wurde er von »Mönch« hergeleitet, daher ist ein solcher auf dem Ortssiegel von 1690 abgebildet. Monsheim war früh im Besitz der Grafen von Leiningen, die den Ort im späten 15. Jh. in pfälzischem Lehen hatten. Heinrich von Gagern, Erster Präsident der Nationalversammlung (Paulskirche, Frankfurt, 1848) wurde 1799 in Monsheim geboren und lebte hier (s. unten).

Buntgewürfelt sind die Gehöfte um die Kirche von Mommenheim versammelt.

Sehenswert: Das ehemalige *Schloß* der Herren von Wachenheim (1585) mit reich verziertem Portalerker, in jetziger Form Neubau (1651) der älteren Anlage (Grafen von Leiningen) für Otto von Wachenheim. Reste eines Rundturmes sind von der ehemaligen Ummauerung erhalten. Im Schloßhof steht ein 2 m hoher Hinkelstein (s. oben), ursprünglich auf Nieder-Flörsheimer Boden. Das Schloß hatte mehrere Besitzer und war ab 1780 zunächst im Besitz der Familie von Gagern (s. oben), später Staatseigentum (Wirtschaftshöfe, Braugerstenanbau) · *Rathaus* mit ehemals offener Halle, um 1830 · *Höfe* des 17.–18. Jh. · *Heimatmuseum* · »*Trullo*« (kegelförmiges Weinbergshäuschen: siehe zur Herkunft S. 89) · Im Ortsteil **Kriegsheim**: Ummauerter *Wohnturm* der Herren von Kriegsheim, 16. Jh., anstoßender Garten von *alter Befestigungsmauer* umgeben · *Fachwerkbauten*, teils mit geschnitztem fränkischem Erker, 1683 · Haus mit sog. »*Wildem Mann*«.
Weinlagen: Rosengarten, Silberberg in der Großlage Domblick. 262 ha (davon Ortsteil Kriegsheim 104 ha).
Umgebung: Entlang der Pfrimm in das Zellertal zum Zeller Denkmal (Aussichtspunkt; 10 km).

MONZERNHEIM

Die kleine Weinbaugemeinde, einst »munzinheim« geheißen, war im Mittelalter mit Wall und Graben umgeben. Die Ritter von Monzernheim und auch Franz von Sickingen hatten hier Besitz. Seit dem frühen Mittelalter gehörte Monzernheim zur Burg Alzey und später zur Kurpfalz.
Sehenswert: Achtseitiger *Taufstein*, Ende 15. Jh., in der kath. Kirche · Portal, um 1660, am ehemaligen *Fronhof*, einem Adelshof des 16. Jh. · *Ortswappen* (Löwe über Traube mit zwei Rebblättern) am Rathaus (dem ehemaligen »gemeinen Backhaus«).
Weinlagen: Goldberg, Steinhöhl in der Großlage Pilgerpfad. 74 ha.
Bild: S. 320.

NACK

Die Gemeinde Nack in der »Rheinhessischen Schweiz« ist durch die frühere Steinindustrie bekannt, die Mitte des 19. Jh. entstand. Etwa 80 % der Erwerbstätigen verdienten damals ihr Brot in den »Nacker Steinbrüchen«. Daher rührte der Uzname »Nacker Wacke«. Auch der Name des Ortes komme von »steinerner Berggipfel« (nach anderer Deutung vom Personennamen »Nacko« abgeleitet). Auch wurden Zinnober und Quecksilber abgebaut (Karlsgrube, Teufelsrutsch). Der landschaftlich reizvoll gelegene Ort ist Endpunkt der von Wendelsheim herführenden Berg-Rennstrecke (Bergrennen im April, Auto-Cross-Rennen im Mai und September) und hat ein Wochenendhausgebiet.
Geschichte: Der Ort gehörte den Hunolsteinern, die ihren Sitz in Nieder-Wiesen (s. S. 329) und in Nack einen Lehnshof hatten. Bis 1822 war Nack im Gemeindeverband Erbes-Büdesheim, aus einem dessen früherer Fronhöfe – dem Pfalzhof – hervorgegangen.
Sehenswert: Reste eines vorgeschichtlichen *Ringwalles* auf dem Ahrenberg (290 m) · Tote *Eisenerz- und Quecksilberstollen* an den Hängen des Ahrenberges und der Teufelsrutsch (s. Wendelsheim, S. 368).
Weinlagen: Ahrenberg in der Großlage Adelberg. 21 ha.
Umgebung: Über Wochenendhausgebiet und Ahrenberg zur Teufelsrutsch, über den Weg zur Gipp und die K 7 nach Nieder-Wiesen (6 km) – über Wochenendhausgebiet und Teufelsrutsch zur »Schinderhanneshöhle«, durch den Nieder-Wiesener Wald und Kuhacker zum Forsthaus Weißenstein (10 km) – über Wochenendhausgebiet und Ahrenberg zur Teufelsrutsch, Weg zur Gipp und K 7, Schafsbrücke, Schlangenweg, Nieder-Wiesener Wald, Kriegsfelder Straße nach Nieder-Wiesen (12 km) – über Wirtschaftsweg und Dornberg zu den Steinbrüchen, »Tiefer Graben«, »Karlsgrube« (4 km) – über den Wirtschaftsweg Merzhöbl zum »Oberen Pfingsthof«, zum »Unteren Pfingsthof« und zur Teufelsrutsch (5 km).
Bild: S. 322.

◀ *Romantische Kellergassen und stille Winkel wie diese*
in Monzernheim sind seltener geworden.
Nur der Wanderer findet sie noch in Rheinhessen.

Das Fachwerk-Rathaus ist eines vieler Foto-Objekte in dem Wein- und Schifferstädtchen Nackenheim am Rhein, dem Geburtsort Carl Zuckmayers.

NACKENHEIM

Die Weinbau- und Schiffergemeinde liegt zwischen Rhein und »Roter Erde«, die sich von hier über Nierstein bis Schwabsburg erstreckt und mit dem Rebengrün lebhaft kontrastiert. Dieser »Niersteiner Horst«, wie die Geologen ihn nennen, tritt erst wieder bei Alzey-Weinheim zutage. Das Rotliegende speichert die Sonne und gibt auch den dort wachsenden Weinen einen spezifischen Bodenton. Am Rhein siedelten die Bewohner erst, nachdem im 17. Jh. gemeinsam mit Laubenheim und Bodenheim ein Damm gebaut worden war. Hier wohnten auch die Leinereiter, die auf den längs des Rheins verlaufenden Leinpfaden mit schweren Pferden die Schiffe einst stromauf zogen, bis die Dampfschiffe aufkamen. Nackenheim ist Sitz der größten Flaschenkapselfabrik Europas. Carl Zuckmayer wurde hier 1896 geboren. 1925 erhielt er für sein in Nackenheim angesiedeltes Lustspiel »Der fröhliche Weinberg« den Kleistpreis. Damals stürmten die empörten Nackenheimer Winzer das Stadttheater Mainz, heute ist der Dichter Ehrenbürger des Ortes. Im »Fröhlichen Weinberg«, einer volkskundlichen Fundgrube, spiegelt sich unverkennbar rheinhessische Art, desgleichen im »Schinderhannes« und in »Katharina Knie«. Seine Heimat, die er den »Schmelztiegel Europas« nannte (»Des Teufels General«) hat der Dichter auch in Prosa und Lyrik (»Weinblume« u. a.) gepriesen.

Geschichte: Ursprünglich »Nacheim« heißend, kam der Ort Mitte des 7. Jh. in den Besitz des Kölner Bischofs Kunibert, dem das Stift St. Gereon in Köln als Besitzer der größten Güter folgte. 1258 wurden sie vom Mainzer Stephansstift auf 300 Jahre erworben, das den Besitz die Vogtei vorübergehend mit der Kurpfalz teilen mußte, bis 1615 die geistliche Herrschaft im Mainzer Kurstaat aufging.

◀ *Auf vorgeschichtlichem Boden liegt Nack (hier die Kirche), einst durch seine Steinbrüche, heute durch das jährliche »Bergrennen« bekannt.*

Sehenswert: *Fachwerk-Rathaus*, Obergeschoß von 1751 (Rokoko-Madonna über dem Portal) · Barocke *St. Gereonskirche* auf dem höchsten, über 79 Stufen erreichbaren Punkt des Ortes, dem vorspringenden Kirchberg (erbaut 1716) · *Bergkreuz* (1767) bei der Bergkapelle · *Heimatkunde-Museum* · Geburtshaus von *Carl Zuckmayer* · Carl Zuckmayer-Büste (1982) vor dem Rathaus · Barockfigur des Johann von *Nepomuk*, des Patrons der Schiffer, auf Brücke an der Mündung des Eichelbaches · Spruch über dem Eingang zum alten *Kelterhaus der Domäne*: »Es ist im Weine Wahrheit, ist es in Wahrheit Wein«.

Weinfest: Letztes Wochenende im Juli oder erstes Wochenende im August.

Weinlagen: Schmittskapellchen in der Großlage Gutes Domtal; Engelsberg, Rothenberg in der Großlage Spiegelberg 152 ha.

Umgebung: Rheinhöhenweg nach Oppenheim (8 km) – Uferwege (Leinpfad) – Rheininseln »Kisselwörth« und »Sändchen« (Naturschutzgebiete mit seltenen Tieren und Pflanzen in den Auwaldresten; Wassersport, Paddler und Angler).

Bilder: S. 191, 323.

NEU-BAMBERG

Sehr malerischer, teilweise mittelalterlich wirkender Ort, oft gezeichnet, in der »Rheinhessischen Schweiz« (Naherholungsgebiet). Ausgesprochenes »Bergdorf« (bisweilen mit italienischem Städtchen verglichen), von der Ortsanlage her typisch »herrschaftliche Gründung«. Die Umgebung war Teil einer Inselwelt, die der einstigen Meeresküste vorgelagert war und deren einzelne Porphyrrükken ein Mantel aus Meeressanden umgab. Die Brandung löste das Porphyrmaterial aus den Felsen, schüttete es auf, Austernriffe siedelten sich dort teilweise an (Alttertiär). Interessante Flora auf dem Galgenberg. Steinbrüche, Beton- und Bitum-Werke. Pferdezucht und Reitsport sind hier heimisch.

Geschichte: Die Raugrafen gründeten um 1250 als »Ableger« ihrer Familienburg, der alten Baumburg im Alsenztal (»Alten-Baumburg«) eine »novobeimborc« bei ihrem – heut nicht mehr vorhandenen – Dorf Sarlesheim am Appelbach, von dem nur noch die Kirche St. Georg erhalten ist. Am Fuße des Felsens, auf dem die ehedem bedeutende, 1268 vollendete Burg stand, entwickelte sich im 13. Jh. ein Marktort: Neu-Bamberg. Die Bewohner des bäuerlichen Sarlesheim wurden in das ummauerte Städtchen aufgenommen, siedelten an den steilen Bergkegel um. Dem neuen Ort wurde 1320 von Kaiser Ludwig von Bayern das Recht gewährt, einen Wochenmarkt abzuhalten (Stadterhebung, gleiche Rechte wie Oppenheim). Neu-Bamberg wurde im 14./15. Jh. mehrfach verpfändet, die Raugrafen verspielten ihren wertvollen Besitz (Raugraf Otto II. – verst. 1458 – »der Verschwender«). 1714 wurde der Ort kurmainzisch und blieb es bis zum Ende des 18. Jh.

Sehenswert: Umfangreiche *Mauerreste der Burg*, darinnen neugotische kath. Kapelle, ergiebiger Rundblick · Westtor der ehemaligen Burg (*Kandelpforte*), Dach mit Glockenturm (Turmuhr nicht mehr vorhanden), spitzbogige Durchfahrt und barocker Dachreiter, Inneres des Torbogens mit historischer Bemalung und Beschriftung: Zeittafel wichtiger lokaler Ereignisse · Dahinter auf dem Weg zur Burg *Kruzifix* auf freiem, ansteigendem Platz · Rathaus, ehemals kurmainzisches *Amtshaus* (Barockbau mit mächtigem Walmdach) · Mehrfache Reste der *Stadtmauer* · Reizvolle Durchblicke auf den zur Burg führenden engen Gassen · Vorgeschichtlicher *Ringwall* und interessante Flora auf dem Galgenberg · *Steinbrüche* · Das romantische *Appelbachtal* zwischen Felsen von unterhalb der Burg bis gegen Wöllstein (Mittelmühle).

Weinlagen: Eichelberg, Heerkretz, Kirschwingert, Kletterberg in der Großlage Rheingrafenstein. 75 ha.

Umgebung: Rundwanderweg ab Wanderparkplatz »Am Junkerweg« am Eingang des Waldstükkes Burgholz. Durch Waldstück Burgholz zum Denkmal (3,5 km) – zum Galgenberg (4,5 km) – Heerkretz, Ringwall (6 km) – Katzensteiger Mühle (1,5 km).

Bilder: S. 25, 36.

324

NIEDER-FLÖRSHEIM ▶ FLÖRSHEIM-DALSHEIM

NIEDER-HILBERSHEIM

Nieder-Hilbersheim ist eine ländliche Wohngemeinde, die kleinste im Welzbachtal. Neben dem Weinbau sind Obst- und Spargelanbau bestimmend. Erstmals 1108 erwähnt, hat sich der Ort in Struktur und Wohnweise seit rund 200 Jahren kaum verändert. Das Domkapitel zu Mainz und einige Adlige waren Grundherren des Ortes. Seit dem 16. Jh. war er pfälzisch und Teil des Fürstentums Simmern.

Weinlagen: Honigberg, Mönchspforte, Steinacker in der Großlage Abtei. 84 ha.

Umgebung: Der idyllische »Hasenborn«, ein Wäldchen am Nordhang des Westerberges zwischen Nieder- und Ober-Hilbersheim, vogel- und blumenreich (Landschaftsschutzgebiet »Welzbachtal von Hasenborn bis Atzelberg«, zwischen Ober-Hilbersheim und Gau-Algesheim). Zum Bismarckturm auf der Waldeck, weiter durch Weinberge, auf der Höhe des Westerberges durch Wald und Obstanlagen, über die Richardsruhe (Gau-Algesheim) und am Ufer des Welzbaches wieder zurück (18 km).

Bild: S. 325.

NIEDER-INGELHEIM, Stadtteil von ▶ INGELHEIM

Nahe einem idyllischen Landschaftsschutzgebiet liegt Nieder-Hilbersheim, die kleinste Gemeinde im Welzbachtal.

NIEDER-OLM

In der zentral gelegenen Gemeinde im Selztalknie (Sitz der Verbandsgemeinde) sind die Firmen Peter Eckes, Chantré & Cie., Eckes-Übersee-Fruchtsaft-KG, Institut für Getränkeforschung u. a. ansässig. Die Firma Eckes betätigt sich auch als Kunstmäzen (vierteljährlich Kunstausstellung in der »Kleinen Galerie«; Ausstellung Nieder-Olmer Künstler jährlich). In Nieder-Olm ist Wilhelm Holzamer, der bedeutendste Erzähler Rheinhessens, geboren (1870–1907, gestorben in Berlin). Er schrieb naturalistische Romane aus rheinhessischem Milieu (u. a. »Vor Jahr und Tag«, »Peter Nockler«, »Der arme Lukas« – Theodor Heuß rühmte seine »saubere, feste Erzählkunst«); Lyrik, Essays. Seine Bedeutung reichte über die Region hinaus (Wilhelm-Holzamer-Bund). Auch der Heidelberger Rechtsgelehrte und letzte Abt des Mainzer Benediktinerklosters, Myläus, stammt aus Nieder-Olm.

Geschichte: Von Ulmen, die den Ort umstanden, kommt der Name, ursprünglich Ulmena (Olmena), nach anderer Deutung von einem alten Bachnamen Ulmana. Bis 1793 war Nieder-Olm Sitz eines kurmainzischen Amtes. Zum Schutze ihrer Residenz bauten die Kurfürsten von Mainz eine Burg. In der Stiftsfehde zwischen Diether von Isenburg und Adolf II. von Nassau wurde sie vom Kurfürsten von der Pfalz erobert, später aber wieder an Kurmainz herausgegeben. Ein neues Schloß, die Laurentzburg, errichtete im Jahre 1503 Kurfürst Berthold von Henneberg (1806 niedergerissen, nur Reste an einigen Häusern).

Sehenswert: Geburtshaus des Dichters *Wilhelm Holzamer* (s. oben) in der Hauptstraße (Gedenktafel) · Kath. Kirche: *Traubenmadonna* (s. S. 86) und spätromanischer Kirchturm · *Abendmahlsbrunnen* vor der ev. Kirche (s. S. 86) · Turmreste der *Laurentzburg* (s. oben) im Schulhof · *Fort Muhl* (aus dem 30jährigen Krieg) · *Eulenmühle.*

Der Nieder-Olmer Rathausplatz besticht durch die Harmonie von moderner Gestaltung und alten sakralen Bauten.

Durch ein romantisches Tal der »Rheinhessischen Schweiz« fließt der Wiesbach. In Nieder-Wiesen kann er auf einer originellen Furt durchquert werden.

Weinlagen: Goldberg, Klosterberg, Sonnenberg in der Großlage Gutes Domtal. 103 ha.
Umgebung: Zum Mühlberg (Aussichtspunkt) und zur Loh (Wäldchen am Nordhang des Haibachtales, Landschaftsschutzgebiet).
Bilder: S. 326, 327, 420.

NIEDER-SAULHEIM, Ortsteil von ▶ SAULHEIM

NIEDER-WIESEN

Das Walddorf Nieder-Wiesen liegt im lieblichsten Tal Rheinhessens, das bei Wendelsheim beginnt und, den Wiesbach aufwärts, durch die »Rheinhessische Schweiz« führt, an der »Teufelsrutsch« vorbei. Früher war es auch ein Handwerkerdorf, dessen männliche Bewohner im Sommer auswärts als Maurer arbeiteten und zur Winterszeit im Wald. Auch wurden dort Besen hergestellt, weshalb der Volksmund von der »Besenschweiz« sprach. Der Charakter des Ortes ist fast mehr vorderpfälzisch als rheinhessisch. Der Namenszusatz dient der Unterscheidung von Oberwiesen, das schon zur Pfalz gehört und woher der im Gebiet des Donnersberg entspringende Wiesbach kommt. In Nieder-Wiesen wurde Pfarrer Johann Philipp Fresenius geboren (1705). Er hatte Goethes Eltern getraut, diesen selbst getauft (1749) und war kurze Zeit Erzieher des Wild- und Rheingrafen in Grumbach. Sehr interessant ist die Pflanzenwelt der Gemarkung (Orchideen, Federahorn u. a.).

328   *Seite 327:   Biblische Motive des Abendmahls am gleichnamigen Brunnen vor der evangelischen Kirche in Nieder-Olm.*

Geschichte: Kelten errichteten auf dem Schloßberg ein Oppidum (Burg oder Heiligtum), um 700 n. Chr. schenkten die fränkischen Könige das Aschbachtal (Name des Wiesbachs bis 1850) dem Kloster St. Maximin in Trier. Ursprung des Dorfes ist der um 773 erwähnte Wesistalerhof.
Sehenswert: Ehemalige *Wasserburg* der Ritter von Hunolstein im Dorf (um 1725). Der Dembach mündet dort in den Wiesbach, beide umfließen die »Insel«, auf der das Schlößchen steht. Ein großer Garten und eine ringförmig angelegte Straße betonen das Bild. In der Ringmauer sind die Segmente der Torbauten erhalten, im Hof das Erdgeschoß des Schlosses. Im Saal befindet sich eine Stuckdecke mit den vier Jahreszeiten · *Bildnisgrabstein* eines Ehepaares Hunolstein, 16. Jh., und Stumm-Orgel in der ev. Barockkirche · *Furt des Wiesbach*, über die im Dorf noch heute die Straße führt · *Neumühle* mit Wasserrad (erstmals 1724 erbaut, abgebrannt, 1903 wiederaufgebaut, bis 1928 als Mühle in Betrieb) · Alte, vermutlich *keltische Fliehburg* (Reste) auf dem Schloßberg.
Weinlagen: In der Großlage Adelberg (einzellagenfrei, 2 ha).
Umgebung: Wanderungen in das Dorf von drei Seiten umschließenden Wald – an der Neumühle vorbei zur Teufelsrutsch (3 km, Markierung: »Teufelchen«) – zum Forsthaus Weißenstein (4 km) – zum Schloßberg (1,5 km) – in das Neidecktal (3 km) – durch das Brackental zu den Kuhäckern (Halbedelsteine; 4 km).
Bild: S. 328.

NIERSTEIN mit Ortsteil Schwabsburg

Nierstein ist die größte weinbautreibende Gemeinde am Rhein, seit altersher in aller Welt bekannt. Im Jahre 1787 schrieb Widder in seiner »Beschreibung der Kurfürstlichen Pfalz am Rhein«: »Nierstein hat dem allda wachsenden Weine, der mit Recht unter die besten Rheinweine gezählt wird, seinen Ruhm hauptsächlich zu verdanken.« Etwa die Hälfte der Bewohner ist in Weinbau und Weinhandel, zahlreiche sind aber auch seit Generationen in der Binnenschiffahrt tätig (darunter viele als Schiffseigner). Die Bezirkswinzergenossenschaft Rheinfront hat hier ihren Sitz, ebenso der Verband Deutscher Prädikatsweinversteigerer. Einmalig ist die Uferlage am weitgeschwungenen Rheinbogen unterhalb der amphitheaterhaft ansteigenden Weinberge und am Eingang der sich nach Südwesten mit gleicher Bodenart erstreckenden Talsenke (Flügelsbachtal), die bis zum malerischen Ortsteil Schwabsburg, um den rebenbestandenen Schloßberg gerundet, führt. Da nie von einem Befestigungsgürtel umgeben, ist die Bebauung des Ortes gestreut. Zu Nierstein gehörte bis zur napoleonischen Zeit auch der rechtsrheinische Kornsand (Fähre), dort landete 1908 Graf Zeppelin auf seinem ersten Fernflug vom Bodensee nach Mainz (Gedenkstein). Der Niersteiner Wein wird in Goethes Urfaust (Auerbachs Keller, »ächten Niersteiner«) ebenso gerühmt wie in Kleists »Zerbrochenem Krug«. Schiller labte sich 1783, von Mainz kommend, auf dem Wege nach Oggersheim an ihm, und das Rheinweinlied von Matthias Claudius (»Bekränzt mit Laub den lieben, vollen Becher . . .«), der 1776 hier einkehrte, verdankt ihm seinen Ursprung (1778 im Wandsbecker Boten erschienen).
Geschichte: Die Niersteiner Gemarkung wurde seit der jüngeren Steinzeit immer wieder besiedelt. Die Römer hatten hier eine Militärstation (Buconica), die den Rheinübergang (bereits keltische Furt) sicherte (1. Jh. n. Chr.). Dies bezeugen Münzen aus der Zeit von 87–267 n. Chr., die im Bekken des Römerbades (s. unten) gefunden wurden. Ein Merkurtempel stand in der nördlichen Gemarkung (Weinlage »Glöck«). Als »Neristein« wird der Ort erwähnt in einer Urkunde, die eine Schenkung des karolingischen Hausmeiers Karlmann an das Bistum Würzburg betraf. (»Neri« = keltische Bezeichnung für Heilquelle, »Stein« bezieht sich auf den in der Gemarkung aufgefundenen »Hinkelstein«: zu beiden s. unten In der Nähe des heutigen Marktplatzes befand sich ein Königshof Karls des Großen, seine Königsburg lag inmitten von Weinbergen, woran die Gewannbezeichnung »Hinter Saal« (= hinter dem Kaisersaal) erinnert. Bis zum Jahre 1402 war Nierstein reichsfreies Dorf und führte ein Gerichtssiegel mit Reichsadler und sechsstrahligen Sternen, dem das heutige Ortswappen nachgebildet ist. Mit Schwabsburg und Dexheim bildete der Ort ein Gemeinwesen mit eigenem Rittergericht. 1376 wurde es an die Kurpfalz verpfändet, die Kaiser bestä-

tigten aber in der Folgezeit die Privilegien des Ortes wiederholt. Adel und Geistlichkeit (besonders die Kartäusermönche von Mainz) waren bis zur Französischen Revolution Grundbesitzer. Der Ortsteil Schwabsburg entstand als Ansiedlung ausgedienter Soldaten am Fuße des Schloßberges. Ob der Ortsname an Schwaben als die Heimat der Staufer (Erbauer der unten erwähnten Burg) oder nur auf die Besitzer hinweist, ist ungeklärt.

Sehenswert: »*Sironabad*« am südöstlichen Ortsausgang Richtung Oppenheim (s. oben); 1802 wiederentdeckte, nach römischen Vorbildern rekonstruierte Brunnen- und Badehalle mit je zwei (noch spärlich fließenden) Schwefel- und Süßwasserquellen; die Quelle war dem Gott Apoll und der keltischen Schönheits- und Fruchtbarkeitsgöttin Sirona (diese meistens mit Ähre und Traube dargestellt) geweiht; Votiv (= Gelübde-)stein mit Inschrift, den die Römerin Julia Frontina nach ihrer Heilung durch das schwefelhaltige Wasser beiden Gottheiten weihte · *Bergkirche St. Kilian* (kath.), ehemals Marienkirche, nach oben erwähnter Schenkung an das Bistum Würzburg St. Kilian, dem Würzburger (und Winzer-)Patron geweiht; Barockbau mit romanischem Turm in der »Glöck« (7 Morgen umfassende, 1761 vollendete Arrondierung, ursprünglich, ab 1925, Alleinbesitz der hess. Domäne) · *Wartturm* auf der Höhe, erneuertes Wahrzeichen Niersteins, Signalturm des 12. Jh., der zwischen den Reichsburgen Oppenheim, Schwabsburg und Alzey (ehedem auch dort ein Wartturm) Nachrichten vermittelte, heute Aussichtsturm · *Martinskirche* (ev.), ehemals Wehrkirche, in Ortsmitte (Chorturm-Untergeschoß 12. Jh., mächtige Kreuzgratgewölbe, Renaissance-Grabmäler ansässiger Geschlechter), umgeben von mittelalterlicher Friedhofsbefestigung mit romanischem Osttor, karolingischen Kapitellen und Rundturm · Benachbart der »*Fronhof*« (»Herrenhof«), ein Ortsteil mit freiem Platz, einst Wohnbezirk von Vogt und Bediensteten des Königshofs, dessen restliche Umfassungsmauern noch sichtbar sind (Siedlungskern des Ortes am Markt, wo das Rittergericht tagte: Ritter Hundt von Sauwelnheim als Ortsschultheiß: s. S. 345) und »Tempelhof« · *Marktplatz* mit Fachwerkhäusern · Mittelalterliche *Adelshöfe* (u. a. Harxthäuserhof, Dalbergerhof, Metternichhof) · Nazarenische *Freskenmalereien* (Monumentalmalerei) von 1842 in der Hauskapelle des ehemaligen Dalberg-Herding'schen Schlosses (jetzt Verwaltungsgebäude der Malzfabrik) von Jakob Götzenberger, Schüler von Peter Cornelius und später Hofmaler in Mannheim · »*Hinkelstein*« (Menhir) im Park bei der Gemeindeverwaltung (ein »Hünenstein« – s. auch »Langer Stein« Saulheim S. 347 und Hinkelstein von Monsheim S. 89, Bedeutung ungewiß: »Seelenthron«, Opferpfahl, Denkmal des Phalluskultes, der Sonnenverehrung, heidnischer Grab- und Ahnenkult oder Kennzeichnung der frühmittelalterlichen Gaugrenzen: Grenze zwischen Alemannen und Franken verlief nördlich von Nierstein[?]) · *Paläontologisches Museum* eines Amateurgeologen im alten Rathaus (dieses: klassizistischer Stil, Anfang 19. Jh.) mit sehr seltenen, berühmten Funden (1926): u. a. Fährten reptilartiger Tiere und Insekten auf Tonplatten aus stillgelegten Steinbrüchen der »Rehbacher Steig« aus der Zeit der Wüstenbildung (Perm); Versteinerungen und Abdrücke von Pflanzen, Fossilien aller Art, Fischtypen des Tertiär, hundert verschiedene Schneckenarten; Versteinerung einer 265 Mill. Jahre alten Eintagsfliege (rares Exemplar) · *Schiffahrtmuseum im alten Rathaus* · *Weinlehrpfad* · Im Ortsteil **Schwabsburg:** Gut erhaltener *Schloßturm* (Bergfried), Teil einer Ende des 12. Jh. von Friedrich Barbarossa errichteten Burganlage (ehemalige Reichsburg, die das Tal gegen Nierstein sperrte, wohl 1630 von den Schweden zerstört), bedeutendstes Profandenkmal Rheinhessens aus der Stauferzeit (Emmerling), als Aussichtsturm (schwierig) besteigbar.

Weinfest: Winzerfest am ersten Wochenende im August mit historischen Freilicht-Aufführungen (Ritter Hundt von Saulheim) und Folklore (Küfertanz, Schifferstechen).

Weinlagen: Bergkirche, Glöck, Heiligenbaum, Kranzberg, Ölberg, Orbel, Schloß Schwabsburg, Zehnmorgen in der Großlage Auflangen; Pfaffenkappe in der Großlage Gutes Domtal; Brudersberg, Goldene Luft, Hipping, Pettenthal in der Großlage Rehbach; Bildstock, Brückchen, Ebersberg, Findling, Hölle, Kirchplatte, Klostergarten, Paterberg, Rosenberg, Schloß Hohenrechen in der Großlage Spiegelberg. 875 ha (davon Ortsteil Schwabsburg 146 ha).

Umgebung: Rheinhöhenweg südlich bis Burgruine Landskrone bei Oppenheim (2,5 km, beschildert) – Rheinhöhenweg nördlich bis Nackenheim, durch das »Rotliegende« (Weinberge) mit Blick

◀ *Die Martinskirche in Nierstein, unweit des Fronhofs,*
überragt die mittelalterliche Friedhofsbefestigung und den alten Wehrturm.

über Rheinebene bis zum Odenwald (4 km) – vom Marktplatz zum Wartturm in westlicher Richtung zum Ortsteil Schwabsburg, weiter nach Dexheim und bis zur Ruine Landskrone bei Oppenheim, von dort über Rheinhöhenweg zurück nach Nierstein (8 km) – Grünzug in Richtung Südwesten nach Dexheim (frühere Nebenbahnlinie Nierstein–Undenheim; 2 km).
Bilder: S. 46/47, 330, 332, 426.

OBER-FLÖRSHEIM

Hochgelegene bäuerliche Gemeinde im Wonnegau.
Geschichte: Der Ort hieß einst Flaridesheim (= Heim des Flarido; andere Deutungen leiten den Namen von Flor = Blume = Blumenhain ab). Unter Karl dem Großen zum Wormsgau, später den Grafen von Leiningen und seit 1506 zur Kurpfalz gehörend (1512 wurde der Ort von Ritter Rupp von Westhofen eingeäschert), wird das geschichtliche und Orts-Bild von der ehemaligen Komturei des Deutschritterordens geprägt. Die Niederlassung wurde 1237 gegründet, gehörte zur Ballei (= Bezirk) Hessen, deren Sitz in Marburg war, und wurde um 1800 aufgelöst. Die Komturei war ursprünglich von einer hohen Wehrmauer umgeben (geschlossenes, befestigtes Viereck), innerhalb deren die Dorfbewohner in Kriegszeiten sich und ihre Habe in Sicherheit bringen konnten. Der Kommendebau mit Doppelmansarddach wurde bis vor wenigen Jahren als Schule benutzt, Torturm und Wirtschaftsgebäude sind gleichfalls noch erhalten. Im Jahre 1794 war Blücher im ehemaligen Herrenhaus des Ordens einquartiert. Das alte Ortswappen zeigte das Deutsch-Ordens-Kreuz, das neue Wappen enthält eine stilisierte Lilie und geht zurück auf den Komturherren Johann Adolf Langwerth von Simmern (gest. 1700).
Sehenswert: *Herrenhaus* des Deutschritterordens (alte Schule) mit Gedenktafel (Quartier Blüchers 1794), gegenüber die Schaffnerei · *Zehntscheuern* der Komturei · *Mittelalterlicher Torturm* am südlichen Ende der alten Befestigung · Imposantes *Kriegerdenkmal* (Feldzug 1870/71) an der Ortsdurchfahrt · Heimatmuseum.
Weinlagen: Blücherpfad, Herrenberg in der Großlage Domblick. 91 ha.
Bild: S. 53.

OBER-HILBERSHEIM

Der bäuerliche Ort mit vielfältiger Bodennutzung liegt an einem Ausläufer des Westerberges und ist einer der höchstgelegenen Rheinhessens.
Geschichte: Ober-Hilbersheim war Pferdestation der Ingelheimer Pfalz Karls des Großen (Pferdekopf im Ortswappen), gehörte später der Grafschaft Sponheim und ab 1707 der Kurpfalz allein.
Sehenswert: *Romanischer Wehrturm* der ev. Kirche · In der kath. Kirche vier sehr schöne *Bildwerke der Kartäuser*, wahrscheinlich aus der Kartause in Mainz (um 1720) · *Fachwerk-Rathaus*.
Weinlagen: Mönchspforte in der Großlage Abtei. 22 ha.
Umgebung: Zum Landschaftsschutzgebiet »Welzbachtal von Hasenborn bis Atzelberg«, das sich bis zur Stadtgrenze von Gau-Algesheim erstreckt.
Bild: S. 334.

OBER-INGELHEIM, Stadtteil (Süd) von ▶ INGELHEIM

OBER-OLM

Der Ort liegt an einem Südhang vor dem Ober-Olmer Wald. Es ist eine Wohngemeinde mit landwirtschaftlichen Betrieben, ohne Industrie, mit sehr schönem Fernblick in das Salztal.
Geschichte: Ehedem umgab eine baumbestandene Dorfbefestigung das schon im 9. Jh. dem Erzstift Mainz gehörende Dorf, heute noch aus dem Verlauf der Straßen erkennbar. Es waren dies Ul-

◀ *Wahrzeichen Niersteins ist die » Warte« auf der Höhe in den Weinbergen.*
Im Mittelalter war sie ein wichtiger Signalturm.

men. Sie bestimmten das Ortsbild und gaben den Namen: Ulmena superior = Ober-Olm. Geblieben ist eine große Ulme am oberen Ortsrand, weithin sichtbar. Es sind drei merowingische Siedlungskerne nachgewiesen. Die karolingischen Herrscher pflegten hier das Waidwerk.

Sehenswert: Karolingische Fenster im Turmsockel der *Martinskirche*, ebenda Statue des Winzerpatrons St. Urban mit der Traube in der Hand (Anfang 16. Jh.), s. S. 86 · *Valentinskapelle* · Sog. »Ober-Olmer Forsthaus«, ehemaliges *Jagdschloß*, erbaut 1767 vom Mainzer Kurfürst Emmerich Josef von Breidbach-Bürresheim (Wappen). Goethe wohnte hier vom 29. Mai bis 3. Juni 1793 als Gast des preußischen Gesandten am Hofe von Kurmainz, Joh. Friedrich Freiherr vom Stein (Gedenktafel), und zwar während der Belagerung der vom französischen Revolutionsheer besetzten Stadt Mainz durch die verbündeten deutschen Truppen, die er von Anfang April bis 23. Juli 1793 im Gefolge seines Herzogs Karl August von Weimar vom Chausseehaus bei Marienborn aus beobachtete und über die er berichtete.

Weinlagen: Kapellenberg in der Großlage Domherr. 70 ha.

Umgebung: Ober-Olmer Wald (mit Trimm-Pfad).

Bild: S. 335.

OBER-SAULHEIM, Ortsteil von ▶ SAULHEIM

OCKENHEIM

Große Weinbaugemeinde am Fuße des Jakobsberg.

Geschichte: Ursprünglich Huckenheym geheißen (893), wurde der Ort schon im Jahre 1299 auf den heutigen Namen umbenannt, adlige Familien führen ihn (». . . von Ockenheim«). Patronats-

Wo einst Karl der Große seine Pferde wechseln ließ, ist heute ein geruhsamer bäuerlicher Ort. Birken umstehen friedlich die Kirche von Ober-Hilbersheim.

und Zehntherr des alten kurmainzischen Ortes war 1325 das St.-Andreasstift von Köln, es folgten Verpfändungen durch Erzbischof Adolf von Mainz an den Markgrafen Karl von Baden und den Grafen von Katzenellenbogen. Mitte des 16. Jh. wurde der Ort durch die Stadt Bingen, deren Drayspforte von Ockenheim gebaut und im Kriegsfalle zu bewachen war, befestigt; der Dorfgraben und die Mainzer Pforte bestanden bis 1812. Im Jahre 1921 wurde das Zisterzienserkloster Jakobsberg von Trappisten aus Holland gegründet. Wegen Nachwuchsmangels verließen die Mönche im Jahre 1949 den Jakobsberg und verpachteten 1951 das Kloster mit Landwirtschaft und Gärtnerei an die Ostprovinz der Jesuiten (Flüchtlinge), die bis 1959 hier ein Noviziat unterhielten und dann in die Nähe ihrer ostdeutschen Heimat zurückgingen. Die Pilgerhalle wurde 1949 in eine Jugendherberge umgewandelt, das Kloster selbst 1961 an die Missionsbenediktiner von St. Ottilien in Bayern verkauft, die dort ein Priorat und ein Obdachlosenheim für ihre weißen Mönche aus Südafrika unterhalten.

Sehenswert: *Wallfahrtskirche* auf dem Jakobsberg (1720) mit Mosaik- und Intarsienarbeiten (u. a. großes Kachelkeramik-Bildwerk der Seligen und Heiligen mit den 14 Nothelfern · In der kath. Kirche des Ortes *Rokoko-Kanzel* und gute Holzfigur der thronenden Muttergottes (um 1430) · *Heimatmuseum* in der Schule.

Weinlagen: Hockenmühle, Klosterweg, Kreuz, Laberstall, St. Jakobsberg, Schönhölle in der Großlage St. Rochuskapelle. 305 ha.

Umgebung: Zum Jakobsberg (Wäldchen mit Vogelschutzgebiet, Naturdenkmal »Hörnchen«).
Bild: S. 218.

Auch in Ober-Olm, am Südhang des gleichnamigen Waldes gelegen, wachsen die Reben dem Frühling entgegen.

Zum pfälzischen Donnersberg-Gebiet hin erstreckt sich die Gemarkung von Offenheim, dem Staatsforst nahe.

OFFENHEIM

Die Gemarkung des kleinen Bauerndorfes, das in die sich nach Osten verbreiternde Talsohle eingebettet ist, grenzt an die Pfalz. Sie umfaßt in der größeren Fläche das staatseigene Vorholz, das größte geschlossene Waldgebiet Rheinhessens, das in das pfälzische Donnersberggebiet hineinreicht.

Geschichte: Einst zum Wormsgau gehörend, unterstand Offenheim der Vogtei des Ritters Werner II. von Bolanden und gehörte teilweise (im 14./15. Jh.) dem nach Mauchenheim zu gelegenen Nonnenkloster Sion. Offenheim liegt im Naherholungsgebiet »Rheinhessische Schweiz«.

Sehenswert: *Wehrturm* der ev. Kirche (Ende 13. Jh.) · Alte steinerne *Birnenmühle* am Ebersfelder Hof (der alter Erbbestandshof des Klosters Sion bei Mauchenheim war) · Nachbildung des *Napoleonsteins* (dreikantiger Sandstein-Obelisk) beim Forsthaus Vorholz, erinnernd an die Heirat Napoleons I. mit Erzherzogin Marie Louise von Österreich im Jahre 1810. Das Denkmal stand ursprünglich auf dem Roßmarkt in Alzey, wurde nach dem Sturz Napoleons von dessen Anhängern am jetzigen Standort vergraben, dort 1840 zufällig wiederentdeckt und 1844 ebenda mit großherzoglicher Genehmigung aufgestellt, 1933 im alten Burggrafiat zu Alzey untergestellt und 1947 wieder zum Forsthaus Vorholz zurückgebracht, jetzt wieder im Museum Alzey und im Vorholz durch Nachbildung ersetzt (1981) · Fundamente der auf dem im Nordosten der Gemarkung liegenden, aussichtsreichen Mandelberg (Windberg) zu hohenstaufischer Zeit gebauten *Reichsburg*, der den Herren von Bolanden gehörenden Winnenburg · Im Staatswald Vorholz befinden sich 7 *Hügelgräberfelder* (Funde).

Weinlagen: Mandelberg in der Großlage Sybillenstein. 74 ha.

Umgebung: Wanderwege innerhalb des Staatsforstes »Vorholz«, die bis zum Nahegebiet und Pfälzerwald weiterführen (32 km gekennzeichnete Wanderwege) – zum Mandelberg (auch Windberg geheißen): s. oben.

Bild: S. 336.

OFFSTEIN

Wohngemeinde und Landwirtschaft. Der Ort liegt im Eisbachtal etwas erhöht über dem Bachlauf. Das Dorf hat sich entlang der Hauptstraße entwickelt. Im Westen schließt an die Gemarkungsgrenze die 1883 gegründete Zuckerfabrik Neuoffstein an. Der Heimatschriftsteller Richard Knies wurde 1886 hier geboren (gest. 1956; u. a. »Die Herlishöfer und ihr Pfarrer«, »Sonderlinge der Gasse«; schilderte die »dörfliche Welt« von Herrnsheim und Abenheim).

Geschichte: Offstein war den Herren von Lichtenberg zu Lehen gegeben, später den Grafen von Hanau-Lichtenberg. Deren Lehensträger von Oberstein (Nahe) besaßen eine hier seit 1329 erwähnte Burg. Später erlangte die Kurpfalz vollen Herrschaftsbesitz. Bei dem Ort lag das zuletzt 1317 erwähnte Dorf Lindesheim.

Sehenswert: *Rathaus* im alten Typ der Gegend mit steiler Treppe und Dachreiter (1819).

Weinlagen: Engelsberg, Schloßgarten in der Großlage Domblick. 65 ha.

OPPENHEIM

Die ehemals Freie Reichsstadt ist nach Abzug vieler Behörden (und nachdem schon lange nicht mehr Kreisstadt) eine ruhige, jedoch sehr sehenswerte, typisch rheinische Kleinstadt rheinhessischer Provenienz geworden, wo der Wein in besonderem Maße Lebensinhalt und Wertmesser ist. Die alten Gassen und Bürgerhäuser, das geschlossene Stadtbild, aber auch die Mentalität der Bewohner spiegeln Geist und Glanz vergangener Zeiten. Malerisch am Berghang unterhalb der Ruine Landskrone gelegen, überragt vom »Juwel Katharinenkirche«, umgeben von berühmten Weinlagen, ist Oppenheim eine der wenigen Weinstädte, die im unverfälschten Sinne (und obwohl Fremdenverkehrsort) »romantisch« zu nennen sind (»Stadt der Gotik und des Weines«). Zudem ist es einer der heißesten Orte Deutschlands mit fast südländischem Klima (Mandeln, Feigen). Oppenheim gilt als Mittelpunkt des rheinhessischen Qualitätsweinbaues. Große Weinkeller erstrecken sich unter den buckligen Straßen. Die angesehene Landes-Lehr- und Versuchsanstalt für Wein- und Gartenbau (s. S. 52) hat am Zuckerberg ihren Sitz (mit Staatsweingut, Verwaltung der Staatsdomäne). Ansässig ist auch eine Weinbrennerei (Mariacron). Oppenheim ist Gründungsort und Sitz der »Weinbruderschaft Rheinhessen« (s. S. 181). Hier befindet sich auch das Deutsche Weinbaumuseum (s. S. 56). Luther übernachtete auf dem Weg zum und vom Reichstag in Worms in der »Kanne« (s. unten). Der Kupferstecher Matthias Merian (1593–1650) lebte hier und heiratete eine Oppenheimerin. Er schrieb unter eine Stadtansicht von Oppenheim: »Man findet zu Oppenheim eine frische Luft, guten Wein . . ., sehr tiefe Keller, viel Adel, Sitz und Höff«. Von hier stammt Paul Wallot, der Erbauer des Reichstagsgebäudes in Berlin (1841–1912; Grab auf dem Stadtfriedhof). Auffällig ist im Panorama ein großer Kalksteinbruch, dessen Material über den Schutzhafen abtransportiert wird (Zementherstellung). Im ehemaligen Amtsgerichtsgebäude (dem schönstgelegenen des Landes) ist das Landesamt für Umweltschutz untergebracht. Oppenheim ist Sitz der Verbandsgemeinde Nierstein-Oppenheim.

Geschichte: Die Ursprünge von Oppenheim sind ungewiß. Die an einem alten Rheinübergang (bis zur Stromregulierung im 19. Jh. unmittelbar am Fluß) gelegene Stadt gehörte schon früh zum Reichsgut der fränkischen Könige. Urkundlich wird sie, wie fast alle rheinhessischen Orte, erstmals im Zusammenhang mit Weinbergsschenkungen erwähnt, als 765 und 774 Karl der Große dem Kloster Lorsch hiesiges Weinbergsgelände zueignete. 1008 verlieh Kaiser Heinrich II. Zoll- und Marktrecht. Damit begann die durch Weinbau und Handel wesentlich mitbedingte Blütezeit des Marktfleckens. Ritterliche und geistliche Grundherrschaften (u. a. Kloster Eberbach) entstanden. Herzog Friedrich von Schwaben erbaute 1120 eine Burg (später nach Zerstörung erneuert und im 15. Jh. erweitert). 1147 gab das Kloster Lorsch in finanzieller Bedrängnis Oppenheim dem Reich zurück. 1182 wird der Ort mit einer Ringmauer umgeben, 1225/26 wird er zur reichsunmittelbaren Stadt erhoben und ist in der Folgezeit häufig wertvolles Pfandgut des Kaisers (Pfandherren u. a. der Mainzer Erzbischof, die Stadt Mainz und die Kurpfalz). 1234 erhielt Oppenheim mit Frankfurt gleiche Privilegien. Auch der politische Rang der Stadt wuchs (Gründung eines Landfriedensbundes mit Mainz und Worms, aus dem 1254 der Rheinische Städtebund hervorging). 1265 wurde vor der Stadtmauer, nach Nierstein zu, das Zisterzienserinnen-Kloster St. Mariacron gegründet (1665 in ein weltliches Damenstift umgewandelt). 1282 erlaubte Rudolf von Habsburg nur Oppenheimer Bürgern den Weinausschank in der Stadt. Zum Ende des 14. Jh. erlosch die Reichsunmittelbarkeit, als die Pfandschaft der Kurpfalz erblich und Oppenheim (bis 1797) pfälzische Oberamtsstadt wurde. Nur die Burg verblieb dem Reich. Die Stadt wurde mehrfach zerstört (1118 Erzbischof Adalbert von Mainz; 1621 Brandkatastrophe; 1631 Eroberung durch Gustav

Die weltberühmten Weinbergslagen von Oppenheim mit St. Katharinenkirche, Landes-Lehr- und Versuchsanstalt für Wein- und Obstbau, Ruine Landskrone.

Adolf von Schweden; 30jähriger Krieg; 1689 Mélac). Die führende Stellung im Weinhandel, Anfang des 16. Jh. erlangt, wurde insbesondere ab Mitte des 19. Jh. ausgebaut.

Sehenswert: *St. Katharinenkirche* (ev. mit prachtvollen Maßwerkfenstern auf der Süd-(Stadt-)Seite (Verglasung der berühmten »Oppenheimer Rose«, 1333 von den Ratsmitgliedern gestiftet), bedeutendstes gotisches Bauwerk am Rhein zwischen Straßburg (Münster) und Köln (Dom). Eindrucksvolle architektonische Wirkung (»ein Traum aus Stein und Kunst . . ., ein rotes Kap im grünen Rebenblättermeer«: Josef Ponten in »Rheinisches Zwischenspiel«). Auf romanischer Grundlage begonnen (hiervon nur noch die Westtürme erhalten), von 1262–1469 gebaut, alle Bauelemente der Gotik umfassend (3 verschiedene Bauperioden), nach Zerstörung langwierige Wiederherstellung. 1980/81 wurden gestiftet das »Oppenheim-Fenster« (Geschichte und Gegenwart der Stadt darstellend) und das »Weinberg-Fenster« (u. a. Arbeit des Winzers im Weinberg; Christus in der Kelter; Christus als Weinstock), beide im Westchor der Kirche. (Wegen vielfältiger Einzelheiten s. kunstgeschichtliche Führer.) Bedeutende Konzerte – u. a. auch Albert Schweitzer –. In der Kirche u. a. zahlreiche Grabmäler, besonders der Dalbergs und des Conrad von Hantstein (gest. 1553), der ein gewaltiger Zecher gewesen sei (s. S. 86). Reblaubornamente der Kapitelle (s. S. 89) · Gotische *Michaelskapelle* nördlich der Katharinenkirche (urspr. Totenkapelle, seit 17. Jh. in Gewölben des Erdgeschosses Beinhaus mit über 15 000 geschichteten Skeletten, besonders aus dem 30jährigen Krieg, wohl das größte in Deutschland) · *Katharinenmuseum* im Westchor (zur Geschichte von Kirche und Stadt) · *Renaissance-Ziehbrunnen* von 1546 mit Wappen der umwohnenden Ritterfamilien Frankenstein, Dalberg, Wolfskehl-Gemmingen, am Burgweg (»Ritterbrunnen«

◀ *In Fässern aus dem Holz der Limousine-Eiche reifen Weindestillate*   339
der Klosterbrennerei Eckes-Mariacron in Oppenheim.

oder »Geschlechterbrunnen«) · »*Frankensteiner Hof*« (17./18. Jh.), Besitz Wallot · *Ruine Landskrone*, im 13. Jh. bedeutende Reichs-, später Kurpfalz-Burg, wiederholt zerstört, ab 1668 jetziger Name (König Ruprecht starb hier 1410), romantischer Ausblick · Desgleichen Blick über Rheinebene, zum Odenwald, Wormser Land von Terrasse der Landskrone-Gaststätte (Zeppelin-Gedenkstein s. S. 329) und *Ruprechtsturm* (steiler Waldweg mit Wehrmauerresten zur Vorstadt) · Spätgotisches *Rathaus* (bis 1621 Münz- und Kaufhaus, nach Zerstörung 2 Westgiebel 1719 und 1879 wiederaufgebaut, alter Treppenturm erhalten), darunter städt. Weinprobierkeller, an Außenwand Kreuzwegstation (Geißelung) von 1485 · *Marktplatz* mit rheinfränkischen Bürgerhäusern und sehr reizvollem Blick zur Katharinenkirche beiderseits des Rathauses · Reste der *Stadtmauer* mit Mauritiusbogen (in Vorstadt und auch sonst häufig im Stadtbild) · *Gautor* (1240, erneuert 1566, das letzte Stadttor, sehr ansehnlich, darin Stadtarchiv) · *St. Bartholomäuskirche* (kath.), ehemalige Franziskanerkloster-Kirche, 14. Jh., mit wertvollem Kruzifix (17. Jh.), gotischen und barocken Figuren, Deckenfresken und neuzeitl. Kupfertüren · »*Lutherhaus*« in der Mainzer Straße 11, ehemal. »Herberge zur Kanne«, älteste bekannte Schildwirtschaft (1314), wo Luther 1521 auf dem Wege zum und vom Reichstag in Worms übernachtete und »Ein feste Burg ist unser Gott ...« geschrieben habe (Gedenktafel) · *Löwenapotheke* im Haus Schönecke in der Krämerstraße, nahe Marktplatz (1824 stellte hier der Apotheker Friedrich Koch erstmals fabrikmäßig Chinin aus Chinarinde her) · *Uhrturm* in der Vorstadt, errichtet auf den Grundmauern des alten Zollturms (hier floß einst der Rhein vorüber) · »*Gutleuthäuschen*« am südlichen Ortsausgang, Richtung Dienheim in Weingärten, Torbau (mit Renaissance-Giebel) des 1295 erbauten Leprakrankenhauses (»Spital zu den Guten Leuten«), heute Weinbergshaus · »*Schützenhütte*«, auf den Resten des Sackträgerturmes (einst verteidigt von gleichnamiger Zunft, danach Weinlage benannt) · *Fachwerkhäuser* des 18. Jh. in Mainzer und Wormser Straße und am Markt: s. oben · Ehemaliges *Deutschherrenhaus* (18. Jh.) in der Wormser Straße · »*Gelbes Häuschen*« in der Wormser Straße, Ecke Rathofstraße, mit Kreuzwegstation und Tympanon-Fragment der mittelalterlichen Synagoge, hebr. Inschrift · »*Steinerner Stock*« (neben dem Gutshaus der staatl. Weinbaudomäne), Markstein der Stadt Oppenheim von 1225, zur Festlegung der Bannmeile · *Reblaubornamente* am ehemal. Finanzamt (s. S. 89) · *Schwedensäule* am rechtsrheinischen Ufer (nach Rheinübergang Gustav Adolfs, 1631, dort errichtet) · *Deutsches Weinbaumuseum* (s. S. 56) · *Waldlehrweg* · *Weinlehrpfad* · *Vogelschutzlehrpfad* · Der neue »*Krötenbrunnen*« am Röhrenbrunnenstollen auf dem Goldberg (Ruhebank und Aussichtspunkt).
Weinfeste: Wäldcheskerb an Pfingsten; Oppenheimer Weintage am zweiten Wochenende im August.
Weinlagen: Daubhaus, Gutleuthaus, Herrenberg, Kreuz, Sackträger, Schützenhütte, Zuckerberg in der Großlage Güldenmorgen; Herrengarten, Paterhof, Schloß, Schloßberg in der Großlage Krötenbrunnen. 224 ha.
Umgebung: Rheinhöhenweg durch Weinberge, nördlich über Niersteiner Warte bis Nackenheim (10 km), südlich bis Guntersblum (2 km) – Rundwanderweg zum »Krötenbrunnen« mit schönem Blick ins Rheintal (s. auch Dienheim) – zum Naherholungsgebiet »Wäldchen« am Rheinufer (Auwald-Landschaft mit Freizeiteinrichtungen, Waldlehrweg und Vogelschutzlehrpfad, Weihern mit Angelmöglichkeit) – von dort mit Fähre über den Rhein nach Schusterwörth und rheinaufwärts zum Forsthaus Knoblauchsaue und zur Schwedensäule (Landschaftsschutzgebiet) – mit Fähre zur Altrheininsel »Kühkopf« (Landschaftsschutzgebiet: s. S. 291).
Bilder: S. 56, 57, 87, 185, 338, 339.

OSTHOFEN

Osthofen ist die größte weinbautreibende Gemeinde des Wonnegaus. Im 19. Jh. wird sie als »schöner, blühender Marktflecken, welcher städtisches Gepräge hat« gerühmt. Im Jahre 1970 wurden die Stadtrechte verliehen.

340   *Von Weinbergen umgeben und auf dem Boden alter heidnischer Kultstätten* ▶
        errichtet sind viele Bergkirchen in Rheinhessen – hier in Osthofen.

Geschichte: Ursprünglich Ostova genannt, war der Ort einst mit Schutzwehren, Wällen und Gräben umgeben. Die Vögte als unmittelbare Reichsvasallen wohnten auf dem Berg südlich des Ortes, wo jetzt die ev. Kirche steht (s. unten). Gegen Ende des 12. Jh. wurde dieser Berg befestigt und dort eine Burg erbaut. Graf Heinrich von Wartenberg übertrug sie dem Domstift Worms. Der Berg hieß seit jener Zeit Burgberg. Zu Osthofen gehörte auch der Weiler Mühlheim mit dem Mühlheimer Hof, wo das Rittergeschlecht von Mulen seinen Sitz hatte. Benachbart war im 12. Jh. ein Nonnenkloster (Augustiner, später Zisterzienser). Der Templerorden ließ dort schließlich eine Ordensburg errichten. Besitz im Dorf hatten in der Folgezeit auch das Kloster Hornbach, die Grafen von Leiningen und zuletzt, bis zur Französischen Revolution, die Kurpfalz. In Osthofen wurde Wendelin Weißheimer 1838 geboren, Kapellmeister und Komponist, Freund Richard Wagners, der ihn dort am 1. Juni 1862 besuchte (Steinmühle, Familienbesitz Weißheimer).

Sehenswert: Die ev. *Bergkirche*, 1747 anstelle der baufällig gewordenen alten Kirche erbaut, aus der romanischen Zeit noch erhalten sind Triumphbogen, westliche Chormauer und der Unterbau des Turms (11. Jh.). An der Nordseite der im 13. Jh. angebauten Katharinenkapelle, die auf die Zeit der Burg (s. oben) zurückgeht, großes Wandgemälde mit Katharinenlegende · Alter *Rathausturm* · Zahlreiche *Höfe* des 16.–18. Jh. mit sehenswerten Portalen (Ludwig-Schwamb- und Friedrich-Ebert-Straße) · *Renaissance-Ziehbrunnen* im Brunnengäßchen.

Weinfest: Wonnegauer Winzerfest am letzten Wochenende im September.

Weinlagen: Goldberg, Hasenbiß, Leckzapfen, Neuberg in der Großlage Gotteshilfe; Kirchberg, Klosterberg, Liebenberg, Rheinberg in der Großlage Pilgerpfad. 517 ha.

Umgebung: Ausgebaute Wanderwege rund um Osthofen, auch durch die Weinberge (10 km) – im Seebachtal über Neumühle nach Westhofen.

Bild: S. 341.

PARTENHEIM

Bauerndorf nordöstlich vom Rheinsender des Südwestfunks mit geschlossenem Ortskern.
Geschichte: Ursprünglich Pattenheim genannt, war das Dorf früh im Besitz der Erzbischöfe von Trier, ab 1158 des Domstiftes in Worms. Der bedeutendste Lehensträger und zugleich Lehensherr im mittelalterlichen Rheinhessen, Werner II. von Bolanden, hatte vom Erzbistum Trier u. a. den Zehnten, fünf Fuder Wein und einen Fronhof zu Lehen. Oberrheinische Ritter, die Herren von Partenheim, Freiherren von Wallbrunn und Wambold (beide Schloß-Erbauer) waren ortsansässige Adelsgeschlechter (von daher das Ortswappen). Die Adelsfamilie Wallbrunn blieb in der Französischen Revolution als einzige auf ihrem Gut, das nicht enteignet wurde.
Sehenswert: Ev. Pfarrkirche St. Peter auf dem höchsten Punkt im Westen des Dorfes (*Wehrkirche*), entstanden in der 2. Hälfte des 15. Jh. anstelle eines 1435 abgebrannten romanischen Baues (Triumphbogen erhalten); die Hostie blieb vom Feuer unversehrt (auf Tafel an Südseite des heutigen Nebenschiffes als Wunder gepriesen), daraus entstand eine Wallfahrt · Sterngewölbter, breiter Chor, in den Schnittpunkten der Rippen Köpfe und Laubwerk. Musizierende Engel auf Konsolen, spätgotische Kanzel, reiche, phantastische Freskenmalerei (restaurierte Decke über Kruzifix: Kräuter und Blumen sowie Bilderbibel) · Grabmäler des 15./16. Jh. (u. a. des Eberhard von Gau-Bickelheim und des Kuno von Wallbrunn (farbige Glasfenster mit Adelswappen im Museum Darmstadt, Altarbild im Museum Mainz) · Nahebei der Fachwerkbau des ehemaligen *Pfarrhauses* · Unterhalb der Kirche, durch unterirdischen Gang mit dieser verbunden, das *Schloß Wallbrunn* (13. Jh., 16.–18. Jh. verändert), weiträumige Anlage um rechteckigen Lichthof, den Ortskern mächtig überragend, zinnengekrönter Rundturm, Saal mit Stuckdecke im Obergeschoß · Wamboldscher Hof (*Schloß*) in der Mitte des Dorfes (Mitte 18. Jh.), bis 1965 Schulhaus.
Umgebung: Landschaftsschutzgebiet »Am Hohen Rech«.
Weinlagen: Sankt Georgen, Steinberg in der Großlage Abtei. 144 ha.
Bild: S. 343.

PFAFFEN-SCHWABENHEIM

Am Fuße des Bosenberges gelegene Weinbaugemeinde.
Geschichte: Das Dorf hieß einst Suaboheim. Wenngleich als fränkische (Neu-)Gründung ausgewiesen, mögen alemannische Bauern die vorherigen Siedler gewesen sein (daher »Schwaben-«). Graf Eberhard V. von Nellenburg (»der Selige«) und seine Mutter Hedwig stifteten dort um 1040 ein Kloster (der Graf ist vermutlich auch Gründer des Klosters, zumindest der Kirche zu Sponheim). Beide Klöster wurden (1124 und 1130) dem Erzbischof von Mainz übertragen, die Vogtei verblieb den Grafen von Sponheim. Von dieser Gründung rührt der Zusatz zum Namen Schwabenheim her (»Pfaffen-«). Er erfolgte, um das Dorf von Schwabenheim an der Selz (früher Sauerschwabenheim: s. S. 350), zu unterscheiden. Das Ortswappen zeigt einen »Pfaffen« (Mönch), der eine Traube hält, über dem gräflichen Wappen und symbolisiert so diese Entstehung. Als die Grafen von Sponheim 1437 ausstarben, folgte in der Herrschaft zuletzt die Kurpfalz. Das 1222 bestätigte Kloster (Augustiner-Chorherrenstift) wurde nach Verfall und Wiederherstellung (1468) im Jahre 1566 aufgehoben, 1699 ein Chorherrenkonvent wiedererrichtet, 1802 erneut aufgehoben.
Sehenswert: Reste des Neubaues (1723–25) des ehemaligen *Klosters* (s. oben), Klosterkeller (16. Jh.), Kreuzgewölbe auf Pfeilern · Die *Stiftskirche* (jetzt kath. Pfarrkirche) mit schönem Chorgestühl (1716 Blattdekoration) und gotischen Grabsteinen des Stiftergeschlechtes · *Fachwerkhäuser* (17. Jh.).
Weinlagen: Hölle, Mandelbaum, Sonnenberg in der Großlage Sankt Rochuskapelle. 152 ha.

PFEDDERSHEIM, Stadtteil von ▶ WORMS

PFIFFLIGHEIM, Stadtteil von ▶ WORMS

Die ehemalige Wehrkirche St. Peter in Partenheim ▶
ist reich an großartigen Freskenmalereien.

Frankendörfer, wenig Bäume und Büsche, ertragsreiches Weinbergsgelände: so bietet sich Rheinhessen, wie hier in St. Johann, dem Touristen dar.

PLEITERSHEIM

Das kleine Dorf gehörte im Mittelalter zum Gericht Wöllstein, das die Mönche des Klosters St. Maximin an die Raugrafen verliehen hatten, denen die Grafen von Sponheim nachfolgten, während das Kloster Pfaffen-Schwabenheim die Vogteirechte übernahm. Auch die Grafen von Falkenstein und die Herren von Bellenhofen (s. S. 241) hatten dort Besitz, ihre Rechte gingen schließlich an die Kurpfalz und von dieser zuletzt an den Erzbischof von Mainz über.
Sehenswert: *Gotische Fresken* in der simultanen Pfarrkirche.
Weinlagen: Sternberg in der Großlage Rheingrafenstein. 19 ha.

RHEINDÜRKHEIM, Stadtteil von ▶ WORMS

ROMMERSHEIM, Ortsteil von ▶ WÖRRSTADT

SANKT JOHANN

Der einst Megelsheim genannte Ort erhielt seinen heutigen Namen von dem im 13. Jh. von den Grafen von Sponheim (Malteser-Rittern?) hier erbauten Kloster St. Johann. Er gehörte anfänglich zu Sprendlingen (s. S. 359) und ist erst seit 1863 eigene Gemeinde. Auf der in der Gemarkung gelegenen »Napoleonshöhe« befand sich einst eine 1813 errichtete Nachrichtenstation des napoleoni-

344

Besitzerstolz spiegeln viele großzügig angelegte Höfe im Hügelland: Straße in St. Johann.

schen Heeres (Chappescher Telegraf: auf Turm montiertes Holzgestell, mit dem Zeichen gesetzt und von den Nachbarstationen per Fernglas abgesehen wurden: Stephanskirche Mainz – Schwabenheim – St. Johann – Bad Kreuznach – Meisenheim – Metz).
Sehenswert: Die auf einer platzartigen, von Bäumen umstandenen Straßenerweiterung, schön im fast unveränderten alten Ortskern gelegene ehemalige (gotische) Wallfahrtskapelle (St. Johannis; jetzt ev. Kirche, basilikaartig), mit bedeutenden alten Wand- und Gewölbemalereien · *Stattliche Bauernhäuser.*
Weinlagen: Geyersberg, Klostergarten, Steinberg in der Großlage Abtei. 200 ha.
Weinfest: Weinmarkt am letzten Wochenende im Juni.
Umgebung: Zur Napoleonshöhe und zum Wißberg.
Bilder: S. 344, 345.

SAULHEIM mit den Ortsteilen Nieder-Saulheim und Ober-Saulheim

Im Mühlbachtal gelegene größte Weinbaugemeinde des Alzeyer Landes.
Geschichte: Ursprünglich Sauwilenheim genannt, war der Ort im Besitz der Erzbischöfe von Mainz, auch Werner II. von Bolanden zu Lehen. Hier war ein Rittergericht, dem u. a. im Jahre 1494 als Gerichtsherren angehörten: von Dienheim, Philipp Stolzen von Budesheim, Philipp von Hohenstein, Franzen von Flersheim, Jacob Hunden von Saulheim und Hermann von Bechtolsheim, genannt Mauchenheimer. Das Gerichtssiegel zeigte bereits die drei Halbmonde des heutigen Ortswappens, die auch in den Wappen der nur durch Farbe und Zusätze unterschiedenen adligen Geschlechter von Saulheim enthalten waren. Die Ritter von Saulheim werden vom 12. bis zum 18.

Reben, so weit das Auge reicht, bis hin zum Hochplateau: (Ober-)Saulheim mit seinem verspielten Kirchturm.

Jh. genannt, zuletzt noch das Geschlecht der Hunde von Saulheim. Auf diese – erstmals 1311 urkundlich erwähnt – geht eine heute noch volkstümliche Zecherfigur (»Ritter Hundt von Saulheim«) zurück; sie ist am Ortseingang von der B 40 her in Holz geschnitzt zu sehen und wie folgt bedichtet: »Der Hund von Saulheim soff den Wein – Bei Sunn- und auch bei Mondenschein«, und in Anspielung auf das Wappen: »Dreimal am Tage wird gezecht, damit des Nachts die Monde voll . . .«. Einer des Geschlechts war Ortsschultheiß beim Niersteiner Rittergericht (s. S. 329).

Sehenswert: Im Ortsteil **Nieder-Saulheim:** Das (»große«) *Schloß* der Freiherren vom Dienheim mit Renaissance-Fenstern und geschweiftem Giebel auf der Rückseite (1588) im Schloßgäßchen · *Amtshaus* (zuletzt Schule), Ende 16. Jh. an der Neupforte (das zweite Saulheimer »Schloß«) · *Treppenturm* des Rathauses mit Steinspindel (18. Jh.; Torbogen mit Jahreszahl 1571 und Ortswappen sind später eingefügte Fundstücke) · Alte Kellergewölbe im Weinrestaurant »Schloß Wedenhof« · *Weinlehrpfad* am Schleiderweg · Im Ortsteil **Ober-Saulheim:** *Fachwerkhäuser* · In der Feldgemarkung der im Volksmund so genannte »*Lange Stein*« an der B 40 (2,50 m hoher Steinblock, bis auf kleine Nische unbearbeitet, heute von einer Baumgruppe umstanden, neben einem nur aus Richtung Wörrstadt mit Pkw erreichbaren Rastplatz). Ursprung und Zweck sind umstritten: Menhir, ursprünglich heidnisches Kultmal, der ausgehenden Jungsteinzeit oder frühen Bronzezeit (um 1500 v. Chr.), errichtet als »Ersatzleib« eines berühmten Ahnen, oder keltisches Monument. Es könnte auch ein Hinkelstein (s. Monsheim, S. 321, und Nierstein, S. 332) – der größte in Rheinhessen – sein, der Grenzstein zwischen Franken und Alemannen war. Für 1274 wird für diesen Ort ein Grafengericht der Emichonen (»Landding«) urkundlich nachgewiesen. Im oberen Drittel des Monolithen ist eine Nische eingehauen, bestimmt zur Aufnahme eines christlichen Heiligen-

Heimat des »Ritter Hundt«, einst Mitglied des Rittergerichts zu Nierstein, ist (Nieder-) Saulheim, eine der größten Weinbaugemeinden Rheinhessens.

bildes (»Heiligenhäuschen«, späte Gotik). Dadurch sollte dem Stein hernach christliche Bedeutung zuerkannt werden. Um den Stein ranken sich viele Sagen (bekannteste: der Teufel habe den Felsblock vom Donnersberg her in Richtung der Bergkirche zu Udenheim geschleudert, als er von deren Bau erfuhr, sie aber verfehlt). Da man darunter einen Schatz verborgen wähnte, wollte ein Ober-Saulheimer Bürger ihn in der Neujahrsnacht 1883 ausgraben, er wurde von dem umstürzenden »Langen Stein« erschlagen, was den Aberglauben bestärkte. Der Staat kaufte dann das Grundstück an und ließ den Stein wieder aufrichten · *Im Mittelrheinischen Landesmuseum*: Henkelkanne mit Fadenverzierung aus einem römischen Steinsarg (4. Jh.), s. S. 63.

Weinfest: Weinkerb am zweiten Sonntag im September.

Weinlagen: Haubenberg, Heiligenhaus, Hölle, Pfaffengarten, Probstey, Schloßberg in der Großlage Domherr. 420 ha.

Bilder: S. 107, 174, 346, 347, 348, 406.

SCHAFHAUSEN, Stadtteil von ▶ ALZEY

SCHIMSHEIM, Ortsteil von ▶ ARMSHEIM

SCHORNSHEIM

Schornsheim, in einem Talkessel gelegen, ist ein schmuckes Dorf mit mancherlei Brunnen.

Geschichte: Der Ort hieß ursprünglich Scoronishaim (Wohnort eines Scorantonsus, d. i. eines geschorenen Mönches [hinweisend auf irische Mönche aus gallischen Klöstern, die sich an der Christianisierung des Frankenreiches beteiligten] oder auch »Heim des Schmutzes«, Lage im Talkessel ansprechend). Karl der Große hatte dort ein Königsgut, das er dem Frauenkloster Bischofsheim an der Tauber zur Nutznießung überließ. Von dort kam auch die Äbtissin Lioba, eine Nichte des hl. Bonifatius, die in Schornsheim ein Nonnenkloster gründete und dessen erste Vorsteherin war (782 verstorben, in Petersberg bei Fulda bestattet; Ortsheilige). Durch Schenkung gelangte der Ort später an die Abtei Hersfeld. Folgende Besitzer waren u. a. die Grafen von Sponheim (unter ihnen wurde 1288 eine Ganerbschaft begründet), von Nassau und von Dienheim sowie die Herren von Bolanden. Schornsheim war einst als »Schneiderdorf« bekannt. Im 19. Jh. hatten sich dort Leineweber angesiedelt, die durch die Errichtung von Webfabriken sich der Heimweberei zuwendeten. Bis etwa 1856 waren so mehr als 100 Einwohner als »Schneider« tätig.

Sehenswert: *Wehrbau der Kath. Kirche* auf befestigtem Hügel oberhalb des Ortes mit Fresken aus dem 15. Jh. sowie gotischen Reliefs mit singenden und auf alten Instrumenten musizierenden Engeln (»Engelskonzert«, Verkörperung des Jenseits) und Darstellung des Diesseits durch Winzer und Bauern; seltene Harmonie von Raum und Kunst (solche mittelalterliche Zyklen sind in Deutschland selten erhalten) · *Dorfbrunnen* vor Fachwerkhaus · Der 350 Jahre alte *Heyerbaum* an der Straße nach Udenheim, einst Schornsheims Wahrzeichen, wurde 1975 und 1977 durch Blitzschlag zerstört, eine Neupflanzung ist vorgesehen · *Höhlen* beiderseits der »Heyer-Hohl«.

Weinlagen: Mönchspfad, Ritterberg, Sonnenhang in der Großlage Domherr. 179 ha.

Umgebung: Durch Wäldchen und Weinberge zum »Langen Stein« an der B 40 (s. S. 347).

Bild: S. 349.

Das einstige »Schneiderdorf« Schornsheim liegt in einem Talkessel. Über ein Amphitheater von Reben schweift der Blick ins Mainzer Land.

SCHWABENHEIM AN DER SELZ

Die landwirtschaftliche Wohngemeinde ist der größte Marktflecken des Selztales mit Wein-, Obst- und Spargelbau (nach Mißernten zu Anfang des 20. Jh. wurden Weinberge ausgehauen und statt dessen Spargelfelder angelegt). Ursprünglich Suaboheim (Heim oder Siedlung der Schwaben), später nach einem den Ort durchfließenden Bach namens Sauer dann Sauer-Schwabenheim genannt, wurde der Ortsname auf Eingabe des Gemeinderates durch Verfügung des Großherzogs Ernst Ludwig geändert, weil er für einen Weinort nicht gerade attraktiv erschien. Seit 1904 trägt die Gemeinde den jetzigen Namen, durch den Zusatz von Pfaffen-Schwabenheim (s. S. 342) unterschieden. Ein Versuchsgut der Firma Boehringer hat hier seinen Sitz.

Geschichte: Im Jahre 962 bestätigte Kaiser Otto I. die Rechte und Besitzungen der Abtei St. Maximin bei Trier auch in Schwabenheim. Als Siedlung in der karolingischen Zeit gehörte Schwabenheim noch nicht zu den freien Reichsdörfern des Ingelheimer Grundes. Das Erzbistum Mainz und zuletzt, seit 1375, bis zur Französischen Revolution, die Kurpfalz waren unter den Besitzern.

Sehenswert: *Iro-Schottenkirche* (kath.) des ehemaligen Pfaffenhofen mit seltenem karolingischem Türstürz an der Südwand (Relief mit zwei fischenden Vögeln in einem Kranz von Schlangenleibern) · An der Südwestecke eingemauerter römischer *Viergötterstein* · Stattliche *Wohnbauten* des 18. Jh. · Ungewöhnlich weiträumiger *Marktplatz* mit zweischaligem Dorfbrunnen (Putte und Delphin, Knabenfigur »Paulchen« auf der Spitze, 1892 erbaut), von Kastanien- und Lindenbäumen umstanden, einst mit Mauern und Toren befestigt, ehemalige Mühle · *Rathaus* (1742) · *Klosterkirche* und Probstei der Trierer Abtei St. Maximin (17. Jh.).

Winzerfest: Weinmarkt am dritten Wochenende im September.

Weinlagen: Klostergarten, Sonnenberg, Schloßberg in der Großlage Kaiserpfalz. 161 ha.

Umgebung: Zum Schloß Westerhaus (Irmgard von Opel) und zur Waldeck bei Ingelheim – zum Windhäuser Hof bei Elsheim (je 6 km).

Bild: S. 350.

Weit ausladende Toreinfahrt am historischen Domhof zu Selzen, einst Zehnthof des Wormser Domstiftes.

SCHWABSBURG, Ortsteil von ▶ NIERSTEIN

SELZEN

Östlich der Selz, beiderseits der alten Gaustraße gelegene Weinbaugemeinde.
Geschichte: Ehedem Salzen geheißen, unterstand der Vogtei des Wormser Domstiftes, das hier einen Zehnthof (den »Domhof«) hatte. Sein Grundbesitz und Zehntrecht blieb auch durch die spätere kurpfälzische Oberherrschaft unberührt.
Sehenswert: Ev. Kirche mit spätromanischem, massivem Turm, an dessen Nordseite Schlitzfenster und eingemauerter *steinerner Widderkopf,* der die Dämonen abwehren sollte (Wormser Dombauschule: ähnlich an Ostteilen des dortigen Domes) · Geringe Reste der alten, aus Gebück, Wall, Graben und Pforten bestehenden *Ortsbefestigung,* die auch den Friedhof einschloß, so wuchtige Pfeilerreste der ehemaligen »*Oppenheimer Pforte*« beiderseits der Osterstraße · Zehnthofscheune · Der *Sporebaum* an der Südostecke des alten Dorfes (Name entweder nach den flugfähigen Früchten der Feldulme oder vom »Spurbaum«, der dem Wanderer den Weg wies), früher an der Stelle des während der Französischen Revolution gefällten Angelbaums (Wegfall des hier entrichteten Zehnten) mußte, von der Ulmenkrankheit befallen, wie viele andere seiner Art in Rheinhessen, gefällt werden · *Selzermühle* (17.–19. Jh.), südlich des Ortes · *Selzbrücke* (1611) · Alte *Kelter* in Ka-

◀ *Einer der schönsten Dorfbrunnen des Landes steht auf dem weiträumigen Marktplatz von Schwabenheim an der Selz.*

pellenstraße · *Im Mittelrheinischen Landesmuseum Mainz*: Fränkischer Rüsselbecher (s. S. 64).
Weinlagen: Gottesgarten, Osterberg, Rheinpforte in der Großlage Gutes Domtal. 108 ha.
Bild: S. 351.

SIEFERSHEIM

Weindorf in der »Rheinhessischen Schweiz«. Das Ortswappen zeigt einen Weinbergsturm, eine
Weintraube und ein Weinglas. Der Weinbergsturm weist auf ein Bauwerk hin, das in der Siefersheimer Heerkretz steht (s. unten).
Geschichte: Siefersheim war Sitz eines römischen Gutshofes. Auf dem Martinsberg stand vermutlich ein römischer Tempel (römische Ziegelstücke und der Fuß einer Säule deuten darauf hin), die
Franken erbauten dort eine christliche Kapelle. Der Ortsname rühre von einem fränkischen Adligen namens Siefrt (Abkürzung von Siegfried). Bis 1707 hatte die Markgrafschaft Baden hier Besitz, es folgten der Pfalzgraf (aus welcher Zeit das Siefersheimer Weistum stammt) und das Kurfür-
stentum Mainz.
Sehenswert: *Ev. Kirche* von 1569 (Chorturm des romanischen Baus [ursprünglich Wehrturm] erhalten) · *Muschelfunde* in den Sandgruben von Siefersheim · *Seltene Pflanzen* auf den felsigen Hügeln des Höllberges (Sand-Fingerkraut, Sand-Lotwurz, Salbei, Küchenschelle, Heidekraut u. a.) ·
Wingertsturm in der Siefersheimer Lage »Heerkretz«, zinnenbewehrt, früher mit steinernem Hund
als Erinnerung an die unglückliche Liebe eines Bauernsohnes zu einer Müllerstochter, deren Vater
sie an einen trunksüchtigen Weinhändler verheiratete; der unverheiratet gebliebene Liebende erbaute 1865 diesen romantischen, nach Größe und Gestaltung für Rheinhessen ungewöhnlichen
Turm, der jenseits der Pferdekoppel im idyllischen Appelbachtal steht.
Weinlagen: Goldenes Horn, Heerkretz, Höllberg, Martinsberg in der Großlage Rheingrafenstein.
131 ha.
Umgebung: Über den von Weinbergen umstandenen, romantischen Höllberg (schöner Rundblick)
durch das Burgholz in das Appelbachtal (Wanderwege der »Rheinhessischen Schweiz«, 15 km).
Bild: S. 353.

SÖRGENLOCH

Der bäuerliche Ort liegt an einem steilen Westhang des Selztales. Das Wappen zeigt auf grünem
Hügel einen Weinstock mit drei grünen Blättern und zwei blauen Trauben auf goldenem Grund.
Sörgenloch ist ein altes Straßendorf, früher hieß es Saligenloh (von salisc = lat. Weide und loh =
ahd. Wald), später erst Sulgeloch. Alljährlich am Feste Mariä Geburt findet die »Sörgenlocher
Wallfahrt zur Mutter mit dem Jesuskinde« statt (s. unten), die seit 1225 Tradition hat. Nachdem
das Gnadenbild im Pfälzischen Erbfolgekrieg in einer Selzwiese vergraben, von den nach Kriegsende zurückkehrenden Bewohnern aber nicht mehr aufgefunden worden war, erschien nach der
Legende über der Stelle die Jungfrau Maria mit dem Jesuskind. Der Ort, an dem man die Statue
dann unversehrt wiederfand, heißt seitdem »Heljewiese« (= »Heilige Wiese«). Im 13. Jh. lebte hier
eine Familie »Gensfleisch von Sörgenloch«, aus welcher Linie Gutenberg, der Erfinder der Buch-
druckerkunst, abstamme und deren Wappen eine spätgotische Pieta an der Außenwand der Kirche zu Biebelsheim trägt.
Geschichte: Im Jahre 1293 war Eberhard, Kämmerer zu Mainz, Ortsherr, später war das Kloster
St. Alban Vogteiherr (Name »Albanshof« für das Hofgut, auf dem später das Schloß erbaut wurde), im 15. Jh. gehörte das Dorf u. a. der Familie von Mauchenheim und einem Domkapitular von
Mainz. 1742 kam es unter die Herrschaft der »Reichsritterschaft am Oberrhein«, darunter 1751
Freiherr Köth von Wamscheid, der das Landschloß erbauen ließ.
Sehenswert: *Gnadenbild* in der gotischen, barockisierten kath. Kirche »zur Opferung Marias«, die
das Dorf überragt und neben der einst eine Antoniuskapelle stand (im Hochaltar sitzende Muttergottes von stattlicher Größe, mittelrheinische Tonarbeit Anfang 15. Jh., stilistisch der Madonna

Eine Liebesromanze rankt sich um den ▶
zinnengekrönten Weinbergsturm bei Siefersheim,
einem stillen Winkel des Weinlandes.

von Hallgarten im Rheingau ähnlich) · Auf Friedhof *barocke Mariensäule* und Grabsteine des 17. Jh. mit Darstellung der Marterwerkzeuge Christi · *Landschlößchen* der Adelsfamilie Köth von Wahnscheid, die im 18. Jh. Ortsherr von Sörgenloch war, oberhalb einer stark ansteigenden Seitengasse · Alter *Judenfriedhof* im Osten der Gemarkung (einst Ruhestätte für die Juden aus 33 Gemeinden).
Weinlagen: Moosberg in der Großlage Gutes Domtal. 58 ha.

SPIESHEIM

Kleiner, an einem Hang gelegener Weinort.
Geschichte: Spiesheim, urkundlich erstmals unter dem Namen Spiozesheim genannt, gehörte bis ins 10. Jh. zum Wormsgau, später zum Nahegau. Die Emichonen, die Grafen von Bolanden und Graf Willich zu Alzey, hatten hier Hoheitsrechte, bis die Kurpfalz zwei Jahrhunderte lang regierte.
Sehenswert: Die ehemals befestigte *Bergkirche* mit kräftigem Wehrturm (um 1200), darin ein Doppelgrabstein des 16. Jh. · *Fachwerkhäuser* des 17. und 18. Jh.
Weinlagen: Osterberg in der Großlage Petersberg. 205 ha.
Bild: S. 355.

SPONSHEIM, Stadtteil von ▶ BINGEN

SPORKENHEIM ▶ INGELHEIM

SPRENDLINGEN

Die Gemeinde am Fuße des Wißberg, Sitz der Verbandsgemeinde Sprendlingen-Gensingen, hat kleinstädtisches Gepräge. In Sprendlingen lebte der Landwirt und Bauerndichter Jakob Hirschmann (1803–1865), ein Schüler und Freund von Isaak Maus in Badenheim (s. S. 235), der politische und landschaftsbezogene Gedichte schrieb. Sein Geburtshaus ist erhalten (s. unten).
Geschichte: Im Jahre 767 verlieh Kaiser Karl der Kahle Sprendlingen an Nivelles in Belgien. 1251 kamen die Grafen von Sponheim in den Besitz des Ortes. Als der letzte dieses Geschlechtes im Jahre 1437 kinderlos starb, kam Sprendlingen in gemeinschaftlichen Besitz von Kurpfalz und Baden, 1707 (mit St. Johann) in den Alleinbesitz des Markgrafen von Baden (Amthaus, s. unten). Besonderes geschichtliches Ereignis war die Schlacht zwischen dem Grafen Johann I. (»der Lahme«), der sich von seinem Bruder, dem Grafen Heinrich von Sponheim, im Erbteil übergangen fühlte, und dem Mainzer Erzbischof Wernher von Eppstein, im Jahre 1279 bei Sprendlingen. Johann I. wurde durch eine Gruppe Kreuznacher Bürgersoldaten unter Führung des Metzgers Michel Mort gerettet und in Sicherheit gebracht, Michel Mort fand dabei den Tod. Die Gewann erhielt den Namen »Am Michel Mort«, bis um 1800 stand dort eine Gedenksäule (1972 im Ort erneuert: s. unten).
Sehenswert: Der untere (runde) Teil des *Turmes der ev. Kirche* (ehemaliger Wehrturm) auf dem Marktplatz als letzter Rest der alten Dorfbefestigung · *Rathaussaal* (einer der schönsten in Rheinhessen, ehemals Speisesaal eines Hotels) · Ehem. *Badisches Amtshaus* (1708) in der Schmittstraße · Wohnhaus des Bauerndichters *Jakob Hirschmann* (s. oben), in der Gertrudenstraße 7 (Gedenktafel) · *Heimatmuseum* in der Sankt Johanner Straße 14 (zahlreiche weinkulturelle Objekte – s. dazu S. 79 – ferner: bäuerliches Mobilar, Töpferwaren, fränkisches Zimmer, Nachlaß des Heimatforschers und -dichters Franz Joseph Spang (s. S. 279) u. a. · *Michel-Mort-Gedenkstein* (s. oben) · *Weinlehrpfad* (Blockhütte, Panoramablick) ab Straße nach St. Johann (östl. Ortsausgang).
Weinlagen: Hölle, Honigberg, Klostergarten, Sonnenberg, Wißberg in der Großlage Abtei. 361 ha.
Umgebung: Durch den Sprendlinger Wald bis zum Dromersheimer Hörnchen (8 km).
Bilder: S. 145, 356.

354   *oben: Verwinkelt und oft steil sind die engen Gassen des Weinortes* ▶
Spiesheim im inneren Rheinhessen.
unten: Neben zahlreichen Fachwerkhäusern und schönem Blumenschmuck ▶
ist die befestigte Wehrkirche typisch für Spiesheim.

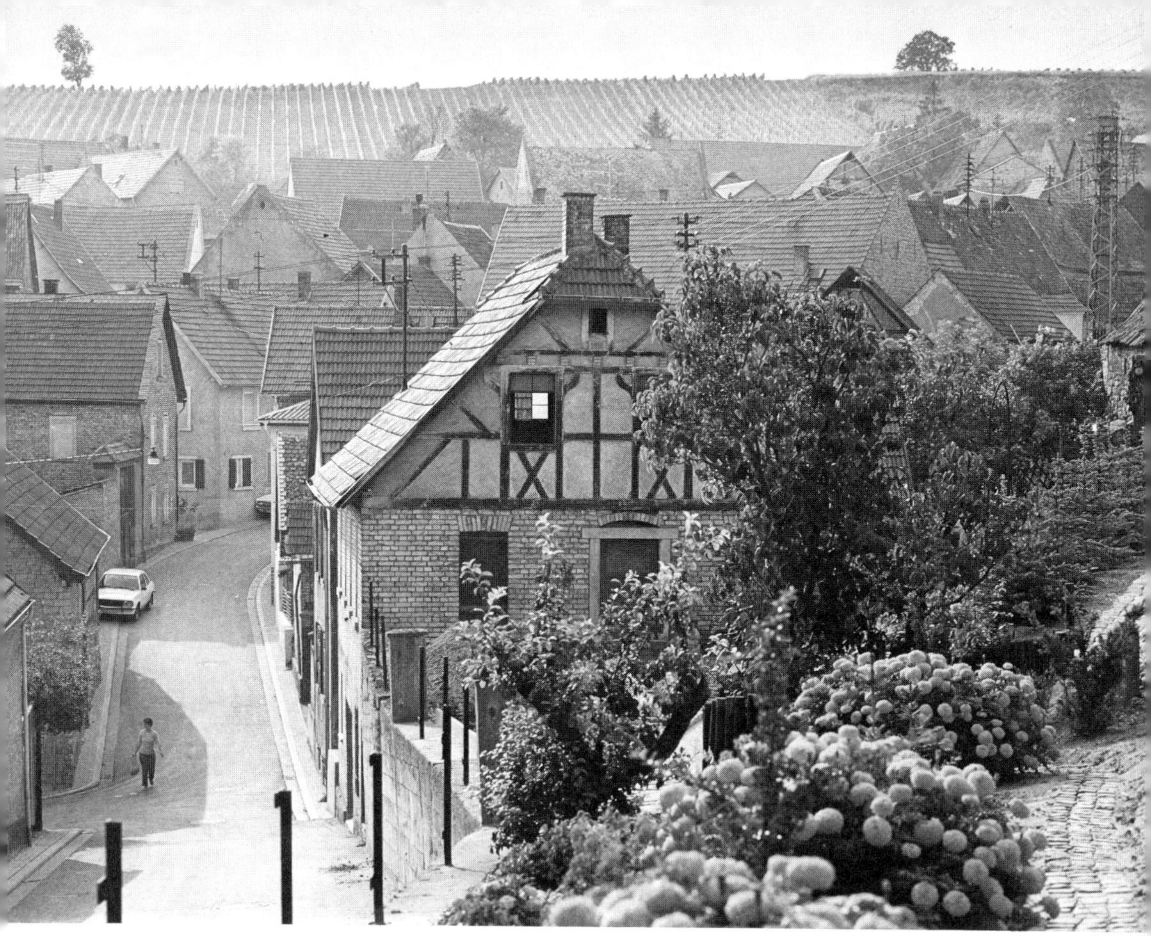

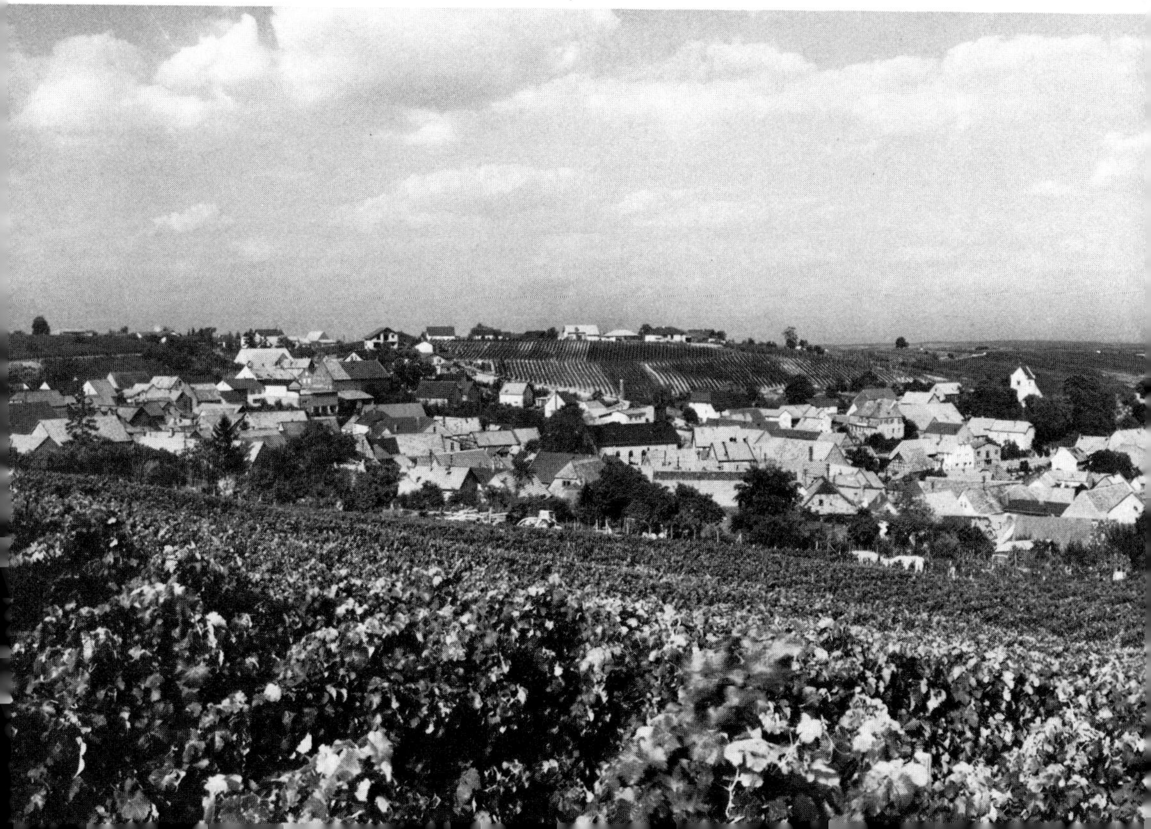

Zur Rast laden Bänke und Brunnen vor dem Rathaus von Sprendlingen, dessen Architektur Bürgerstolz ausdrückt.

STADECKEN-ELSHEIM

Die Orte Stadecken und Elsheim wurden 1969 durch die Verwaltungsreform zusammengeschlossen.

Geschichte: Ortsteil **Stadecken:** Die Siedlung entstand um 1400 durch Verlegung des Dorfes Hedensheim an die 1291 in dessen Gemarkung gebaute Wasserburg Stadeck, die den Namen gab. Die Verwaltung der Burg (»die Kellerei«), die im Besitz der Grafen von Katzenelnbogen und der Grafen von Leiningen, der Grafen von Sponheim, der Pfalzgrafen, auch des Deutschritterordens und seit 1733 ganz bei der Kurpfalz war, förderte besonders den Weinbau. König Albrecht I. verlieh 1301 die Stadtrechte. Reste dieser Stadtburg sind im Innern der ursprünglich runden Dorfanlage nur spärlich (in Gehöften verbaut) erhalten. Ortsteil **Elsheim:** Das Dorf hieß ursprünglich Wlisinheim und war lange mit Ingelheim verbunden. Besitzer waren die gleichen wie in Stadecken. Später hatten hier der österreichische General von Babo und der französische Präfekt des Département Mont-Tonnerre, Jean Bon St. André, Weinbergbesitz. Die Vorfahren des Malers Adam Elsheimer, dessen Eltern aus Wörrstadt nach Frankfurt zuwanderten (s. S. 373), stammen von hier.

Sehenswert: Im Ortsteil **Stadecken:** Reste der mittelalterlichen *Wasserburg* (s. oben) · *Friedhof* »St. Peter«. Im Ortsteil **Elsheim:** Ruine des *Elftausend-Mägde-Turmes,* einer sagenumwobenen mittelalterlichen Straßensperre am Übergang der alten Mainz-Kreuznacher Straße über die Selz (Toranlage mit 2 Rundtürmen), zurückgehend auf die hl. Ursula, die auf dem Wege nach Köln mit 11 000 Jungfrauen durch Elsheim gekommen sei (nach diesem Ereignis ist auch die Elftausend-Mägde-Mühle an der Selz benannt) · Typisch fränkische *Hofanlagen* im Dorf · *Windhäuser Hof,*

356

Ruine des Elftausend-Mägde-Turmes, ▶
eine mittelalterliche Straßensperre am Selzübergang
bei Stadecken-Elsheim.

Dem Lärm der unruhigen Welt fern ist Stein-Bockenheim, an Wiesen und Wald gelegen. Sein anheimelnder Ortskern ist wohlerhalten.

altes Gehöft mit ausgedehnter Gutsanlage aus römisch-fränkischer Zeit und großem Park auf der Höhe über Elsheim; klassizistisches Weintempelchen.
Weinlagen: Blume, Bockstein, Lenchen, Spitzberg, Tempelchen in der Großlage Domherr. 454 ha (Ortsteil Stadecken 218 ha; Ortsteil Elsheim 236 ha).
Bild: S. 357.

STEIN-BOCKENHEIM

Idyllisch an Wiesen, Wald und Weinbergen gelegene ländliche Wohngemeinde in der »Rheinhessischen Schweiz«.
Geschichte: Der Ort wird erstmals urkundlich als »Buckenheim« erwähnt. Er gehörte den Wild- (und Rhein-)Grafen, ab 1671 der Unterlinie zu Rheingrafenstein oder Grehweiler.
Sehenswert: Der geschlossene, anheimelnde *Ortskern* · Der stattliche *neugotische Kirchturm* am Ende einer steilen Gasse · *Röhrenbrunnen* · *Springbrunnen* (Quellwasser) · *Fachwerkhaus* von 1695 (renoviert 1975) mit ausgemalten Gefächern (Blumen- und Vogelmotive, süddeutscher Stil) · *Rathaus.*
Weinlagen: Sonnenberg in der Großlage Rheingrafenstein. 58 ha.
Umgebung: Im Gemeindewald (ca. 10 km) – zum Forsthaus »Jägerlust« (0,5 km).
Bild: S. 358.

*Fruchtbares Land umgibt die katholische Weinbaugemeinde Sulzheim ▶
bei Wörrstadt. Im Dunst der Ferne die Berge an Nahe und Rhein.*

SULZHEIM

Kleine, überwiegend katholische Landgemeinde bei Wörrstadt. Bekannte Spezialität: »Sulzheimer Biskuits«.

Geschichte: Der Ort, einst Sulziheim genannt, hatte viele Grundeigentümer: Ein Abt Conradus vom Kloster Disibodenberg wird schon 1180 erwähnt, hernach das Kloster des hl. Bonifatius bei Fulda, Kloster Weißenburg im Elsaß, Kloster Hornbach in der Pfalz. Ortsherren waren die Raugrafen, nach ihnen, seit 1361, das Mainzer Domstift und alsdann der Kurfürst von Mainz.

Sehenswert: *Barockkirche* mit drei wertvollen Altären · *Kruzifix* am Ortsausgang (1732) · *Alte Fachwerkhäuser* (18. Jh., renoviert).

Weinlagen: Greifenberg, Honigberg, Schildberg in der Großlage Adelberg. 120 ha.

Bild: S. 359.

TIEFENTHAL

Im Appelbachtal gelegene, kleinste Gemeinde in Rheinhessen. Bekannt war einst der »Birnenwein aus Tiefenthal«. Tiefenthal gehört zur Landschaftsregion »Rheinhessische Schweiz«.

Geschichte: Der Ort hieß einst Daffinthal und gehörte ab 1325 zur Herrschaft Kirchheimbolanden der Grafschaft Sponheim-Dannenfels. Spätere Herren waren die Grafen von Nassau-Saarbrükken. Im Dorf bestand ein Herrenhof, für den 1454 Holzrechte im Wonsheimer und Steinbockenheimer Wald nachweislich sind, weil Tiefenthal nicht genug Land und Wald besaß.

Sehenswert: *Holzkanzel* mit reicher Schnitzerei und Intarsien (Anfang 17. Jh.) in der ev. Kirche.

Weinlagen: Graukatz in der Großlage Rheingrafenstein. 18 ha.

UDENHEIM

Abseits der Bundesstraßen in einer Senke gelegener bäuerlicher Ort.

Geschichte: Einst Otenheim genannt, war Udenheim im Mittelalter Zehentbesitz der Reichsministerialen von Bolanden, der Grafen von Sponheim-Dannenfels und anderer. Ein Hubhof und ein steinerner Turm, die Burg zu Udenheim, gehörten zum Lehensgut. Letzte ritterschaftliche Ortsherren waren die Köth von Wahnscheid (Grabstein in der Bergkirche, silberner Adler des Geschlechts im Ortswappen).

Sehenswert: Die auch von B 40 und A 63 aus weithin sichtbare, desgleichen durch die eigenartige Gruppierung von Westturm, Langhaus und Altarhaus auffällige ev. *Bergkirche*, auf römischer Kultstätte inmitten eines alten Friedhofes, von wo aus der Blick über Weinberge ins Hügelland geht. Von der aus der Mitte des 13. Jh. stammenden Basilika steht nur noch das Mittelschiff. Romanische und spätgotische Bauteile, Falkner-Chorgestühl (teils mit Traubenmotiven). Schlußstein im Turmerdgeschoß mit Weinlaub- und Traubenschmuck. Moderne Buntglasfenster mit ausdrucksstarken Darstellungen menschlicher Laster, u. a. ein feister, trinkender Prasser (d. i. »der reiche Mann«, Lazarus ihm gegenüber) · Der *Palmenstein* an der Ostseite der Bergkirche, aus vorchristlicher Zeit (heidnischer Lebensbaum mit christlichem Reliefaufsatz), der früher an der Straße nach Schornsheim stand, 2,50 m hoch · Der für Rheinhessen ungewöhnliche, 28 m hohe, alleinstehende *Glockenturm* im Dorf, 1874/75 erbaut · *Heiligenhäuschen* (»Heljerhäusje«), gotisch, mit vier spitzbogigen Nischen (Pilgerstation, früheres Ziel von Bittprozessionen oder Mahnstein); früher am Hohlweg nach Udenheim, nach Bau der Autobahn an die Bundesstraße 40 versetzt (= Gemarkung Saulheim) · Alter, gußeiserner *Vierrichtungswegweiser* an der Straße nach Schornsheim · *Im Mainzer Dom*: Kruzifix von Udenheim (um 1160).

Weinlagen: Goldberg, Kirchberg, Sonnenberg in der Großlage Domherr. 229 ha.

Bilder: S. 107, 361.

oben: *Die Bergkirche von Udenheim grüßt weit ins Land und ist auch* ▶
von allen Fernstraßen zu sehen. Aus Weinbergen leuchtet ihr eigenwilliger Bau.
unten: *Weit dehnt sich der Himmel über Rebzeilen und Ackerfluren.* ▶
In der Talsenke das Weindorf Udenheim.

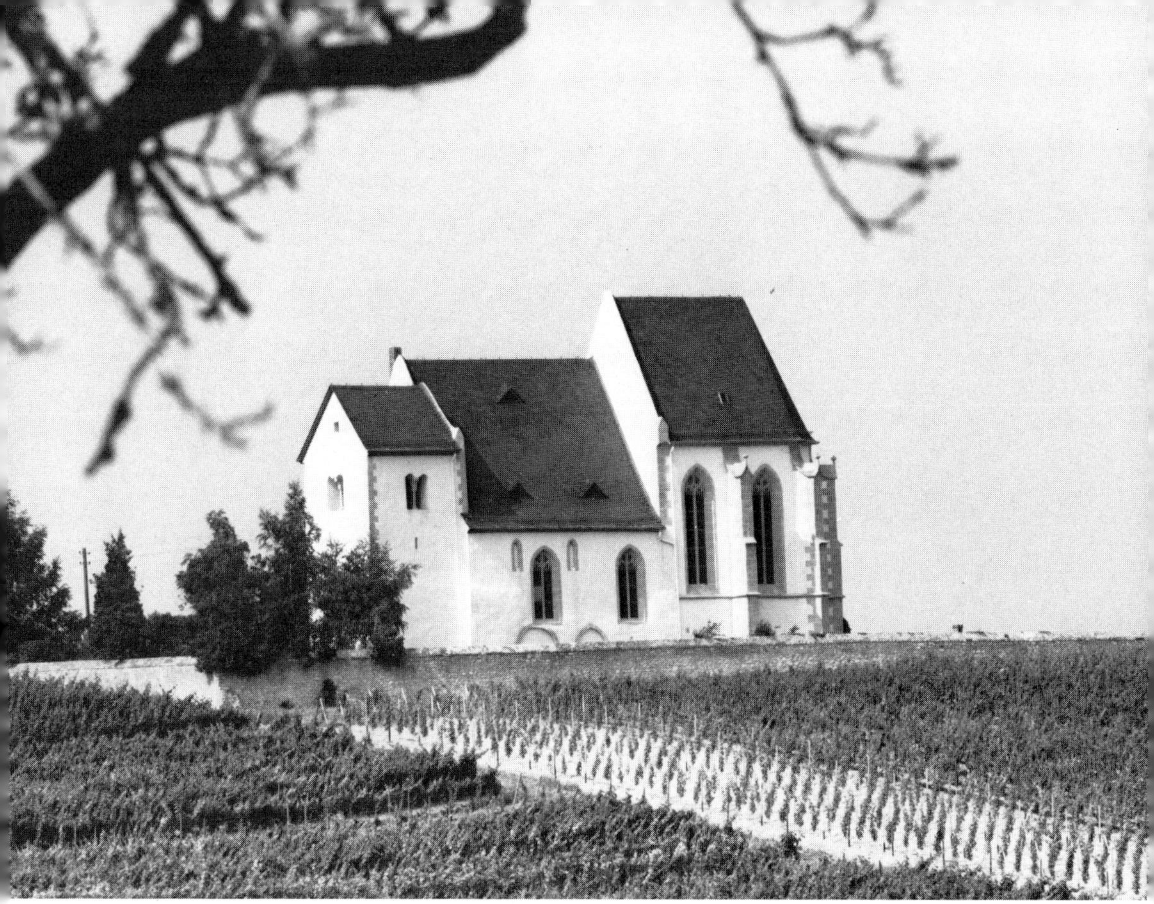

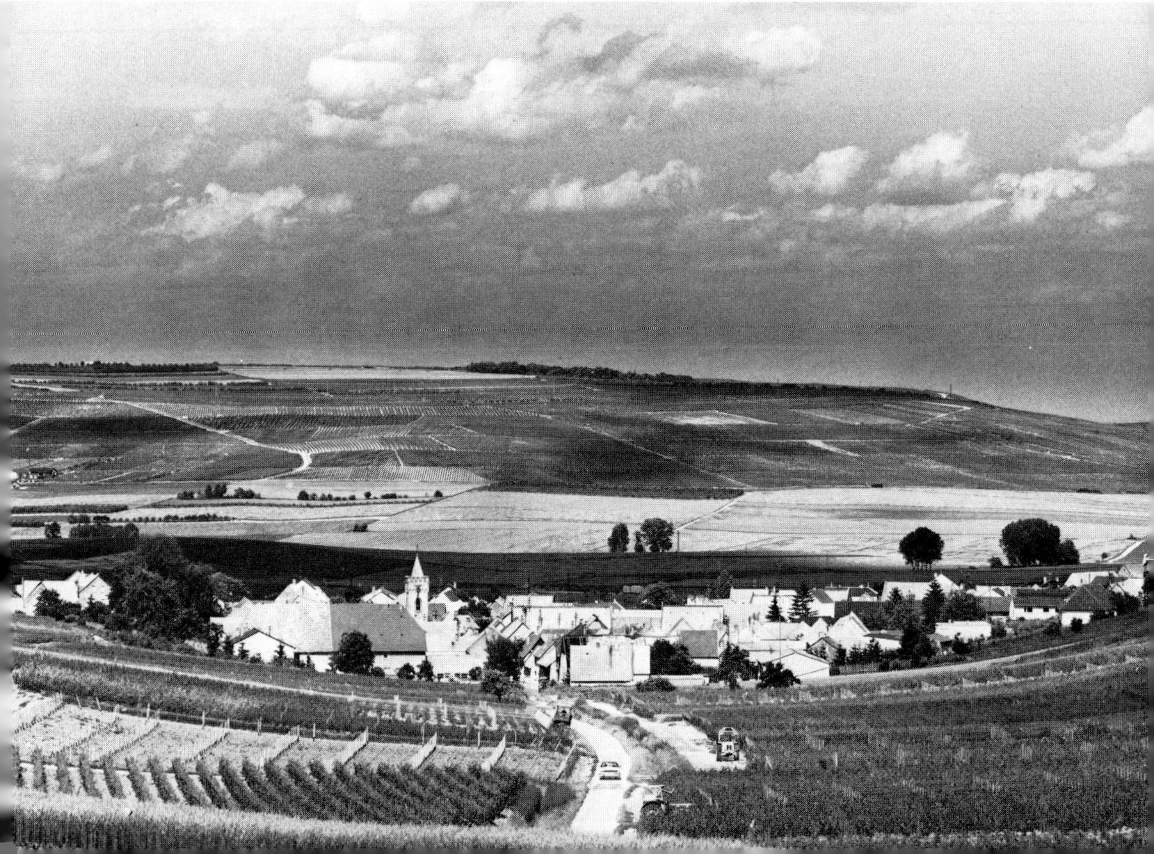

In Uelversheim steht die einzige Kirche Deutschlands, die in regelmäßigem Achteck erbaut ist.

UELVERSHEIM

Von altem, ländlichem Charakter geprägtes Winzerdorf (»Berggemeinde«) nahe Guntersblum mit gut erhaltenen, geschlossenen Hofreiten. Eine Spezialität ist der »Uelversheimer Gaumenschmaus« (Putenschnitzel und Käse in Blätterteig).

Geschichte: Die einst Ulfreitesheim geheißene, altleiningische Gemeinde gehört zu den sog. »Bergdörfern«. Seit 1798 wurde der Ort mit dem Zusatz »Wald-« angegeben, der Grund hierfür ist nicht bekannt. 1930 wurde die heutige (= frühere) Ortsbezeichnung von der hessischen Regierung wieder zuerkannt.

Sehenswert: Die *ev. Kirche* (1722), als einzige Deutschlands in regelmäßigem Achteck erbaut (hierzulande unüblicher Grundriß) · *Unterirdische Stollen* aus dem 30jährigen Krieg.

Weinlagen: Aulenberg, Farrenberg, Schloß in der Großlage Krötenbrunnen. 189 ha.

Bild: S. 362.

UFFHOFEN, Ortsteil von ▶ FLONHEIM

UHLERBORN, Ortsteil von ▶ HEIDESHEIM

UNDENHEIM

In dem langgestreckten (typischen Straßen-)Dorf fallen die stattlichen bäuerlichen Anwesen auf.
Geschichte: Der Ort war vom 13. bis Ende 18. Jh. kurpfälzisch, wovon noch heute das Ortswappen zeugt. Kirchenpatronat und Zehnten hatte das St. Albansstift in Mainz, dem auch das größte Hofgut gehörte. Ferner hatten hier u. a. die Klöster Jakobsberg und Eberbach Besitzungen. Nahe bei Undenheim lag im Talgrund das Dorf Nordelsheim. Es sei an Pfingsten 1516 oder 1535 durch die Wasserfluten eines Wolkenbruchs zerstört worden (dies ist umstritten, evtl. auch nur nach Wüstwerdung durch allmähliche Abwanderung). Die Bewohner von Nordelsheim zogen nach Undenheim, beide Gemarkungen wurden vereint (Flurname »Nordelsheimer Wiesen«).
Sehenswert: Die kath. Pfarrkirche mit spätgotischem Chor und barockem Schiff innerhalb einer gut erhaltenen mittelalterlichen *Wehrkirchhofmauer*.
Umgebung: Zum Goldbachtal zwischen Undenheim und Gabsheim mit Wäldchen an der »Schindkaut« (seltene Vogelarten).
Weinlagen: Goldberg in der Großlage Gutes Domtal. 65 ha.
Bild: S. 363.

VENDERSHEIM

Das an einen Rebenhang geschmiegte Weindörfchen liegt abseits der »Hohen Straße«. Das Dorf war einst im Besitz der Herrschaft Kempenich in der Eifel. Der Erzbischof von Trier und die Fuste von Stromberg waren hernach Lehensträger des Grafen von Eltz-Kempenich.

Die Friedhofsmauer der Wehrkirche im stattlichen Straßendorf Undenheim erinnert an kriegerische Zeiten im Mittelalter.

Sehenswert: In der kath. Kirche auf dem Taufstein das Fust'sche Wappen und das verzierte *Gestühl* (geschnitzte hohe Wangen mit Pflanzenornamenten – s. a. bei Mainz-Marienborn) der Grafen von Eltz, die das Gotteshaus 1790 erbauten.
Weinlagen: Goldberg, Sonnenberg in der Großlage Kurfürstenstück. 122 ha.
Umgebung: Zum von Bäumen umstandenen Aussichtspunkt »Rondell« an der Straße nach Wörrstadt (Naturdenkmal), wo auf der Metallplatte eines Steintisches die von hier zu sehenden Orte des Hügellandes eingraviert sind (1 km); sehr schöner Blick ins Wiesbachtal.
Bild: S. 2.

VOLXHEIM

Der kleine Weinbauort, ursprünglich Folkesheim geheißen, war im Besitz der Grafen von Blieskastel, sodann der Wild- und Rheingrafen sowie der Herrn von Daun zu Oberstein, Grundherren waren auch die Antoniter-Mönche von Alzey, die 1538 ihre Rechte an die Kurpfalz verkauften, die wiederum 1715 Volxheim an das Erzstift Mainz im Tausch abgab. Am Marktplatz befindet sich ein Fachwerkbau mit gedrehten Ecksäulchen.
Weinfest: Zweites Wochenende im April.
Weinlagen: Alte Römerstraße, Liebfrau, Mönchberg in der Großlage Rheingrafenstein. 156 ha.

WACHENHEIM

Der ländliche Wohnort liegt am östlichen Eingang des Pfrimmbachtales.
Geschichte: Erstmals unter dem Namen Wacchanheim urkundlich erwähnt, war der Ort Sitz eines Grafengerichtes der Grafen von Leiningen, des »Landgerichtes auf dem Kaldenberge«. Das älteste Geschlecht, das in Wachenheim Jahrhunderte residierte, waren die Ritter zu Wachenheim (ein Nikolaus von Wachenheim war 1470 Rektor der Universität Heidelberg). Sie lebten in der noch in Resten vorhandenen, aus zwei Teilen (davon einer: Oberschloß und Unterschloß) bestehenden Burg (s. unten). Wachenheim wurde in ältester Zeit nur »Burg Wachenheim« genannt. Ab 16. Jh. folgten als Besitzer die Herren Landschade von Steinach, von Morschheim von Carben und von Botzheim (Adolf Ludwig Eberhard von Botzheim errichtete 1747 einen Anbau zur Burg).
Sehenswert: Der mächtigste der in Rheinhessen erhaltenen mittelalterlichen Wohntürme, ein viereckiger *Bergfried* innerhalb der Wehrmauer der früheren Burg (Oberschloß) der Ritter von Wachenheim (Steeger Hof, Ende 16. Jh.), 1747 erneuert, mit massivsteinerner Wendeltreppe · »*Romberger Hof*« (auf dem Gebiet des kurfürstlich oder erzbischöflich trierischen Lehensgutes), der ursprünglich einer westfälischen Adelsfamilie gehörte · Spätgotischer *Flügelaltar* mit sehr guten Holzplastiken in der Kirche (wenige dieser Art sind in Rheinhessen noch erhalten) · *Heimatmuseum* · *Mühlen* im Pfrimmbachtal.
Weinfest: Winzergassenfest am zweiten Wochenende im Juli.
Weinlagen: Horn, Rotenberg in der Großlage Domblick. 158 ha.
Umgebung: Entlang der Pfrimm nach Niefernheim, Harxheim, Albisheim (Talwanderung; 7 km) – Richtung Bockenheim, Wachenheimer Klamm (auch »Diebshohl« genannt), Kindenheim (5 km) – Mölsheim, Zell-Einselthum (Höhenwanderung; 8 km).

WACKERNHEIM

Wackernheim ist eine Mainz benachbarte Wohngemeinde mit Obst-, Spargel- und Weinbau. Der Ort liegt in einem Seitental des Rheines zwischen Rabenkopf und Mainzer Berg an einem Hang (Höhenunterschiede innerhalb des Dorfes über 100 m).
Geschichte: Seit etwa 900 ein Reichsdorf, erhielt es das heutige Ortswappen, den Reichsadler in goldenem Felde. Um die Wende vom 14./15. Jh. kam es zur Kurpfalz.
Sehenswert: Reste einer *römischen Wasserleitung*.
Weinlagen: Rabenkopf, Schwalben, Steinberg in der Großlage Kaiserpfalz. 29 ha.
Umgebung: Zum Rabenkopf (1,5 km).

oben: *Rheinhessen ist ein Land wenig bekannter, doch nach Baustil* ▶ *und Einrichtung entdeckenswerter Gotteshäuser. Kirche in Wallertheim.*
unten: *Eine selbst Einheimischen ungewohnte Perspektive.* ▶
Über Weinberge und Straßenbäume gleitet der Blick zu den Höhen im Westen.

WAHLHEIM

Das Dorf Wahlheim im Kettenheimer Grund, einst Walaheim geheißen, gehörte zur Burg Alzey. Im Jahre 1400 kaufte der Pfalzgraf Ruprecht III. von dem Burgmann Heinrich Bock von Lonsheim zwei Teile an Dorf und Gemarkung. Seit 1633 gehörte der Ort zur Kurpfalz. In der Gemarkung befand sich auch ein Gut des Klosters Waida bei Dautenheim. Der zwanzigröhrige Brunnen (»Brückenbrunnen« genannt), der einst zwischen beiden Ortsteilen stand, wurde entfernt.
Weinlagen: Schelmen in der Großlage Sybillenstein. 131 ha.

WALLERTHEIM

Gemeinde im Wiesbachtal (Heim des Walter), Ringgräber und Wohnplätze aus der Hügelgräber- und Urnenfelderepoche der Bronzezeit, Wohnstätten und Grabstellen der Hallstatt- und Latènezeit, römische Gläser und Bronzen wurden in der Gemarkung – besonders im Bereich der Ziegelei – in sehr reichem Maße gefunden und weisen auf eine durch sämtliche Perioden reichende Besiedlung hin. In einer Wiesbach-Schleife befand sich eine vorgeschichtliche Jagdstelle.
Geschichte: Ursprünglich im Besitz der Raugrafen, später der Grafen von Leiningen-Guntersblum. Auch das Kloster Eberbach im Rheingau hatte hier Lehensgüter in Besitz.
Sehenswert: *Im Mittelrheinischen Landesmuseum Mainz* (Kopie im Alzeyer Museum): Das sog. »Wallertheimer Hündchen« (auch »Wallertheimer Spitz«), ein farbiges Glashündchen aus einem in Wallertheim geborgenen Männergrab aus der Zeit um 100 v. Chr. (jüngere Latènezeit). Das originelle Erzeugnis der spätkeltischen Glasfabrikation hat hohen Seltenheitswert.
Weinfest: Weinkerb am dritten Sonntag im September.
Weinlagen: Heil, Vogelsang in der Großlage Kurfürstenstück. 182 ha.
Bilder: S. 365.

Erlebnis des Raumes. Schnurgerade laufen die Furchen auf Welgesheim, seine Weinberge und die bewaldete Anhöhe zu.

WEINOLSHEIM

Der Ort an der Gaustraße, am Ende eines Tales, das sich zur Selz hinunterzieht. Wein- und Ackerbau bestimmen das Gepräge. Weinolsheim war – wie Gau-Odernheim, mit dem es ein Reichsgut bildete – freies Reichsdorf. Viele Jahrhunderte gehörte es zu Kurpfalz.
Weinlagen: Hohberg, Kehr in der Großlage Gutes Domtal. 100 ha.
Bild: S. 366.

WEINSHEIM, Stadtteil von ▶ WORMS

WEISENAU, Stadtteil von ▶ MAINZ

WELGESHEIM

Welgesheim, eine ländliche Wohngemeinde, liegt dort, wo der Wiesbach einst von der alten Heerstraße überquert wurde, malerisch vor mit Reben und einem Wäldchen bestandener Anhöhe und abseits der Durchgangsstraße. Welligesheim ist der erste urkundlich nachgewiesene Name des kleinen Ortes, der 1382 an die Pfalz verkauft wurde.
Weinlagen: Kirchgärtchen in der Großlage Sankt Rochuskapelle. 79 ha.
Bild: S. 367.

◀ *Zauberhaftes Spiel von herbstlichem Dunst,*
fallenden Blättern und diffusem Licht.
Zwischen alten Mauern der Bauernhäuser in Weinolsheim.

Am Eingang zu erholsamen Tälern, wo alte Mühlen, Wiesen und Bäche erfreuen, liegt Wendelsheim, nahe der »Teufelsrutsch«.

WEINHEIM, Stadtteil von ▶ ALZEY

WENDELSHEIM

Wendelsheim ist ein wasserreiches Reihendorf im Wiesbachtal, am Rande der pfälzischen Waldungen (mit Flonheim – früher auch mit dessen heutigem Ortsteil Uffhofen – am sog. »Dreigemeindewald« beteiligt, der eine eigene Gemarkung bildet). Ungewöhnlich ist die Länge des Ortes, daraus erklärbar, daß zwei getrennte Ansiedlungen (Ober- und Unter-Wendelsheim) einst zusammenwuchsen. Viele Einwohner waren früher Waldarbeiter und Steinmetze, die in den Steinbrüchen von Wendelsheim und Nack arbeiteten. Vom Ort aus eröffnen sich zwei sehr schöne, romantische Täler: Das nach Nieder-Wiesen führende, mühlenreiche Wiesbachtal und das Finkenbachtal nach Mörsfeld hin (Naherholungsgebiet »Rheinhessische Schweiz«). Berühmt-berüchtigter Sohn der Gemeinde ist Magister Laukhard, 1757 als Sohn eines Pfarrers in Wendelsheim geboren, 1822 in Kreuznach gestorben, ein verlottertes Genie. Sein abenteuerliches Leben (Student in Gießen, Heidelberg, Dozent [Theologie], Halle, verschuldet von dem preußischen Heer als Söldner angeworben, Frankreichfeldzug [1792], Heirat, erneutes Vagabundieren) hat er in der Autobiographie »F. C. Laukhards Leben und Schicksale, von ihm selbst beschrieben« (5 Bände, 1792–1802), geschildert und darin zugleich ein ergiebiges Sittenbild seiner Zeit (Aufklärung und Französische Revolution) gezeichnet. Es steht zu lesen, daß er auf einer Pfarrstelle in der Pfalz (gemeint ist: Rheinhessen) »freilich manche fromme Seele erzürnte, wenn er nach durchzechter Nacht am Sonntagmorgen die Kanzel bestieg und dann unvorbereitet, aber recht eigenartig predigte«.

Geschichte: Der Ort war im Besitz der Wild- und Rheingrafen (Emichonen; s. Flonheim, S. 272), im 18. Jh. gehörte es zur Rheingrafschaft Grehweiler, 1793 zu Grumbach.

Sehenswert: *Rundturm* in der Mauer des früher befestigten Friedhofs (1783) · *Schloß der Wild- und Rheingrafen* (»*Salm'sches Schloß*«) mit Freitreppe, Säulenportal, Giebel, Hofarkaden, erbaut 1758 vom Rheingrafen Carl Magnus nach betrügerischer Flurvermessung für das Wendelsheimer Hofgut; einziger fürstlicher Bau, der die Französische Revolution überdauerte, fürstliche Wohnung für einen ehemaligen Schreiber namens Häfner, dessen Frau (»die Häfnerin«, eine Schusterstochter aus Alzey) des Rheingrafen Mätresse war und deren Mann er zum Oberschultheiß machte · Gegenüber der Barockbau des *Rathauses* mit Eckpilastern, Halle im Erdgeschoß in drei Öffnungen und »Betzenhaus« (Haftzelle) · *Alte Hofreiten* (Zehnthof, Barockhäuser) · Gußeiserne *Gedenktafel*, die bürgerliche Tugend betreffend, zur Erinnerung an das »tolle Jahr« in Rheinhessen, gestiftet von Bürgern der Gemeinde Wendelsheim am 7. März 1848 »bei Verkündigung der bürgerlichen Freiheiten« · *Umwehrung der Kirche* am Hang über dem Finkenbach · Zwei verlassene Stollen der bis 1790 betriebenen alten *Quecksilberbergwerke* (darunter die 50 m lange sog. »Schinderhanneshöhle«, wo der Räuberhauptmann sich verborgen haben soll, teilweise noch begehbar) im Bereich des »Teufelrutsch«-Felsens und dieser selbst (sagenumwoben, Naturdenkmal) im Wiesbachtal · *Trulli* (granatenförmige Weinbergshäuschen, s. S. 89) oberhalb Baumühle und an der Kieskaut · Sechs alte *Mühlen* im Wiesbach- und Finkenbachtal (eine davon noch in Betrieb).

Weinlagen: Heiligenpfad, Steigerberg in der Großlage Adelberg. 76 ha.

Umgebung: Wege im Dreigemeindewald (s. oben, dort auch die »Teufelsrutsch« mit Gasthaus) – durch das Wiesbachtal unterhalb der »Teufelsrutsch« (Landschaftsschutzgebiet) nach Nieder-Wiesen (5 km) – ab Ortmitte zum Schniftenberger Hof (8 km).

Bild: S. 368.

WESTHOFEN

Die durch die Kellergasse bekannte Weinbaugemeinde trägt im Wappen Weinlaub und Trauben. Von hier stammt Fritz Huxel, nach dem eine Rebsorte benannt ist (s. S. 104 sowie unten). Westhofen ist heute Sitz der Verbandsgemeinde.

Geschichte: Eine Siedlung an den Seebachquellen (bei Westhofen fließt der von Eppelsheim kommende Altbach zu, oft irrtümlich bereits als Seebach bezeichnet) wird schon 774 unter dem Namen »Seeheim im Wormsgau« erwähnt; sie nahm bald den Namen des fränkischen Königshofes »Westhofen« an. Der Ort war alter Besitz der Abtei Weißenburg, es folgten die Raugrafen, die Herren von Hohenfels (sie residierten in ihrem Schloß am Markt, wo die Ortsherren auch ein gemeinsames Kelterhaus besaßen), Winter von Alzey u. a. Aus der Zeit der Grafen von Leiningen (13. Jh.) sind auch die Herren von Westhofen bekannt. Von 1615 bis zur Französischen Revolution gehörte der Ort zur Kurpfalz.

Sehenswert: Ruine der *Liebfrauenkirche* vor dem Ort (1496 erwähnt, restauriert 1975) mit Grabsteinen aus dem 16. Jh. inmitten eines Parkes · Dort an der Kirchhofsmauer im Jahre 1975 angebrachter *Gedenkstein* an die erste kriegerische Auseinandersetzung im Bauernkrieg auf kurpfälzischem Boden im Jahre 1525 · *Pulverturm*, einziger noch vorhandener, restaurierter Mauerturm der einst umfangreichen Ortsbefestigung (»Kelberturm« geheißen) · *Kellergasse*, Gewölbe der Keller lange vor 1600 unter ehemaligem Friedhof angelegt, darunter teilweise unterirdische Fluchtgänge · *Inschriftentafel* in der Kellergasse: »Hier stand die Herberge zum ›Roß‹ / Sie sah böse Zeit und böse Gäst / Wüst Gelag und wilde Fest / Spanier, Schwed, Franzos, Kosak / Auch Schinderhannes stieg hier ab / Mög Friede, Freud und guter Wein / In Zukunft nur in dieser Gasse sein« · Alter *Kelterstein* am Anfang der Gasse · Ehemaliges *Judenbad* in der Seegasse 12, 19 Stufen tief, jetzt Weinkeller, hebräische Inschrift über Eingang; Judenbad mit Synagogenraum 1708 erbaut · Von alten Lindenbäumen umstandener *Marktplatz* mit stattlichen (teils Fachwerk-)Bürgerhäusern des 16. und 18. Jh. (teils abgerissen) und »Napoleonstein« auf dem Gänsemarkt · Alte Brunnenanlage »*Seebachquelle*« (restauriert 1980), wo der gleichnamige Bach entspringt (eine der

Seite 370/371: An den Seebachquellen lädt Westhofen mit der eindrucksvollen Kellergasse und mancherlei Sehenswertem aus alten Zeiten ein.

369

wasserreichsten Quellen Südwestdeutschlands; fließt bei Eich in den Sandwoog und aus diesem in den Rhein) · *Brunnenhäuschen* römischen Ursprungs (1980 restauriert) und *Weinbergshütten* (18. Jh., Kalkstein) · Eine alte Inschriften-Balkenkelter befindet sich nicht mehr in Westhofen (s. S. 92) · *Gedenkstein* (aus den Gundersheimer Kalksteinbrüchen) für den Westhofener Rebenzüchter Fritz Huxel (s. S. 104 sowie oben) gegenüber dem Friedhof · *Mühle* (16. Jh.) am Seebach mit laufendem Mühlrad.

Weinfest: Traubenblütenfest am vorletzten Wochenende im Juni

Weinlagen: Aulerde, Benn, Brunnenhäuschen, Kirchspiel, Morstein, Rotenstein, Steingrube in der Großlage Bergkloster. 596 ha.

Umgebung: Zum Wäldchen bei Hangen-Weisheim (4 km) – zu den Steinbrüchen von Gundersheim (4 km).

Bilder: S. 370/371, 372, 423.

WIESOPPENHEIM, Stadtteil von ▶ Worms

WINTERSHEIM

Die überwiegend landwirtschaftlich orientierte Gemeinde liegt im Sattel eines über 200 m hohen Höhenzuges.

Geschichte: Bis zum 15. Jh. gehörte der Ort den Grafen von Leiningen-Westerburg und den Herren von Gemmingen-Westerburg, 1481 erwarb die Kurpfalz den Ort.

Sehenswert: Alter *Wehrturm*, errichtet von den Herren von Gemmingen, einst als Zufluchtstätte benutzt.

Weinlagen: Frauengarten in der Großlage Krötenbrunnen. 61 ha.

WÖLLSTEIN

Bei Wöllstein geht das rheinhessische Hügelland in das waldreiche Pfälzer Bergland über, dessen Ausläufer als »Rheinhessische Schweiz« bezeichnet werden und mit den zugehörigen Orten das Hauptgebiet des gleichnamigen Erholungsgebietes (Zweckverband) ausmachen. Die reizvolle und interessante Umgebung des Ortes charakterisiert diesen. Wöllstein ist Sitz der Verbandsgemeinde und einer Bezirkswinzergenossenschaft.

Geschichte: Der Name des Ortes wird abgeleitet von Well- oder Wil-Stein (d. i. Steine der Wilden, bezogen auf frühgermanische Gräber, die hier gefunden wurden). Wöllstein war früh im Besitz des Klosters St. Maximin bei Trier, das den Ort im 13. Jh. den Wild- und Raugrafen zu Lehen gab. Ende des 14. Jh. folgten die Grafen von Sponheim. Spätere Herren waren die Pfalzgrafen, der Markgraf von Baden und der Graf von Veldenz, anteilig die Häuser Nassau und Falkenstein und (17./18. Jh.) Kurmainz. Durch einen Vergleich des Jahres 1733 zwischen Kurmainz und Nassau-Saarbrücken wurden die Orte Wöllstein, Gumbsheim und Pleitersheim zur »Amtsvogtei Wöllstein« zusammengeschlossen.

Sehenswert: *Wohnhäuser des 18. Jh.* in Alzeyer, Ernst-Ludwig- und Marktstraße · Spätgotischer *Taufstein* in der ev. Kirche · Gestein und Flora des *Höllberges*.

Weinlagen: Äffchen, Haarberg-Katzensteg, Hölle und Ölberg in der Großlage Rheingrafenstein. 213 ha.

Umgebung: Wanderwege durch die »Rheinhessische Schweiz« (8 km), besonders im Naherholungsgebiet »Im Tälchen« (Wanderschutzhütten im Bereich des Höllberges).

WÖRRSTADT mit Ortsteil Rommersheim

Der ansehnliche Marktflecken hat das Gepräge eines Landstädtchens. Er liegt in der weiten, geschützten Quellmulde des Mühlbaches, der am Neunröhrenbrunnen entspringt und südlich von

◀ *Reizvolle Fachwerkhäuser – wie dieses Anwesen in Westhofen –*   373
strahlen Behäbigkeit und Freude an lebensfroher Gestaltung aus.

Der ehemalige Posthof der Thurn-und-Taxisschen-Postlinie, in jüngster Zeit renoviert, gehört zu den eindrucksvollsten Gebäuden des alten Kantonortes Wörrstadt.

Nieder-Olm in die Selz mündet, während der von der Neubornquelle kommende Trollbach zum Wiesbach fließt. Wörrstadt, von einem stattlichen Wehrgraben umgeben (s. unten), früher Sitz zahlreicher Ämter (heute der Verbandsgemeinde), ist eine große ländliche Wohngemeinde im Einzugsgebiet von Mainz. Der Ortsteil Rommersheim, seit 1971 freiwillig eingemeindet, liegt malerisch am Ausgang eines idyllischen Tals. Sein Name wandelte sich von ehedem Eichinloch (Loch = Lohe = Wald) zu Eichloch und wurde, der mundartlich bedingten Aussprache und daraus resultierenden Spöttereien wegen, im Jahre 1931 in Rommersheim umbenannt (nach einem vermutlich im 30jährigen Krieg untergegangenen Dorf zwischen Sulzheim und Wallertheim, das 1193 urkundlich erwähnt wird und damals dem Kloster Altenmünster zu Mainz gehörte). Aus Wörrstadt stammte der Vater des in Frankfurt geborenen Adam Elsheimer (1578–1610), einer der bedeutendsten Kirchen- und Historien-Maler des deutschen Frühbarock, dessen Werke zu den Kostbarkeiten großer Galerien gehören. Der Vater, dessen Vorfahren evtl. aus Elsheim kamen (s. S. 356), war zuletzt Schneidermeister in Frankfurt, wo er auch eine »gebrannte Weinhütte« besaß und einmal um Genehmigung bat, Wein aus »Wirstadt, seinem Vaterland« einführen zu dürfen. 1890 wurde in Wörrstadt der spätere Direktor der Frankfurter Universitätsbibliothek, Prof. Eppelsheimer, geboren.

Geschichte: Das bereits in prähistorischer Zeit besiedelte fränkische Wesistat (Wasi = Sumpf, feuchte Wiesen; andere Namensdeutungen sind Weristat = umwehrte Stätte, Varii statis = Lager des Varus, auch »Wohnstätte des Waso«) gehörte zum alten Wormsgau und später, bis zur Französischen Revolution, den Wild- und Rheingrafen. Es war Kreuzungspunkt der alten rheinhessischen Höhenwege. 1608 wurde hier eine Münzprägerei eingerichtet. Die Frau des Rheingrafen Carl Ludwig Theodor von Grumbach (Elisabetha Christine Mariane, von ihrem Gatten getrennt lebend, beigesetzt in der ev. Kirche) ließ sich auf dem »Schloßberg« (Bodensenke jenseits Marktplatz und B 40, heute noch Flurname) von dem Pariser Architekten Charles Mangin ein kleines Schloß erbauen (1788 Umzug des rheingräfl. Hofes von Flonheim nach Wörrstadt, Errichtung einer Hofapotheke). Beim Herannahen des französischen Heeres (1792) flüchtete der Rheingraf. Das Schloß (Gemälde erhalten in Privatbesitz) wurde zerstört und zum Abbruch versteigert (1804). Steine und Säulen von den Bewohnern als Baumaterial verwendet. Im Département Mont Tonnerre war Wörrstadt Kantonsort, hernach Sammlungsort der Freiheitsbewegung von 1848. **Sehenswert:** Der *Ulmengraben*, den alten Ortskern fast geschlossen umgebend (Ulme = Effe oder Rüster), eine recht gut erhaltene mittelalterliche Ortsbefestigung mit Wallgraben und »Gebück« (aus verflochtenen Ästen gebildetes, undurchdringliches Gestrüpp), neben Eppelsheim (s. S. 264) der einzige dieser Art im südwestdeutschen Raum; durch in ganz Europa grassierende Baumkrankheit stark dezimiert (Aufforstungsversuche) · *Neunröhrenbrunnen* mit Wappen des hl. Laurentius (Ortswappen), Inschrift, Balustraden, Ornamenten und Treppen, der untere Teil mit Brunnenmännern (1608; Aufbau von 1779, evtl. von Mangin, Umbau bei Straßenverbreiterung 1930), Wahrzeichen von Wörrstadt, schönster und größter Dorfbrunnen in Rheinhessen, davor früher die Weed (Dorfteich); Mühlbachquelle · Benachbart gut renovierter Türrahmen und -sturz von 1765 · Hochgelegener *Friedhof* mit Befestigungsresten (Rundturm der Wehrmauer an der Pariser Straße, sog. »Grüner Hut«, 1624, jetzt an kath. Pfarrhaus angegliedert), großem Judenfriedhof, Kruzifix

Der prächtige Neunröhrenbrunnen mit dem Ortswappen ist das Wahrzeichen der Neuborngemeinde Wörrstadt. Hier, vor der ehemals rheingräflichen Hofapotheke, entspringt auch der Mühlbach.

Das alte Rathaus bei der Kirche von Rommersheim (Ortsteil von Wörrstadt) wurde durch Privatinitiative wiederhergestellt und gehört seitdem zu den Schmuckstücken Rheinhessens.

mit Magdalena auf felsigem Sockel (Anfang 16. Jh.), Veteranenstein von 1847, errichtet von den Überlebenden der Feldzüge Napoleons und Epitaphien der Münstmeistergräber (rheingräfl. Münze) · In der romanisch-gotischen *Laurentiuskirche* (ev.) Taufbecken mit spätmittelalterl. Löwensockel, reich geschnitzte gotische Kanzel und Stumm-Orgel (barock) · Backes- und Axte-*Brunnen* · *Ortswappen* mit Löwen als Schildhalter vom alten Neunröhrenbrunnen im Ulmengraben · Reste der sog. »Ruhen« gegenüber der kath. Kirche am Ulmengraben (Steingestelle in Galgenform, dienten den Bäuerinnen zum Absetzen der Lasten, früher im Feld oberhalb des Schloßberg · Schmiedeeisernes *Wirtshausschild* am ehemaligen »Löwen«, 1792, neben der ev. Kirche (s. S. 89) · Ehemaliger *Posthof* (1807, 1981 renoviert) der Thurn-und-Taxisschen-Postlinie mit Wappenadler (Initialen RF: République Française? Fritz Rüdinger, Dachdeckermeister? Fa. Reutlinger aus Frankfurt, die das Haus 1889 erwarb?) · Sog. »*Schmiedbrunnen*« (am Freiheitsbaum) von Prof. Linke, trunkenen Schmied darstellend (s. S. 88) · *Naturpark Neuborn* mit Quelle und interessantem Baumbestand, eines der wenigen erhaltenen Gehölze im Innern Rheinhessens (Naturdenkmal) mit Gedenkstein für Stifter, Oberamtsrichter Dr. Stallmann · Alte *Mühlen* · *Kreuz vom Pilgerpfad* am nordwestlichen Ortsausgang, jetzt im EWR-Gebäude eingemauert · Der »*Lange Stein*« an der

Ein kleiner Schwatz in der Abendsonne bei der uralten Effe von ▶
Wolfsheim, dem Ort unterhalb des Rheinsenders.

B 40 nahe Wörrstadt steht in der Saulheimer Gemarkung (s. S. 347) · Im Ortsteil Rommersheim: Ehemaliges *Rathaus* (um 1600; im 18. Jh. umgebaut, privat renoviert) neben der Kirche (sehr malerisch), Fachwerk auf Erdgeschoßhalle, Vorhalle der Freitreppe auf geschnitzten Pfosten, Dorfbrunnen · *Im Mittelrheinischen Landesmuseum Mainz*: Trinkhorn aus einem fränkischen Frauengrab von Rommersheim (s. S. 64).

Weinlagen: Kachelberg, Rheingrafenberg in der Großlage Adelberg. 161 ha (davon Ortsteil Rommersheim 55 ha).

Umgebung: Durch den Ulmengraben (Rundweg, 3 km) – zum Naturschutzgebiet Neuborn, weiter über Rommersheim zum Kachelberg (8 km).

Bilder: S. 179, 374, 375, 376.

WOLFSHEIM

Die Weinbaugemeinde Wolfsheim liegt an einem langgezogenen Südhang zwischen Wißberg und Napoleonshöhe. Sie ist durch den in ihrer Gemarkung stehenden Rheinsender des Südwestfunks bekannt.

Geschichte: Im Mittelalter gehörte der Ort zu den rheingräflichen Besitzungen des Nahegaues und ab 1579 zur Kurpfalz.

Sehenswert: Der »*Rheinsender*« des Südwestfunks auf der Höhe über Wolfsheim mit seinen 160 m hohen Sendemasten · Über 700 Jahre *alte Effe* neben der alten Wehrkirche (über 25 m hoch, Umfang 6,50 m, siehe auch zur Schimsheimer Effe S. 233) · *Im Museum Wiesbaden*: Beigaben aus einem germanischen Fürstengrab, die darauf schließen lassen, daß der Fürst mit den Hunnen engen Kontakt hatte (Bernsteinanhänger des Schwertes, rote Almandineinlagen der Schnallen und des Brustschmuckes, auf dessen Rückseite Gravur in Pahlevi-Schrift), evtl. Anführer einer ostgerma-

nischen Truppe in römischen Diensten (bekannt als »Goldfund von Wolfsheim«) · *Im Mittelrheinischen Landesmuseum Mainz*: Fränkische Glasbecher, 4. Jh., aus Sarkophag (»Wolfsheimer Nuppenglas«, s. S. 62) · Goldene Schnalle mit Almandineinlagen (Völkerwanderungszeit).
Weinlagen: Götzenborn, Osterberg, Sankt Kathrin in der Großlage Abtei. 91 ha.
Bild: S. 377.

WONSHEIM

Die Gemarkung der ländlichen Weinbaugemeinde – sie gehört zur »Rheinhessischen Schweiz« – umfaßt einen Lößrücken, der sich bis zur Beller Kirche erstreckt und früh besiedelt war. Hier wurde der Pfarrer und Heimatdichter Heinrich Bechtolsheimer geboren (1868–1950), in Hannover verstorben, auf dem Friedhof seiner Heimatgemeinde begraben. In seinen Romanen »Das Hungerjahr«. »Zwischen Rhein und Donnersberg«. »Rheinisches Land und rheinische Leute«. »Weizenähre, Rebenblatt und Tannenzapfen« schildert er trefflich, anschaulich und in auch volkskundlich bereichernder Weise Landschaft, Menschen und Gebräuche des südwestlichen Rheinhessen und des Appelbachtales, darunter auch manche »weinige« Charaktere und Geschehnisse. Er gilt als der eigentliche »Volksschriftsteller« Rheinhessens, einst viel gelesen.
Geschichte: Die Klöster Weißenburg und Fulda hatten im 8. Jh. in Wonsheim Besitz. Im 13. Jh. folgten die Raugrafen und die Grafen von Sponheim in der Herrschaft. Ab 1579 war der Ort dann im kurpfälzischen Territorium.
Sehenswert: Romanischer Chorturm (Wormser Schule) und *Krypta* (1868 wiederentdeckt) der früher abgebrochenen Kirche unter der Sakristei der ev. Lambertuskirche (das ursprüngliche Gotteshaus lag fast ebenerdig, der Hügel, auf dem die jetzige Kirche steht, wurde aufgeschüttet) · *Fachwerkhäuser* (18. Jh.) · Schmiedeeisernes *Wirtshausschild* im (früher, die Straße überragend, am) »Gasthaus zum Ochsen«.
Weinfest: Weinblütenfest am Himmelfahrtstag.
Weinlagen: Hölle, Sonnenberg in der Großlage Rheingrafenstein. 94 ha.
Umgebung: Hof Iben (3 km, über Betonweg) – über die Heerkretz nach Neu-Bamberg (5 km) – im Gemeindewald (Korwinkler Wald; 12 km).
Bild: S. 378.

WORMS mit den Stadtteilen Abenheim, Heppenheim, Herrnsheim, Hochheim, Horchheim, Leiselheim, Neuhausen, Pfeddersheim, Pfifflgheim, Weinsheim, Wiesoppenheim, Rheindürkheim, Ibersheim

Worms ist eine der ältesten Städte Deutschlands, sagenumwoben und reich an Zeugnissen seiner hervorragenden Stellung im Mittelalter, wo es Schauplatz prunkvoller Reichstage war. Im spätmittelalterlichen »Rosengartenlied« heißt es von ihr: »Ein Stat lît an dem Rîne – Die ist so wunnesam – Un ist geheizen Wormze – Die kennet manec man« (Eine Stadt liegt an dem Rheine, die Worms genannt – so wonnevoll ist keine und manchem Mann bekannt). Die ehrwürdige Nibelungen- und Lutherstadt liegt am vor Hochwasser geschützten Rheinufer, am Schnittpunkt wichtiger Fernstraßen, im fruchtbaren, einst vielgepriesenen »Wonnegau«, der sich bis zum Alzeyer Hügelland hin erstreckt, nach Mentalität seiner Bewohner und Mundart mit Pfälzer Elementen versetzt. Worms ist heute eine kontrastreiche, den Musen aufgeschlossene Handels- und Industriestadt in der Rhein-Neckar-Region: Kunststoff- und Holzverarbeitung, Chemie, Stahlguß und Maschinenbau sind im nördlichen und südlichen Teil der Stadt durch bekannte Firmen vertreten, begünstigt vom Rheinhafen, desgleichen eine Brauerei und eine Sektkellerei (Langenbach). Zahlreiche eingemeindete Vororte schließen sich jenseits der jüngeren Innenstadtviertel in Südwest und Nordwest an. Diese Stadtteile sind ganz unterschiedlicher Art: Vom Schifferort Rheindürkheim bis nach Horchheim, dem von Weinbergen umgebenen Straßendorf im Eisbachtal, dazwischen geschichtsstolze Orte (wie Herrnsheim und Pfeddersheim) ebenso wie ländliche Wohngemeinden. Manche erhielten zur Unterscheidung von gleichlautenden rheinhessischen Gemeinden andere Namen: So trägt

Wiesoppenheim seinen Ortsnamen seit 1706, und Heppenheim (das Ortswappen zeigt zwei sichelartig gebogene Rebmesser, »Heppen«, und ein Kleeblatt als Hinweis auf die Vorfrucht) hieß einst »Heppenheim an der Wiese« (zur Unterscheidung von Heppenheim bei Alzey und Heppenheim an der Bergstraße).

Neben alledem darf die Bedeutung von Worms als Weinstadt nicht vergessen werden. Schon am Königshof zu Worms schenkte man »den guoten vîn, den besten, den man kunde vinden umben Rîn« (Nibelungenlied). Gedichte der späten Rheinromantik haben immer wieder phantasievoll dargestellt, wie das Nibelungengold (der von Hagen in den Rhein versenkte Goldhort) im »Gold des Weines« wiederkehre. Im Jahre 766 überließ ein Bürger dem Kloster Lorsch einen Weinberg in Worms-Pfeddersheim. Augustiner, Dominikaner, Kapuziner, Karmeliter und Johanniter, deren Besitzungen sich bis weit in den Wonnegau erstreckten, ließen dem Weinbau verständnisvolle Pflege angedeihen. Noch im 16. Jh. hatte das 1443 von den Augustinern übernommene Zisterzienserkloster Kirschgarten Gefälle in den acht umliegenden Ortschaften. Kamen Fürsten und Gesandte zu den Reichstagen, erhielten sie von der Stadt ein Weingeschenk. Wer Worms sagt, denkt auch an die »Liebfraumilch«. Die historische und sprachkundliche Entwicklung dieser Weinbezeichnung eingehend aufzuzeigen ist hier nicht Raum, sie kann nur skizziert werden: Erstmals wurde die Bezeichnung im Jahre 1687 im Reisebericht eines Engländers erwähnt. »Liebfraumilch« habe auch Schiller 1782 bei einem Aufenthalt in Worms gerühmt. Ab Mitte des 18. Jh. findet sich die Angabe ständig in Akten der Stadt Worms, des Liebfrauenstiftes und amtlichen Protokollen über die Versteigerung geistlicher Güter durch die französische Verwaltung (1808), wo als Weinbergsareal aufgeführt sind »Liebfrauenstift« und »Liebfraumilchgut«. Die amtlichen Kataster von 1810 führen den Namen als Gewannbezeichnung über die ganze Breite des Weinbergsbesitzes um die Liebfrauenkirche an, der später »Liebfrauenstiftsgut« hieß, so daß (nach Illert) tatsächlich einmal ein – später verblaßter – Lagename dieser Art existiert hätte (eine andere Version führt die Bezeichnung auf eine Sage zurück, bei der es um eine Wette zwischen Ritter und Teufel geht). Im 19. Jh. wird »Liebfraumilch« in mancherlei Publikationen erwähnt. Bronner schreibt im Jahre 1834: ». . . man sagt, nur so weit der Thurm seinen Schatten werfe, wachse die eigentliche Liebfrauenmilch. Natürlich erleidet diese Behauptung unendliche Modifikation, indem viele Weingutsbesitzer sich in die Umgebung theilen, die alle besonderen Wert darauf legen, ebenfalls Liebfrauenmilch zu gewinnen, wenngleich die Qualität diesen Namen eigentlich nicht mehr oder doch nicht ganz verdient«. So wurde die Bezeichnung, da die Nachfrage den Bedarf nicht mehr befriedigen konnte, zu einer nicht mehr an die Weinberge um die Liebfrauenkirche, wenn auch noch an größeren Herkunftsraum und Beschaffenheitsanforderungen gebundenen Phantasiebezeichnung. Als solche war »Liebfraumilch« auch für Weine anderer (umstritten, welcher) Weinanbaugebiete zulässig. Das neue Weinrecht läßt die Angabe zu für Qualitätswein aus Weißweintrauben, wenn er ausschließlich von Nahe, Rheingau, Rheinhessen und Rheinpfalz stammt, der Most mindestens 60 Grad Öchsle hatte, der Wein von lieblicher Art, überwiegend aus Trauben der Rebsorten Riesling, Silvaner oder Müller-Thurgau hergestellt und von deren Geschmacksart bestimmt, aber nicht mit einer Rebsortenbezeichnung versehen ist. Wirtschaftliche Bedeutung hat »Liebfraumilch« vor allem im Export nach angloamerikanischen Ländern. Es sind Bestrebungen im Gange, ein eigenes »Liebfraumilch«-Anbaugebiet zu schaffen. »Liebfrauenmorgen« ist hingegen eine Großlagenbezeichnung für Weine aus dem Gebiet der Wormser Gemeinden. Die Rebfläche um die Liebfrauenkirche trägt heute die Einzellagenbezeichnung »Liebfrauenstift-Kirchenstück«. In Worms-Pfeddersheim entstand 1920, von Georg Scheu (s. S. 94) gegründete, eine »Rebzuchtanstalt«, die bis in die 30er Jahre erfolgreich tätig war (Selektionen, Versuchsprogramme, moderne Jungfelderziehung). Worms gehört heute zu den größten Weinbaugemeinden der Bundesrepublik.

Geschichte: Die keltische Hauptstadt Borbetomagus (= Feld in wasserreicher Landschaft, nach anderer Deutung = Heim oder Hain der Sonnengötting Borbet) wurde im 1. Jh. v. Chr. von den germanischen Vangionen erobert (Gau der Vangionen = »Wonnegau«, s. oben), erlangte nach römischer Besetzung (unter Kaiser Augustus) als Grenz- und Garnisonstadt (Reitertruppen) größere Bedeutung und entwickelte sich, als der Limes errichtet war, zu einer ansehnlichen Zivilniederlas-

Der Wormser Dom – eines der schönsten Werke ▶
romanischer Baukunst am Rhein – ist Ziel der Besucher
aus aller Welt

sung (»Civitas Vangionum«). Auf dem Domhügel, der höchsten Erhebung der Stadt, waren Forum, Markt- und Tempelbezirk. Seit dem 4. Jh. war die Stadt (bis 1801) Bischofssitz, die Marktbasilika war die erste Bischofskirche. Nachdem die Herrschaft der Römer zusammengebrochen war (Völkerwanderung; Vandalen und Alemannen – 4./5. Jh. –), machten die von den Römern hier angesiedelten, von der Insel Bornholm gekommenen Burgunder Worms zur Hauptstadt ihres Reiches (410), das im Jahre 437 von den Hunnen vernichtet wurde (Nibelungenlied); Reste des Volksstammes wurden 443 an die obere Rhône umgesiedelt. Nach dem Sieg über die Hunnen (Schlacht auf den Katalaunischen Feldern, 451) wurde Worms alemannisch. Gegen 500 übernahmen die Franken die Oberhoheit. In der nun »Wormatia« geheißenen Stadt entstand anstelle des früheren römischen Forums eine merowingische Königspfalz (um 600 regierte hier die Königin Brunichildis). Bis 791 war Worms bevorzugte Residenz der Karolinger und hernach Ort von über 100 großen Reichs- und Fürstentagen (s. unten). Karl der Große hielt sich hier häufig auf und feierte in der Königspfalz Hochzeiten und Weihnachtsfeste. Zahllos sind die folgenden bedeutsamen geschichtlichen Ereignisse: Eine erste Blütezeit erlebte Worms unter Bischof Burchard (1000–1025): Er gewann mit Hilfe Heinrich II. die volle Herrschaft über Stadt und Gau (1002), festigte das Bistum, sicherte die Stadt durch Vollendung der Stadtmauer, stellte die städtische Ordnung wieder her, schuf das älteste Stadtrecht, errichtete den Neubau des Domes und mehrere Kirchen (St. Johannis, St. Paul, St. Andreas). 1048 wurde Papst Leo IX. in Worms gewählt. 1074 gewährte König Heinrich IV. den Bürgern von Worms für ihre unverbrüchliche Treue zu ihm wichtige Zollfreiheiten. 1076 war hier die große Reichsversammlung Heinrichs IV. gegen Papst Gregor VII. Der Streit zwischen Kaiser und Papst wurde mit dem Wormser Konkordat (1122) beigelegt. Unter den salischen und hohenstaufischen Kaisern wurde Worms glänzender Mittelpunkt kaiserlicher Macht. 1147 predigte Bernhard von Clairvaux im Dom den Kreuzzug. 1157 feierte Barbarossa das Osterfest in der Stadt. 1184 übergab Kaiser Friedrich I. der Stadt den großen Freiheitsbrief. 1254 war Worms wesentlich an der Gründung des Rheinischen Städtebundes beteiligt. 1273 ritt Rudolf von Habsburg in Worms ein und erkannte die Reichsfreiheit der Stadt an (sie war damit eine der sieben Freien Städte des Reiches). Zwistigkeiten mit Kurmainz und Kurpfalz sowie zwischen Bischöfen und Bürgern brachten Konflikte. 1304 und 1308 wurde der heutige Stadtteil Pfeddersheim zur Stadt erhoben (1954 erneute Verleihung des Stadtrechts). Auf dem Reichstag von 1495 wurden »Ewiger Landfrieden« und Reichsreform verkündet. Auf dem Reichstag von 1521 verteidigte Martin Luther seine Schriften vor Kaiser Karl V. Worms wurde Geburtsstätte der Reformation. Am 23./24. Juni 1525 fand bei Pfeddersheim die Bauernschlacht statt (Vernichtung des Bauernheeres durch den pfälzischen Kurfürsten), mit schweren Folgen für die Stadt, die dem »Bockenheimer Bauernhaufen« ihre Tore geöffnet hatte. 1567 hatte die Kurpfalz in Rhein-Dürkheim (»Rheindürkheimer Fahrt« mit »Neue Hütte«) den »Holtzplatz« und das »Kranenrecht« (Rheinhafen des Oberamtes Alzey). 1659 lehnte die Stadt das Angebot des Kurfürsten Karl Ludwig von der Pfalz, Hauptstadt der Kurpfalz zu werden, ab, worauf Mannheim Residenz wurde. Mit dem Niedergang der kaiserlichen Macht verlor auch Worms an Bedeutung. Wie die meisten rheinhessischen Städte und Orte war sie nach den Verwüstungen des 30jährigen Krieges denen des Jahres 1689 unterworfen (von 50 Kirchen blieben zwei Vorstadtklöster). Napoleon enthob die Stadt schließlich ihrer Reichsunmittelbarkeit, sie wurde zum hessischen Landstädtchen, dem erst die industrielle Entwicklung des 19. Jh. wirtschaftlichen Aufschwung brachte. Im Februar/März 1945 wurden 64 % vor allem der Altstadt durch Luftangriffe zerstört. Bedeutende Persönlichkeiten, die in Worms beheimatet sind, waren u. a.: Der Meistersinger Hans Folz (geb. um 1450), Karl Theodor von Dalberg, Erzkanzler und Kurfürst in Mainz (1744–1817), Reichsfrhr. Wolfgang Heribert von Dalberg, Intendant des Nationaltheaters in Mannheim, Freund und Förderer Schillers (1750–1806), Cornelius Wilhelm Frhr. Heyl zu Herrnsheim, Förderer wissenschaftlicher Forschung (u. a. Stiftung Heylshof: s. unten; 1843–1923), Dr. Friedrich Maria Illert, Historiker der Stadt und des Wonnegaus (1892–1966).

Sehenswert: *Es gilt das zu Mainz (S. 312) Gesagte entsprechend, nämlich, daß vor allem die Fülle der historisch und kunstgeschichtlich interessanten Bauten einer detaillierten Einzelaufzählung*

*Die Dreifaltigkeitskirche am Markt der Lutherstadt Worms ▶
wird auch »Reformationsgedächtniskirche« genannt.
Blick vom Heylshof über Wasserspiele.*

entgegensteht und insoweit auf die für Worms zahlreich erschienenen, sachkundig bearbeiteten Einzelveröffentlichungen (erhältlich beim dortigen Verkehrsverein und in den Buchhandlungen) zu verweisen, hier aber nur eine gedrängte Übersicht möglich ist.

Dom (kath.) dreischiffige romanische Pfeilerbasilika, ein Werk der Stauferzeit, um 1140 im Osten begonnen und 1181 geweiht. Gotische Anbauten Ende 13./14. Jh. (Südportal, Nikolauskapelle u. a.). Nach Schäden Wiederherstellung bis Mitte 18. Jh. Auf altem römischem Tempelboden errichtet (s. oben), ist der Wormser Dom eines der schönsten Hauptwerke hoch- und spätromanischer Baukunst am Rhein (neben den Domen von Mainz und Speyer, durch kürzere Bauzeit einheitlicher als diese). Krypta mit Ahnen der Salierkaiser. Romanische Plastiken. Nikolauskapelle mit Relief der Drei Jungfrauen (15. Jh.) und spätgot. Taufstein. Ausstattung überwiegend 18. Jh. Hochaltar von Balthasar Neumann (1738) · *Dreifaltigkeitskirche* (Reformations-Gedächtniskirche) am Markt. Erster bedeutender protestantischer Kirchenbau, der in Worms (anstelle der 1689 zerstörten Münze) entstand. Barock (1709–1725), nach Zerstörung 1955–1959 wieder aufgebaut. 15 Bildfenster (Glaubensartikel), Steinmosaik (Luther auf dem Reichstag von 1521), Bronzetüren mit Plastiken. Glockenspiel · *Pauluskirche* (kath.) und Paulusstift (seit 1927 Dominikanerkloster), 1016 anstelle der abgebrochenen Herzogsburg der Salier erbaut, um 1200 Umbau, Langhaus vom 18. Jh. · Romanische Vorhalle und Chor, Rundtürme mit orientalischen Kuppeln, von heimkehrenden Kreuzfahrern angeregt (vgl. Einflüsse auf die Kirchen in Dittelsheim und Guntersblum, S. 290), Fresken des 13. Jh., Hochaltar (um 1750) mit Dalberg-Wappen, Kreuzgang · *Martinskirche* (kath.), eine dem Dom verwandte dreischiffige Basilika, 11./13. Jh., mit schönem Westportal. Von Otto dem Großen als kaiserliches Stift gegründet (angeblich über Kerker des hl. Martin) · *Magnuskirche* (ev.), karolingische Einraumkirche, nach 1242 (Stadtbrand) romanisch, später gotisch er-

Die »Sancta Justitia« krönt den Marktbrunnen vor dem Rathaus der Stadt Worms, im Volksmund »Gerechtigkeitsbrunnen« genannt.

weitert. Einzige noch vorhandene Pfarrkirche der mittelalterlichen Stadt, älteste ev. Kirche Südwestdeutschlands. Wiederaufbau 1712, 1953 · *Liebfrauenkirche* (kath.) im Liebfrauenstift, inmitten von Weinbergen (Weinlage Liebfrauenstift-Kirchenstück), große got. Stiftskirche des 14./15. Jh. Geschnitzte Gnadenbild-Madonna (14. Jh.), daher im Mittelalter Wallfahrtskirche. Schlußstein des Chorumganges mit Traubenmotiv (s. S. 89). Schutzmantelmadonna (um 1460) im angrenzenden »Klostergarten« des Weingutes Valckenberg · *Andreaskirche mit Andreastift* (11./12. Jh.), berühmter Kreuzgang (urspr. Westflügel – um 1200 – erhalten, Südflügel – 1612 –), heute Museum der Stadt Worms (s. unten). Im alten Stiftskeller großer Weinprobierkeller mit weinkulturellen Objekten (s. S. 74) · Teile der alten *Stadtbefestigung* aus dem 13. Jh.: Wachttürme (Torturm, Bürger-Turm) und Fischerpförtchen (auch »Lutherpförtchen«) mit Wehrgang, nördlich innere Mauer beim ehemal. Judenviertel, südlich innere Mauer beim Andreasstift · *Schloßgarten* beim Kunsthaus Heylshof (s. unten) mit barocken Gartenplastiken. Nach Bronzetafel am »Heyls Schlößchen« (volkstümliche Bezeichnung) war hier, im Dombereich, »der heilige Tempelbezirk der Römer, die Königsburg der Nibelungen, die Kaiserpfalz Karls des Großen, der Hof des Fürstbischofs von Worms, . . . mehr als hundert Reichstage fanden hier statt, hier stand vor Kaiser und Reich Martin Luther (es sei dies »eine der denkwürdigsten Stätten des Abendlandes«) · *Denkmäler*: Lutherdenkmal, Weltdenkmal der Reformation, mit 12 überlebensgroßen Standbildern der Vorläufer, Mitkämpfer und Förderer der Reformation, Reliefs und Wappen (1868); Siegfriedbrunnen am Markt (1913) vor den Kulturinstituten; Hagenstandbild am Rhein (1906); Denkmal für

Das klassizistische Herrnsheimer Schloß, inmitten eines ▶
englischen Parks gelegen, ist mit seinem
monumentalen Treppenbau und prächtigen Sälen einer
der repräsentativsten herrschaftlichen Bauten Rheinhessens.

den Wormser »Star« (Urtyp des Wormsers, 1968, Stiftung der Wormser »Narrhalla« als Erinnerung an ihren Präsidenten, den Mundartdichter Rudolf Heilgers (1868–1932), der zu den Klassikern dieses Genres zählt und besonders den Wonnegau bedichtete · *Nibelungen-Wandteppich* im oberen Foyer des Spiel- und Festhauses (1966) · *Jüdische Gedenkstätten* (Worms war eine der bedeutendsten Städte abendländischen Judentums; der Synagogenbezirk mit Ghetto – jetzt Judengasse – ist der geschlossenste Teil der alten Stadt): Ältester Judenfriedhof Europas (Grabmäler ab 1076); Synagoge (1034 bzw. 1174/75 wiederaufgebaut), durch das Wirken des Talmudkommentators Raschi (gest. 1105) wohl bedeutendste Westeuropas, und Frauenbad (Mikwe, 1185/86) · *Museum der Stadt Worms* im Andreasstift. Große Sammlung von Altertümern aller Epochen aus Stadtgebiet und Umgebung. Bedeutende Schausammlung mit Hinweisen auf die weltgeschichtlichen Verbindungen des Wormser Stadtschicksals (Museumsführer). Weinkulturelle Objekte: s. S. 72 ff. · *Stiftung Kunsthaus Heylshof* (gemeinnützige Stiftung des Frhr. C. W. Heyl). Große Kunstsammlung. Gemälde (holländ., franz. und deutsche Meister) und Plastiken des 15.–19. Jh. Glasmalereien, bedeutende Porzellan- und Glassammlung, Werke der Holzschnitzkunst (Museumsführer). Weinkulturelle Objekte: s. S. 75 f. · *Weinbrunnen* am Schnittpunkt der Fußgängerzone Kämmererstraße/Hardtgasse (G. Nonnenmacher; weinkulturelle Motive). *Im Hessischen Landesmuseum Darmstadt*: Bronzekopf eines jugendlichen Satyrs aus Worms, 3. Jh. (s. S. 82).

Im Stadtteil **Abenheim**: *Amtshof*, erbaut 1556 von Wolfgang von Dalberg anstelle des »Schlößchens« (einer kleinen Burg), das an der »Wormser Pforte« stand. Gewölbter, mittelalterl. Keller, angebautes Treppenhaus, reichverziertes Sandsteinportal, großzügige Hofanlage mit Zehntscheuer, Krüppelwalmdach · Weitere *Renaissance-Torbogen* in der Wonnegaustraße (Nähe Rathaus), von 1580 und 1583 · *Rathaus* von 1739/41, im Erdgeschoß Halle mit Portal und Rundfenstern · *Pfarrkirche* (kath.), 1724–29, Unterteil des Westturmes 15. Jh., über Triumphbogen Dalberg'sches Wappen · *Klausenbergkapelle* auf der Höhe, in Weinbergen. Alte Klause (Kloster?), 1286 erwähnt, im 15. Jh. zerfallen, Kirche 1572 in spätgot. Stil wiedererbaut · Davor *Kruzifix* von

Die Rheinbrücke zu Worms. Am Brückenturm vorbei geht der Blick zu den alles über-
ragenden Domtürmen.

1809 · Dem Weinheiligen St. Kilian geweihter moderner *Bildstock* anstelle eines früheren (s. S. 88) ·
Heimatmuseum im alten Schulhaus mit Rebmesser aus 2. Jh. · Reste des *Dorfgrabens* (Dorfbefe-
stigung) · Im Stadtteil **Heppenheim:** *Wehrturm*, mit Schießscharten (18. Jh.), der ev. Pfarrkirche ·
Wingertschützen-Häuschen (sog. »Trulli«), baulich verwandt mit den Steinkuppeln der Wormser

Auch die neugotische Heilig-Kreuz-Kirche ▶
                                                    zu Worms-Horchheim steht inmitten von Reben.

Pauluskirche (s. S. 383), armenische Vorbilder vermutlich (vgl. hierzu näher auf S. 89) · Im Stadtteil **Herrnsheim:** *Schloß und Schloßpark.* Um 1460 erbaute Philipp Kämmerer von Worms gen. Dalberg anstelle einer alten Anlage (evtl. Wasserburg) und als Abschluß der Dorfbefestigung eine Burg (Storchenturm und Schillerturm restlich vorhanden). 1714 (nach Zerstörung der Burg i. J. 1689) errichteten die Herren von Dalberg ein Schloß (1794 zerstört, Wirtschaftsgebäude und Kavaliersbauten von 1776 noch erhalten), 1810–1840 erbaute Emmerich Joseph von Dalberg das heutige Schloß im klassizistischen Stil mit großartigen Sälen und monumentalem Treppenbau, Park im englischen Stil. Seit 1883 im Besitz der Familie Frhr. v. Heyl zu Herrnsheim, 1958 in Besitz der Stadt Worms übergegangen. Empireausstattung erhalten (Tapeten im Pariser, Orientalischem und Pompejanischem Zimmer), übrige Ausstattung – außer großen Fürstenbildern im unteren Geschoß – durch Städt. Museum und Gemäldegalerie (Führer). Sehenswerter Park (1806, v. Skell) mit Teich und für heilkräftig erachtetem »Amorbrunnen« · Alte *Stadtbefestigung* (Mauertürme im Schloßpark: s. oben · *Peterskirche* (kath.), got., mehrfach umgestaltet, mit Dalbergkapelle. Grabmäler der Ritter und Herzöge von Dalberg u. a. (15.–18. Jh.), spätgotische Steinkanzel (1489) und Chorgestühl (1486) · Im Stadtteil **Hochheim:** *Bergkirche* (ev.), roman. Turm der Wormser Bauschule des 11. Jh., sehenswerte roman. Krypta (Anf. 11. Jh., Gewölbe auf 4 Säulen mit Würfelkapitellen) · Im Stadtteil **Horchheim:** *Muttergottes,* Anf. 15. Jh. (Typ der »schönen Madonnen«), in der neuen kath. Kirche, ebenso hl. Sebastian (um 1600) · Im Stadtteil **Ibersheim:** »*Schloß*«, zweite Hälfte 16. Jh., inmitten Wirtschaftsgebäuden · Im Stadtteil **Pfeddersheim:** Türme und Mauer der mittelalterlichen *Stadtbefestigung* · Barockportal und *Madonna* am kath. Pfarrhaus (1751) · *Meerweibchenstein* in der Leiselheimer Straße · *Heppenheimer Kreuz* (großes Steinkreuz außerhalb des Ortes, errichtet in Zusammenhang mit bedeutender Diskussion um das Täufertum – 1557 –, bisweilen auch mit Bauernkrieg in Verbindung gebracht) · *Höfe* des 17./18. Jh. · *Weinbrunnen* vor dem Rathaus (1979) · Im Stadtteil **Pfifligheim:** Mächtiger Stumpf des »*Lutherbaumes*« (1521; s. a. Schimsheimer Effe, S. 233) · Im Stadtteil **Rheindürkheim:** »*Das Schiff auf*

dem Trockenen« (ehemal. Rheinschule als Schifferheim) · Im Stadtteil **Weinheim**: *Steinkreuz* von 1582 an Abzweigung Riedweg von Hauptstraße, mit Wappen der Lerckel von Dirmstein · *Im Museum Worms*: Kugeliger Barbotine-Becher, 3. Jh. – s. S. 72 – und Vier-Götter-Stein.

Weinfeste: Backfischfest (größtes Volksfest am Rhein; Doppelsinn des Wortes »Backfisch«), mit »Wonnegauer Weinkeller«, vom letzten Wochenende im August bis erstes Wochenende im September. Im Stadtteil Herrnsheim: Weinfest im Schloßhof am zweiten Wochenende im August. Im Stadtteil Pfeddersheim: Weinbrunnenfest am letzten Wochenende im Mai. Im Stadtteil Rheindürkheim: Rheinperlenfest am letzten Wochenende im Juni.

Weinlagen: *Worms-Stadt*: Liebfrauenstift-Kirchenstück, St. Cyriakusstift, Remeyerhof in der Großlage Liebfrauenmorgen. 16 ha. *Worms-Abenheim*: Bildstock, Goldpfad, Kapellenstück, Klausenberg in der Großlage Liebfrauenmorgen. 305 ha. *Worms-Heppenheim*: Affenberg, Schneckenberg in der Großlage Liebfrauenmorgen. 122 ha. *Worms-Herrnsheim*: Lerchelsberg, Rheinberg, Römersteg, St. Annaberg in der Großlage Liebfrauenmorgen. 224 ha. *Worms-Hochheim*: Nonnenwingert in der Großlage Liebfrauenmorgen. 32 ha. *Worms-Horchheim*: Goldberg, Nonnenwingert in der Großlage Liebfrauenmorgen. 73 ha. *Worms-Leiselheim*: Nonnenwingert in der Großlage Liebfrauenmorgen. 55 ha. *Worms-Neuhausen*: Großlage Liebfrauenmorgen (einzellagenfrei, 1,5 ha). *Worms-Pfeddersheim*: Hochberg, Kreuzblick, Nonnenwingert, St. Georgenberg in der Großlage Liebfrauenmorgen. 134 ha. *Worms-Pfiffligheim*: Nonnenwingert in der Großlage Liebfrauenmorgen. 30 ha. *Worms-Weinsheim*: Burgweg in der Großlage Liebfrauenmorgen. 26 ha. *Worms-Wiesoppenheim*: Am Heiligen Häuschen in der Großlage Liebfrauenmorgen. 31 ha.

Umgebung: Stadtpark (»Wäldchen«) mit Tierpark und Waldlehrpfad; Naherholungsgebiet *Bürgerweide* (Grünlandschaft). Pfrimmpark (nach Pfiffligheim zu) – *Abenheim*: Durch die Weinberge über den Bildstock zum Klausenberg (Ausblick, 4 km) – *Heppenheim*: Eisbachtal-Wanderweg über Weinsheim, Wiesoppenheim vorbei am Gestüt Schertel an Gemarkungsgrenze Offstein (8 km) – durch Weinbergsgelände nach Dirmstein mit weitem Umblick (5 km) – *Herrnsheim*: Schloßpark (s. oben) – *Horchheim*: Zum Wormser und Heppenheimer Wäldchen, Herrnsheimer und Hochheimer Park (5 bis 8 km).

Bilder: S. 28/29, 43, 75, 77, 88, 143, 381, 383, 384, 385, 386, 387, 392.

ZORNHEIM

Der hochgelegene, von starken Höhenunterschieden geprägte Weinort entwickelt sich zunehmend zur Wohngemeinde, hat aber im Ortskern den Charakter eines landwirtschaftlich geprägten Ortes bewahrt.

Geschichte: Die Abtei St. Alban in Mainz besaß hier seit 1184 das Patronatsrecht. Lehnsherren waren die Grafen von Bolanden und nach ihnen die Herren von Hohenfels. 1329 übernahm das Reichklarakloster in Mainz Vogtei und Gerichtsbarkeit. 1579 wurde Zornheim kurmainzisch.

Sehenswert: Weinlehrpfad.

Weinfest: Lindenplatzfest am zweiten Wochenende im Juni.

Weinlagen: Dachgewann, Guldenmorgen, Mönchbäumchen, Pilgerweg, Vogelsang in der Großlage Gutes Domtal. 180 ha.

Bild: S. 389.

ZOTZENHEIM

Die kleine Landgemeinde wurde urkundlich erstmals als Zarezanheim erwähnt. Sie war um 1200 wildgräfliches Lehen im Besitz der Rheingrafen, später den Grafen von Sponheim gehörig und 1707 der Kurpfalz zugefallen.

Sehenswert: Ein an der Westseite der ev. Kirche eingemauerter *karolingischer Türsturz* mit geometrischen Figuren (von einem früheren Bau stammend; ähnlich an der Kirche in Engelstadt, s. dort).

Weinlagen: Johannisberg, Klostergarten in der Großlage Sankt Rochuskapelle. 69 ha.

388

Schon im Einzugsbereich von Mainz liegt Zornheim. ▶
Der Orstkern ist aber noch immer von rheinhessischer Bauweise bestimmt.

RHEINHESSEN
Das Gebiet

●   Landeshauptstadt

●   Größere Städte

●   Kleinere Städte und Orte, die Sitz
        einer Verbandsgemeinde-
        verwaltung sind
        (siehe die Übersicht im
        Anhang zum Ortsregister
        auf Seiten 404/405)
        Ortsteile: vgl. die Lagenkarte
        auf Seiten 418/419

●   Sonstige Orte

   Autobahnen

             Bundesstraßen

             Flüsse und
             Bäche

Weintouren in Rheinhessen

*Autofahrten, Wanderwege, Ausblicke**

Wie auch beim Vorwort zu den Ortstexten (S. 220) erwähnt, gibt es in Rheinhessen keine durch natürliche Abgrenzung in sich geschlossenen Landschaften, die man für spezielle Wein-Ausflüge benennen könnte. Ebensowenig existiert eine eigentliche »Weinstraße«, wie sie Baden, Pfalz, Rheingau oder Nahe kennen, wo die Rebflächen sich beiderseits einer nordöstlich oder ostwestlich verlaufenden Bundesstraße anschließen, von dieser durchschnitten werden.

Es gab zwar Ansätze, Weinstraßen auch hier zu kreieren: So wurde die Rheinstraße (B 9) – von Bingen über Mainz entlang der »Rheinfront« nach Worms führend – einst »*Liebfrauenstraße*« benannt, ein Name, der inzwischen aus vielen Gründen nicht mehr aktuell, und, genau genommen, in Vergessenheit geraten ist. Und das am 18. Dezember 1975 eröffnete Teilstück der von Euskirchen über Koblenz, Bingen, Alzey, Worms, Ludwigshafen und Speyer bis Hockenheim führenden, linksrheinischen Autobahn (BAB 61), das auf der Strecke Bingen–Worms Rheinhessen diagonal durchquert, proklamierten die angrenzenden Verbandsgemeinden und Städte als »*Rheinhessenwein-Linie*«, nachdem andere Namensvorschläge (wie »Rheinhessische Weintangente«) vorausgegangen waren. Auch diese Straße führt aber, wie die ehemalige »Liebfrauenstraße«, nur durch einen Teil des großen Weinlandes Rheinhessen, berührt Weinbergsgelände nur sporadisch, wenn sie auch die Abfahrt zu den Bundes- und Kreisstraßen ermöglicht, über die man in die Weinbaugemeinden gelangt, und reizvolle Ausblicke zum abseits gelegenen Rebland hin eröffnet. Ähnliches gilt für die BAB 63 (Mainz–Mauchenheim, von wo sie nach Kaiserslautern weiterführen wird). Wo immer man durchgehende »Weinstraßen« proklamiert, schließt man zwangsläufig einen großen Teil des Weinlandes aus, negiert ihn nahezu.

Auch die übrigen wichtigsten Verkehrswege alter und neuer Prägung sind nur Berührungslinien: Der alte bronzezeitliche Höhenweg, der quer durch die rheinhessische Provinz führt, das Rheinknie aussparend, etwa parallel der heutigen BAB 61, die »Hohe Straße« oder »Heerstraße«, deren Verkehrsbedeutung inzwischen gering wurde – oder die alte »Kaiserstraße« Napoleons, von Mainz nach Paris führend (heute B 40: s. S. 15), der BAB 63 fast parallel, oder auch die »Gaustraße«, die parallel zur Rheinstraße vom Gautor in Mainz über Mainz-Hechtsheim nach Süden bis zum früheren Gautor in Worms verläuft und verschiedene Querverbindungen hat (wie die Ost-West-Verbindung Oppenheim-Bad Kreuznach, die in Zeiten der Zugehörigkeit der Provinz Rheinhessen zu Hessen-Darmstadt wichtig war).

Doch dieser »Mangel« ist nur scheinbarer Art: In Rheinhessen ist das Weinland eben nicht nur ein Segment des Gebietes, *Weinland ist hier überall – das ist die einmalige Besonderheit.* Wo, wie in Rheinhessen, in jeder Gemeinde die Rebe wächst, da braucht es kein schmales »Weinstraßen-Gebiet«. So bleibt die Feststellung »pro domo«, daß »ganz Rheinhessen eine einzige Weinstraße« ist. Will man dieses Land daher recht erleben, bereisen, dann muß man es in Gestalt einer »*Weinspirale*« befahren, in weinfrohen Straßen-Mäandern, in beliebig variablen Touren, in Endlos-Reisen, von denen hier nur einige Touren, als Vorschläge und Beispiele skizziert, aufgezeigt seien. Auf besonders schöne Aussichtspunkte ist dabei aufmerksam gemacht, sie machen bewußt, daß das »unbekannte Rheinhessen« eine Rundreise wert ist ...

Die unten im einzelnen erläuterten Touren-Vorschläge (die ersten überhaupt für das Weinland Rheinhessen) sind vornehmlich für *Autoreisende* gedacht. Sie sind vom Verfasser selbst »erfahren«, aufgezeichnet und erläutert und sollen die stereotype Behauptung widerlegen, diese Region eigne sich nicht für Ausflüge. Diese Touren sind als in sich abgeschlossene, »Entdeckungen« er-

---

* *Vergleiche hierzu die Übersichtskarte auf Seiten 390/391.*

◀ *Frühling in Rheinhessen. Bei den Weinbergen um die Klausenkapelle in Abenheim, einem Stadtteil von Worms.*

möglichende gemütliche Fahrten (mit Rast und kleinen Wanderungen) gedacht, können aber auch zu Tagestouren kombiniert werden. Auch die hier angegebenen geographischen Räume sind nicht in sich abgeschlossen, ihre Grenzen fließend. Die Weinfahrten sind um Abstecher zu nahegelegenen Gemeinden beliebig zu erweitern und zu variieren und miteinander kombinierbar. Es ist Bedacht darauf genommen, möglichst Fahrten abseits von viel befahrenen Hauptstraßen vorzusehen, wenn auch Bundesstraßen-Überbrückungsstrecken nicht immer vermeidbar waren. *Ausgangspunkt* ist jeweils eine Stadt oder größere Gemeinde, dorthin führt die Route auch wieder zurück. Maßstab für Auswahl und Verlauf waren landschaftliche Schönheit, weniger die Bedeutung der einzelnen, nicht insgesamt erfaßbaren Orte. Was in den einzelnen Orten – an den Autorouten oder von diesen erreichbar – zu sehen und was über sie zu berichten ist, möge dem Ortslexikon entnommen werden. Auf besonders schöne Ausblicke außerhalb der Orte ist gesondert aufmerksam gemacht.

Die *Bundesautobahnen* (BAB 60, 61 und 63) sind als Anfahrtswege zu empfehlen, über sie sind die Ausgangspunkte rasch zu erreichen, Bundes-, Landes- und Kreisstraßen sind gut ausgebaut, das Verkehrsnetz ist in Rheinhessen sehr dicht, geruhsam zu befahrende Straßen sind trotzdem nicht selten.

Der nicht motorisierte »*Wein-Reisende*« (und das Gebot relativer Nüchternheit kann den Verzicht auf das Auto nahelegen) findet in Rheinhessen ein ebenso dichtes Netz von *Eisenbahn- und Buslinien* vor. Insoweit wird auf die Fahrpläne verwiesen. Busfahrten auf bestimmten Strecken arrangiert auch die Werbegemeinschaft Rheinhessenwein e.V. in 6500 Mainz, 117er Ehrenhof, Postfach 1340, Telefon (0 61 31) 67 61 62: Rheinfront und inneres Rheinhessen, ab Mainz, Mindestteilnehmerzahl 20 Personen, Dauer 4–8 Stunden, auch für englischsprechende Reisende (mit Führer), teilweise Mahlzeiten in Weinrestaurants einbegriffen, ebenso Besichtigung von Kellereien und Weinproben.

Der Rhein zwischen Bingen und Worms kann auch mit *Ausflugsdampfern* befahren werden (Köln-Düsseldorfer und zahlreiche kleinere Linien- und Sonderfahrten). Welche Orte Anlegestellen haben, ist im Ortslexikon vermerkt. Die am Rhein gelegenen Orte Rheinhessens lassen sich auch auf diese Weise besuchen. Reizvoll ist eine Fahrt, bei der aus den jeweils zu sehenden Weinbaugemeinden stammender Wein ausgeschenkt und erläutert wird.

Fähren über den Rhein gibt es bei Bingen (Auto- und Personenfähre nach Rüdesheim), Ingelheim (Auto-Personen-Fähre nach Mittelheim), Budenheim (Personenfähre nach Nieder-Walluf), Nierstein (Auto-Personen-Fähre zum Kornsand), Guntersblum (Personenfähre) und Eich/Gernsheim (Auto-Personen-Fähre).

Brücken über den Rhein sind in Mainz (Schiersteiner-, Theodor-Heuß- und Weisenauer Brücke) und Worms.

Der Rheinhöhenweg, rund 70 km lang, mit weißem R und Richtungspfeilen markiert, führt von Oppenheim (ab Bahnhof, zu Katharinenkirche und Landskrone) über Nierstein durch Weinberge nach Nackenheim, über die Mainzer Stadtteile Laubenheim und Weisenau und den Stadtpark zum Hauptbahnhof, von dort durch die Osteinunterführung, Gonsenheimer Hohl und Gonsenheim zur Rheingoldruhe bei Heidesheim (Domizil des Wander- und Lennebergvereins »Rheingold«, der den Weg schuf), über den Rabenkopf nach Wackernheim und Ingelheim, sodann über den Bismarckturm nach Gau-Algesheim, Appenheim und (Jakobsberg) Ockenheim, zuletzt über den Rochusberg bis zum Bahnhof Bingen (weiterer Verlauf von dort bis Boppard). An dieser aussichtsreichen Wanderstrecke gibt es zahlreiche Einkehrmöglichkeiten zu rustikaler Gastronomie oder einer guten Vesper, auch beim Wein.

Die *Umgebung der Weinorte* kann – gleich, ob man mit dem Auto oder per pedes unterwegs ist – gemächlich erwandert werden und bringt den Touristen dem Weinland und seinen Menschen näher. Geeignete Wanderwege sind jeweils am Ende der Ortstexte aufgezeigt.

In den Weinorten selbst kann während der Winzerfeste die ganze Skala rheinhessischer Kreszenzen geprobt werden. Im übrigen Jahr läßt sich der Rheinhessenwein in Weinstuben, Gutsausschänken, Straußwirtschaften und kommunalen wie privaten Weinprobierkellern und -stuben kosten (teilweise mit einer Winzervesper verbunden). *Mein gesonderter »Rheinhessischer Weinquellen-führer« gibt hierüber im einzelnen Auskunft.*

Touren-Vorschläge

Weinfahrt Nr. 1: Rhein-Nahe-Eck [»Binger Land«]
Bingen-Stadt → Bingen-Büdesheim → Bingen-Dietersheim → Gensingen → Zotzenheim → Sprend-lingen → Ober-Hilbersheim → Aspisheim → Bingen-Dromersheim → Ockenheim → Bingen-Gauls-heim → Bingen-Kempten → Bingen-Stadt.

Besonders schöne Ausblicke:
An der Route:
  Serpentine oberhalb Aspisheim. Schönster Blick in das »Binger Land«.
Abseits der Route:
  Goetheruhe auf dem Rochusberg bei Bingen, hinter Rochuskapelle: Rheintal- und Rheingau-blick von besonderem Reiz.
  Scharlachkopf auf dem Scharlachberg bei Bingen: Besonders schöner Nahetalblick. Kaiser-Friedrich-Aussichtsturm auf Scharlachberg bei Bingen: Rundumblick.
  Burg Klopp in Bingen: Blick ins »Binger Loch«, oft gerühmt, und nach Rüdesheim.
  Jakobsberg bei Ockenheim.
  Hinter Ortsausgang Aspisheim, Richtung Horrweiler: Sehr schöner Blick zum Nahetal.

Weinfahrt Nr. 2: Selztalgebiet
Ingelheim-Mitte (Nieder-Ingelheim) → Gau-Algesheim → Appenheim → Nieder-Hilbersheim → En-gelstadt → Jugenheim → Stadecken-Elsheim → Schwabenheim → Ingelheim–Groß-Winternheim → Ingelheim-Süd (Ober-Ingelheim) → Ingelheim-Mitte (Nieder-Ingelheim).

Besonders schöne Ausblicke:
An der Route:
  Selztalpartie zwischen Schwabenheim und Groß-Winternheim.
Abseits der Route:
  Waldeck bei Gau-Algesheim: Rheingaublick.
  Bismarckturm bei Ingelheim: Rheingaublick.
  Oberhalb Budenheim: Rheingaublick.
  Windhäuser Hof bei Elsheim: Weiter Rundumblick nach Mainz hin und in das Selztal.

Weinfahrt Nr. 3: Rheinfront
Mainz → Bodenheim → Nackenheim → Nierstein → Oppenheim → Guntersblum nun nicht mehr B 9, sondern L 439 nach → Alsheim → Mettenheim → Osthofen → Rhein-Dürkheim und zurück nach Mainz.

Besonders schöne Ausblicke:
An der Route:
  Überall Blick auf den Rhein
Abseits der Route:
  Höhe zwischen Dexheim und Oppenheim; von Dexheim kommend. Ein bezaubernder Blick auf Oppenheim, Dienheim, berühmte Weinlagen, Katharinenkirche und Landskrone, Rhein mit Auen, Ried.

Altan der Landskrone-Gaststätte in Oppenheim, Ruine Landskrone selbst. Ebenso: Niersteiner Warte.

»Krötenbrunnen« (gefaßte Quelle mit Ruhebank in den Dienheimer Weinbergen).

Weinfahrt Nr. 4: Wonnegau

Worms-Stadt → Worms-Herrnsheim → Worms-Abenheim → Westhofen → Monzernheim → Hochborn → Hangen-Weisheim → Eppelsheim → Flomborn → Ober-Flörsheim → Flörsheim-Dalsheim → Worms-Pfeddersheim, wahlweise auch über → Monsheim → Worms-Stadt.

Besonders schöne Ausblicke:
An der Route:
    Höhe vor »Dalsheimer Stich«, Parkplatz: Blick in den Wonnegau, nach Worms hin und zur Pfalz.

Weinfahrt Nr. 5: Hügelland I [»Im Herzen Rheinhessens«]

Wörrstadt über Kreisstraße 21, nicht B 40, nach → Saulheim → Partenheim → Rheinsender (Kreuzung) → Richtung Wörrstadt, dort hinter Ortseingangstafel rechts ab → Sulzheim → Wallertheim → Armsheim → Flonheim, dort bis Ortsmitte, Marktplatz, dann links ab nach → Bornheim → Lonsheim → Bermersheim, dort über B 40 nach → Ensheim → Wörrstadt-Rommersheim → Wörrstadt. Wahlweise auch Rheinsender → Wolfsheim → St. Johann → Sprendlingen → Gau-Bickelheim → Wallertheim, sodann wie oben.

Besonders schöne Ausblicke:
An der Route:
    Idyllische Straße mit Ausblick ins Selztal zwischen Saulheim und Partenheim.
    Vor Wallertheim Blick zum Wißberg mit Kreuzkapelle und Hofgut.
    Rondell bei Vendersheim (Naturdenkmal), links am Hang hinter Abzweigung: Alter Steintisch mit Metallplatte, auf der die zu sehenden Orte des Hügellandes und Wiesbachgebietes eingraviert sind.
    Rastplatz talwärts vor Ensheim an B 40: Blick nach Bornheim, Lonsheim und zum Donnersberg.
    Wasserhaus vor Ensheim: dsgl., aber auch Blick zum Kloppberg und Petersberg (Parkplatz bergwärts).
Abseits der Route:
    Oswaldhöhe bei Bornheim: Blick aus Weinbergen nach Ensheim und Armsheim, idyllisch.
    Lonsheimer Hemm: desgleichen.
    Hinter Friedhofskuppe bei Heimersheim, Richtung Lonsheim: Blick über »Rebenmeer« und Armsheim zum Wißberg und den Nahebergen.
    Donnersbergblick bei Flonheim: Blick zum Vorderpfälzer Bergwald, aus Niederwald heraustretend.
    Hofgut Wißberg: weiter Blick in das innere Rheinhessen.
    Rastplatz am »Sulzheimer Stich« bei Wörrstadt (B 420, kein Parkplatz): sehr schöner Blick zum Wißberg und über das Wiesbachtal.

Weinfahrt Nr. 6: Hügelland II [»Entlang der Gaustraße«]

Nieder-Olm → Zornheim → Wahlheimer Hof → Hahnheim → Selzen → Köngernheim → Friesenheim → Weinolsheim → Dolgesheim → Dittelsheim-Heßloch → Framersheim → Gau-Köngernheim → Gau-Odernheim → Gabsheim → Schornsheim → Udenheim → Nieder-Olm.

In einem verschwiegenen Tälchen ragt aus bäuerlichem Gehöft ▶
der Turm der einstigen Burgkapelle des Templerordens hervor.
Hof Iben bei Fürfeld.

Vom Rheinknie bei Mainz bis zu den Ausläufern des Donnersberg, der sich am Horizont abzeichnet, erstreckt sich das fruchtbare Rheinhessenland.

Besonders schöne Ausblicke:
An der Route:
   Anhöhe hinter Zornheim: Schöner Blick ins Selztal.
   Petersberg bei Gau-Odernheim: Blick in Wonnegau und Alzeyer Land.
   Kloppberg bei Dittelsheim: Blick in Wonnegau und zur Rheinebene bis zu Ried und Odenwald.
   Bergkirche bei Undenheim: Blick ins Hügelland.
Abseits der Route:
   Hinter Mommenheim in Richtung Selzen: Idyllisches Selztal.
   Hinter Ebersheim in Richtung Nieder-Olm: weiter Blick in das innere Rheinhessen.
   Höhe zwischen Marienborn und Klein-Winternheim, B 40: Blick in das Hügelland, besonders schön im Frühjahr (Baumblüte).

Weinfahrt Nr. 7: Vorholzgebiet und »Rheinhessische Schweiz«
Alzey → Alzey-Weinheim → Offenheim, Abstecher nach Oberwiesen und Kriegsfeld (beide Pfalz) empfehlenswert, → Bechenheim → Nieder-Wiesen → Wendelsheim → Wonsheim → Hof Iben → Fürfeld → Frei-Laubersheim → Neu-Bamberg → Wöllstein → Siefersheim → Wonsheim → Wendelsheim → Erbes-Büdesheim → Alzey.

Besonders schöne Ausblicke:
An der Route:
   Romantisches Wiesbachtal zwischen Wendelsheim und Nieder-Wiesen.
   Blick vom Tal bei Hof Iben nach Fürfeld hin.
Abseits der Route:
   Wartberg bei Alzey: Blick auf Alzey und in das Alzeyer Hügelland.

398

Ortsregister

Anhang zum Ortsregister:
Verbandsgemeinden und Städte
im Weinanbaugebiet Rheinhessen*

Verbandsgemeinden des Kreises Alzey-Worms

VG Alzey-Land

Albig 1300
Bechenheim 387
Bechtolsheim 1371
Bermersheim v. d. H. 253
Biebelnheim 540
Bornheim 495
Dintesheim 129
Eppelsheim 891
Erbes-Büdesheim 930
Esselborn 232
Flomborn 702
Flonheim 1967
Framersheim 1319
Freimersheim 446
Gau-Heppenheim 435
Gau-Odernheim 2383
Kettenheim 247
Lonsheim 405
Mauchenheim 808
Nack 543
Nieder-Wiesen 584
Ober-Flörsheim 892
Offenheim 441
Wahlheim 463

VG Eich

Alsheim 2443
Eich 2504
Gimbsheim 3227
Hamm 2045
Mettenheim 931

VG Monsheim

Flörsheim-Dalsheim 2323
Hohen-Sülzen 592
Mölsheim 678
Mörstadt 635
Monsheim 2362
Offstein 1455
Wachenheim 529

VG Westhofen

Bechtheim 1639
Bermersheim 238
Dittelsheim-Heßloch 1712
Frettenheim 136
Gundersheim 1436
Gundheim 813
Hangen-Weisheim 359
Hochborn 344
Monzernheim 486
Westhofen 2644

VG Wöllstein

Eckelsheim 442
Gau-Bickelheim 1491
Gumbsheim 224
Siefersheim 778
Stein-Bockenheim 541
Wendelsheim 931
Wöllstein 2597
Wonsheim 630

VG Wörrstadt

Armsheim 1344
Ensheim 401
Gabsheim 568
Gau-Weinheim 475
Partenheim 992
Saulheim 4953
Schornsheim 1275
Spiesheim 723
Sulzheim 649
Udenheim 867
Vendersheim 424
Wallertheim 1179
Wörrstadt 5820

Städte

Alzey 15 611
Osthofen 6197
Worms 73 486

* *Die (amtlichen) Zahlen geben die Wohnbevölkerung der Orte nach dem (bei Drucklegung neuesten) Stand vom 30. Juni 1981 wieder*

Verbandsgemeinden des Kreises Mainz-Bingen

VG Bodenheim

Bodenheim   5555
Gau-Bischofsheim   1479
Harxheim   1529
Lörzweiler   1721
Nackenheim   3453

VG Gau-Algesheim

Appenheim   1113
Bubenheim   480
Engelstadt   528
Nieder-Hilbersheim   436
Ober-Hilbersheim   732
Ockenheim   1927
Schwabenheim a.d.Selz 1699

VG Guntersblum

Dolgesheim   830
Dorn-Dürkheim   817
Eimsheim   457
Guntersblum   2992
Hillesheim   528
Ludwigshöhe   405
Uelversheim   817
Weinolsheim   512
Wintersheim   266

VG Heidesheim

Heidesheim   5719
Wackernheim   1849

VG Nieder-Olm

Essenheim   1829
Jugenheim   998
Klein-Winternheim   3043
Nieder-Olm   6262
Ober-Olm   3257
Sörgenloch   766
Stadecken-Elsheim   3038
Zornheim   3071

VG Nierstein-Oppenheim

Dalheim   862
Dexheim   947
Dienheim   1400
Friesenheim   420
Hahnheim   1237
Köngernheim   675
Mommenheim   1705
Nierstein   5926
Selzen   1156
Undenheim   1609

VG Sprendlingen-Gensingen

Aspisheim   761
Badenheim   408
Gensingen   2491
Grolsheim   844
Horrweiler   594
Sankt Johann   552
Sprendlingen   3374
Welgesheim   426
Wolfsheim   574
Zotzenheim   403

Verbandsgemeindefrei

Budenheim   7410

Städte

Bingen   23 375
Gau-Algesheim   5298
Ingelheim   19 724
Mainz   187 297
Oppenheim   4641

Verbandsgemeinde Bad Kreuznach

Biebelsheim   522
Frei-Laubersheim   1029
Fürfeld   1549

Hackenheim   1626
Neu-Bamberg   902
Pfaffen-Schwabenheim 902

Pleitersheim   171
Tiefenthal   89
Volxheim   839

Der »Lange Stein« an der Bundesstraße 40 bei Wörrstadt (Gemarkung Saulheim). Er soll heidnisches Kultmal, Grenzstein oder Ort eines Grafengerichts gewesen sein. Sagen umranken ihn.

Übersichten

Weinchronik

Nur wenige Jahrgänge bringen wirkliche »Jahrhundertweine« hervor, voreilige Prognosen erfüllen sich selten. Aber die Ausgewogenheit von Alkohol und Säure verspricht oft längeren Weingenuß als »Parade-Mostgewichte«. Selbst regenreiche Sommer können eine erfreuliche Fruchtigkeit des Weines bewirken. Das Jahr, in dem die Trauben sich entwickeln und heranreifen, prägt jedenfalls den Wein, wie er sich hernach im Glase darbietet. Neben Rebsorte und Bodenart ist er ein wesentlicher Faktor für die Weinart.

Zwar verlangt die Qualitätsprüfbehörde nicht, daß ein ihr vorgestellter Wein für den angegebenen Jahrgang typisch sein müsse; dies gilt nur bei Rebsorte und geographischer Herkunft. Dennoch ist der Jahrgang für Menge und Güte einer Weinernte bestimmend. Anders als in den meisten anderen Weinbauländern ist es darum auch kaum denkbar, daß das Etikett einer Flasche deutschen Weines keine Jahrgangsangabe trägt. Allerdings sind auch Verschnitte erlaubt: (nur) 85 % des Erzeugnisses müssen aus dem namengebenden Jahr stammen, eine zulässige Süßreserve wird dabei nicht eingerechnet.

Die nachfolgende kleine »Weinchronik« gibt eine kurze Übersicht über die rheinhessischen Weine der Jahrgänge 1971–1981, also über 10 Jahre Freud und Leid des Winzers: Der Jahrgang 1971 war nicht nur ein besonders gerühmter, sondern auch der erste, der amtlich geprüft und mit der Prüfungsnummer versehen wurde (Weingesetz von 1971). Der Jahrgang 1981 ist der letzte, der in Fässer und Flaschen gebracht wurde, bevor diese Zeilen geschrieben waren.

1971

Die Erntemenge lag unter dem Durchschnitt. Jedoch brachte ein außergewöhnlich günstiges »Weinklima« ungewöhnlich hohe Oechslegrade (Mostgewichte), so bei Silvaner 90–95°, Ruländer und Gewürztraminer bis 120°, vereinzelt sogar Mostgewichte bis 200°.

Der Anteil von Spät- und Auslesen, ebenso von Beeren- und Trockenbeerenauslesen war, durch Botrytisbefall bedingt, hoch (ca. 70 % Qualitätsweine mit Prädikat), die Säure bei frühen und späten Traubensorten verhältnismäßig gering. Außerordentlich gehaltvolle und vollmundige Weine. Der 1971er wurde als »Jahrhundertwein« gerühmt und »Sonnenkönig« getauft. Es war der erste Jahrgang, der die amtliche Prüfungsnummer trug.

1972

Guter Mengenertrag bei ausreichender Weinqualität. Die sehr späte Lese brachte überwiegend kernige, rassige und säurebetonte Qualitätsweine (Q.b.A.) mit ausgeprägtem Sortencharakter. Es war ein »Jahrgang der Qualitätsweine.«. Kabinettweine sowie Spätlesen und Auslesen gab es nur vereinzelt. Der 1972er war als »Zechwein« sehr begehrt.

1973

Rekordernte mit extremen Hektarerträgen bei mittlerer bis guter Qualität. Reintönige, ausdrucksvolle, harmonische Weine im Qualitäts-, aber auch im Prädikatsbereich, der Anteil der Kabinettweine war hingegen beachtlich. 1973 war ein »Eisweinjahr«, wobei die Eisweine Mostgewichte bis fast 300° Oechsle brachten.

1974

Ein Durchschnittsherbst in Menge und Güte. Die Erträge schwankten infolge starker Herbstregen in den einzelnen Weinanbaugebieten stark. Ausdrucksvolle Qualitätsweine (etwa 75 %) und unter den Prädikatsweinen hauptsächlich ansprechende, sehr sortentypische Kabinettweine.

1975

Normalernte bei hoher Fäulnis der Trauben. Extraktreicher Wein mit stark ausgeprägtem, typischen Jahrgangston (Botrytis), der bei der Kellerbehandlung große Schwierigkeiten bereitete. Ein

◀ *Mit dem Zuckerrefraktometer wird das Mostgewicht der Trauben*   409
und damit Reifezustand und -entwicklung geprüft. Hier im Weinberg,
später zur Kontrolle des angelieferten Lesegutes.

Repräsentative Weinproben – wie hier in der Stadthalle zu Alzey – sind die Höhepunkte der Wein- und Winzerfeste, gesellschaftliches Ereignis und Spiegel der Qualität vieler Weinjahrgänge.

Jahrgang harmonischer Kabinettweine. Etwa die Hälfte der Ernte ergab ausdrucksvolle Prädikatsweine, ihr Anteil lag unter dem Durchschnitt.

1976
Ein hervorragendes, außergewöhnliches Weinjahr in Ertrag und Qualität, sehr hohe Mostgewichte. Frühe Blüte und ein idealer Witterungsverlauf brachten fast nur erlesene Prädikatsweine von großer Fülle, Reife und Eleganz, fruchtiger Säure und fast einmaligem Bukett. Ein echter »Botrytisjahrgang«, dem berühmten 1921er vergleichbar, dessen Güte bis dahin kein anderer Jahrgang erreicht hatte.

1977
Zweitgrößte Erntemenge der dargestellten 10 Jahre, besonders hohe Erträge beim Silvaner. Durchschnittliche Qualität (meist Qualitäts- und Kabinettweine) mit anregenden, sortentypischen Weinen. Frische, kernige Säure und ein Jahrgangston sind charakteristisch. Ein Konsumwein-Jahrgang mit »Kneipweinen«, auch als Sektgrundwein geeignet.

1978
Ein langer, trockener und sehr warmer Herbst ermöglichte eine außergewöhnlich späte Lese und brachte nach später Rebblüte und verregnetem, kühlen Sommer einen unerwarteten Reifenachschub. Durch unterschiedliche Erntemengen war es jedoch ein »neidischer Herbst«. Insgesamt ein

durchschnittlicher Jahrgang in Menge und Güte. Meistens Qualitätsweine »für den täglichen Durst«, säurereich und frisch. Ein »Überraschungs-Jahrgang«, trotz allem besser als sein Ruf.

1979

Infolge Frostschäden – vor allem bei Neuzüchtungen – meistens geringe Erträge, außer bei Riesling, Kerner und Ortega. Die Qualität war in der Regel überdurchschnittlich, weil ein »goldener Oktober« die Trauben noch zur Reife brachte. Ein »Riesling-Jahrgang« wie auch ein »Jahrgang der Kabinettweine« mit großen Schwankungen in der Erntemenge.

1980

Durch Rieselschäden (vor allem bei Neuzüchtungen) geringer Ertrag (höchstens 30 % der Normalernte), bei blüteempfindlichen Traubensorten (wie Gewürztraminer, Siegerrebe) sogar Totalausfall. Meistens Qualitätsweine und Kabinettweine von frischer und fruchtiger Art, bukettbetont, mittlerer Qualität. Spät- und Auslesen waren selten. Der Müller-Thurgau enttäuschte erstmals im Ertrag. Ein »Riesling- und Silvaner-Jahr«.

1981

Etwa 60 % einer normalen Ernte. Die nach gutem Blüteverlauf und rascher Traubenreife im Frühherbst hohen Erwartungen erfüllten sich nicht. Nach regenreichem und mühevollem Herbst wurden (außer bei frühen Sorten) Weine mittlerer Güte gewonnen, vor allem Qualitäts- und Kabinettweine. Sie sind kräftig, extraktreich und harmonisch, geprägt von reifer Säure. Ein Wein für (oder: gegen) den »Dorscht« (zu selbigem siehe Seite 175).

Internationale Begegnung bei einer festlichen Weinprobe rheinhessischer Genossenschaftswinzer im Kurfürstlichen Schloß zu Mainz.

Wein- und Winzerfeste

Dieser »Kalender der Wein- und Winzerfeste«, inzwischen anderweitig nachgedruckt, wurde erstmals und speziell für dieses Buch erstellt. Die Übersicht nennt diejenigen Feste in Rheinhessen, bei denen der Wein nach Benennung oder Brauchtum Mittelpunkt des Geschehens ist und die sich durch Bedeutung oder Originalität hervorheben. Nicht aufgenommen sind Kirchweihfeste (»Kerb«) und Märkte (in größeren Weinbaugemeinden mit Weinproben und Weinkostständen verbunden) sowie sonstige lokale Veranstaltungen aus anderem Anlaß. Die meisten Termine sind für alle Jahre verbindlich, bei einigen können sich geringfügige Verschiebungen ergeben, die durch Presse und Plakate ersichtlich gemacht werden. Auch die Verbandsgemeinden veranstalten teilweise jährlich Weinfeste, und zwar abwechselnd in den einzelnen Ortsgemeinden.

An größeren Orten sind bei den Wein- und Winzerfesten Weinzelte aufgestellt, in denen meistens zwei Ausschankweine unterschiedlicher Geschmacksrichtungen (»herb« und »mild«) sowie Flaschenweine angeboten werden, im übrigen außerdem Weinkosthallen, die einen Querschnitt der Weine aus der näheren Umgebung bieten. An kleineren Orten finden sich Weinkostände. An Kosthallen und -ständen wird der Wein im 0,1-l-Glas (»Piffche«) ausgeschenkt. »Weck und Worscht«, gelegentlich auch Käsebrötchen, sind gesondert erhältlich. Gelegentlich finden repräsentative Weinproben (mit Weinprobenliste und Besprechung der einzelnen Weine) an den Festtagen statt. Folkloristische Darbietungen verschiedenster, weinbezogener Art sind traditionell und den jeweiligen Festprogrammen zu entnehmen.

Zeit	Ort	Fest
Januar		
Erster Sonntag	Gimbsheim	Weinbrunnenfest
April		
Zweites Wochenende	Volxheim	Weinfest
Mai		
Letztes Wochenende	Gau-Odernheim	St. Urbansfest
	Worms-Pfeddersheim	Weinbrunnenfest
Christi Himmelfahrt	Hangen-Weisheim	Weinfest im Wald
Pfingsten	Oppenheim	Wäldcheskerb
Juni		
Erstes Wochenende	Bodenheim	St.-Albans-Fest
	Gimbsheim	Weinbrunnenfest
Zweites Wochenende	Alsheim	Rheinblickfest
	Wachenheim	Winzergassenfest
	Zornheim	Lindenplatzfest
Wochenende nach Johannistag	Alzey	Johannisnacht in der Schloßgasse
Vorletztes Wochenende	Selzen	Weinfest »Tanz auf der Kaiserstraße«
	Westhofen	Traubenblütenfest
Letztes Wochenende	Flörsheim-Dalsheim (Ortsteil Dalsheim)	Weinfest am Römer
	Mainz	Johannisnacht
	Sankt Johann	Weinmarkt
	Worms-Rheindürkheim	Rheinperlenfest

◄ *»Weck, Worscht und Woi« sind die irdische Trinität rheinhessischer Vesper, vor allem in Mainzer Weinstuben. Beim Mainzer Rosenmontagszug sind sie jährlich zu sehen. Hier ein bekannter Büttenredner bei der Gemeinschaftssitzung »Mainz, wie es singt und lacht« als »Symbolträger«.*

Zeit	Ort	Fest
Juli		
Erstes Wochenende	Dittelsheim-Heßloch	Kellerfest am Kloppberg
	Gimbsheim	Weinbrunnenfest
	Mörstadt	Weinfest
Zweites Wochenende	Mainz-Ebersheim	Weinfest
	Wachenheim	Winzergassenfest
Drittes Wochenende	Ensheim	Brunnenfest
Letztes Wochenende (oder erstes Wochenende im August)	Nackenheim	Weinfest am Fröhlichen Weinberg
August		
Erstes Wochenende	Nackenheim	Weinfest am Fröhlichen Weinberg (oder letztes Wochenende im Juli)
	Nierstein	Winzerfest
Zweites Wochenende	Bubenheim	Bacchusfest
	Oppenheim	Weintage
	Worms-Herrnsheim	Weinfest im Schloßhof
Vorletztes Wochenende, Nachlese am letzten Wochenende	Guntersblum	Kellerwegfest
Drittes bis letztes Wochenende	Bingen	St.-Rochus-Fest
Letztes Wochenende bis erstes Wochenende im September	Worms	Backfischfest (mit Wonnegauer Weinkeller)
Letztes Wochenende, erstes Wochenende im September	Mainz	Weinmarkt
Letztes Wochenende	Appenheim	Rathausfest
September		
Erstes Wochenende	Mainz	Weinmarkt (Beginn siehe August)
	Worms	Backfischfest (Beginn siehe August)
Erstes bis zweites Wochenende	Bingen	Winzerfest
Zweites Wochenende	Bechtheim	Winzerfest am Pilgerpfad
	Saulheim	Weinkerb
Drittes Wochenende	Alzey	Winzerfest (mit Weinkosthalle)
	Schwabenheim a.d. Selz	Weinmarkt
	Wallertheim	Weinkerb
Viertes Wochenende	Horrweiler	Kelterfest
Letztes Wochenende bis erstes Wochenende im Oktober	Ingelheim	Rotweinfest
Letztes Wochenende	Osthofen	Wonnegauer Winzerfest

Zeit	Ort	Fest
Oktober		
Erstes Wochenende	Ingelheim	Rotweinfest (Beginn siehe September)
Zweites Wochenende	Gau-Algesheim	Fest des jungen Weines
Letztes Wochenende	Appenheim	Winzerfest

Die richtigen Weine für Weinmärkte und Weinfeste auszuwählen ist nicht einfach. Alle Geschmacksrichtungen sollen berücksichtigt werden. Erprobte Experten bei der »Vorentscheidung« für den Mainzer Weinmarkt.

Immer mehr werden Weinlehrpfade in Rheinhessen angelegt (hier: in Mainz-Lauben-heim). Seminarteilnehmer bereichern ihr Wissen.

416

Weinseminare

»Weingenuß wird durch Weinwissen erlebnisreicher.« Dies könnte das Motto aller »Schulen des Weines« sein, die auf privater Grundlage, halbamtlich oder oft – vom Deutschen Weininstitut gefördert – in offiziellen Kursen der Städte, Verkehrsvereine oder Volkshochschulen Weinkenntnis für Anfänger wie für Fortgeschrittene vermitteln. Wie auch sonst im Leben kann kein Weinfreund jemals von sich sagen, er habe nichts mehr hinzuzulernen. Die Fähigkeit, Wein zu beurteilen, läßt sich immer noch vermehren. Außerdem sind es neue Rebsorten, neue kellertechnische Verfahren und Erkenntnisse, neue Möglichkeiten, die Herkunft und Beschaffenheit eines Weines zu erkennen, die auch der Weinkenner noch erfahren kann.

Über die unten genannten Weinseminare hinaus vermittelt natürlich jeder Winzer seinen Kunden gern ebenso das »Abc der Weinkunde« wie auch das »höhere Latein«. Auch bei vielen Weinproben, die das Jahr über (vor allem bei Winzerfesten (S. 413) und anderen örtlichen Veranstaltungen) abgehalten werden, läßt sich Weinwissen erwerben oder vorhandenes bereichern. Desgleichen fördern die weinkulturellen Vereinigungen (S. 181) das – vorausgesetzte – Grundwissen ihrer Mitglieder.

Alzey
Weinseminar der Volkshochschule Alzey.
2–3 Abende je Semester.
Im Anwesen der Landwirtschaftskammer und in der Landesanstalt für Rebenzüchtung.
Weinfachliche Referate und Lehrweinproben.
Anmeldung: Volkshochschule Alzey, Rodensteiner Straße 47, 6508 Alzey, Telefon 0 67 31/ 61 20.

Ingelheim
Weinkolleg des Weiterbildungszentrums Ingelheim.
8 Vorlesungstage je Semester, jeweils freitags.
Weinkundliche Vorträge, Lehrweinproben, Dia- und Film-Vorführungen.
Anmeldung: Weiterbildungszentrum Ingelheim, Fridtjof-Nansen-Haus, 6507 Ingelheim, Telefon 0 61 32/24 95 und 42 00.

Oppenheim
Weinseminar der Stadt Oppenheim in Verbindung mit der Landes-Lehr- und Versuchsanstalt für Wein- und Gartenbau.
Ende September, Freitag bis Sonntag (3 Tage).
Für 20–30 Personen.
Weinfachliche Vorträge, Besichtigungen (Weingut, Versuchsanlage), Lehrweinprobe.
Grundkenntnisse werden vorausgesetzt.
Anmeldung: Stadtverwaltung und Verkehrsverein Oppenheim, Merianstraße 2, Postfach 61, 6504 Oppenheim, Telefon 0 61 33/24 44.

RHEINHESSEN
Großlagen und Bereiche

Bereiche

Bereich
Bingen

Bereich
Nierstein

Bereich
Wonnegau

Großlagen

Die weiß abgegrenzten Großlagen-Gebiete
sind namentlich gekennzeichnet

Einzellagen

In der Karte nicht enthalten.
Vergleiche die Übersicht auf Seiten 421–432.

Weinbauorte

Stadt- und Ortsteile sind aufgeführt, soweit
dort Wein angebaut und mit diesen Namen
bezeichnet wird.

Zur Ortsgröße vgl. die Gebietskarte
auf Seiten 390/391

Budenheim
Mombach
Uhlerborn
Mainz
Heidenfahrt
Gonsenheim
Main
Frei-Weinheim
Heidesheim
Finthen
Bretzenheim
Weisenau
Sporkenheim
Ingelheim
Wackernheim
Drais
Hechtsheim
au-Algesheim
KAISERPFALZ
Marienborn
Laubenheim
Groß-Winternheim
Lerchenberg
m
Ober-Olm
Klein-Winternheim
SANKT ALBAN
Appenheim
Schwabenheim
a. d. Selz
Essenheim
Bodenheim
im
Bubenheim
Stadecken-
Elsheim
Ebersheim
Nackenheim
Nieder-
Hilbersheim
Gau-
Bischofsheim
**SPIEGEL-
BERG**
eim
Nieder-Olm
Ober-
Hilbersheim
Engelstadt
DOMHERR
Harxheim
Jugenheim
Lörzweiler
ABTEI
Partenheim
REHBACH
Zornheim
Sörgenloch
Wolfsheim
Mommenheim
Nierstein
St. Johann
Vendersheim
Saulheim
GUTES DOMTAL
endlingen
Udenheim
Selzen
AUFLANGEN
Schwabsburg
Gau-
Weinheim
Hahnheim
Gau-
Bickelheim
Sulzheim
Schornsheim
Köngernheim
Oppenheim
Wörrstadt
Dexheim
Dienheim
RFÜRSTEN-
ÜCK
Wallertheim
Rommersheim
Undenheim
Friesenheim
GÜLDENMORGEN
sheim
Schimsheim
Spiesheim
Gabsheim
Dalheim
Armsheim
Ensheim
Weinolsheim
Ludwigshöhe
eim
Bechtolsheim
Uelversheim
**VÖGELS-
GÄRTEN**
Flonheim
Bornheim
Biebelnheim
Eimsheim
Guntersblum
Uffhofen
Bermersheim
v. d. H.
PETERSBERG
Dolgesheim
KRÖTENBRUNNEN
Lonsheim
Gau-
Odernheim
Hangen-
Wahlheim
im
Albig
Wintersheim
Gimbsheim
Gau-Köngernheim
Hilleshesheim
Erbes-
Büdesheim
Heimersheim
Dorn-Dürkheim
Alsheim
Nack
Schafhausen
RHEINBLICK
Framersheim
Frettenheim
Alzey
Mettenheim
Eich
Weinheim
Dittelsheim-
Heßloch
echenheim
Gau-Heppenheim
PILGERPFAD
**GOTTES-
HILFE**
Offenheim
SYBILLENSTEIN
Dautenheim
Kettenheim
Hochborn
Monzernheim
Bechtheim
auchenheim
Wahlheim
Ibersheim
Hamm
Freimersheim
Esselborn
Osthofen
im
Dintesheim
Eppelsheim
Hangen-
Weisheim
Rhein
Rheindürk-
heim
BERGKLOSTER
Westhofen
Flomborn
Gundersheim
Ober-
Flörsheim
Bermersheim
Abenheim
Gundheim
Flörsheim-
Dalsheim
Mörstadt
Herrnsheim
BURG RODENSTEIN
LIEBFRAUENMORGEN
Mölsheim
Pfeddersheim
Leiselheim
Pfiffligheim
Hochheim
Wachenheim
DOMBLICK
Worms
Hohen-
Sülzen
Heppenheim
Horchheim
Offstein
Wies-
oppenheim
Weinsheim

Weinlagen und Bereiche*

Zur Angabe der Herkunft des Weines sind nur bestimmte geographische Bezeichnungen zulässig, nämlich (§ 10 Absatz 1 des Weingesetzes): In die Weinbergsrolle eingetragene Namen von Lagen und Bereichen, Namen von Gemeinden und Ortsteilen, Namen von bestimmten Anbaugebieten, Weinbaugebieten und Untergebieten und das Wort »deutsch«. (Für Tafelwein dürfen allerdings Namen von bestimmten Anbaugebieten und Lagen nicht gebraucht werden, sie sind dem Qualitätswein vorbehalten.)

Der Name des sog. »bestimmten Anbaugebietes« ist Rheinhessen. Die Weinbaugemeinden sind aus dem Ortsregister auf S. 404/405 ersichtlich (von diesen haben nur Hamm und Hochborn keinen Weinbau), die Namen der Lagen und Bereiche sind hier aufgeführt. Dabei ist zum Begriff »Großlage« zu bemerken, daß es sich dabei um die genehmigte Zusammenfassung solcher Einzellagen handelt, »aus deren Erträgen gleichwertige Weine gleichartiger Geschmacksrichtung hergestellt zu werden pflegen und die in einer Gemeinde oder in mehreren Gemeinden (Rheinhessens) belegen sind« (so die gesetzliche Begriffsbestimmung). Der Name einer dieser Gemeinden (oder des Stadt- oder Ortsteiles) muß dem Lagenamen vorangestellt werden. Eine Lagebezeichnung ohne Gemeindenamen ist nicht erlaubt.

Ob es sich um eine Einzellage handelt oder um eine Großlage, läßt sich nur anhand des unten abgedruckten Verzeichnisses ersehen, das Wort »Großlage« muß auf Etikett und Preisliste nicht vorangestellt werden. Anders ist es beim Bereich: Dies ist die übergeordnete Zusammenfassung mehrerer Lagen, sozusagen der Übergang von der Lage zum Weinanbaugebiet. Dem Namen des Bereichs (Bingen, Nierstein, Wonnegau) muß das Wort »Bereich« vorangestellt werden. Auch deshalb sind Weine, die Bereichsangaben tragen, praktisch selten. Meistens werden sie unter Großlagebezeichnungen gehandelt und angeboten.

Die Reihenfolge der Bereiche und – innerhalb dieser – der Großlagen und der Gemeinden (= jeweils linke Spalte der Seite) ist alphabetisch, weil die Namen so besser auffindbar sind.

Bereich Bingen
Großlage: Abtei

Weinbauorte:	Einzellagen:	
Appenheim	Daubhaus	Eselspfad
	Drosselborn	Hundertgulden
Gau-Algesheim	Goldberg	St. Laurenzikapelle
	Johannisberg	Steinert
	Rothenberg	
Nieder-Hilbersheim	Honigberg	Steinacker
	Mönchspforte	
Ober-Hilbersheim	Mönchspforte	
Partenheim	St. Georgen	Steinberg
St. Johann	Geyersberg	Steinberg
	Klostergarten	
Sprendlingen	Hölle	Sonnenberg
	Honigberg	Wißberg
	Klostergarten	

Vergleiche hierzu die Übersichtskarte auf Seiten 418/419.

◄ *Auch moderne Künstler haben sich immer wieder des Themas »Wein und Winzer« angenommen. Plastik am Eingang zum Betriebsgelände der Firma Eckes in Nieder-Olm.*

Wolfsheim	Götzenborn	St. Kathrin
	Osterberg	

Großlage: Adelberg

Weinbauorte:	Einzellagen:	
Armsheim	Geiersberg	Leckerberg
	Goldstückchen	
Bermersheim v. d. H.	Hildegardisberg	Klostergarten
Bornheim	Hähnchen	Kirchenstück
	Hütte-Terrassen	Schönberg
Ensheim	Kachelberg	
Erbes-Büdesheim	Geisterberg	Vogelsang
Flonheim	Bingerberg	Pfaffenberg
	Geisterberg	Rotenpfad
	La Roche	
Flonheim, Ortsteil Uffhofen	Klostergarten	
Lonsheim	Mandelberg	Schönberg
Nack	Ahrenberg	
Nieder-Wiesen	Wingertsberg	
Sulzheim	Greifenberg	Schildberg
	Honigberg	
Wendelsheim	Heiligenpfad	Steigerberg
Wörrstadt	Kachelberg	Rheingrafenberg

Großlage: Kaiserpfalz

Weinbauorte:	Einzellagen:	
Bubenheim	Honigberg	Kallenberg
Engelstadt	Adelpfad	Römerberg
Heidesheim	Geißberg	Steinacker
	Höllenberg	
Ingelheim	Burgberg	Rheinhöhe
	Höllenweg	Rotes Kreuz
	Horn	Sonnenberg
	Kirchenstück	Sonnenhang
	Lottenstück	Schloß Westerhaus
	Pares	Steinacker
	Rabenkopf	Täuscherspfad
Ingelheim, Stadtteil	Bockstein	Klosterbruder

Die Ernte eines Jahres auf dem Fließband der Abfüllanlage ▶
für Wein in neuzeitlichen Betrieben,
hier in der Bezirkswinzergenossenschaft Westhofen.

Groß-Winternheim	Heiligenhäuschen	Schloßberg
Jugenheim	Goldberg	Heiligenhäuschen
	Hasensprung	St. Georgenberg
Schwabenheim a.d.Selz	Klostergarten	Schloßberg
	Sonnenberg	
Wackernheim	Rabenkopf	Steinberg
	Schwalben	

Großlage: Kurfürstenstück

Weinbauorte:	*Einzellagen:*	
Gau-Bickelheim	Bockshaut	Saukopf
	Kapelle	
Gau-Weinheim	Geyersberg	Wißberg
	Kaisergarten	
Gumbsheim	Schloßhölle	
Vendersheim	Goldberg	Sonnenberg
Wallertheim	Heil	Vogelsang

Großlage: Rheingrafenstein

Weinbauorte:	*Einzellagen:*	
Eckelsheim	Eselstreiber	Sonnenköpfchen
	Kirchberg	
Frei-Laubersheim	Fels	Reichskeller
	Kirchberg	Rheingrafenberg
Fürfeld	Eichelberg	Steige
	Kapellenberg	
Hackenheim	Galgenberg	Klostergarten
	Gewürzgarten	Sonnenberg
	Kirchberg	
Neu-Bamberg	Eichelberg	Kirschwingert
	Heerkretz	Kletterberg
Pleitersheim	Sternberg	
Siefersheim	Goldenes Horn	Höllberg
	Heerkretz	Martinsberg
Stein-Bockenheim	Sonnenberg	
Tiefenthal	Graukatz	
Volxheim	Alte Römerstraße	Mönchberg
	Liebfrau	
Wöllstein	Äffchen	Hölle
	Haarberg-Katzensteg	Ölberg
Wonsheim	Hölle	Sonnenberg

Großlage: Sankt Rochuskapelle

Weinbauorte:	*Einzellagen:*	
Aspisheim	Johannisberg	Sonnenberg
Badenheim	Galgenberg	Römerberg
Biebelsheim	Honigberg	Kieselberg
Bingen	Osterberg	Scharlachberg
	Rosengarten	Schwarzenberg
Bingen, Stadtteil Büdesheim	Bubenstück	Schloßberg-Schwätzerchen
Bingen, Stadtteil Dietersheim	Schelmenstreich	
Bingen, Stadtteil Dromersheim	Honigberg	Mainzerweg
	Klosterweg	
Bingen, Stadtteil Kempten	Kapellenberg	Pfarrgarten
	Kirchberg	Schloßberg-Schwätzerchen

Bingen, Stadtteil Gaulsheim	Pfarrgarten	
Bingen, Stadtteil Sponsheim	Palmenstein	
Gensingen	Goldberg	
Grolsheim	Ölberg	
Horrweiler	Gewürzgarten	Goldberg
Ockenheim	Hockenmühle Klosterweg Kreuz	Laberstall Jakobsberg Schönhölle
Pfaffen-Schwabenheim	Hölle Mandelbaum	Sonnenberg
Welgesheim	Kirchgärtchen	
Zotzenheim	Johannisberg	Klostergarten

Bereich Nierstein

Großlage: Auflangen

Weinbauorte:	*Einzellagen:*	
Nierstein	Bergkirche Glöck Heiligenbaum Kranzberg	Ölberg Orbel Schloß Schwabsburg Zehnmorgen

Großlage: Domherr

Weinbauorte:	*Einzellagen:*	
Essenheim	Römerberg	Teufelspfad
Gabsheim	Dornpfad Kirchberg	Rosengarten
Klein-Winternheim	Geiershöll Herrgottshaus	Villenkeller
Ober-Olm	Kapellenberg	
Saulheim	Haubenberg Heiligenhaus Hölle	Pfaffengarten Probstey Schloßberg
Schornsheim	Mönchspfad Ritterberg	Sonnenhang
Stadecken-Elsheim, Ortsteil Elsheim	Blume Bockstein	Tempelchen
Stadecken-Elsheim, Ortsteil Stadecken	Lenchen	Spitzberg

Udenheim	Goldberg	Sonnenberg
	Kirchberg	
Budenheim	Einzellagenfrei	

Großlage: Güldenmorgen

Weinbauorte: | *Einzellagen:* |
Dienheim | Falkenberg | Kreuz
| Herrenberg | Siliusbrunnen
| Höhlchen | Tafelstein
Oppenheim | Daubhaus | Sackträger
| Gutleuthaus | Schützenhütte
| Herrenberg | Zuckerberg
| Kreuz |

Großlage: Gutes Domtal

Weinbauorte: | *Einzellagen:* |
Dalheim | Altdörr | Steinberg
| Kranzberg |
Dexheim | Doktor |

Friesenheim	Altdörr	Knopf
	Bergpfad	
Hahnheim	Knopf	Moosberg
Köngernheim	Goldgrube	
Lörzweiler	Königstuhl	
Mommenheim	Kloppberg	Silbergrube
	Osterberg	
Nackenheim	Schmittskapellchen	
Nieder-Olm	Goldberg	Sonnenberg
	Klosterberg	
Nierstein	Pfaffenkappe	
Selzen	Gottesgarten	Rheinpforte
	Osterberg	
Sörgenloch	Moosberg	
Undenheim	Goldberg	
Weinolsheim	Hohberg	Kehr
Zornheim	Dachgewann	Pilgerweg
	Guldenmorgen	Vogelsang
	Mönchbäumchen	

Großlage: Krötenbrunnen

Weinbauorte:	*Einzellagen:*	
Alsheim	Goldberg	
Dienheim	Herrengarten	Paterhof
Dolgesheim	Kreuzberg	Schützenhütte
Eich	Goldberg	
Eimsheim	Hexelberg	Sonnenhang
	Römerschanze	
Gimbsheim	Liebfrauenthal	Sonnenweg
Guntersblum	Eiserne Hand	St. Julianenbrunnen
	Sonnenberg	Steinberg
	Sonnenhang	
Hillesheim	Altenberg	Sonnheil
Ludwigshöhe	Honigberg	
Mettenheim	Goldberg	
Oppenheim	Herrengarten	Schloß
	Paterhof	Schloßberg
Uelversheim	Aulenberg	Schloß
Wintersheim	Frauengarten	

◀ *Früh im Jahr werden die Reben geschnitten und dann gebogen.*
In den Weinbergen bei Schwabsburg, Ortsteil von Nierstein,
mit dem Bergfried der alten Reichsburg Barbarossas.

Großlage: Petersberg

Weinbauorte:	Einzellagen:	
Albig	Homberg	Schloß Hammerstein
	Hundskopf	
Bechtolsheim	Homberg	Sonnenberg
	Klosterberg	Wingertstor
Biebelnheim	Pilgerstein	Rosenberg
Framersheim	Hornberg	Zechberg
	Kreuzweg	
Gau-Heppenheim	Pfarrgarten	Schloßberg
Gau-Odernheim	Fuchsloch	Ölberg
	Herrgottspfad	Vogelsang
Spiesheim	Osterberg	

Großlage: Rehbach

Weinbauorte:	Einzellagen:	
Nierstein	Brudersberg	Hipping
	Goldene Luft	Pettenthal

Großlage: Rheinblick

Weinbauorte:	Einzellagen:	
Alsheim	Fischerpfad	Römerberg
	Frühmesse	Sonnenberg
Dorn-Dürkheim	Hasensprung	Römerberg
Mettenheim	Michelsberg	Schloßberg

Großlage: Sankt Alban

Weinbauorte:	Einzellagen:	
Bodenheim	Burgweg	Leidhecke
	Ebersberg	Mönchspfad
	Heitersbrünnchen	Reichsritterstift
	Hoch	Silberberg
	Kapelle	Westrum
	Kreuzberg	
Gau-Bischofsheim	Glockenberg	Kellersberg
	Herrnberg	Pfaffenweg
Harxheim	Börnchen	Schloßberg
	Lieth	
Lörzweiler	Hohberg	Ölgild

Großtanks in klinisch-reinen Lagerräumen und die Sachkunde ▶
erfahrener Kellermeister gewährleisten sauberen Ausbau
und ermöglichen die Herstellung großer Weinmengen.
In der Zentralkellerei Rheinischer Winzergenossenschaften in Gau-Bickelheim.

Mainz, Stadtteil Ebersheim	Hüttberg Sand	Weinkeller
Mainz, Stadtteil Hechtsheim	Kirchenstück	
Mainz, Stadtteil Laubenheim	Edelmann Johannisberg	Klosterberg

Großlage: Spiegelberg

Weinbauorte:	*Einzellagen:*	
Nackenheim	Engelsberg	Rothenberg
Nierstein	Bildstock Brückchen Findling Hölle Kirchplatte	Klostergarten Paterberg Rosenberg Schloß Hohenrechen
Nierstein, Ortsteil Schwabsburg	Ebersberg	

Großlage: Vögelsgärten

Weinbauorte:	*Einzellagen:*	
Guntersblum	Authental Bornpfad Himmelthal	Kreuzkapelle Steig-Terrassen
Ludwigshöhe	Teufelskopf	

Bereich Wonnegau
Großlage: Bergkloster

Weinbauorte:	*Einzellagen:*	
Bermersheim	Hasenlauf	
Dintesheim	Felsen	
Eppelsheim	Felsen	
Esselborn	Goldberg	
Flomborn	Feuerberg	Goldberg
Gundersheim	Höllenbrand	Königstuhl
Gundheim	Hungerbiene Mandelbrunnen	Sonnenberg
Hangen-Weisheim	Sommerwende	
Westhofen	Aulerde Benn Brunnenhäuschen Kirchspiel	Morstein Rotenstein Steingrube

Großlage: Burg Rodenstein

Weinbauorte:	*Einzellagen:*	
Bermersheim/Worms	Seilgarten	
Flörsheim-Dalsheim	Bürgel	Hubacker
	Frauenberg	Sauloch
	Goldberg	Steig
Mörstadt	Katzebuckel	Nonnengarten
Ober-Flörsheim	Blücherpfad	Deutschherrenberg

Großlage: Domblick

Weinbauorte:	*Einzellagen:*	
Hohen-Sülzen	Kirchenstück	Sonnenberg
Mölsheim	Silberberg	Zellerweg am Schwarzen Herrgott
Monsheim	Rosengarten	Silberberg
Offstein	Engelsberg	Schloßgarten
Wachenheim	Horn	Rotenberg

Großlage: Gotteshilfe

Weinbauorte:	*Einzellagen:*	
Bechtheim	Geyersberg	Stein
	Rosengarten	
Osthofen	Goldberg	Leckzapfen
	Hasenbiß	Neuberg

Großlage: Liebfrauenmorgen

Weinbauorte:	*Einzellagen:*	
Worms	Liebfrauenstift-Kirchenstück	Remeyerhof
		St. Cyriakusstift
Worms, Stadtteil Abenheim	Bildstock	Kapellenstück
	Goldpfad	Klausenberg
Worms, Stadtteil Heppenheim	Affenberg	Schneckenberg
Worms, Stadtteil Herrnsheim	Lerchelsberg	Römersteg
	Rheinberg	St. Annaberg
Worms, Stadtteil Hochheim	Nonnenwingert	
Worms, Stadtteil Horchheim	Goldberg	Nonnenwingert
Worms, Stadtteil Leiselheim	Nonnenwingert	

Worms, Stadtteil Pfeddersheim	Hochberg Kreuzblick	Nonnenwingert St. Georgenberg
Worms, Stadtteil Pfiffligheim	Nonnenwingert	
Worms, Stadtteil Weinsheim	Burgweg	
Worms, Stadtteil Wiesoppenheim	Am Heiligen Häuschen	

Großlage: Pilgerpfad

Weinbauorte:	*Einzellagen:*	
Bechtheim	Hasensprung	Heiligkreuz
Dittelsheim-Heßloch	Edle Weingärten Geiersberg Kloppberg Leckerberg	Liebfrauenberg Mönchhube Mondschein Pfaffenmütze
Frettenheim	Heil	
Monzernheim	Goldberg	Steinböhl
Osthofen	Kirchberg Klosterberg	Liebenberg Rheinberg

Großlage: Sybillenstein

Weinbauorte:	*Einzellagen:*	
Alzey	Kapellenberg Pfaffenhalde Römerberg	Rotenfels Wartberg
Alzey, Stadtteil Dautenheim	Himmelacker	
Alzey, Stadtteil Heimersheim	Sonnenberg	
Alzey, Stadtteil Weinheim	Heiliger Blutberg Hölle Kapellenberg	Kirchenstück Mandelberg
Bechenheim	Fröhlich	
Freimersheim	Frankenstein	
Heimersheim	Sonnenberg	
Kettenheim	Wartberg	
Mauchenheim	Sioner Klosterberg	
Offenheim	Mandelberg	
Wahlheim	Schelmen	

432

Weinwirtschaft im Zahlenspiegel*

Zahlen sind nüchternes Anschauungsmaterial. Sie sagen nichts aus über die Güte der Weine eines Anbaugebietes und nichts über seine Weinkultur. Aber sie vermitteln ein Bild von den wirtschaftlichen Verhältnissen, von den betriebswirtschaftlichen Grundlagen der Weinerzeugung und Weinvermarktung und nicht zuletzt von der Bedeutung, die ein Weinland – wie hier Rheinhessen – vergleichsweise hat. Mögen sie also auch nicht »paradiesisch« sein, haben solche statistischen Angaben in einem Buch, das Spiegel einer Landschaft sein möchte, doch ihre Berechtigung.

Rebfläche

Bestockte Rebfläche:	22 904 ha
Ertragsrebfläche:	21 062 ha (weiße Trauben 20 278 ha)
	(rote Trauben 784 ha)

Anteil der Rebfläche an der gesamten
landwirtschaftlich genutzten Fläche: fast 30 %

Rebsorten

Weißwein:	96 %	
Rotwein:	4 %	
Hauptrebsorten:	Müller-Thurgau	29,79 %
(s. S. 93 ff.)	Silvaner	18,33 %
	Scheurebe	8,44 %

Weinlagen und Bereiche

Bereiche:	3 (Bingen, Nierstein, Wonnegau)
Großlagen:	24
Einzellagen:	434

Erntemenge

Insgesamt: 1 469 820 hl (Weißwein 1 405 593 hl
Rotwein 64 227 hl)
(zweitgrößter Ertrag im deutschen Weinanbaugebiet, nach der Rheinpfalz)

Flächenertrag:	Most insgesamt	69,8 hl je ha
	Weißmost	69,3 hl je ha
	Rotmost	81,9 hl je ha

Weinvermarktung im Inland

Faßweinbetriebe:	57,53 % der Betriebe bieten insgesamt (nur oder auch) Faßwein an
Selbstvermarkter:	37,45 % der Betriebe bieten ausschließlich Faßwein an
	25,39 % der Betriebe bieten insgesamt (nur oder auch) Flaschenwein an
	5,20 % der Betriebe bieten ausschließlich Flaschenwein an

Etwa 60 % der Weinernte werden über Weinkellereien abgesetzt

* *Die Zahlen beziehen sich auf das Jahr 1979*

Weinkellereien:

Winzergenossenschaften:	36, davon: 17 mit eigener Kellerwirtschaft 1 Zentralkellerei Rheinischer Winzergenossen- schaften mit 18 ihr angeschlossenen Betriebs- winzergenossenschaften und deren örtlichen Genossenschaften Etwa 11 % der Weinernte werden über Winzerge- nossenschaften abgesetzt
Erzeugergemeinschaften:	7 Etwa 4 % der Weinernte werden über Erzeugerge- meinschaften abgesetzt
Weinexport	Nach 80 Ländern der Welt (hauptsächlich USA und Großbritannien). Rheinhessen ist führend im Export. Etwa 25 % der Weinernte werden exportiert.
Winzerbetriebe insgesamt (einschließlich Nebenerwerbswinzer):	11 203

Rheinhessische Weine eignen sich auch vorzüglich zur Sektproduktion. Eine Erzeuger-
gemeinschaft hat sich zu diesem Zweck gebildet. Die »Väter« bei der Eröffnung der Ab-
füllanlage in Bodenheim.

Quellen und Bibliographie

Die Aufstellung verzeichnet sowohl die für dieses Buch benutzten Quellen (geordnet nach Sachgebieten, die sich mit den Kapiteln des Buches teilweise überschneiden) als auch einige weitere, thematisch zugehörige Schriften (solche allgemeiner, nicht rein weinkundlicher Art jedoch nur, soweit sie tatsächlich verwertet wurden), zu vertiefender Lektüre anregend. Sie bringt damit erstmals einen umfassenden bibliographischen Nachweis zu den Themen des Weinlandes Rheinhessen, unterteilt nach den Abschnitten (1) Allgemeine Landesgeschichte (einschließlich Erdentwicklung und -beschaffenheit usw.), (2) Museen, Bau- und Naturdenkmale (allgemeine und weinbezogene), (3) Geschichte des Weines (Reb- und allgemeine Weinkultur), (4) Weinkulturelle Einzelthemen und Volkskundliches (einschließlich Sprachgeschichte, Weinlagenamen usw.), (5) Weinbau in Rheinhessen heute (soweit nicht rein technischer Art), (6) Romane, Gedichte, Feuilletons, (7) Eingangszitat.

1 Allgemeine Landesgeschichte

Baedeker, Mainz, 2. Aufl., Freiburg 1977

Baedeker, Rheingau/Rheinhessen, 2. Aufl., Freiburg 1962

Balon-Faber, Landkreis Bingen, Handbuch für Verwaltung, Wirtschaft und Kultur (bearb. in der Bundesanstalt für Landeskunde), Speyer 1958

Behrens (Hrsg.), Rheinhessen in seiner Vergangenheit – Eine Reihe heimatkundlicher Schriften, Mainz 1923 ff.

Behrens, Kataloge west- und süddeutscher Altertumssammlungen (hrsg. v. d. römisch-germanischen Kommission des deutschen Archäolog. Institutes), Frankfurt/M. 1918, Band 4: Bingen

Bernhard, Das nördliche Rheinhessen, Wechselbeziehungen zwischen Mensch und Landschaft in historischen Querschnitten. Arbeiten der Anstalt für hess. Landesforschung, Geogr. Reihe, Heft 5, Gießen 1931

Brilmayer, Rheinhessen in Vergangenheit und Gegenwart, Gießen 1905

Crome, Handbuch der Statistik des Großherzogtums Hessen, Band 1, Darmstadt 1822

Curschmann, Die Angelbäume in Rheinhessen, in: Mitteilungsblatt zur rheinhessischen Landeskunde 1965, Heft 1

Curschmann, Nordelsheim, Monographie einer Wüstung, in: Alzeyer Geschichtsblätter Heft 2, 1965

Dörrschuck, Nierstein, Mainz 1928

Heße, W., Rheinhessen in seiner Entwickelung von 1798–1834, Mainz 1835

Kaufmann, Rheinhessische Ortsnamen, München 1976

Kohl, Das Binger Land, Bingen 1948

Leser, Landeskundlicher Führer durch Rheinhessen, Sammlung Geographischer Führer, Band 5, Berlin-Stuttgart 1969

Merian, Topographia Germanicae, Mainz/Trier/Köln 1646/1675, 2. Neuaufl., hrsg. v. Wüthrich, Kassel und Basel 1969

Rheinhessen und das Nahetal, (hrsg. v. Martin), Essen 1962 darin:

– *Falke*, Erdgeschichte

– *Panzer*, Das Gesicht der Landschaft

– *Stephan*, Siedlungen und Städte

Schumacher, Siedlungs- und Kulturgeschichte der Rheinlande (3 Bände), Mainz 1921, 1923, 1925

Scriba, Regesten zur Landes- und Ortsgeschichte des Großherzogtums Hessen, Band 3: Regesten der Provinz Rheinhessen, Darmstadt 1851

Spang, Bilder aus der Vergangenheit Gau-Bickelheims, Bingen 1926

Spang-Wothe, Wie wandere ich durch Rheinhessen?, Mainz 1933

Statistische Berichte des Statistischen Landesamtes Rheinland-Pfalz, Die Wohnbevölkerung der Gemeinden am 31. 6. 1981

Strecker, Die Gegend zwischen Rhein, Nahe und Donnersberg im Jahre 1787, in: Beiträge zur rheinhess. Geschichte, Festschrift zur Hundertjahrfeier 1816–1916, Mainz 1916

Wahle, Die Besiedlung Südwestdeutschlands in vorrömischer Zeit nach ihren natürlichen Grundlagen (12. Bericht der Römisch-Germanischen Kommission)...1920

Wernher, C., Oppenheim in seiner Vergangenheit, Mainz 1925

Wernher, H., Über die Historie der Weinfront-Orte, in: Weinbrief 1972/73 der Weinbruderschaft Rheinhessen, Oppenheim 1972

Widder, Versuch einer vollständigen geographisch-historischen Beschreibung der Kurfürstlichen Pfalz am Rhein, Band III, Frankfurt und Leipzig 1787

2 Museen, Bau- und Naturdenkmale

Alzeyer Museum (Führer), hrsg. vom Altertumsverein Alzey und Umgebung e.V. und Kuratorium Museum Alzey, Alzey 1965

Backes-Caspary-Dölling, Kunstwanderungen in Rheinland-Pfalz und im Saarland, Stuttgart 1971

Bayer, Heimatmuseum der Stadt Bingen am Rhein, Bingen 1969

Becker-Dölling, Alzey, Rheinische Kunststätten Heft 153, Neuß 1973

Bickel, Eine südwestdeutsche Gruppe von Kragkuppelbauten, architectura 1980, Band 10

Biehn, Rheinhessen und das Nahetal, Amorbach 1975

Busch, Kunstgeschichtliche Streifzüge durch Rheinhessen, in: Mainz, ein Heimatbuch, Band 3, Mainz 1930

Dehio-Gall, Handbuch der Deutschen Kunstdenkmäler, Pfalz und Rheinhessen, Band 4 (Südwestdeutschland), 2. Aufl., München-Berlin 1961

Durst, Der Napoleonsstein am Forsthaus Vorholz, in: Mitteilungen zur rheinhessischen Landeskunde 1969, Heft 3

Emmerling, Dokumente der Weinkultur auf den Ingelheimer Ausstellungen der Griechischen Tage, in: Heimatjahrbuch Mainz-Bingen 1967

Emmerling, Stadt Bingen, Rheinische Kunststätten Heft 160, Neuß 1974

Emmerling, Ingelheim (Stadtteile Ober-Ingelheim und Nieder-Ingelheim), Rheinische Kunststätten Hefte 116, 130, Neuß 1969, 1970

Emmerling, Oppenheim, Rheinische Kunststätten Heft 142 (2. Aufl. Neuß 1975)

Falck, Mainz, Geschichte und Stadtbauentwicklung, Rheinische Kunststätten Heft 72, 3. Aufl., Köln 1976

Finger, Das Deutsche Weinbaumuseum Oppenheim, in: Heimatjahrbuch Mainz-Bingen 1981

Fremersdorf, Eine Feldflasche aus südgallischer Sigillata, Mainzer Zeitschrift 1951

Führer zu vor- und frühgeschichtlichen Denkmälern, hrsg. vom Römisch-Germanischen Zentralmuseum Mainz, Band 11 (Mainz), Band 12 (Nördliches Rheinhessen), Band 13 (Südliches Rheinhessen), Mainz 1969

Glatz, Mittelalterliche Glasfenster in der Pfalz und in Rheinhessen, in: Lebendiges Rheinland-Pfalz 1977, Heft 5

Illert, Friedrich Maria, Kleiner Führer durch die Kunstsammlungen und den Schloßgarten, Stiftung Kunsthaus Heylshof, Worms 1966

Illert, Friedrich Maria, Ein Weinmuseum in Worms, in: Mitteilungsblatt Altertumsverein Worms 1940 Nr. 11

Illert, Georg, Führer durch das Museum der Stadt Worms im Andreasstift, 5. Aufl., Worms 1969

Illert, Georg, Gotteshäuser in Rheinhessen, in: Lebendiges Rheinland-Pfalz 1969 Heft 4

Jung, Fritz, Naturschutzgebiet Gundersheimer Kalksteinbrüche »Rosengarten«, in: Heimatjahrbuch Mainz-Bingen 1982

Jung, Hermann, Bagger förderten in Mainz römische Weinfässer zutage, in: Schweizerische Weinzeitung 1964 Heft 72

Jung, Wilhelm, Die Kapelle auf dem Hofgut Iben, in: Lebendiges Rheinland-Pfalz 1978 Heft 4

Jung, Wilhelm, Führer durch das Bischöfliche Dom- und Diözesanmuseum Mainz, Mainz 1971

Jung, Wilhelm, Mainz zwischen Dom, St. Stephan und Holzturm, 3. Aufl., Mainz 1979

Koch, Hans-Jörg, Weingefäße und -geräte aus dem Rhein-Main-Nahe-Gebiet, Einführung zum gleichnamigen Kalender der Zeitungsgruppe Rhein-Main-Nahe, Mainz 1971

Kersting, Kleinodien am Wege, hrsg. v. Verkehrsverein Mainz o. J.

Kersting, Mainzer Kostbarkeiten, hrsg. v. Verkehrsverein Mainz o. J.

Listen und Karteien der Naturdenkmale und Schutzgebiete nach dem Landespflegegesetz, Landkreise Alzey-Worms und Mainz-Bingen

Mader, Bauernhäuser unter dem Zippus-Zipfel, Merian Heft 4, 28. Jahrgang (Apulien)

Nahm, Das Schönste und Wichtigste aus dem Heimatmuseum für Stadt und Kreis Bingen, Bingen 1929

Petry (Hrsg.), Handbuch der Historischen Stätten Deutschlands, Band V (Rheinland-Pfalz/Saar), 2. Aufl., Stuttgart 1965

Pfeffer von, Glas aus römischer Zeit, in: Glas und Schmuck der Römer und Franken, Ausstellungs-Katalog des Altertumsmuseums der Stadt Mainz, Mainz 1960

Reclams Kunstführer Band III (Rheinlande und Westfalen), 2. Auflage, Stuttgart o. J. (Stand 1960)

Rheinhessen und das Nahetal (hrsg. v. Martin), Essen 1962, darin:
- *Illert, G.*, Gotteshäuser zwischen Rhein und Nahe
- *Stephan*, Burgen, Schlösser und Adelssitze
- *Stümpel*, Römisches Glas im Rheinhessischen Weinland

Schermer, Zeugen uralter Kultur, in: Lebensfreude aus Rheinhessen, 2. Aufl., Mainz 1955

Schramm, Der Fastnachtsbrunnen in Mainz, Mainz 1969

Schuchert-Jung, Der Dom zu Mainz, Mainz 1972

Stephan, Das sogenannte Hahnheimer Schlößchen, in: Mitteilungsblatt zur rheinhessischen Landeskunde 1964, Heft 3/4

Stephan, Die Baudenkmäler des Landkreises Alzey, in: Alzeyer Geschichtsblätter, Heft 2, 1965

Stephan, Rheinhessische Orte um Mainz im Mittelalter, in Mainzer Zeitschrift 1955 (50)

Stümpel, Kelten, Römer und Germanen im Mainzer Raum, Katalog zur Ausstellung des Altertumsmuseums der Stadt Mainz, Mainz 1956

Verzeichnis der Baudenkmäler der Landkreise Alzey-Worms und Mainz-Bingen (Hessisches Denkmalschutzgesetz vom 16. Juli 1902 und darauf gestützte Beschlüsse des Denkmalrates)

3 Geschichte des Weines

Aubin, Agrargeschichte des Rheinlandes, in: Geschichte des Rheinlandes, Band 2 (Kulturgeschichte), Essen 1922

Bassermann-Jordan von, Geschichte des Weinbaus, 2. Aufl., Frankfurt 1923

Bassermann-Jordan von, Der Weinbau der Pfalz im Altertum, Speyer 1947

Bassermann-Jordan von, Wie der Weinbau nach Oppenheim kam, in: Volk und Scholle 1925 Heft 3

Bauer, Der Mann, der die Scheurebe in aller Munde brachte, Zum 100. Geburtstag des Altmeisters der deutschen Rebenzüchtung (Georg Scheu), in: Allgemeine Zeitung/Alzeyer Anzeiger vom 21. Juni 1979

Bender, Von Tavernen, Gasthäusern, Weinschänken und Straußwirtschaften, Heimatjahrbuch Alzey-Worms 1975/76

Bonin, Urkundenbuch der früheren freien Reichsstadt Pfeddersheim, Frankfurt 1911

Braun, Historisches von Schwabenheim und seinem Weinbau, in: Weinbrief der Weinbruderschaft Rheinhessen 1980, Oppenheim 1980

Bronner, Der Weinbau in der Provinz Rheinhessen, im Nahethal und Moselthal, Heidelberg 1839, Faksimiledruck Neustadt 1981, (hrsg. v. Schumann)

Como, Aus der Geschichte des Binger Weinbaus, Katholischer Kirchenkalender Pfarrei Bingen 1914

Charissé, Der Verband Rheinhessischer Weinhändler, Mainz 1951

Charissé, Wein und Weinhandel in Mainz, in: Deutsche Weinzeitung 1963

Christoffel, Durch die Zeiten strömt der Wein, Hamburg 1957

Clar, Die Bedeutung des Weinbaues und des Weinhandels für die Alzeyer Wirtschaft von seinen Anfängen an unter besonderer Berücksichtigung der Zeit des 30jährigen Krieges, in: Alzeyer Geschichtsblätter Heft 8, 1971

Cramer, Römisch-Germanische Studien, 1914

Die hessische staatliche Weinbaudomäne, Mainz 1926

Die Rheinweine Hessens, hrsg. v. Hessischen Weinbauverband, 2. Auflage, Mainz 1927, darin:
– *Linkenbach*, Hessen und sein Wein

Die hessische Lehr- und Versuchsanstalt für Wein- und Obstbau zu Oppenheim und ihre Tätigkeit

Die Landwirtschaftskammer für Hessen und der hessische Weinbau

Ein Taler Strafe für Traubendiebe, in: Beilage der Allgemeinen Zeitung zum Wonnegauer Winzerfest Osthofen, September 1967

Emmerling, Weinland Rheinhessen, in: Heimatjahrbuch Alzey, 1966

Emmerling, Das Capitulare de Villis Karls des Großen, ins Heimatjahrbuch Bingen 1957

Flad, Von der verschiedenen Fruchtbarkeit der Pfalz am Rhein und deren Ursachen, Acta Acad. Theod. Palat. I, 1766

Foltyn, Die Landes-Lehr- und Versuchsanstalt für Wein-, Obst- und Gartenbau in Oppenheim, in: Oppenheim, Geschichte einer alten Reichsstadt, Oppenheim 1975

Foltyn, Nierstein und sein Weinbau im Wandel der Zeit, in: Heimatjahrbuch Mainz-Bingen 1973

Frech, Die Struktur der rheinhessischen Landwirtschaft, Darmstadt 1941

Friedrich, Das Alter des Weinbaus zu Gaualgesheim, in: Hessische Chronik, Heft 9, Darmstadt 1920

Gauer, Der Weinbau Rheinhessens im Rahmen des deutschen Gesamtweinbaus . . ., Diss. Frankfurt 1925, 1926

Gessner, Beschreibung des Weinbaues in den Gemarkungen Bosenheim, Pfaffenschwabenheim und Planig, in: Zeitschrift für die landwirtschaftlichen Vereine . . . Hessen, 1857 Nr. 27

Groß-Hedderich, Arbeitswelt und Technik des rheinhessischen Winzers im Wandel der letzten zwei Jahrzehnte (Schülerwettbewerb deutsche Geschichte um den Preis des Bundespräsidenten, Rabanus-Maurus-Gymnasium Mainz), unveröff. Typoscript, Mainz 1978

Hasselbach, Der Mann, der mit dem Rebstock babbelte, Erinnerungen an Georg Scheu, in: Sonderbeilage der Allgemeinen Zeitung/Alzeyer Anzeiger vom 15. September 1979

Hessens Weine, Sonderheft von Volk und Scholle, 1929 Heft 5 und 6, darin:
– *Como*, Binger Weine in der Vergangenheit und Gegenwart
– *Fuhr*, Rheinhessischer Weinbau und rheinhessische Weine
– *Illert, Friedrich Maria*, Die alte Weinstadt Worms
– *Jungkenn*, Ein Streifzug durch die Geschichte des rheinhessischen Weinbaus und Weinhandels
– *Linkenbach*, Das Weinbaugebiet von Mainz
– *Sittmann*, Der hessische Weinbauverband
– *Spang*, Vom Wiesbachtal und seinem Wein

Illert, Friedrich Maria, Die alte Weinstadt Worms, in: Volk und Scholle 1929 Heft 7

Illert, Friedrich Maria, Liebfraumilch, Aus der Geschichte eines berühmten Weines, Worms 1961

Jäger, Kurmainzer Verordnungen über Wein und Weinbau, in: Weinbrief der Weinbruderschaft Rheinhessen 1978, Oppenheim 1978

Jungkenn, Rebe und Rebkultur im Ablauf der Geschichte unter besonderer Berücksichtigung Rheinhessen und der Pfalz, Worms 1961

Jungkenn, Unsere Heimat und ihr Weinbau zur Römerzeit, in: Volk und Scholle, 1925. Heft 3

Jungkenn, Weingeschichtliches aus Rheinhessen, in: Offizielle Festschrift zum 37. deutschen Weinbaukongreß Bingen, Karlsruhe 1931

Jungkenn, Die alte Weinstadt Oppenheim, Oppenheim 1936

Kadisch, Die Landes-Lehr- und Versuchsanstalt für Wein- und Gartenbau in Oppenheim, in: Heimatjahrbuch Mainz-Bingen 1974

Klug, Vom Weinbau im alten Wörrstadt, in: Weinbrief der Weinbruderschaft Rheinhessen 1973/74, Oppenheim 1973

Koch, Hans-Jörg, Aus der Geschichte des Weines in Rheinhessen, in: Rheinhessischer Heimatkalender, Alzey 1955

Koch, Hans-Jörg, Die Weinmärkte in Rheinhessen, Allgemeine Zeitung/Alzeyer Anzeiger vom 4. September 1954

Koch, Hans-Jörg, Rheinhessen-Weinhessen, Skizzen aus 2000 Jahren, Schriften zur Weingeschichte Nr. 19, Wiesbaden 1969

Koch, Hans-Jörg, Vom »wynmarkt« und »ungeltern«, in: Heimatjahrbuch Alzey 1962

Koch, Karl Heinrich, Das Weinland Rheinhessen, Mainz 1903

Kohl, Unsere weinfrohe Heimat in Vergangenheit und Gegenwart, in: Katholischer Kirchenkalender, Bingen 1951

Lebensfreude aus Rheinhessen, hrsg. v. Weinbauverband Rheinhessen, 2. Aufl., Mainz 1955, darin:

– *Durst*, Kelch und Fiedel – Aus Volkers Heimat

– *Emmerling*, Wein und Kultur

– *Illert*, Wein im Nibelungenland

Leoff, Der Weinbau in Alzey und seine Geschichte, in: Heimatjahrbuch Alzey-Worms 1971

Leoff, Der Weinhandel in Alzey, Heimatjahrbuch Alzey 1969

Leoff, Die Geschichte des Schloßkellers von Alzey, Heimatjahrbuch Alzey 1968

Linkenbach, Rheinhessen und sein Wein, in: Heimat im Bild, Gießen 1925

Meesmann, O., Eine Studie über den Weinbau und den Weinhandel Rheinhessens Diss. Gießen 1922

Meesmann, Paul, Der rheinhessische Weinhandel, in: Volk und Scholle 1929 Heft 7

Metzler, Rheinische Weinkultur unter besonderer Berücksichtigung der Weinkultur Rheinhessens, Diss. Frankfurt 1923

Neiß, Aus einer über 200 Jahre alten Weingartenschützenordnung für Bermersheim, in: Wonnegauer Heimatblätter 1966 Nr. 11

Oppenheim, Mainzer Weinmarkt – ehedem, in: Mainzer Kalender 1950

Pfeiffer, Die hessische Landwirtschaftskammer als Förderin des heimischen Weinbaus, in: Volk und Scholle 1929, Heft 7

Prüfer, Vom Herrenzehntel zur Kalbspflicht – Abgaben im Weinetikett, in: Die Weinwirtschaft 1977 Nr. 51/52

Reitzel, Mainzer Weinmärkte in alten Zeiten, in: Mainzer Allgemeine Zeitung vom 5. Dezember 1963

Reitzel, Mainz – Stadt des deutschen Weines, Mainz 1964

Reuter, Liebfraumilch, Aus der Chronik eines Weines, in: Weinbrief 1974/75 der Weinbruderschaft Rheinhessen, Oppenheim 1974

Reuter, Von der ehrsamen Wingertsleute-Zunft und ihrer Ordnung, Sonderbeilage zur Wormser Zeitung vom 5. August 1978

Reuter, Worms und der Wein, Weinbrief der Weinbruderschaft Rheinhessen 1972/73, Oppenheim 1972

Rick, Die Geschichte des rheinhessischen Weinbaus, in: Heimatjahrbuch Alzey 1963 und 1965

Rick, Die Weinqualität im Wandel der Jahrhunderte, in: Rheinhessische Heimat (Beilage zur Allgemeinen Zeitung/Alzeyer Anzeiger) 1959 Nr. 8

Rick, Die Weinbaugemeinde Dienheim, Bechtolsheim 1965

Ruppert, Die Leistungen des Menschen zur Erhaltung der Kulturböden im Weinbaugebiet des südlichen Rheinhessen, Frankfurt 1952

Schiffer, Betriebswissenschaftliche Untersuchungen über den Weinbau in Rheinhessen, Halle 1927

Schreiber, Deutsche Weingeschichte, Köln 1980

Schunk, Von den ehemaligen Weinmärkten und Kabelungen im Rheingau und in der Gegend bis Mainz, in: Schunk, Beiträge zur Mainzer Geschichte, Mainz und Frankfurt am Main 1789

Spang, Geschichte vom Weinbau und von weinverbundenen Berufen, in: Naheland-Kalender 1956

Spang, Rheinhessen-Weinhessen. Von guten Lagen und ihrer Geschichte, in: Wandern und Schauen 1928 Nr. 10

Spang, Vom Weinbau in Gau-Bickelheim, Gau-Algesheim 1947

Spang, Niersteiner Glöck, Mainz 1898

Spang, Weinmärkte, in: Heimatjahrbuch Alzey-Worms 1971

Sturm, Rheinwein, Bau, Pflege und Ernte des Weines im Rheingau und Rheinhessen, Frankfurt 1882

Vogeley, Untersuchungen über die landwirtschaftlichen Betriebsverhältnisse Rheinhessens mit besonderer Berücksichtigung des Weinbaus, Berlin 1907

Weise, Beiträge zur Geschichte des römischen Weinbaus, Hamburg 1901

Wolf, Gustav, Der Weinbaubezirk Rheinhessen Diss. Gießen 1927

Wolf, Werner, Die Pflege des Weines in alten Zeiten (Kellerwirtschaft), in: Heimatjahrbuch Alzey-Worms 1982

Wolf, Werner, Wörrstadt und der Wein, in: Weinbrief 1973/74 der Weinbruderschaft Rheinhessen, Oppenheim 1973

Wolf, Werner, Vom Rebmesser zur Traubenvollerntemaschine, in: Heimatjahrbuch Alzey-Worms 1972/73

Wolf, Werner, Die Entwicklung der Keltertechnik im Weinbau seit 1850, in: Heimatjahrbuch Alzey-Worms 1975/76

4 Weinkulturelle Einzelthemen und Volkskundliches

Arntz, Natur- und Kulturnamen der Weinlagen des Rheingaus, I. Teil, Schriften zur Weingeschichte (hrsg. v. d. Gesellschaft für Geschichte des Weines) Nr. 26, Wiesbaden 1972

Bucher, Die Flurnamen des Dorfs Wörrstadt in Rheinhessen, Gießen 1936

Bücking, Auf den Spuren der Baumkelter in Rheinhessen, in Volk und Scholle 1929 Heft 7

Christmann, Weinlagen-Namen in Pfalz und Rheinland, Wissenschaftliche Beihefte (zu: Der Deutsche Weinbau) 1948, Nrn. 7, 8, 9, 10, 1949 Nr. 5

Christoffel, Die alten Lagenamen der Moselweinberge, Schriften zur Weingeschichte (hrsg. v. d. Gesellschaft für Geschichte des Weines) Nr. 37, Wiesbaden 1976

Christoffel, Die Weinlagen der Mosel und ihre Namensherkunft, Trier 1979

Engel, Sprachgeographische Untersuchungen zur rezenten Winzerterminologie Rheinhessens und angrenzender Gebiete, unveröff. Typoscript einer Hausarbeit zum Staatsexamen an der Universität Mainz, 1976

Erben, Les Menhirs de la Hesse-Rhénanie, Rheinische Blätter 1924 Heft 4

Hessens Weine, Sonderheft Volk und Scholle 1929 Heft 5 und 6, darin:
- *Bücking*, auf den Spuren der Baumkelter in Rheinhessen
- *Held*, »Bremser« und »Ferne« – Rheinhessisches Weinbauerntum im Spiegel der Mundart
- *Will*, Geschnitzte Faßböden im Landesmuseum
Hoffmann, Wilhelm, Beiträge zur Volkskunde Rheinhessens (darunter »Der Wein«), in: Hessische Blätter für Volkskunde, Band 10, Leipzig 1911
Hoffmann, Wilhelm, Rheinhessische Volkskunde, Bonn und Köln 1932
Hoffmann, Wilhelm, Alte Heiligtümer und ihre Feste, Hessische Blätter für Volkskunde, 1912 Band 11 Heft 1
Hohmann, Jakob, Chronik einer Weinstube, in: Mainz-Magazin Nr. 5/7, Mainz 1977
Jung, Hermann, Traubenmadonnen und Weinheilige, Duisburg 1964
Jungk, Volkstümliche Sitten und Gebräuche, in: Rheinhessen in seiner Vergangenheit, hrsg. v. Behrens, Band 8 (Siefersheim), Mainz 1931
Kadel, Beiträge zur rheinhessischen Winzersprache, Gießen 1928
Keim, Menschen und Landschaft in: Lebendiges Rheinland-Pfalz 1969 Heft 4
Kern, Der Wein im Brauchtum, in: Bauernkalender 1940, Frankfurt 1940
Kleiber, Zur arealen Gliederung der rheinischen Winzerterminologie, in: Festschrift für Karl Bischoff, Köln 1975
Klug, Aus der »guten alten Zeit«, in: Festschrift GV Liederkranz 1845 e.V. Wörrstadt, Wörrstadt 1980
Klug, Vom Weinbau im alten Wörrstadt, Weinbrief der Weinbruderschaft Rheinhessen 1973/74, Oppenheim 1973
Koch, Erwin, Rheinhessische Rechtsaltertümer (Flurnamen und Wüstungen), Würzburg-Aumühle 1939
Koch, Hans-Jörg, St. Martin – Schutzpatron der Winzer und Zecher, in: Das Weinblatt 1956 Nr. 45
Koch, Hans-Jörg, Der Rheinhessen Sitten sind milde, Allgemeine Zeitung/Alzeyer Anzeiger vom 3. September 1952
Koch, Hans-Jörg, Drum, Brüderchen, Ergo Bibamus – Weinbruderschaften in Rheinland-Pfalz, in: Lebendiges Rheinland-Pfalz, 1974 Heft 4
Koch, Hans-Jörg, Allhier gut Herberg, in: Illustrierte Weinzeitung 1954 Nr. 1
Koch, Hans-Jörg, Im Krug zum grünen Kranze, in: Nahelandkalender 1956
Koch, Hans-Jörg, Niersteiner Wein im Dichtermund, in: Rheinhessische Landeszeitung vom 2. Oktober 1954
Koch, Hans-Jörg, Städt' und Inseln sind trunken von Wein – Dichter loben Rheinhessen, in: Lebendiges Rheinland-Pfalz 1974 Heft 4
Koch, Irmgard, Von Alltagskost und Kerweschmaus, in: Weinbrief der Weinbruderschaft Rheinhessen 1980, Oppenheim 1980
Lebensfreude aus Rheinhessen, 2. Aufl., Mainz 1955, darin:
- *Emmerling*, Wein und Kultur
- *Geck*, Der Wein und die Letter
- *Leitermann*, Wappenkunst und Weinwerbung
Lennig, Die Weinproben, Komische Mainzer Lokalscenen, Mainz 1836
Linkenbach, Mainz als Weinstadt, Mainz 1936
Monath, Isaak Maus, Leben und Werk eines deutschen Bauerndichters, Bad Kreuznach 1979
Mulch, Redensarten der Trunkenheit in Rheinhessen, in: Weinbrief der Weinbruderschaft Rheinhessen 1979, Oppenheim 1979
Müller, Wilhelm, Rheinhessisches Heimatbuch, Teil 1 und 2, Darmstadt 1921 und 1923
Olschowka, Historisches Ockenheim, Ockenheim 1978
Ramge, Die Siedlungs- und Flurnamen des Stadt- und Landkreises Worms, 2. Auflage, Gießen 1979

Reuter, Worms und der Wein, in: Weinbrief der Weinbruderschaft Rheinhessen 1972/73, Oppenheim 1972

Ries, Kleine kulturgeschichtliche Weinlese in Rheinhessen, in: Heimatjahrbuch Alzey-Worms 1972

Sauer, Sprachgeographische Untersuchungen zur historischen und rezenten Winzerterminologie Rheinhessens, unveröff. Typoscript einer Seminararbeit an der Universität Mainz, 1977

Schmidt, Robert, Die ehrbare Mainzer Weinzunft – einst und jetzt, in: Rebe und Wein 1971 Nr. 24

Schmitt-Kraemer, Der Wein und Stefan George, Heimatjahrbuch Bingen 1958

Schmitt-Kraemer, Wie der Begriff vom Binger Bleistift entstand, in: Lebensfreude aus Rheinhessen, 2. Auflage, Mainz 1955

Schudt, Er ist betrunken, Aus den Sammlungen des Südhessischen Wörterbuches, Hessische Blätter für Volkskunde 1928 Heft 27

Schwarzenberg, Der Zudrincker und Prasser, Gesatze, Ordenung und Instruction, Oppenheym 1512

Spang, Weinlagen am Wißberg bei Gau-Bickelheim, in: Wandern und Schauen, Heft 11, Mainz 1931

Spang, Winzers Leid und Zechers Freud, in: Wandern und Schauen 1930 Nr. 10

Spang, Mir ist in meiner Heimat vieles teuer, Mainz 1951

Spang, Weinmonat Oktober, Kulturgeschichtliche Betrachtungen, in: Wandern und Schauen 1931 Heft 10

Spang, Der [rheinhessische] Mensch in: Rheinhessen und das Nahetal, Essen 1962

Weisrock, Das Nieder-Olmer Weistum anno 1499 und der Wein, in: Heimatjahrbuch Mainz-Bingen 1980

Wendel, Ein Streifzug durch die Gemarkungen des Alzeyer Landes – Flurnamen erzählen Geschichte –, in: Heimatjahrbuch Alzey 1964

Wilhelm, Bemerkungen zur Lebensgeschichte von Isaak Maus, in: Alzeyer Geschichtsblätter 1980 Heft 15

Winter, Rheinhessischer Herbst, in: Volk und Scholle 1935, Heft 13

Wolf, Werner, Wörrstadt und der Wein, in: Weinbrief der Weinbruderschaft Rheinhessen 1973/74, Oppenheim 1973

5 Weinbau in Rheinhessen heute

Bauer, Die Neuzuchten der Landesanstalt für Rebenzüchtung in Alzey, in: Festschrift 700 Jahre Alzey, hrsg. v. F. K. Becker, Alzey 1977

Beschreibende Sortenliste 1982 (Reben) hrsg. vom Bundessortenamt, Hannover 1982

Currle-Bauer, Rheinhessen (Vinothek der Deutschen Weinberg-Lagen), Stuttgart 1981

Fader, Praktischer Rebsortenanbau, Winzerkurier 1971 Nrn. 10–12, 1972 Nrn. 1–3

Finger, Rheinhessen – sein Wein und seine Leute, Sonderbeilage der Allgemeinen Zeitung/Alzeyer Anzeiger vom 19. Oktober 1980

Finger-Lott, Weinbau und Weinvermarktung in Rheinhessen, in: Die Weinwirtschaft 1978 Nr. 35

Großer, Erfahrungen mit dem Anbau alter und junger Rebenneuzüchtungen in der Pfalz, Rebe und Wein 1969 Heft 1

Grünewald, In memoriam Fritz Huxel, in: Heimatjahrbuch Alzey-Worms 1978

Häuser, Rebsorten an A bis Z, Winzerkurier 1971, Nr. 11, 1972 Nrn. 3 und 4

Hillebrand, Taschenbuch der Rebsorten, 6. Aufl., Wiesbaden 1981

Hoffmann, Kurt M., Die hohe Schule des Weines, Rastatt 1981

Kadisch, Rebsorten für Rheinhessen, Winzerkurier 1975 Nr. 10

Klenk, Die Ausweitung des Weinbaus in Rheinhessen, Diss. Bonn 1958

Koch, Hans-Jörg, Rheinhessischer Weinquellenführer – Weinstuben, Gutsschänken, Straußwirtschaften, Weinprobierstuben und Weinprobierkeller zwischen Mainz, Bingen, Alzey und Worms, Mannheim 1979

Lott, Die wirtschaftliche Beurteilung von neuen und herkömmlichen Rebsorten im Weinbaugebiet Rheinhessen, in: Die Weinwirtschaft 1977 Nr. 14/15

Lott-Pfaff, Rebsortenratgeber, Alzey und Oppenheim 1978

Martin, Der Wein – Rheinhessens goldener Schatz, in: Rheinhessen und das Nahetal, Essen 1962

Muth, Die Erzeugungsverhältnisse im rheinhessischen Weinbau, Diss. Insbruck 1954

Paul, Namen und Herkunft der in Deutschland angebauten Rebsorten (hrsg. v. d. Gesellschaft für Geschichte des Weines), Wiesbaden 1975

Rupp, Auch vom Boden hängt die Güte der Weine ab, in: Lebensfreude aus Rheinhessen, 2. Aufl., Mainz 1955

Sartorius, Betriebsgrößen und wirtschaftliche Verhältnisse im pfälzischen und rheinhessischen Weinbau, in: Kultur und Wirtschaft im rheinischen Raum, Festschrift für Christian Eckert, 1949

Sebastian, Rheinhessen und der Wein, in: Der Deutsche Weinbau 1976 Heft 12

Statistische Berichte Rheinland-Pfalz, Bestockte Rebflächen 1979 (Erzeugnisse der Fortführung des Weinbaukatasters), hrsg. v. Statistischen Landesamt Rheinland-Pfalz, Bad Ems 1980

Türke, Der Weinbau in Rheinhessen. Eine agrar- und sozial-geographische Untersuchung, Mainz 1970 (Diss. Bochum)

Wagner, Die Bodenarten der hessischen Weinbaugebiete, in: Die Rheinweine Hessens (s. unter Ziff. 3)

Wagner, Die Bodenbeschaffenheit der hessischen Weinbaugebiete, in: Volk und Scholle 1929 Heft 5/6

Weinbaukataster, Veröffentlichungen des Statistischen Bundesamtes Wiesbaden, Stuttgart und Mainz 1968 ff.

Zimmermann, Die Landesanstalt für Rebenzüchtungen und ihre Arbeit, Rebe und Wein 1968 Heft 2

6 Romane, Gedichte, Feuilletons, Reisebeschreibungen

Bechtolsheimer, Rheinisches Land und Rheinische Leute, Gießen 1926

Brentano, Bettina, Goethes Briefwechsel mit einem Kinde, Neue Ausgabe Teil I, Berlin 1857

Diehl, Linksrheinisches (Gedichte), Mainz 1975

Döblin, Reise zur Mainzer Universität, in: Das Goldene Tor, Band I, Mainz 1946

Goethe, Aus einer Reise an Rhein, Main und Neckar in den Jahren 1814/15

Holzamer, Gedichte, Berlin 1912

Klein, Johann August, Rheinreise von Mainz bis Köln, Koblenz 1828

Koch, Hans-Jörg, Eingefang'ner Sonnenschein, Ein rheinhessisches Weinbrevier, Neuwied 1959

Langgässer, Das unauslöschliche Siegel, Hamburg 1959

Langgässer, . . . soviel berauschende Vergänglichkeit, Briefe 1926–1950, hrsg. v. Hofmann, Hamburg 1954

Lebensfreude aus Rheinhessen, 2. Auflage, Mainz 1955, darin:
– Etienne, Visionen beim Glase
– Koch, Weinreise con amore
– Zuckmayer, Rheinhessenweine – voll, kräftig, heiter

Linkenbach, Mein Heimatstrom, mein starker, stolzer Rhein, Mainz 1926

Maus, Lyrische Gedichte, Mainz 1821

Neuber, Johann Nikolaus Götz zum 200. Todestag, in: Blätter der Carl-Zuckmayer-Gesellschaft 1981 Heft 2

Rhein-Wein-Lieder, gedichtet auf Nierstein und seinen Wein, Nierstein 1926

Spang, Immer reifen Korn und Trauben (Gedichte), Wörrstadt 1948

Spang, Der Teppich des Dorfes (Gedichte), Mainz 1935

Spang, Des zähen, krummen Weinstocks Land und Leute (Gedichte), o. J.

Stefan George, Dichtung aus rheinischer Landschaft, ausgew. u. erl. v. R. Wolff, Bingen/Heidelberg 1972

Storck, Darstellungen aus dem Preußischen Rhein- und Moselland, Essen und Duisburg 1818

Zuckmayer, Der fröhliche Weinberg, Berlin 1925

Zuckmayer, Reif und süß in der Seele, in: Das Weinblatt 1960 Nr. 52/53.

7 Eingangszitat

Das Elisabeth Langgässer-Zitat vor dem Geleitwort (S. 9), hier unwesentlich gekürzt, entstammt einem Brief der Dichterin an Professor Dr. Werner Milch, Universität Marburg, vom 5. Mai 1947, abgedruckt in der Sammlung ihres Briefwechsels – siehe oben Ziff. 6 – Seite 155.

Berichtigung (S. 85, 152): Die Beschreibung der Statuen des hl. Urban befinden sich für Bingen auf S. 85, für Ober-Olm auf S. 86, für Mainz auf S. 68.

Foto- und Besitzernachweis

Besitzer und Archive*

Lithographie Vor- und Nachsatzblatt (innere Einbandseiten): Privatbesitz, Ingelheim · Luftbild (S. 14): Freigabe Nr. 915/80. Reg. Präs. Darmstadt · Weinetikett (S. 51): Gutenbergmuseum Mainz · Foto Georg Scheu (S. 95): Hermann Jäger, Ockenheim · Tonplastik Till Eulenspiegel (S. 113): Privatbesitz, Wörrstadt · Foto Weinlese an der Liebfrauenkirche 1901 (S. 95): Siegfried Jourdan, Worms · Foto Weinlese 1931 (S. 146): Heimatmuseum Sprendlingen · Kurfürstliche Verordnung (S. 201): Stadtarchiv Mainz, Arch. Sign. LVO 21. 3. 1733.

* Soweit nicht im Museums-Kapitel (S. 55 ff.) enthalten

Fotografen

Bildarchiv Verlag der Rheinhessischen Druckwerkstätte, Alzey; Aufnahmen: Dr. W. J. Grau, Alzey S. 301 u. 347, 348. J. M. Huber, Mainz Einband, S. 2, 12, 17, 21, 25, 33, 35, 36, 43, 46/47, 53, 61, 78, 81, 91, 92, 107, 129, 136/137, 138, 153, 154, 157, 174, 177, 179, 195, 197, 215, 216, 223, 224, 227, 229, 230, 232, 233, 235, 236, 239, 240, 241, 242, 246, 247, 249, 250, 251, 252, 254, 255, 258, 260, 261, 263, 264, 265, 266, 267, 268, 269, 271, 273, 275, 276, 278, 280, 281, 282, 283, 285, 286, 287, 288, 289, 290, 291, 292, 294, 296, 299, 302, 303, 304, 305, 306, 316, 317, 318, 319, 320, 322, 323, 325, 326, 327, 328, 332, 334, 335, 336, 339, 343, 344, 345, 346, 349, 350, 353, 355 u., 356, 358, 359, 361, 362, 363, 365, 366, 367, 368, 372, 374, 375, 376, 377, 378, 383, 384, 385, 387, 389, 397, 398, 406, 420, 423.

Allgemeine Zeitung, Alzeyer Anzeiger, Archiv S. 211, 410 · BASF, Limburgerhof, Archiv S. 115 · Klaus Benz, Mainz S. 41, 56, 151, 166, 169, 183, 186, 198, 203, 309, 311, 312, 314, 412, 415, 416 · E. Böhm, Mainz Vor- und Nachsatzblatt · Deutsches Weininstitut, Mainz, Archiv S. 205 · Peter Eckes, Nieder Olm, Archiv S. 57, 338 · Heinz Göttert, Steinbach S. 161, 185, 205 · Gutenbergmuseum Mainz S. 67 · Hans Häfner, Alzey S. 355 · Robert Häusser, Mannheim S. 28/29, 163, 341, 386 · Hans-Jakob Häußer, Albig S. 222 · Heimatmuseum Sprendlingen, Archiv S. 146 · G. Henkes, Mainz S. 225 · Paul Honeck, Dachsberg S. 119, 237, 370/371 · Adolf Kellichhaus, Augsburg S. 257 · Rudi Klos, Nieder Olm S. 101, 127, 133, 141, 147, 213, 330, 392, 411, 426 · KONTAR-Pressedienst, Offenbach S. 116 · Kulturinstitute Worms S. 75, 77, 88 · Haus-Sammlung Kupferberg, Mainz S. 73 · Landes-Lehr- u. Versuchsanstalt, Oppenheim S. 408 · H. J. Lauzi, Mainz S. 69 · Manfred Mehlig, Lauf S. 54, 59, 63 l., 83, 145, 191, 218, 234, 256, 259, 277, 298, 301 o., 351, 357 · Mittelrheinisches Landesmuseum, Mainz 63 r., 65 · F. Raaz, Oppenheim S. 87 · Rheinhessenwein e. V., Mainz, Archiv S. 22, 123, 434 · A. Racke, Bingen, Archiv S. 244 · Ludwig Richter, Mainz S. 148 · Stadt Worms, Archiv S. 381 · Zentralkellerei Rheinhessischer Winzergenossenschaften, Gau-Bickelheim, Archiv S. 429 · Temlitz, Wiesbaden S. 14 · Karl Zollitsch, Alzey S. 209 · Carl-Zuckmayer-Gesellschaft, Nackenheim, Archiv S. 189.

Karten

Verlag der Rheinhessischen Druckwerkstätte, Alzey. Entwurf: Walter Molls, Sindelfingen.

445

Danksagung

Für freundliche Unterstüzung durch Rat und Tat sei auch hier folgenden Damen und Herren nochmals herzlich gedankt:

Herbert Ahrens, Chef vom Dienst Zeitungsgruppe Rhein-Main-Nahe, Alzey; Erika Bassing, Wörrstadt; Dr. Otmar Bauer, Leiter der Landesanstalt für Rebenzüchtung, Alzey; Hans Baumann, Verkehrsdirektor, Mainz; Karl Friedrich Becker, Kurator, Alzey; Dr. Eduard Berlet, Schulrat a. D., Alzey; Rolf Bindseil, Redakteur, Worms; Dr. Fritz Dahlem, Bürgermeister a. D. der Stadt Mainz; Otfried Endres, Gebietssachverständiger beim Kommissar für Reblausbekämpfung und Wiederaufbau Rheinhessen, Oppenheim; Dr. Helmut Finger, Ltd. Landwirtschaftsdirektor, Landes-Lehr- und Versuchsanstalt für Wein- und Gartenbau, Oppenheim; Chr. Julius Joh. Grünewald, Weingutsbesitzer, Westhofen; Fritz Heß, Museumsleiter a. D., Alzey; Ernst Hiddemann, Baudirektor, Straßenneubauamt Bingen; Dr. Georg Illert, Städtische Kulturinstitute, Worms; Dr. Wilhelm Jung, Bischöfliches Dom- und Diözesan-Museum, Mainz; Erwin Kadisch, Ltd. Regierungsdirektor, Landes-Lehr- und Versuchsanstalt für Weinbau, Gartenbau und Landwirtschaft, Bad Kreuznach; Ernst Klug, Heimatforscher, Wörrstadt; Adolf Lechner, Weinbauinspektor a. D., Alzey; Dr. Heinz Lothhammer, Geologisches Landesamt, Mainz; Dr. Heinz Lott, Landwirtschaftsdirektor, Landes-Lehr- und Versuchsanstalt für Wein- und Gartenbau, Oppenheim; Gernot Märzhäuser, cand. phil., Bad Kreuznach; Hans Marx, Winzermeister, Alzey-Weinheim; Josef Müller, Gebietssachverständiger beim Kommissar für Reblausbekämpfung und Wiederaufbau Nahe-Rhein, Bad Kreuznach; Dr. Albert Paul, Statistisches Bundesamt, Wiesbaden; Heidi Paul, Rheinhessenverein e.V., Mainz; Rolf Raible, Landschaftsarchitekt, Mainz-Weisenau; Fritz Reuter, Archivdirektor, Worms; Dr. Hans Heinz Reuter, Mainz; Josef Rick, Hauptlehrer, Bechtolsheim; Dr. Wolfgang Selzer, Oberkustos im Mittelrheinischen Landesmuseum, Mainz; Christian Schneider, Weinbauamtmann beim Weinbauamt Alzey; Günther Stauffer, Weingutsbesitzer, Flomborn; Bodo Stumpf, cand. phil., Hackenheim; Frau Wegner in Fa. Chr. Ad. Kupferberg & Cie., Mainz; Gisela Wenkenbach, Groß-Winternheim; Dr. Richard Wilhelm, Bürgermeister a. D., Wendelsheim; Werner Wolf, Weingutsbesitzer, Wörrstadt; Wolf-Dietrich Zernecke, Akademie der Wissenschaften und der Literatur, Mainz; Dr. Edmund Zimmermann, Landwirtschaftsdirektor a. D., Alzey.

Gleichfalls gedankt sei den Orts- und Verbands-Gemeindeverwaltungen, den städtischen Verkehrsämtern, den Kreisverwaltungen für die Mithilfe bei der Beschaffung von Informationen vor allem zu den Jetztzeitdaten des Ortslexikons und der Museen sowie der Werbegemeinschaft Rheinhessenwein e. V.

Nicht zuletzt danke ich meiner Familie, daß sie mich während der Bearbeitung des Buches so lange geduldig ertragen und entbehrt hat, meiner Frau auch für die grundlegende Gestaltung des Beitrages über die rheinhessische Küche.

446

Pressestimmen zur Vorauflage dieses Buches

Staatszeitung Rheinland-Pfalz
Das gibt es in dieser Form nur einmal: Ein ganzer Landstrich, Rheinhessen, übersät mit Reben, wird Ort für Ort dargestellt.

Frankfurter Allgemeine Zeitung
Ein Buch, das durch seine Fülle von Informationen über Landschaft, Wein und Kultur besticht ... Das Buch ist mehr als eine »unkonventionelle Liebeserklärung« an das unentdeckte Rheinhessen.

Die Rheinpfalz
Die erste fundierte, umfassende Darstellung des idealen Reblandes Rheinhessen ... Das hervorragend übersichtlich gestaltete Ortslexikon mit Wissenswertem über Geschichte und Gegenwart, Wein und Kultur der Orte des Weinlandes ist eine wahre Fundgrube.

Allgemeine Zeitung
Mit seinem reich ausgestatteten Buch hat Hans-Jörg Koch eine seit langem schmerzlich empfundene Lücke auf dem Markt der gehobenen, über die Grenzen eines Landstrichs hinaus interessanten Heimatliteratur geschlossen. Die rheinhessische Landschaft ist noch nie so umfassend, so tiefgründig und den Strukturursprüngen nachspürend dargestellt worden. Reiche Detailkenntnisse runden sich zu einer Gesamtschau ...

Rhein-Zeitung
Dieses Buch ist Nachschlagewerk, heimatkundliches Kompendium, Weinfahrtenatlas, Reisebegleiter, Spiegel von Gegenwart und Vergangenheit in einem.

Die Weinwirtschaft
Über kein anderes deutsches Weinbaugebiet ist uns eine Veröffentlichung bekannt, die mit dieser auch nur entfernt vergleichbar wäre.

Mitteilungen der Gesellschaft für Geschichte des Weines
Das alles ist, weil von einem Verfasser, aus einem Guß geschaffen, und da dieser Guß herrlich vollendet ist, bereitet die Lektüre vielfältigen Genuß ... Kein Weinfreund sollte nach Rheinhessen fahren oder rheinhessischen Wein trinken, ohne vorher das Buch gelesen oder noch besser studiert zu haben.

Der Landbote
Ein Porträt des Weinlandes Rheinhessen, wie es besser und trefflicher nicht gezeichnet werden konnte.

Südwestfunk
Sowohl ein heimatkundliches Kompendium und Nachschlagwerk als auch zugleich Weinfahrtenatlas und Reisebegleiter für jedermann – nicht etwa nur für den Weinspezialisten.

Der Rotarier
Eine in jeder Hinsicht gründliche Landschaftsmonographie ... Allein schon mit diesem Buch hat Hans-Jörg Koch den »Deutschen Weinkulturpreis« verdient ...

Wirtschaftswoche
Ein ebenso hübscher wie gescheiter Reiseführer.

Alzeyer Geschichtsblätter
Ein Standardwerk für jeden Heimat- und Weinfreund, das in keiner Bibliothek fehlen sollte.

Nachrichtenblatt VG Wörrstadt
Eine unglaubliche Fülle hervorragender Aufnahmen. Auch darin kann man das Werk eine Pionierleistung nennen.

Der Weinfreund
Eine lesenswerte Pflichtlektüre für alle, die Rheinhessen näher kennenlernen wollen.

Weitere Bücher über den Wein von Hans-Jörg Koch

Über den Wein:

TRUNKENE STUNDEN
Eine Spätlese heiterer Weinweisheit

EINGEFANG'NER SONNENSCHEIN
Ein rheinhessisches Weinbrevier

WEIN FÜR KETZER UND FROMME LEUT'
Vom geistlichen und vom weltlichen Wein

WORTE VOM WEIN
Von Ovid bis Zuckmayer

WEINGESCHICHTEN – ERLEBT, ERLAUSCHT, ERDICHTET
Eine Anthologie ausgewählter Wein-Prosa

BACCHUS VOR GERICHT
Ein Weinsünden-Panoptikum

KNEIPEN, KRÄTZER UND KRESZENZEN
Ein literarisches Weinkarussell

IM ZEICHEN DES DIONYSOS
Weinbruderschaften im Wandel der Zeiten

IMMERWÄHRENDER WEINKALENDER
Lyrisch-astrologisch-meteorologisch-kulinarische Monatsblätter

RHEINHESSISCHER WEINQUELLENFÜHRER
Weinstuben, Gutsschänken, Straußwirtschaften und Weinprobierkeller

Zu Mundart und Volkskunde:

GELACHT, GEBABBELT UN GESTRUNZT
Fröhliche Mundart zwischen Rhein und Donnersberg*

WENN SCHAMBES SCHENNT
Rheinhessisch-Mainzer Schimpf-Lexikon*

RHEINHESSISCHE IMPRESSIONEN
Texte und Bilder einer Landschaft*

In Vorbereitung:
BLARRER, ZAPPE, LEDDEKÖBB
Ortsneckereien aus Rheinhessen*

Die mit * gekennzeichneten Bücher erscheinen im Verlag der Rheinhessischen Druckwerkstätte Alzey.